启真馆 出品

休闲书系·博士论丛

庞学铨 主编

南宋休闲哲学研究

章辉 著

ZHEJIANG UNIVERSITY PRESS
浙江大学出版社

总　序

　　浙江大学休闲学硕士、博士学位授权点自 2008 年开始招生，迄今已整十年了。十年来，学科点坚持师生一起探讨休闲学理论，一起完善休闲学课程，一起建设休闲学学科，培养了一批以休闲学为主要学科方向的研究生。出版休闲学研究博士论丛，是我们早已有的想法，此时与读者见面，也可以说是一个合适的时机了。

　　休闲是个体在相对自由的状态下，以自己喜爱的方式进行所选择的活动，并获得身心放松与自由体验的生活。休闲生活和生产性生活、生理性生活一样，是人类现实生活结构的三大基本组成部分之一，它贯穿人的基本生存状态和过程，既是个体生活的一部分，也是社会现实的一部分。休闲学不是一般的关于休闲现象的研究，也不同于社会学、心理学、经济学、旅游、体育等相关学科从本学科的视角出发对休闲现象和具体休闲实践问题的研究。休闲学是关于休闲生活及其价值的存在与变化的理论，是关于休闲理论自身体系的研究。休闲涉及的领域极为广泛，因而休闲学是典型的交叉性学科，但休闲学对休闲生活这一自身对象的研究视角和方法，又不是各相关学科的研究视角和方法的简单拼凑，而是要从哲学的视角和方法，吸取各门相关学科的知识，对休闲生活进行综合研究，呈现休闲生活的整体图景；要深入休闲生活的内部，揭示它在人们生存活动中存在、变化的特征，以及它对人和社会所可能具有的价值。休闲学研究的这一特征表明，它实际上是关于休闲生活的哲学，是一种生活哲学，或者称为生活现象学。哲学是休闲学的学科根基，这也是将休闲学作为哲学的二级学科的根本原因。

　　本论丛的作者，不限于本学科毕业的博士生，论文所研究的主题内容，也不限于纯粹的休闲学，但有一个基本的要求，就是希望入选论文不是单纯的实证研究，而要有较深入的理论思考，要有哲学的意味。对入选的博士论文，我们将给予一定的出版资助。

我们热情欢迎、恳切征集校内外不同学科的博士研究生的关于休闲理论研究方面的论文，期待与大家携手合作，共同耕耘这块新开辟的充满希望的学术园地。

庞学铨

2018 年 4 月 20 日

于西子湖畔浙江大学

序　言

　　浙江大学亚太休闲教育研究中心由庞学铨教授主持领导，在休闲教育和研究及文化理念推广方面做了许多卓有成效的工作，目前已成为国内知名、国际上有影响的休闲学教学和研究平台。庞学铨教授在中心主持编辑出版"休闲书系"，迄今已出版十余种。为体现浙江大学休闲学领域博士生的研究成果，亚太休闲教育研究中心计划出版"休闲书系·博士论丛"。此论丛本次所选的三位作者陆庆祥、章辉、吴树波都是我指导的博士，现均已学有所成，毕业后分别在相关高校从事教学和科研工作。他们希望我写序言，我作为导师，自然义不容辞。为方便起见，姑为三位合写一个小序。

　　三位博士原来学科背景各不相同，出于对美学和休闲学的共同兴趣，走到了一起。我指导的博士生有两个方向，一是美学，一是休闲学。结果，美学方向的博士生立足美学走向休闲，休闲学的博士生立足休闲学关注审美，两者实现了很好的融合。陆庆祥、章辉的专业方向是美学，结果都搞了休闲审美哲学的研究；吴树波的专业方向是休闲学，选了宗教休闲作为研究专题，亦将审美休闲作为文中应有之义。在我看来，休闲与审美之间有内在的必然关系。从根本上说，所谓休闲，就是人的自在生命及其自由体验状态，自在、自由、自得是其最基本的特征。休闲的这种基本特征也正是审美活动最本质的规定性，而且可以说，审美是休闲的最高层次和最主要方式。我们要深入把握休闲生活的本质特点，揭示休闲的内在境界，就必须从审美的角度进行思考；而要让审美活动更深层次地切入人的实际生存，充分显示审美的人本价值和现实价值，也必须从休闲的境界内在地把握。前者是生存境界的审美化，后者是审美境界的生活化。

三位博士都很勤奋努力，成果甚丰。相对而言，个性略有不同。陆庆祥率性敢为、思兴不拘，虽理路或有未臻详谨之处，但无论是在学术还是事业上都频有新见，且富有开拓性。章辉因硕士期间的语言学训练，行文立据特别严谨，从语言走向哲思，由工夫进入境界，用心颇艰且深，若能更洒落，所就当更高。吴树波内秀聪颖，为文用词极为圆熟，其所著博士论文，我几乎未改一字，吴君才识颇富，若能更多胆力，天地更阔。我经常与诸生举杯尽兴，畅所欲言，希望三位互资共进。

　　宋代是中国休闲文化的繁荣与成熟期，南宋偏安，休闲氛围与情趣愈甚，且形成颇有深度的休闲审美哲学，章辉的博士论文对此做了精深的研究，从本体、工夫到境界，资料和思辨都颇具功力；陆庆祥选取了宋代乃至传统中国最有代表性的杰出文人苏东坡作为个案，研究其走向自然的休闲美学，并由此透视了中国休闲哲学"人的自然化"理论智慧及前后沿变，多有新见；吴树波则另辟蹊径，以佛道两教为例做了宗教休闲智慧研究，深入分析了宗教休闲的特征、工夫、境界与功能，可谓宗教和休闲研究领域的双重开拓。三位的研究对于透视传统中国的休闲思想和智慧，具有非常典型的价值。在方法上，受本人影响，三位大体均以本体、工夫、境界的路径运思。

　　传统中国审美与休闲思考的路子与西方不同，用本土原创的学术话语，建构中国学术话语体系，实现与西方学界平等对话，是中国人文学界当务之急。审美与休闲的研究同样需要中国话语和体系，如何从基点上扭转审美与休闲研究中的"言必称希腊"现象，摆脱削足适履式的西方理论模式，探寻中国美学和休闲学乃至东方人文学科自身的理论根基与特征，在全球的视野下对东西方源于不同历史文化传统背景的认知、体验和把握世界方式的差异做平等的对话，以凸现东方美学和休闲学独特的原创性思维及其理论特征，已是中国审美与休闲研究的迫切课题，建设有中国特色的美学和休闲学理论也有待于此课题上的重大突破。

　　从审美与休闲研究的角度说，要以全球化的视野做审美休闲理论及文化的中西比较，深入发掘整理审美休闲理论的中国元素和传统精神及智慧，建立当代中国美学与休闲学理论的本土话语体系。当代中国审美与休闲研究和理论建构，应该从本体传统汲取诸如

"闲""适""宜""度""中""和""乐""自然""自得""自在""无为""放下""各得其分""玩物适情""寻乐顺化""随缘任运"等话语和理念的精神元素和智慧，以及本体、工夫、境界等理路构架，形成中国审美与休闲研究和理论建构的本土特色和理论话语。

中西学术话语和理路的根本分歧在于天人之际的终极理念及其思考，既在于对天的理解，更在于对沟通天人的路径与方法的思考。在此，中西理路和方法的迥然不同，决定了哲学话语及其体系的差异，也决定了审美与休闲研究的话语及其体系的差异。在人文领域，西方传统认定之"天"（本体），或是绝对抽象的终极真理，或是绝对神圣的上帝意志；与此相应，西方沟通天人的基本路径，或是对终极真理的解读阐释，或是对神圣彼岸的信仰追求，因而，纯粹理性或语言哲学成为西方沟通天人的基本方法。中国传统认定之"天"（本体），"极高明而道中庸"，"天"只是当下境域中的"各得其分"的"度"，天人本然一体，人能尽其性就能合天，能参天地之化育；与此相应，中国沟通天人的基本途径是对"度本体"的当下活泼体认，因而，"心上工夫"和"事上工夫"构成的"身心之学"成为中国传统沟通天人的基本方法。在中国传统审美与休闲领域，"各得其分"的"止"及其衍生的相关概念表达的是审美与休闲本然与应然的潜在状态；通过"适""宜"等恰到好处的"体认"无限而充分地接近、呈现恰如其分的"止"，是其基本工夫；通过"体认"与"践履"的工夫，化"本然""应然"为恰到好处的"实然""自然"，以臻"天人同体""物我两忘""无往而非乐"，是审美与休闲的境界，这些相关概念组成了"本体—工夫—境界"语汇，并由此构成了迥别于西方的中国审美与休闲研究的"终极识度"、独特话语和理论体系。

陆庆祥所著《走向自然的休闲美学》、章辉所著《南宋休闲哲学研究》、吴树波所著《超越与快乐》分别从中国传统社会最具代表性的文人、时代和宗教三方面对传统中国的休闲思想和智慧做了有成效的研究，三位博士的著作很好地做到了用中国的话语研究中国的审美与休闲的思想智慧。

遗憾的是，树波君的《超越与快乐》最终未能如期付梓。责编嘱笔者就此修改小序，笔者一则出于对过程的尊重，二则坚信真正有内涵、有功力的学术著作终能与读者见面，因此不改前文，只是补加说明。

浙江大学休闲学的研究事业刚刚开启，希望我们师生共同努力，立志创建休闲学研究的浙大学派，更希望我们的博士及其他同学奋发有为，写出更多更好的休闲学研究论著。在此不妨借用屈原的诗句：路漫漫其修远兮，吾将上下而求索！

是为小序。

潘立勇

2017 年春节初稿

2018 年国庆节补记

于蒙卡岸新寓

目　录

绪　论

/第一章/
南宋休闲哲学的社会背景

/ 第六章 /

南宋休闲价值的多维比较

/ 第七章 /

南宋休闲价值的本体运思

/ 第十章 /

南宋心闲工夫的应事之道

/ 第十一章 /

南宋身闲工夫之境域取舍

绪

论

光阴荏苒，岁月如梭。在导师潘立勇先生的长期关心和指导下，经过近九年的不懈积累、写作、修订和提高，笔者现在终于可以向读者奉献出这部心血之作——《南宋休闲哲学研究》。作为自己的第一部独立学术专著，此书对笔者之意义不言自明。特将成书缘起和思路方法大致交代如下，作为绪论。

第一节　成书缘起

从时代背景看，本书受召于人类所到达的新纪元——"休闲时代"；从学科理论背景看，本书缘起于一门新兴学科——"休闲学"及其分支学科"休闲哲学"；从研究对象看，本书选择了我国传统文士阶层，他们来自封建社会发展的高峰时期——宋代。

一、时代召唤："休闲时代"与"休闲学"

或许在有些人看来，以"休闲"作为著作选题，似有不务正业之嫌。而事实上，休闲话题绝非无关痛痒的闲话，而是关系到整个国计民生之大事。尤其在当前以构建和谐社会为政治理想之时，休闲更具有重要的现实意义。

20 世纪末，美国著名未来学家格雷厄姆·莫利托（Graham Molitor）在《全球经济将出现五大浪潮》一文中预测，到 2015 年人类将走过"信息时代"的高峰期而进入"休闲时代"，一个以休闲为基础的新社会将有可能出现。[1] 目前，如何迎接全民性"休闲时代"的到来，已经成为我国各级政府所要思考的重要问题。打造高品位、高质量的"休闲之都"，也日渐成为众多国内城市所追求的目标。但事实上，我们离真正的"休闲时代""休闲城市"尚有很大差距。

一方面，不少政府领导和企事业单位仍在片面追求 GDP、绩效等硬指标，忽视休闲的价值，导致人民休闲权益无法得到保障。今日之杭州就出现这样的悖论：在这个已被国际休闲组织（World Leisure Organization）授予"国际休闲之都"称号的城市，人们总是行色匆匆，急于事功而焦虑不安。"白加黑，五加二；星期六一定不休息，星期天休息不一定。"这几乎成了杭州人的某种职场写照。另外，由于某些管理制度的不尽合理，人们不得不终日被不必要的繁杂事务困扰。例如，高校圈流传一句俗语："完成科研花一年，完成报账花两年。"这已经不是笑话，而是无奈的现实。还有各种现代化工具、器物、软件等的设置越来越复杂，缺乏人性化，导致人们每天不得不在注册、登录、更新、升级、维护、防毒等技术性事物上花大量时间，人生也变得越来越忙碌。以上的状况，严重影响了人们的日常生活幸福感。

另一方面，相当一部分民众自身缺乏休闲意识，过于将重心放在工作之上，而不懂得张弛之道。尤其是高校的科研人员，事业太拼、缺乏放松，导致"过劳死"频频发生。2011年4月19日，复旦大学年仅32岁的年轻女教师于娟因癌症而英年早逝了。究其主要原因是过于追求事业成功，过于操劳而不注意休息。她在临终前痛悔地写道："在生死临界点的时候，你会发现，任何的加班（长期熬夜等于慢性自杀），给自己太多的压力，买房买车的需求，这些都是浮云。""回想10年来，基本没有12点之前睡过，学习、考GT之类现在看来毫无价值的证书、考研是堂而皇之的理由。……厉害的时候通宵熬夜。"[2]而事实上，笔者在杭州时的一位同事早在于娟去世的前一年就因过劳而去世，时年仅29岁，且刚刚考上博士。这不得不让人重新认识休闲的价值。

再一方面，有闲者的休闲异化、与日俱增的"休闲综合征"令人担忧：无所事事、头脑昏昏、沉湎舞厅、通宵达旦、暴饮暴食、一醉方休、闲逛商场、挥金如土等，浪费了人的生命，遗忘了人类的精神家园。"电视选秀、麻将赌博、色情洗浴等庸俗娱乐活动在城市中蔓延开来……休闲生活过于单调的城市妨碍了人的自由个性的发挥。……横亘在精英与大众间的休闲界限则在无形中增加了彼此的隔膜度和社会的摩擦度。"[3]甚至"在一些地区，吃喝嫖赌风气盛行，严重地污染了社会环境，毒化了人的心灵；少年犯罪，吸烟、吸毒日盛"[4]。因此，"在现代城市生活中，休闲扮演着日益重要的角色，休闲文化建设已成为建设宜居城市不可或缺的重要内容"[5]。

事实上，正因为看到了休闲与人类文明、社会进步的重要关系，看到了休闲理想与社会现实的矛盾，西方在一百多年前就已经开始了"休闲学"（Study of Leisure）研究，产生了如美国的托斯丹·凡勃伦（Thorstein B. Veblen）、荷兰的约翰·赫伊津哈（Johan Huizinga）、德国的约瑟夫·皮珀（Josef Pieper）等享誉世界的近现代学者和约翰·凯利（John R. Kelly）、托马斯·古德尔（Thomas Goodale）、杰弗瑞·戈比（Geoffrey Godbey）、克里斯多夫·爱丁顿（Christopher Eddington）、罗伯特·斯特宾斯（Robert Stebbins）等一大批当代知名学者，还诞生了世界休闲组织（World Leisure Organization）等国际性权威机构。相比之下，我国休闲学研究的开展则落后了很多。不过值得欣慰的是，改革开放以来，西方休闲学理论不断得到译介，国内学术界纷纷响应，逐步掀起了"休闲学"研究热潮。相关机构、活动、人才培养、刊物出版等从无到有，并日见增多。限于篇幅，拣选典型介绍如下。

在著名学者于光远的倡导下，1995 年成立的北京六合休闲文化策划中心成为我国最早从文化哲学角度研究休闲的民间学术机构。2002 年，中国艺术研究院中国文化研究所成立了休闲文化研究中心，并逐年主办年会。同年，世界休闲组织、浙江大学、杭州市人民政府等联合发起成立了浙江大学亚太休闲教育研究中心（APCL）。该中心是世界休闲组织在亚太地区的权威学术代表机构，它依托浙江大学学科门类齐全的优势，凝聚了一批高素质的休闲学人才。2007 年 4 月，国内首家省级休闲文化研究机构四川省休闲文化研究会成立，主旨为开展休闲学科学基础理论和应用研究。同年 6 月，依托于 APCL 的研究队伍，国内第一个休闲学博士点在浙江大学哲学系设立。同年 11 月，中国自然辩证法研究会休闲哲学专业委员会成立。随后，山东大学（威海）马克思主义教学部也成立了文化与休闲研究所。2013 年，湖北理工学院又成立了华中休闲文化研究中心。近年来，国内休闲学专著不断出版，一些学术刊物相继开设"休闲文化专栏"，以"中国（杭州）休闲发展国际论坛"为代表的休闲类专题论坛不断涌现，与休闲有关的研究也纷纷开始出现在国家社科基金和自然基金项目之中。

关于休闲学的学科界定，目前学界尚有不同程度的模糊认识。笔者曾撰文指出："休闲学是最典型的交叉学科研究。"[6]"在跨学科的宏大语境下，休闲学应当是政治之学、社会之学、经济之学、游戏之学、哲思之学、伦理之学、幸福之学和审美之学。"[7]笔者认为，要解决当前休闲文化建设中的思想认识问题，提高社会休闲生活中的休闲境界，非得依赖休闲哲学不可。

二、理论背景："休闲哲学"的界定及使命

约瑟夫·皮珀提醒我们，不能仅仅从工作的调节剂和加油站的角度来看待休闲活动，"闲暇从来不会是为工作而存在。……闲暇和默观一样，都是属于比'劳动的生活'更高层次的生活"[8]。无疑，这就必须看到休闲的哲学层面。于是，作为休闲学的分支学科，"休闲哲学"应运而生。

笼统地说，休闲哲学是"哲学科学向人们生活的休闲领域渗透所形成的新学说"[9]。关于它的界定和使命，笔者认为可以从三个方面进行归纳。首先，从认识论层面来说，休闲哲学是认识之学。它的意义在于提醒我们去发现人类如何在休闲之中，以或静或动的感性方式去认知世界，去获得知识和真理。在这一视角下，我们可以考察休闲活动中人类认知世界的心理状态有何种特点。其中，宗教休闲方式（如基督教的默观、佛教的冥想等）对认知世界的作用与特点尤其值得注意。其次，从人性论层面来看，休闲哲学是人性之学。马克思的女儿曾问他："您最喜欢的格言是什么？"马克思回答："人所具有的我都具有。"[10]而只有在休闲活动中，人所全部具有的丰富人性才会得到展现。因此，休闲学研究将使我们惊喜地发现越来越多属于真正人性的构成元素，哲学上的人性论也才会越来越深刻。最后，就存在论层面而言，人的存在并非是为了满足生理需要而拼命工作的过程。被工作占据的存在状态是片面和单向度的，为物质操劳的人生是畸形和不完整的。没有休闲，就没有健康的存在方式，人性也就无法得到健康的发展。人需要的是丰富的"整体生存"，这种健康完满的存在状态必须由休闲赐予。正如杰弗瑞·戈比所言："显然，将休闲和生活中的其他部分结合起来是'整体生存'的一个主要组成部分。"[11]因此，休闲哲学必然是存在之学。它强烈地关注人的存在，表现为对生命的存在的反思，如对现有生存状态进行批判，对理想生存方式进行探索等。除了以上三个主要层面外，休闲哲学还可以考察休闲与世界观、价值观、自由观、目的论、方法论、实践论等诸多

层面的关系，其学术范围极其广阔。

关于它的意义，李国亭等指出："休闲哲学的研究与发展……是哲学科学伴随着知识经济社会或信息社会到来的一种新发展。这种发展的直接社会效益，将是广大社会成员关于休闲观念的改变和积极生活观念的升华，将是休闲生活质量的大大提高，逐步创造并形成一种与知识经济发展相适应的休闲文化、休闲经济、休闲产业和休闲文明。……有益于全面提高公民综合素质之人文生态环境的再创造。"[12]

"休闲哲学并不是今天才有的，而是未引起人们太多注意。"[13] 过去，传统哲学研究多处于"高高在上"的位置而忽视了休闲哲学。所幸在休闲时代来临的今天，它终于引起了学术界（尤其是哲学界）的重视。"'休闲'作为一个关乎日常生活世界与生命意义的哲学问题，正在成为中国哲学研究的新视域。"[14]

对比中西方休闲哲学体系，笔者尤其重视我国传统休闲哲学思想，并试图将其精华作为当代休闲生活的借鉴。这是因为："中国传统休闲哲学具有独特的东方文化韵致与迷人的思想魅力……开示出关照身心、安身立命的宝贵实践智慧，必将在新的时代境遇中焕发出炫丽的光彩。"[15] 约翰·凯利曾赞叹："中国人对生活与休闲有精深的思想，形成了一个悠久的传统。"[16] 事实上，在中国历朝历代的休闲文化中，均不乏对闲适的体验、理解与思考。这些散见于经史子集中的由思想火花所汇聚而成的传统休闲哲学，具有高度的理论品质。

胡伟希认为："中国古典的休闲哲学是以'天人合一'之道作为其思想理论基础的。"[17] 因此，秉承"天人合一"之道，弘扬一种生命的整体观的中国休闲哲学，也就明显相异于自古希腊以来那种"工作/休闲"二分的西方传统休闲观，呈现出一种鲜明的东方文化色彩。此外，"中国休闲哲学的一个重要特点是，重视人生境界的实现。……中国休闲哲学正是将发展人的精神性追求、提升人的精神境界作为其理论的出发点"[18]。如果说，西方重视休闲中肉体生命与感觉器官的满足，那么中国休闲哲学更愿意走向一种精神上的提升与享受。可见，在中国文化传统中孕育生成的原生态的休闲哲学，有着西方休闲思想无法比拟的独到之处。如能按照不同历史时期将传统休闲哲学很好地加以梳理、分析和消化，将能极大地推动具有中国特色的休闲学研究。正如陈盈盈所说：“研究休闲理论，挖掘整理中国古代休闲思想遗产，以引导人们文明、科学、健康、合理的休闲度假，是摆在我们面前的一项重要而艰巨的任务。”[19]

三、对象选择：南宋时期与文士阶层

在传统休闲视域内，笔者将研究对象聚焦于宋代社会。原因一是它具有高度之成就，二是它具有近世之特征。

从第一方面来说，宋代是封建社会里高度发达的历史阶段。上古夏、商、周三代，是古人普遍认为的天下大治、文化灿烂的“圣明时代”。而陆游曾将宋朝与汉、唐联系起来，并视其为可与上古三代媲美的盛世：“商周去不还，盛哉汉唐宋。”[20] 李贽亦云：“前三代，吾无论矣。后三代，汉、唐、宋是也。”[21] 近人对宋代更是推崇有加。严复认为思想与文化的断代研究以宋代切入为最佳，因为它深深影响了近世中国的面貌：“若研究人心政俗之变，则赵宋一代历史，最宜究心。中国所以成为今日现象者，为善为恶，姑不具论，而为宋人之所造就什八九，可断言也。”[22] 王国维对宋代的推崇则在于其思想与学术：“宋代学术，方面最多，进步亦最著。……天水一朝人智之活动与文化之多方面，前之汉唐，后之元明皆所不逮也。近世学术多发端于宋人。”[23] 陈寅恪认为宋代是封建文化最高峰的结论则更为著名：“华夏民族之文化，历数千载之演进，造极于赵宋之世。”[24]

现当代学者亦多持此类观点，如邓广铭认为：“宋代是我国封建社会发展的最高阶段。两宋期内的物质文明和精神文明所达到的高度，在中国整个封建社会历史时期之内，可以说是空前绝后的。”[25] 徐吉军认为宋代“作为文化组成部分的物质文明和精神文明比以往任何一个朝代，都有了长足的进步”，“宋代的文化区域及文化层次等也远比过去扩大和深入”。[26] 周膺甚至认为：“从文化内涵来看……（宋代）是中国古代文化的最终完成，此后的中国文化很少再有新鲜成分。”[27] 类似等等，不再赘述。

虽然唐、宋总是并列而称，但长期以来学术界一直主张“唐代文化高峰说”。其实明代首辅徐有贞就认为，宋代人文胜过汉、唐：“宋有天下三百载，视汉唐疆域之广不及，而人才之盛过之。"[28]日本学者和田清在20世纪50年代出版的《中国史概说》中也认为："唐代汉民族的发展并不像外表上显示的那样强大，相反地，宋代汉民族的发达，其健全的程度却超出一般人想象以上。"[29]正因为宋代处于封建文化的高峰期，故而研究其休闲哲学思想也就显得更加有意义。

从第二方面来说，宋朝已具有近现代社会之特征。1910年，日本学者内藤虎次郎发表《概括的唐宋时代观》一文，提出唐和宋在文化性质上有显著差异，因此唐代可认为是中世纪的结束，而宋代则是近世的开始。这就是著名的"内藤假说"或称"唐宋变革论"，它断言了宋代在各方面对古代中国所具有的巨大而深远的变革性影响。

后来和田清也有类似说法："想来，虽然由于史料等关系，常常简单地把唐和宋称为唐宋时代，但……唐、宋之间，是明显地存在着截然区别的，无论从四周形势来看，还是从国内的政治、经济、社会、科学、艺术、宗教、思想等各方面来看，五代、宋以后，是与前代显著不同，而与后代相连。这大概是任何人也不能不承认的。"[30]宋代文明"在不断的发展过程中，逐渐普及开来，促进了庶民阶级的兴起，根本上改变了从来的以贵族为中心的社会，而带来了较强的近代倾向"[31]。

国内后来的看法亦逐渐与日本学者接近。如钱穆认为："论中国古今社会之变，最要在宋代。宋以前，大体可称为古代中国，宋以后，乃为后代中国。……就宋代言之，政治经济、社会人生，较之前代，莫不有变。"[32]吴晓亮也认为："商业街区的形成、侵占官街河道事件的屡屡出现，以及城墙外附郭草市的增多，改变了宋以前中国传统城市的内部及外部形象，使城市具有近代城市的色彩。"[33]周宝珠指出："元、明、清三代，在资本主义生产关系出现以前，都是按照宋代城市的模式发展演变下来，只有量的增加，而无质的突破。"[34]以上都可以看出宋代的近世面貌。而黄仁宇认为宋代已有了现代社会的特征："公元960年宋代兴起，中国好像进入了现代……行政之重点从传统之抽象原则到脚踏实地，从重农政策到留意商业，从一种被动的形势到争取主动，如是给赵宋王朝产生了一种新观感。"[35]目前，中外学者普遍趋向于认为，两宋文化"直至20世纪初都是中国的典型文化。其中许多东西在以后的一千年中证明是中国最典型的东西"[36]。因此，从宋代的近世性这一角度来说，以宋代作为传统休闲研究的个案，对于现代休闲建设有较为直接的现实意义。

在两宋之中，笔者又偏爱以南宋社会作为研究对象，这是因为从整体上来说，南宋较之北宋更加繁荣昌盛，文化成就也更高，甚至领先于整个世界。对此，外国学者早已有所认识。剑桥大学教授巴勒克拉夫（Geoffrey Barraclough）赞誉 13 世纪时的中国（即南宋时期）："人口众多、出产丰富，它的社会很有秩序也很安定，它的科学和技术远甚于同时代的欧洲，在这整个期间，中国是世界上的最强大的国家，中国的文化是世界上最光辉的。"[37]

国内学者近年来的类似认识日见增多。徐规在《南宋政治史》序言里认为："南宋是中国古代文化最为光辉灿烂的时期。"[38] 王国平认为："无论是文化教育的普及、文学艺术的繁荣、学术思想的活跃、科学技术的进步，还是社会生活的丰富多彩，南宋都达到了前所未有的程度，在当时世界上也都处于领先地位。"[39] 何忠礼也认为："南宋与北宋确实存在着差异……东南地区经济的日益繁荣，海外贸易的兴旺发达，封建文化的空前昌盛，理学独尊地位的确立和对政治产生了重大影响，如此等等，都为北宋时期所未见。"[40] "如果深入研究南宋在经济、文化、科技等各方面的成就，就可以知道它基本上皆超过了北宋；……如果从它对后世的重大影响而论，更是北宋所不能比拟。"[41]

最后还需要说明的是，尽管作为一种人生哲学的南宋休闲哲学是全民性的思潮，但本书中主要选择文士阶层作为研究对象。这是因为：首先，文士多有诗文传世，因此在文献获取上比较容易；其次，文士阶层皆为读书人，具有较高的知识文化水准；同时，由于宋代理学大盛，文士多半具有一定的哲学思辨能力，因此，他们对休闲的思考比较充分、全面和深入。有学者认为："在中国历代哲学家文献中，对于休闲并未见有直接的阐述，但在其笔墨游刃之间仍能略见端倪。"[42] 如果说这一看法对于唐代及之前尚有一定正确性，那么在宋代尤其是南宋时期就不那么合乎历史事实了。事实上，通过《全宋文》以及各类南宋文献可知，南宋文士对休闲问题经常有着极为直接的阐释，这也是选择文士阶层作为研究对象的原因。顺带指出，南宋宗教界（尤其是佛教和道教）的著名人物，亦被作为本书研究对象。一则因为他们多半也是读书之人，有较高的文化，亦可纳入广义的"文士"范围；二则因为他们也流露了不少深刻的休闲思想，尽管有时是出于宗教目的，但同样可以给我们有益的借鉴和启迪。

第二节 思路方法

在交代了成书缘起之后，笔者还需简述一下本书行文的思路和研究方法。首先是对相关文献进行汇总、梳理和分析，其次是形成合理的研究理路，最后是提炼出一定的创新点。

一、现状分析：理论缺失与整体空白

目前有关休闲选题的研究成果可谓如雨后春笋。若以"休闲"作为篇名输入中国知网进行搜索，截至 2018 年 4 月 12 日，可得论文 41668 篇。这是一个惊人的数字。此外，近 10 余年来，书名中含有"休闲"字样的研究专著亦不在少数，大致至少在百种以上。

但以上众多成果，明显存在着理论性不强的问题，表现为休闲文化研究相对较多，而休闲哲学研究相对较少，即只注重休闲现象的挖掘、呈现，而忽视或无能为力于休闲思想、休闲智慧和休闲境界的诠释。而即便在理论性研究中，也存在以下两方面的缺失。

第一，缺乏传统哲学的支撑，导致一些研究呈现出内在理路不清，行文散漫随意的缺点。比如，中国古代哲学家在讨论的其他哲学话题中涉及休闲时，可能并不出现"休""闲"字样，而传统哲学素养的不足和古代汉语水平的欠缺，常使一部分休闲学研究者不能敏锐地抓住这一部分。

第二，缺乏西方哲学的支撑。由于缺乏西方现代人本主义哲学思潮视野，更没有现代休闲学理论的框架性支撑，一些研究常常显现出理论性和现代感的缺失，呈现以古论古、为古而古的面貌，缺乏古为今用、经世致用的学术精神。这样的研究对当前的休闲生活难有直接的建设性作用，也很难与西方休闲思想对话。因而杰弗瑞·戈比曾提出："希望在中国的现代化过程中，中国人审视休闲时能把其他国家作为一个背景加以借鉴，使自己的休闲模式不断演进。"[43] 显然，不少学者的研究忽视了戈比的忠告，显示出了明显的学术空白。

此外，以上研究成果呈现了对南宋专门研究的不足。就笔者掌握的资料，与南宋文士休闲哲学思想有关联的学位论文，仅有张翠爱的《两宋休闲词研究》（苏州大学 2009 年博士学位论文）、杨永桦的《周密休闲思想及行为研究》（浙江工商大学 2010 年硕士学位论文）、李建英的《陆游闲适诗研究》（北京师范大学 2010 年博士学位论文）和许卿彦的《朱子休闲哲学研究》（福建师范大学 2012 年硕士学位论文）等数篇。而篇名中直接含有"南宋休闲哲学"字样的论文，截至 2018 年 4 月 12 日，经中国知网检索为零。由此可见，对南宋休闲哲学进行整体把握的论文尚基本处于空白状态。而出版物中，目前仍尚无真正意义上的整体性研究南宋文士休闲哲学之专著。

二、理路旨趣：本体·工夫·境界合一

在导师的建议下，本书主要以本体、工夫与境界三个层面对南宋休闲哲学展开分析，这种思路源于中国传统哲学。传统哲学的重要特点是讲究知行合一、体用不二。这最终导致了宋明时期（尤其在陆王哲学那里）将本体论、工夫论和境界论圆融贯通的哲学架构的形成。在这样的形而上学体系影响下，不少现代学者在自觉与不自觉中，习惯于将本体、工夫、境界三个层面作为阐释传统思想的切入点，这是颇有内在理据的。正如彭鹏所言："融本体、工夫与境界为一体的体验式形而上学……是整个中国文化的一个重要特色。"[44]

在中国传统哲学语境中，所谓本体，即本质、本根、本然之意，工夫是指手段或途径，而境界则是指实现的高度。从三者的关系来看，本体思考是对事物本质的一种形而上设定，它的合理性需要用一定的实践方式（即工夫）来检验，而一个人的思想、觉悟通过修养工夫所能达到的水准即是境界。本体、工夫、境界三者，是互相联系的有机整体，密不可分。他们形成中国传统哲学的独特思想体系。

在本体、工夫、境界三位一体，不可分割的理路下，本书的行文这

样展开：绪论之外，首先以"观念论"共四章开篇，第一章概括介绍南宋休闲哲学产生的土壤，即南宋社会的政治、经济、思想、文化等各方面的背景。后三章详述南宋文士的休闲思潮，包括价值观念的日渐转向、尚闲心态之种种呈现和对休闲风格之高度认同。

接下来是"本体论"共三章，揭示南宋文士休闲思想的本体之思，包括对"闲为何物"的本体性领悟和理解，休闲价值与他物价值的多维比较，以及对休闲自身价值的本体运思。

再次是"工夫论"共六章。前三章分析南宋"心闲"工夫，分别包括顺性之道、复性之道和应事之道，后三章讨论南宋"身闲"工夫，分别涉及境域取舍、幽事逸情和玩物适情。

最后以"境界论"共三章压轴。呈现南宋休闲哲学的多维境界，包括遁世境界、谐世境界、超越境界三方面。末尾是"结论"部分。

由于本体是对事物本然与应然状态的预设（并且常常是约略的），而工夫是实现本体的手段，因此南宋休闲工夫必然表现为南宋人士对休闲本体的种种预设之实现方式；而由于境界是本体预设在具体、现实层面中所能达到的高度和水准，因此南宋休闲境界的呈现必然也与休闲本体的种种预设之具体落实密切相关。这样，本书在行文上就能有着较为缜密、圆融的哲学性支撑。

三、创新之处：古今中西的互通互证

从创新之处来看，虽然休闲哲学思想古已有之，但休闲哲学作为一种学术研究，在西方的确是近几十年的事情，在我国甚至才刚刚开始。故而，本书的选题本身就带有很大程度的创新意义。此外，在具体的研究思路方法上，本书也具有相当的创新点，即做到了古今中西休闲哲学思想的互通与互证。

目前学界往往侧重休闲文化的罗列，如茶文化、酒文化、饮食文化、娱乐等等，而缺少休闲思想的挖掘和理论分析。本书则恰恰针对这种缺失，注意从哲学高度来梳理南宋休闲思想，而不是散漫罗列休闲现象。在挖掘南宋休闲思想的过程中，注意以下两方面的互通与互证。

第一，将南宋休闲哲学置于中国古代休闲思想的长河之中，即将其与南宋之前的休闲思想（如先秦老庄休闲观、唐代休闲观）与宋后之世的休闲思想（如明清文士的休闲观）进行纵向对比，由此使读者能够厘清传统休闲观念发展的大致脉络及各时代的继承关系。

第二，将南宋休闲哲学放置于西方传统休闲思想（如古希腊休闲观）之中以及各种西方现代休闲学理论（休闲社会学、休闲心理学、休闲伦理学等等）之中，进行横向对比，由此使中西休闲思想互相借鉴，取长补短。

在当代休闲学或"以古论古"或"全盘西化"的模式下，倘有学者能够综合古今中外，做到旁征博引、中西融通，诚为休闲学研究所需要的一种综合创新模式。

——

注释

[1] Graham T.T. Molirot, "The Next 1000 Years: The 'Big Five' Engines of Ecnomic Growth," *The Futurist*, 1999,(9):13-18.

[2] 转引自：《生命日记感悟生命》，2015 年 5 月 28 日，https://blog.csdn.net/zhongyi-yang/article/details/46121155，2018 年 10 月 16 日访问。

[3] 吴树波：《宜居城市与休闲文化建设》，载《河北科技师范学院学报》（社会科学版），2010 年第 6 期。

[4] 马惠娣等主编：《中国公众休闲状况调查》，北京：中国经济出版社，2004 年版，第 23 页。

[5] 吴树波：《宜居城市与休闲文化建设》，载《河北科技师范学院学报》（社会科学版），2010 年第 6 期。

[6] 章辉：《论休闲学的学科界定和使命》，载《中央民族大学学报》（哲学社会科学版），2012 年第 2 期。

[7] 同上。

[8]（德）约瑟夫·皮珀：《闲暇：文化的基础》，刘森尧译，北京：新星出版社，2005 年版，第 45 页。

[9] 李国亭、王学安：《关于休闲哲学的思考》，载《自然辩证法研究》，2002 年第 3 期。

[10]（德）马克思、恩格斯：《马克思恩格斯全集》（第 31 卷），中央编译局译，北京：人民出版社，1972 年版，第 589 页。

[11] Thomas Goodale & Geoffrey Godbey, *The Evolution of Leisure: Historical and*

Philosophical Perspectives, Philadelphia: Venture Publishing, Inc., 1988, p.189.

[12] 李国亭、王学安:《关于休闲哲学的思考》,载《自然辩证法研究》,2002 年第 3 期。

[13] 同上。

[14] 赵玉强:《休闲:中国哲学研究的新视域》,《中州学刊》,2014 年第 8 期。

[15] 同上。

[16](美)约翰·凯利:《走向自由:休闲社会学新论》,赵冉译,昆明:云南人民出版社,2000 年版,《中文版序》第 3 页。

[17] 胡伟希:《论中国休闲哲学的当代价值及其未来发展》,载《学习论坛》,2004 年第 9 期。

[18] 同上。

[19] 陈盈盈:《中国传统文化中的休闲观念》,载《自然辩证法研究》,2004 年第 5 期。

[20]《玉局观拜东坡先生海外画像》,《剑南诗稿》卷九,见钱仲联、马亚中主编:《陆游全集校注》(第 2 册),杭州:浙江教育出版社,2011 年版,第 131 页。

[21]《藏书·世纪列传总目前论》,见(明)李贽:《藏书》(第 1 册),北京:中华书局,1974 年版,第 17 页。

[22](清)严复:《严复集》(第 3 册),王栻主编,北京:中华书局,1986 年版,第 668 页。

[23](清)王国维:《王国维论学集》,傅杰编校,北京:中国社会科学出版社,1997 年版,第 201 页。

[24] 陈寅恪:《金明馆丛稿二编》,上海:上海古籍出版社,1980 年版,第 245 页。

[25] 邓广铭:《谈谈有关宋史研究的几个问题》,载《社会科学战线》,1986 年第 2 期。

[26] 徐吉军:《中国古代文化造极于宋代论》,载《河北学刊》,1990 年第 4 期。

[27] 周膺、吴晶:《南宋美学思想研究》,上海:上海古籍出版社,2012 年版,第 1 页。

[28]《重建文正书院记》,《范文正集补编》卷四,见(清)永瑢、纪昀主编:《四库全书·集部二八/别集类》(第 1089 册),上海:上海古籍出版社,1987 年版,第 851 页。

[29] 张邦炜:《瞻前顾后看宋代》,载《河北学刊》,2006 年第 5 期。

[30](日)和田清:《中国史概说》,吉林大学历史系翻译组等译,北京:商务印书馆,1964 年版,第 132 页。

[31] 同上书,第 127—128 页。

［32］《理学与艺术》，见中华丛书编审委员会：《宋史研究集》（第7辑），台北：台湾书局，1974年版，第2页。

［33］吴晓亮主编：《宋代经济史研究》，昆明：云南大学出版社，1994年版，第145页。

［34］周宝珠：《试论草市在宋代城市经济发展中的作用》，载《史学月刊》，1998年第2期。

［35］（美）黄仁宇：《中国大历史》，北京：生活·读书·新知三联书店，1997年版，第128页。

［36］（美）费正清、赖肖尔：《中国：传统与变革》，陈仲丹等译，南京：江苏人民出版社，2012年版，第117页。

［37］（英）杰弗里·巴勒克拉夫主编：《泰晤士世界历史地图集》，毛昭晰等译，上海：上海三联书店，1982年版，第127页。

［38］何忠礼：《南宋政治史》，北京：人民出版社，2008年版，《序言》第36页。

［39］王国平：《以杭州为例还原一个真实的南宋》，载《浙江学刊》，2008年第4期。

［40］何忠礼：《南宋政治史》，《前言》第7页。

［41］同上书，《前言》第10页。

［42］孙承志：《休闲哲学观思辨》，载《社会科学家》，1999年第4期。

［43］（美）杰弗瑞·戈比：《你生命中的休闲》，康筝译，昆明：云南人民出版社，2000年版，《中文版序》第1页。

［44］彭鹏：《本体、工夫与境界：心文化的理论与实践》，载《唐都学刊》，2010年第5期。

第一章　南宋休闲哲学的社会背景

越是深入地了解宋代，我们越是会有这样的感受：休闲观念在宋代思想史中占据着极为重要的位置。不了解宋人的休闲观念，我们就不能全面地把握宋代思想的全貌，乃至无法全面欣赏宋代文化的美丽图景。对于南宋，情况尤其如此。可以说，休闲在南宋已经成为一种广泛的思潮，一种普遍的人生哲学。此一现象，无疑是南宋这个时代在思想方面的重要特征之一。

我们无法忽视以下的事实：南宋人士求"闲"若渴，见"闲"思齐。休闲的思潮与诉求，反映了他们对异化人生的强烈拒斥和对回归自然的热切渴望，也现实地影响了他们的日常生活方式。更进一步地说，这种思潮作用于社会文化的各个方面，南宋的政治、经济、服务产业、城市建设乃至艺术、娱乐、审美都无不受其浸染，得其滋养。由此，南宋文化的许多领域都带有了休闲的意味，甚至可以整体性地概言：南宋文化在某种程度上就是休闲哲学的产物。忽视休闲来谈南宋文化史、思想史，是有缺陷的，也是不符合南宋实际的。目前市面上的宋代哲学史、宋代（南宋）思想史一类的著作，无一字提及南宋休闲思潮和休闲哲学，平心而论，不能不说是一个明显的缺失。

休闲思潮的兴起、休闲哲学的发展并非孤立的现象，而是由整体社会状况所决定的。南宋政治、经济、思想、文化等方面的高度发展，是南宋休闲思想形成的背景条件。故而，本章将这些情况先简单交代于下。

第一节　政治背景：和议局面与游戏精神

政治、经济状况在很大程度上决定着休闲观念的滋生。很难想象，一个政治混乱、经济凋敝的社会，会有强烈的休闲诉求和趣味各异的休闲工夫。南宋休闲哲学必然存在着政治、经济方面的基础，来作为其产生的客观条件。

没有政治稳定，国将不存，休闲思潮更不可得。而在一个稳定的社会中，人们亦须获得政治上的自由，才有可能充分发展并发表其休闲思想。南宋相对稳定的局面，以及政治氛围的空前宽松，为休闲哲学提供了发生的土壤。

一、"屈己通和，以图休息"：政治局面之稳定

南宋王朝建立后，高宗赵构即开始了其"建炎中兴"的努力。他采用依靠士大夫、削弱武将兵权、招安盗贼等政策，增强了政治凝聚力，稳固了半壁江山。绍兴十一年（1141），秦桧代表宋廷通过艰苦谈判，完成"绍兴和议"，使南宋结束了与金长达10余年的战争状态，确保社会获得了数十年间相对的稳定，用于国家发展的各种典章制度也得以建立。对此，南宋人自身已有一定认识：

> 比年以来，疆场休兵，里间复业，阴阳平和，年谷屡丰。仰父俯子，左餐右粥。歌讴笑嬉，无所疾痛。（熊彦诗）[1]
>
> 比年以来，干戈偃息，农亩屡丰，海内无事，高拱以责成功。（黄公度）[2]
>
> 然承平闲暇，中外阜宁，衣冠辐凑行在所，仕者以登畿为乐，边防盗贼之警不闻。总护常程，春秋阅武之外，他非机要，幕府文书省简。参佐晨兴诣曹，亡所受事，则肩舆出郭门觞咏湖山间。（赵德渊）[3]
>
> 北望未忘诸老在，中兴已是百年间。（方岳）[4]

对政府的主和保民之策，很多官员是大力拥护的。曹勋曾上奏宋高宗，称赞说："陛下顷者宸心独断，屈己通和，以图休息，得祖宗保民之意也。"[5]郑仲熊赞美宋孝宗："皇帝即位之十六年，偃武戢兵，与民休息，哀举坠典，以光大业，文物鼎新，教化兴焉。"[6]可见，南宋统治者的施政主旨就是要与民休息，即使"屈己通和"亦在所不惜。

事实证明，求稳求和的政策对于南宋的存立是关键的。清代赵翼有论云："当北宋强盛时已如此，况南渡乎？……宋之为国，始终以和议而存，不和议而亡。"[7]没有和议带来的政治稳定，国将不存，休闲思潮更不可得。正如何忠礼所言："南宋政权的建立和稳定，使秦岭淮河以南和四川地区不致遭受女真贵族的奴役，使先进的宋文化获得了继续繁荣

昌盛的土壤。"[8]

事实上，从总体上来看，当时的文士对主和政治所带来的安定局面也是满意的。朱敦儒就满足于他所处时代的政治局面：

> 共野叟行歌，太平时世。[9]
> 如今远客休惆怅，饱向皇都见太平。[10]
> 幸遇太平年，好时节。[11]
> 太平时候，乐事家家有。[12]

他还歌颂皇帝说："升平运属当千……父老欢呼，翠华来也太平年。"[13]而陆游虽然多次请求北伐未得而心中有所不满，但他对于当时升平的政治局面仍多有歌颂：

> 老翁饱食笑扪腹，林下击壤歌时康。[14]
> 击壤穷阎歌帝力，未妨尧舜亦亲逢。[15]

此外，康与之称"喜皇都，旧日风光、太平再见"[16]，张镃也称"一生常作太平民"[17]，一种自喜之情可谓溢于言表。正是在这种稳定的政治局面下，南宋文士才有可能产生对休闲的种种形而上的思考。

不过我们也要看到，由于"保民"的和议政策带有相当的保守性，当权者拘泥于自保而拒绝恢复中原，因此对主战派采取了政治打压。尤其是在高宗主政、秦桧专权的时期，大批的爱国志士如胡铨、陆游、辛弃疾、陈亮等人遭受到冷遇、贬谪或弃置，这也客观上使他们报国无门，事功意志消退，转而发起了休闲诉求。陆游的诗《壬子除夕》是这类情绪的代表性写照："儿时祝身愿事主，谈笑可使中原清。岂知一出践忧患，敛缩岂复希功名。"[18]这同样也是南宋休闲思想产生的另一种政治因素。

正如西湖老人所言："宋自和议既成之后，不复留意于中原，士大夫但知流连歌舞，啸傲湖山。"[19]而这正是主和派当权者希望看到的局面，有一个实例颇可提供此方面的证据：绍兴元年（1131）七月十日，宋高宗赵构曾和张志和《渔父词》十五首，赐给了将军辛永宗。词中，赵构将休闲生活描绘得无限美好、无比高尚，将渔隐的生活方式视为明智的选择，如：

> 烟艇小，钓丝轻。赢得闲中万古名。[20]
> 笛里月，酒中身。举头无我一般人。[21]
> 谁云渔父是愚翁。一叶浮家万虑空。[22]

很明显，赵构此举是有用意的。史料显示，辛永宗是一位积极主张北伐、反对和议的将领（后来因此被秦桧迫害）。因此，赵构将倡导休闲之词赐予辛永宗，显然在暗示这些主战派的官员休问国事，鼓励他们去过"但愿尊中酒不空"[23]的隐逸生活。这也是南宋休闲思潮产生的政治背景之一。

不过，事实上赵构本人也的确爱闲。梁思成指出："高宗究心艺事，内禅后尤多闲情逸致。"[24]因此上行下效，正如有人所认为的："南宋中期，宋金之间趋于一种稳定的对峙关系，而国内朝政为权臣把持，党锢严峻，士大夫在政治上难有作为，普遍选择了回避政治矛盾、冷淡功业建树，在享乐生活和自然山水中寻求心灵寄托的生活态度。"[25]

二、"胡说乱道，何罪之有"：政治自由之宽松

宋朝的政治氛围给予文人、士大夫的宽松程度在古代是空前的，这使当时文士享有比前代更多的政治自由。

首先，参与科举的自由是政治自由的重要方面，并且属于较高层次的。有唐200多年，进士登科者仅3000多人；而宋朝300年间广开科举，进士登科者10万多人，提高了20余倍的录取率，为广大读书人提供了出路。何忠礼指出："进入南宋，随着偏安局面的形成，科举更加盛行，应举人数迅猛增加。"[26]而且此时取士更加宽松，不受出身门第的限制，工商、杂类、僧道、农民，甚至是杀猪宰牛的屠户，都可以应试授官。南宋的科举登第者多数都是平民，如在宝祐四年（1256）登科的601名进士中，平民出身者就占了70%。[27]

其次，宋朝政府对官员予以优待。清代赵翼即曾指出，宋代的制禄

中"其待士大夫可谓厚矣！"，甚至认为"然给赐过优……恩逮于百官者，惟恐其不足"。[28]此论虽不免有夸张成分，但以下结论基本代表了大多数当代学者的意见："宋代官员俸禄是丰厚的，俸禄的整体水平是较高的。"[29]

此外，不仅物质待遇优渥，闲暇时间也有了制度的保证。据南宋李焘记载，宋真宗在景德三年（1006）"诏以稼穑屡登，机务多暇，自今群臣不妨职事，并听游宴，御史勿得纠察。上巳、二社、端午、重阳并旬时休务一日，祁寒、盛暑、大雨雪议放朝。著于令"[30]。据现代学者考证来看，宋代官员的节假日是很多的，"真宗时规定，祠部郎中和员外郎所管全年节假日共100天，其中包括旬休36天"[31]。而笔者据文献发现，每年南宋政府各类官员的休假有77天，而宫廷的休假有约103天："著令：诸休务假，一岁之间百司七十有七日。……而比年朝廷假故多于百司三分之一。"（何溥）[32]

再次，和前代相比，宋代最高统治者对文士的宽容度极高。宋朝统治者一直遵循广开言路的政策，其中最为人称道的是宋太祖关于不杀士大夫的祖训。据宋陆游《避暑漫抄》记载，赵匡胤曾在太庙立碑，明确写有"不得杀士大夫及上书言事人"[33]等三条誓言。王夫之对此举感叹道："呜呼！若此三者，不谓之盛德也不能。"[34]南宋皇帝对文士亦十分宽容，具有一种宝贵的"游戏精神"。试看以下史料：

> 龙川陈亮既以书御孝宗，为大臣所沮，报罢居里，落魄醉酒，与邑之狂士甲命妓饮于萧寺，目妓为妃。旁有客曰乙，欲陷陈罪，则谓甲曰："既册妃矣，孰为相？"甲谓乙曰："陈亮为左。"乙又谓甲曰："何以处我？"曰："尔为右。吾用二相，大事其济矣。"乙遂请甲位于僧之高座。二相奏事讫，降阶拜甲，甲穆然端委而受。妃遂捧觞，歌降黄龙为寿。妃与二相俱以次呼"万岁"，盖戏也。……乙探知其事，遂不复告之县若州，亟走刑部上首状。澹（按，指何澹）即缴状以奏……上曰："秀才醉了胡说乱道，何罪之有？"[35]

陈亮与狂士以及妓女在醉酒之后分别以皇帝、丞相、妃子相称，被人举报给孝宗，而孝宗视其为醉戏而一笑了之。南宋统治者施政颇为宽松，这便使南宋文士的一些基本观念悄然发生了变化。和前代相比，他们更倾向于以一种轻松的态度、"游戏精神"去面对社会生活的方方面面。例如，陈造认为即使做大事，也不要过于严肃："为一大事，不妨游戏世间。"[36] 南宋文士还普遍流露出这样的思想：在政治活动方面，以轻松的心态而优游为之，乃是一种更高的境界。例如，曾丰祝愿周某："翰林盘薄，文章特其绪余；政府春容，事业出于游戏。"[37] 李廷忠祝愿某法官："当经史之暇，而游戏于断律。"[38] 他又祝愿某法官："冠两京之吏而修饰以儒，苞九流之学而游戏于律。"[39]

在这样的社会背景下，南宋文士在许多事情上不再像以往那么严肃谨慎，他们能够卸下一些不必要的思想包袱，日益以轻松的节奏与步伐去对待生活。例如，对于文章写作，过去一直认为是"经国之大业，不朽之盛事"，无不认真而为，而在南宋，无论官员、文士乃至佛门对此都普遍具有"樽酒论文，谈笑翰墨"（楼钥）[40] 的精神。例如，张元干称折彦质"傲睨万物，游戏笔端"[41]；朱熹称辛弃疾"游戏文章，亦脍炙士林之口"[42]；杨长孺称范成大"吟咏余思，游戏乐府，纵笔落纸，不雕而工"[43]；真德秀称黄叔通"娱戏翰墨，笔力未尝少衰"[44]；程公许赞石田禅师"至若谈笑，起废支倾，莫非游戏，如幻三昧"[45]；王迈称谢侍郎"游戏词林，执千古文章之印"[46]，称宗使"游嬉翰墨，咳唾珠玑，春容正始之典刑，洒落晚唐之标致"[47]，又称王提举"游戏文章之三昧"[48]；郑霖称王翊善"游嬉翰墨，咳唾珠玑，春容正始之典刑，洒落晚唐之标致"[49]；徐琰称禅月国师"每以诗□，游戏三昧"[50]。从现实情况看，南宋文士也的确日益戏谑文字，游戏翰墨。例如，陆九渊在著名的"鹅湖之会"上用即席吟诗的方式与朱熹辩论，后来朱熹也以写诗的方式予以回敬。方岳的《拟文房四制》和《再拟文房四制》，以皇帝的口吻，"加封"文房四宝并不允其"辞官"，让人忍俊不禁。至于书法、绘画之类，南宋文士更是常用"墨戏""戏作"来加以称呼。张元干甚至明确指出：文人画与传统画的区别就在于前者是一种写意抒情的游戏：

　　士人胸次洒落，寓物发兴，江山云气，草木风烟，往往意到时为之，聊复写怀。是谓游戏水墨三昧，不可与画史同科也。[51]

此外，对于书史的阅读或书画的欣赏，南宋文士常爱用"玩""玩味""玩索""玩诵""玩理""玩绎""玩意""细玩""详玩""审玩""深玩""把玩""熟玩""展玩""潜玩""爱玩""默玩""谛玩""缔玩""捧玩""宝玩""传玩""大玩""耽玩""欣玩""吟玩"等等字眼来加以描述。这无疑都说明了政治宽松背景下的南宋社会无所不在的"游戏精神"，这对整个社会的休闲思想之兴起起到了重要的助推作用。

第二节　经济背景：农桑之利与华贵天城

休闲哲学的发展程度显然也与经济发达的程度有关。假如只是社会稳定而经济落后，那么人们只能将思维关注于生存层面，休闲思想就难以全面、深刻地生发出来。就宋代而言，高度发达的经济为休闲哲学的勃兴提供了良好的物质保障。

1973 年，英国汉学家伊懋可（Mark Elvin）提出中国唐宋两代存在"中古时期的经济革命"（the medieval economic revolution）[52]。他将宋代经济出现的巨大进步称为"宋代经济革命"，并归纳为农业革命、货币和信贷革命、市场结构与都市化的革命等方面。日本学者斯波义信后来也提出了类似论说与归纳。这个革命，漆侠归因于生产力的迅速提高："在唐代经济发展的基础上，宋代社会生产力以前所未有的速度迅猛发展，从而达到了一个更高的高峰。……社会生产力在唐宋特别是两宋时期的高度发展——正是这个高度发展把宋代中国推进到当时世界经济文化发展的最前列。"[53]限于篇幅，以下仅就两宋农业经济与城市经济加以论述。

一、农业经济："北不如南，西不如东"

从土地制度看，南宋农业中最显著的特点之一，是租佃制发展到前所未有的历史阶段，租佃经济成为农业发展最重要的动力。租佃经济的主体是农民，其中既有占有生产资料的自耕农、半自耕农，也有主要靠租种土地生活的贫下户及完全没有土地的佃农。正是他们的创造性劳动，创造了南宋王朝的物质财富。其法律意义上的政治地位和生活状况较之前朝及后代有明显的改善，因而在生产劳动中有较高的热情和积极性，其所创造的高度发达的农业生产力，在当时世界处于独领风骚的领先地位。作为租佃经济的另一面，田主占有80%以上的土地资源，主要靠剥削佃农的剩余价值发家致富，同时也向国家交纳巨额税赋，与农民共同创造及铸就了南宋较高的物质文明和精神文明。

从经营方式看，南宋农业的突出特点是多种经营和商品化生产。原来江南很少栽桑，南宋时经过提倡林业，使江南迅速成为丝绸生产基地。以茶叶为代表的商品性生产和专业化农业区域日益增多，农副产品进入商业渠道的数量、规模超过以前任何朝代，比西欧各国农业生产商品化早二三百年。此外，南宋水利设施的完备，梯田的开发，以及沿边屯营田的开垦，使农田面积扩大，生产效率更高。

漆侠认为："宋代农业生产力发展的一个基本情况是……以淮水为界，北不如南；以峡州为中心的一条南北线，西不如东；尤其后者，差距之大不是几十百年，而是几百年上千年。"[54]因此南宋农业比北宋领先得多，更大大超越了唐朝："南宋时期，农作物单位面积产量比唐代高了两三倍，总体发展水平大大超过了唐代。"[55]

尤其值得注意的是，南宋在农业技术理论上也有重大突破，产生了中国现存最早的农学著作《农书》和柑橘专著《橘录》，世界历史上最早的菌类专著《菌谱》、植物学辞典《全芳备祖》和有关梅花的专著《梅谱》。

二、城市经济："商贾买卖，十倍于昔"

在宋代，城市职能更多地向经济职能转变。吴晓亮认为，宋代由市镇发展而来的一批经济型城市"逐渐改变着中国城市以政治型城市居主的总体格局，这是宋代城市化高潮最突出表现"。[56]欧美学者对"唐宋变革论"虽有不尽相同的认识，但比较一致地认为城市革命相继发生于北宋时期的洛阳、开封和南宋时期的长江三角洲一带，特征是当时城市迅速扩大，出现具有重要经济职能的大批中小市镇。国内学者亦举证如太湖流域的县城在宋代以前大多只是小规模的政治据点，在宋代则"普遍由政治据点向城市形态转变，逐渐发展成为具有一定规模的经济和社会中心"[57]。

宋代城市高度商业化，累积了大量财富。宋代以前有所谓"坊市制度"，城市中的"市"被局限在数坊之内，面积很小，管理严格。宋代政府逐渐放弃了对商业的干预，使这种延续千年的制度最终瓦解。从宋代孟元老的《东京梦华录》中可以推断，当时城市到处有店铺，而且显然已无商业区与非商业区的界线，亦无时间和区域的限制。城市重要的街道上有不少的商业街，这是唐代以前所未有的。环绕着大城市近郊，往往还有规模可观的新型商业区"草市"，其贸易兴盛程度不亚于内城。景德年间，开封已是"十二市之环城，嚣然朝夕"（杨侃）[58]。大城市周边还有新出现的行政单位"镇、市"千余处，由于工商业发展兴旺，它们的税收甚至超过所属州县治所。在南宋时期，出现了50多个10万户以上的商业大城市，从商者数量剧增。"草市在南宋时期更加普遍，规模也有所扩大……许多地方的草市直接称之为'市'"。[59]

对南宋"行在"临安的考察亦可见南宋城市经济之一斑。以下是一些南宋士人自己对当时经济状况的认识。如胡珵言："杭为东南都会，水陆物产之饶甲天下。"[60]楼钥言："钱塘古都会。繁富甲于东南。高宗南巡，驻跸于兹，历三朝五十余年矣，民物百倍于旧。"[61]吴自牧称临安"户口蕃盛，商贾买卖者十倍于昔"[62]。此外，耐得翁《都城纪胜》，西湖老人《西湖老人繁胜录》、《梦粱录》和周密《武林旧事》中亦有相当多的类似说法和描绘，兹不赘述。故而当代学者认为，南宋临安"是全国最大的手工业生产中心……也是全国商业最为繁华的城市"[63]。

据南宋李心传的《建炎以来朝野杂记》（甲集十四）所载，宋太宗在建国之初即曾夸耀已拥有两倍于唐代的财富。而根据实际数字加以检验，也可以证明这个数量大体无误。而事实上，南宋经济比北宋更发达。北宋政治斗争、军事斗争和民族矛盾较为激烈，商品经济发展较为缓慢，而南宋虽偏安一隅，商品经济却得到明显的发展。

美国历史学家费正清（John King Fairbank）指出："虽然南宋是个地

理上不完整的国家，政府也因分为和战两派而受到削弱，但南宋几乎在各方面都比北宋富裕。……南宋在杭州的都城比开封壮观得多，甚至在杭州度过了鼎盛时期落入'夷狄'手中后，马可·波罗还为之震惊，称之为世界上'毋庸置疑最精美最华贵的城市'。"[64]美国学者施坚雅（G. William Skinner）经过认真考察后指出，那场"中世纪城市革命"并没有在中国的所有地区同时发生，而主要集中东南部，即南宋疆域。他认为，长江中下游地区在南宋时期所达到的商业化水准，在其他地区只是到明清时期才达到。即是说，南宋时期全国经济重心完成了由黄河流域向长江流域的历史性转移，这是中国传统社会发展中具有里程碑式意义的重大转折。正因为有了发达的经济水平作为民生的物质支撑，南宋文士才能滋生"闲情"。

第三节 思想文化：思想解放与文化兼容

休闲观念也会受到一个时代整体意识形态、文化氛围等情况的影响。因此，南宋休闲思想的成因也绝不可忽视从思想、文化背景中寻找解答。

一、思想背景：理性思维与独创精神

和历代相比，宋代文士具有以下几种突出的品质：理性精神、怀疑精神、独创精神。理性精神表现在哲学思辨方面。正如吴功正所言："宋人的思维是思辨型的，所创立的哲学是思辨型的哲学。……如果说弥漫于唐代社会、思想界是情的话，那么，充溢于宋代的则是理。宋人十分重视对形而上的探究，促进了抽象思辨性思维的发展。"[65]由此，宋代的学术（尤其是哲学、理学）高度发达。而从思想史来看，程朱理学在南宋时期最终形成。以朱熹为代表的主流派理学，陆九渊心学，以及和理学派、心学派鼎足而立的浙东学派（包括以吕祖谦为代表的金华学派、以陈亮为代表的永康学派、以叶适为代表的永嘉学派）等如璀璨的繁星，共同塑造了南宋哲学在中国思想史上的领先地位。因此有人

断言：

> 南宋时期学派间互争雄长和欣欣向荣的景象，维持了近百年之
> 久，形成了继春秋战国之后中国历史上第二次"百家争鸣"的盛
> 况，为推动南宋经济文化的发展起到了积极作用。[66]

唯其有了理性精神和学术基础，南宋文士的休闲思想才表现出深刻
的思辨意识。尤其是南宋的理学背景，对南宋休闲哲学的面貌产生了很
大影响。它使南宋文士在休闲工夫上主静，在休闲实践中不忘借游赏以
思理，并强调休闲的伦理规范。关于这些内容，将具体留待后叙。

宋人的怀疑精神和独创精神，也得到学术界之公认：

> 从疑传到疑经，形成了宋代的一股怀疑性文化思潮。这一思潮
> 的本体意义是，打开了宋人的思维，形成了审视性、怀疑性的内在
> 视域。这样，宋人对于既往的文化存在现象，总是抱着一种审视的
> 眼光和怀疑的态度，不拘囿于既往的和现有的结论。[67]
>
> 宋人的思维是求异型的，有自己的独到见解和看法，决不轻易
> 认同前人和当代人。求异思维使其有独创性，他们对人、事以至国
> 事的看法、见解总是与众不同，有自身独到的视阈、观照点和论析
> 方式。[68]

南宋文士喜爱静心思理，具有特立独行的价值观。他们怀疑传统价
值观，相信自己的判断。他们看重个人的价值，清醒地力求成为"真
我"，过自己想要的生活，而不愿随波逐流、随时俯仰。请看南宋文士
的直接宣告。朱敦儒表白"个中须着眼，认取自家身"[69]；吕胜己坚
信"休辨。吾心乐处，不要他人，共同称善"[70]；辛弃疾宣称"宁作
我，岂其卿？"[71]；张镃断言"一着要我决，岂在他人评？"[72]，甚至
连僧人文珦都提出"君子贵独立"[73]，"野性羞雷同"[74]。如果说以上
是诗人的诗化语言，那么学者、理学家们的论述则更加清楚，更具有哲
学理性：

读书一切事，须是有见处方可。不然，汩没终身，永无超越之期矣。众人汩没不自知觉，可怜，可怜！（胡宏）[75]

儒者亦须自见得如此。委巷之人，不通今古，便事事听人说，何尝自有见处！（林光朝）[76]

此外，当时有文士名叫姜特立；文士曾敏行自号"独醒道人"，筑有"独醒斋"，并撰有《独醒杂志》；文士方大琮作《疑经策》，对过去不容置疑的经典之可信性提出辩证看法；蔡霆发直言"新见解是吾心最乐事"[77]；刘宰称赞某文士"众醉独醒，展也不容，浩然而归，坦若胸中"[78]；朱熹称赞"大率江西人尚气，不肯随人后，凡事要自我出，自由自在"[79]。可以说，在南宋，特立独行已经成为一种崭新的时代潮流。而南宋文士独特休闲观念的滋生，显然也正得益于他们所处时代的整体风格，即一种穷究性理、疑经变古、独立自持的文化品格。

二、文化背景：教育兴盛与兼容氛围

宋代文士的理性与思辨精神，与文化教育、读书氛围也密切相关。宋代的官办教育比汉、唐有了长足进步。除了中央的太学以外，还大力兴办地方学校，使各地州县学成为宋代官办教育的主体。据《宋史》记载，宋仁宗"即位初，赐兖州学田，已而命藩辅皆得立学。庆历四年，诏曰：'……其令州若县皆立学……'由是州郡奉诏兴学，而士有所劝焉"[80]。此后还不断扩大办学规模，到了宋徽宗时期，"'天下州县并置学……县亦置小学……'……增养县学弟子员，大县五十人，中县四十人，小县三十人"[81]。学生食宿由校方免费供给，其用度来自政府拨给的固定经费。此外，地方官学均有相应的定额学田，田租收支由学校经理。教育内容以儒家经典为主，兼习诗赋与时文。此外，宋代教育还有书院之功。书院始于唐代，分官私两类。北宋初年，私人讲学的书院大量产生，陆续出现白鹿洞、岳麓、睢阳、嵩阳、石鼓、茅山、象山等书院。

南宋时期比北宋更进一步兴办教育。徐规指出："州县学在北宋虽多次获得倡导，但只有到南宋才真正得以普及。两宋共有书院397所，其中南宋占 310 所，比北宋的三倍还多……学校教育的发展，有力地推动了南宋文化的普及，不仅应举的读书人较北宋为多，就是一般识字的人，其比例之大也达到了有史以来的高峰。"[82] 何忠礼也指出："（北宋）州县学有所发展，但普及率仍很低。到了南宋，各州县才较普遍地设立学校……进入南宋，由于理学家的竭力提倡和相继进入书院讲学，沉寂多时的书院得到了蓬勃的发展。据今人统计，两宋共有书院 397 所，其中，南宋有 310 所，是北宋的三倍多。"[83] 在《全宋文》的南宋部分，笔者发现了大量的"某县新修县学记"一类的文章，它正是南宋民众能普遍接受教育的最好证明。官办教育的普及化和私人讲学氛围的浓厚，无疑是南宋休闲思想比较深刻而高雅的成因。

此外，南宋的教学内容与方式也呈现民主、多元的色彩。北宋初期，官办教育内容以儒家经典为主，王安石《三经新义》出来后，除元祐时期以外，从中央太学到地方州县学，均改用王学。到南宋中后期，随着学术流派的多元化兴起，王学一统天下的局面被打破，学校或讲程朱理学，或讲陆九渊心学，或讲吕祖谦中原文献学，或讲叶适、陈亮事功学，呈现各种学说竞相崛起的景象。南宋之所以能够形成不同于前代价值观的独特休闲哲学，亦得益于这种思想自由、兼容并包的文化氛围。

注释

[1]《跋御笔藉田子诏后》，《国朝二百家名贤文粹》卷一九三，见曾枣庄等编：《全宋文》（第 185 册），上海：上海辞书出版社，合肥：安徽教育出版社，2006 年版，第 389 页。

[2]《上殿札子》，《莆阳知稼翁文集》卷八，见曾枣庄等编：《全宋文》（第 206 册），第 280 页。

[3]《浙西安抚司金厅厅壁记》，《咸淳临安志》卷五三，见曾枣庄等编：《全宋文》（第 315 册），第 27 页。

[4]《次韵行甫小集平山》五首其五，《秋崖先生小稿》卷一五，见傅璇琮等主编：《全宋诗》（第 61 册），北京：北京大学出版社，1998 年版，第 38349 页。

[5]《论保民札子》，《松隐文集》卷二五，见曾枣庄等编：《全宋文》（第 191 册），第 22 页。

［6］《太平州绍兴迁州学记》,《太平府志》卷三六,见曾枣庄等编:《全宋文》(第194册),第311页。

［7］《和议》,《廿二史札记》卷二十六,见(清)赵翼:《廿二史札记》,北京:中国书店,1987年版,第342—343页。

［8］何忠礼:《论南宋在中国历史上的地位和影响》,载《杭州研究》,2007年第2期。

［9］《洞仙歌》三首其一,《樵歌》卷上,见(南宋)朱敦儒:《樵歌》,龙元亮校,北京:文学古籍刊行社,1958年版,第10页。

［10］《鹧鸪天》十四首其十四,《樵歌》卷上,见(南宋)朱敦儒:《樵歌》,第23页。

［11］《蓦山溪》七首其一,《樵歌》卷中,见(南宋)朱敦儒:《樵歌》,第29页。

［12］《点绛唇》五首其三,《樵歌》卷下,见(南宋)朱敦儒:《樵歌》,第64页。

［13］《望海潮·丁酉西内成,乡人请作望幸曲》,《樵歌》卷上,见(南宋)朱敦儒:《樵歌》,第13页。

［14］《屡雪二麦可望喜而作歌》,《剑南诗稿》卷十九,见钱仲联、马亚中主编:《陆游全集校注》(第3册),杭州:浙江教育出版社,2011年版,第277页。

［15］《七月十日到故山削瓜瀹茗,翛然自适》,《剑南诗稿》卷二十一,见钱仲联、马亚中主编:《陆游全集校注》(第3册),第292页。

［16］《瑞鹤仙上元应制》,见唐圭璋编纂:《全宋词》(简体增订本第2册),北京:中华书局,1965年版,第1688页。

［17］《庚戌岁旦次张以道韵》,《南湖集》卷五,见(南宋)张镃:《南湖集》,吴晶、周膺点校,北京:当代中国出版社,2014年版,第127页。

［18］《壬子除夕》,《剑南诗稿》卷二十六,见钱仲联、马亚中主编:《陆游全集校注》(第4册),第69页。

［19］《西湖老人繁胜录》,见(南宋)孟元老等著:《东京梦华录》(外四种),上海:上海古典文学出版社,1956年版,第128页。

［20］《渔父词》十五首其一,见唐圭璋编纂:《全宋词》(简体增订本第2册),第1671页。

［21］《渔父词》十五首其十,见唐圭璋编纂:《全宋词》(简体增订本第2册),第1673页。

［22］《渔父词》十五首其十一,见唐圭璋编纂:《全宋词》(简体增订本第2册),第1673页。

［23］《渔父词》十五首其五,见唐圭璋编纂:《全宋词》(简体增订本第2册),第1672页。

［24］梁思成:《中国建筑史》,天津:百花文艺出版社,1998年版,第165页。

[25] 黄威:《论张镃词中的享乐意识与游仙思想》,载《名作欣赏》,2008年第11期。

[26] 何忠礼、徐吉军:《南宋史稿》,杭州:杭州大学出版社,1999年版,第522页。

[27] 俞兆鹏:《南宋人才之盛及其原因》,载《杭州日报》,2005年11月14日。

[28]《宋制禄之厚》,(清)赵翼:《廿二史札记》,第331页。

[29] 王福鑫:《对宋代官员俸禄水平的再认识》,载《长沙理工大学学报》(社会科学版),2007年第2期。

[30]《续资治通鉴长编》卷六十四,(南宋)李焘:《续资治通鉴长编》(第5册),北京:中华书局,1980年版,第1425页。

[31] 朱瑞熙:《辽宋西夏金社会生活史》,北京:中国社会科学出版社,1998年版,第389页。

[32]《论朝廷休务假奏》,《建炎以来系年要录》卷一八六,见曾枣庄等编:《全宋文》(第200册),第257页。

[33] 丁传靖辑:《宋人轶事汇编》,北京:中华书局,1981年版,第7—8页。

[34]《太祖》三,《宋论》卷一,见(清)王夫之:《宋论》,北京:中华书局,1964年版,第4页。

[35]《天子狱》,《四朝闻见录》甲集,见(南宋)叶绍翁:《四朝闻见录》,沈锡麟、冯惠民点校,北京:中华书局,1989年版,第24—25页。

[36]《请充老住瑞岩疏》,《江湖长翁集》卷三九,见曾枣庄等编:《全宋文》(第256册),第458页。

[37]《贺周知院拜枢密使启》,《缘都集》卷一〇,见曾枣庄等编:《全宋文》(第277册),第223页。

[38]《回史检法启》,《橘山四六》卷一,见曾枣庄等编:《全宋文》(第284册),第142页。

[39]《贺王检详除大理少卿启》,《橘山四六》卷三,见曾枣庄等编:《全宋文》(第284册),第158页。

[40]《祭吕寺丞凝之文》,《攻愧集》卷八三,见曾枣庄等编:《全宋文》(第266册),第217页。

[41]《跋折仲古文》,《芦川归来集》卷九,见曾枣庄等编:《全宋文》(第182册),第411页。

[42]《答辛幼安启》,《晦庵先生朱文公文集》卷八五,见曾枣庄等编:《全宋文》(第250册),第237页。

[43]《石湖词跋》,《永乐大典》卷二二六六,见曾枣庄等编:《全宋文》(第297册),第57页。

［44］《黄叔通自鸣集序》,《西山文集》卷二八,见曾枣庄等编:《全宋文》(第313册),第152页。

［45］《石田法薫禅师语录序》,《石田法薫禅师语录》卷首,见曾枣庄等编:《全宋文》(第320册),第68页。

［46］《谢陈侍郎立县学续登科记并书启》,《瞿轩集》卷六,见曾枣庄等编:《全宋文》(第324册),第165页。

［47］《上宗使启》,《瞿轩集》卷八,见曾枣庄等编:《全宋文》(第324册),第220页。

［48］《贺王提举启》,《瞿轩先生四六》卷一,见曾枣庄等编:《全宋文》(第324册),第272页。

［49］《通王府曾翊善启》,《秘笈新书》卷六,见曾枣庄等编:《全宋文》(第341册),第130页。

［50］《禅月集跋》,《禅月集》卷末,见曾枣庄等编:《全宋文》(第341册),第170页。

［51］《跋米元晖山水》,《芦川归来集》卷九,见曾枣庄等编:《全宋文》(第182册),第414页。

［52］Mark Elvin, *The Pattern of the Chinese Past*, Stanford: Stanford University Press, 1973.

［53］漆侠:《宋代社会生产力的发展及其在中国古代经济发展过程中的地位》,载《中国经济史研究》,1986年第1期。

［54］漆侠:《宋代经济史》(上册),上海:上海人民出版社,1987年版,第227页。

［55］同上书,第98页。

［56］吴晓亮主编:《宋代经济史研究》,昆明:云南大学出版社,1994年版,第145页。

［57］陈国灿:《宋代太湖流域农村城市化现象探析》,载《史学月刊》,2001年第3期。

［58］《皇畿赋》,《宋文鉴》卷第二,见(南宋)吕祖谦编:《宋文鉴》(上),齐治平点校,北京:中华书局,1992年版,第21页。

［59］周宝珠:《试论草市在宋代城市经济发展中的作用》,载《史学月刊》,1998年第2期。

［60］《盐官县学之记》,《咸淳临安志》卷五六,见曾枣庄等编:《全宋文》(第182册),第153页。

［61］《咸淳临安志》卷五十四,见(南宋)潜说友:《咸淳临安志》(第6册),杭州:浙江古籍出版社,2012年版,第1907—1908页。

［62］《两赤县市镇》，《梦粱录》卷十三，见（南宋）吴自牧：《梦粱录》，杭州：浙江人民出版社，1984年版，第114页。

［63］徐吉军：《论南宋定都杭州对当地经济文化的重大影响》，载《杭州研究》，2007年第2期。

［64］John K. Fairbank & Edwin O. Reischauer, *China: Tradition and Transformation*, Boston: Houghton Mifflin Company, 1973, pp.131-132.

［65］吴功正：《宋代的文化精神与美学意识》，载《福建论坛》（人文社会科学版），2008年第5期。

［66］王国平：《以杭州为例还原一个真实的南宋》，载《浙江学刊》，2008年第4期。

［67］吴功正：《宋代的文化精神与美学意识》，载《福建论坛》（人文社会科学版），2008年第5期。

［68］同上。

［69］《临江仙》八首其二，《樵歌》卷上，（南宋）朱敦儒：《樵歌》，第18页。

［70］《瑞鹤仙·嘲博见楼》，见唐圭璋编纂：《全宋词》（简体增订本第3册），第2271页。

［71］《鹧鸪天·博山寺作》，《稼轩词》卷九，见（南宋）辛弃疾：《辛弃疾全集》，王步高等辑校汇评，珠海：珠海出版社，2002年版，第131页。

［72］《小疾，书兴》，《南湖集》卷一，见（南宋）张镃：《南湖集》，吴晶、周膺点校，第25页。

［73］《余行江湖余五十载备知交态唯熏自闻始终不变因作歌见意焉》，《潜山集》卷五，见傅璇琮等主编：《全宋诗》（第63册），第39566页。

［74］《先云洲访予於万玉归而寄诗因用其韵》，《潜山集》卷二，见傅璇琮等主编：《全宋诗》（第63册），第39519页。

［75］《与彪德美书》，《五峰集》卷二，见曾枣庄等编：《全宋文》（第198册），第286页。

［76］《与东之》一，《艾轩先生文集》卷六，见曾枣庄等编：《全宋文》（第210册），第32页。

［77］《要言》，民国《南安县志》卷三二，见曾枣庄等编：《全宋文》（第290册），第162页。

［78］《代佴祭父成服文》，《漫塘集》卷二六，见曾枣庄等编：《全宋文》（第300册），第345页。

［79］《答刘季章》，《晦庵先生朱文公文集》卷五三，见曾枣庄等编：《全宋文》（第248册），第13页。

［80］《志第一百十·选举三·学校试》，《宋史》卷一百五十七，许嘉璐主编：

《二十四史全译》（宋史·第5册），上海：汉语大词典出版社，2004年版，第3018页。

[81] 同上书，第3022页。

[82] 何忠礼:《南宋政治史》，北京：人民出版社，2008年版，《序言》第37页。

[83] 何忠礼:《论南宋在中国历史上的地位和影响》，载《杭州研究》，2007年第2期。

第二章 南宋价值观念的日渐转向

李泽厚认为，东汉末年到魏晋，产生了一种新思潮、新的世界观人生观，"简单说来，这就是人的觉醒"[1]，"即在怀疑和否定旧有传统标准和信仰价值的条件下，人对自己生命、意义、命运的重新发现、思索、把握和追求"[2]。正是在此理论基础上，笔者结合相关历史文献认为，魏晋是古代休闲观念的确立时期。而宋代，尤其是南宋时期，则可谓休闲观念全面流行并得到充分实践的时代。

对于南宋而言，其休闲观念（或者说休闲哲学），已经成为一种弥漫性的思潮。它绝非当时意识形态中可有可无的调料，而是已经渗透到文化的各个方面，成为一道文化景观，对全民的生活、伦理及审美趣味产生了重大影响。南宋士人在南渡之后的百年中兴里，逐渐放弃了前代的政治情怀，放弃了对中原、北方的政治情结，转而在休闲中实现精神自救，其结果是宋代文化更加趣味化和审美化了。在南宋的诗词、文章中，休闲思潮如晶莹的泉水随地涌出。休、闲、疏、懒、拙、萧散、逍遥等大量字眼作为正面、褒义的词的出现，突出地证明了当时对休闲的肯定。正是在此休闲思潮的推动下，南宋休闲文化才成了有史以来的一个高峰。

南宋休闲思潮的倡导者，最主要的是文士人群，尤其是文学家。代表人物有朱敦儒、胡寅、史浩、张抡、陆游、范成大、赵长卿、辛弃疾、张镃、方岳、张炎，等等。平心而论，尽管他们中的一些人也存在一定事功倾向（甚至具有一定官位，可称为政治家），如胡寅、史浩、陆游、范成大、辛弃疾、方岳等，但他们同样积极倡导休闲的人生，对于休闲思潮的自觉兴起具有推动作用。吴功正曾指出："兼有剑气箫意，这也才是立体的陆游。"[3]"（范成大）对自然风光和田园风光的观照意识颇得隐逸风味。"[4]"豪气、雄才、闲情，构合为一个完整的辛弃疾的素质、心态、精神。"[5]这可谓透露了吴氏对陆、范、辛等人休闲个性的某种认可。此外，在宗教界人士中，禅门的宏智正觉、大慧宗杲、无准师范、释绍嵩等，道家的葛长庚（白玉蟾）、王重阳、李道纯等，尽管他们主要不是站在世俗立场而是站在宗教立场，为解脱涅槃或求道成仙等终极追求而倡导休闲，但同样揭示了休闲的高度价值，亦可以作为南宋倡导休闲思潮的某种代表。

以上人士的大量诗文、语录，充分表现了南宋文士价值观念的日渐转向与休闲思潮的自觉兴起。对传统功利价值观的反思，对"闲"之尚慕态度，对休闲人物的高度认同及以"闲人"来进行自身定位，皆是此休闲思潮的最集中表现。

第一节 鹏鸠之比：休闲型生活之认同

第一章提到了南宋文士的理性精神、怀疑精神、独创精神。他们的这种独特品质也深深影响着他们的休闲观念。例如，胡寅称李似矩"轩冕倘来，岂随人而俯仰；山林独往，聊卒岁以优游"[6]。陆游的休闲谋划亦坚定地道出其内心绝不为他人的价值观所转，"归哉不可迟，勿与妇子谋"[7]，"挂冠当自决，安用从人谋"[8]。张镃则表示"非求世上人看好，但要闲中句律昌"[9]。

他们对休闲生涯的一往情深，源于自家对休闲价值的体验、比较和判断。这种判断产生了和前代不同的价值观反转，也引导了整个南宋社会生活的休闲取向。正如潘立勇先生等指出的那样："过一种闲的生活并高度认同闲的价值，并非是士大夫消极的对外界、人生的逃避、否定，而是更实在、更坚定、更真实地去拥抱生活、面向生活、面向自我生命。"[10]这种南宋文士的价值观转向，若用一种独特的文化现象来形容，那便是"鹏鸠之比"。

在《庄子·逍遥游》里描绘了鲲鹏展翅的壮阔景象："穷发之北，有冥海者，天池也。有鱼焉，其广数千里，未有知其修者，其名为鲲。有鸟焉，其名为鹏，背若太山，翼若垂天之云；抟扶摇羊角而上者九万里，绝云气，负青天，然后图南，且适南冥也。"面对鲲鹏的伟大事功，庄子用蜩、学鸠、斥鷃的反应加以对照：

> 蜩与学鸠笑之曰："我决起而飞，抢榆枋，时则不至而控于地而已矣，奚以之九万里而南为？"适莽苍者，三餐而反，腹犹果然；适百里者，宿春粮；适千里者，三月聚粮。之二虫又何知！……
> 斥鷃笑之曰："彼且奚适也？我腾跃而上，不过数仞而下，翱翔蓬蒿之间，此亦飞之至也！而彼且奚适也？"此小大之辩也。

古人历来认为，庄子是在褒扬鲲鹏的壮举，赞扬它们的伟大事功，而否定和嘲笑斥鷃的狭小视野。但在南宋，这种价值观发生了明显的集体性转向。先看李侗的《吴方庆先生行状》：

> 公既得谢，优游旧隐，结庐号曰"真佚"，终日啸咏其间。……方知命之年，遂有告老之意，或谓之曰："公血气方刚，事业未究，奚去之果？"公曰："鹏鷃逍遥，各适其道。"平生仕宦，未尝有毫厘营进之心，卒遂所请。怡情崖壑，养逸丘樊，徜徉于闾里，以觞咏自娱，其古逸民之风欤！[11]

在吴方庆的话里，"鹏"隐喻着事业成功，而"鷃"代表着休闲自适。他对"鷃"不再是像前代人那样否定和嘲笑，而是有一种相当程度的欣赏和认同。在他看来，"鹏"与"鷃"这两者的价值是相等的，因为他们"各适其道"，均可自得其乐。正因如此，他才在别人看来"血气方刚"的年纪放弃"营进"，选择优游养逸。对此李侗深表赞赏，称其为"古逸民之风"。

同样，其他人也在诗词里发表过类似的见解，即也认为鹏鷃相等，两种生活方式各有其价值。如王千秋词云："用即经纶天下，不用归谋三径，一笑友渊明。出处两俱得，斥鷃亦鹍鹏。"[12]李处全词云："看剑引杯狂醉，饮水曲肱高卧，鹏鷃本同游。"[13]辛弃疾词云："休说须弥芥子，看取鹍鹏斥鷃，小大若为同。"[14]又词云："逍遥小大自适，鹏鷃何殊？"[15]方岳诗云："有山如此且深登，等一逍遥鷃与鹏。"[16]甚至连释文珦也有诗云："鷃鹏虽有异，小大各逍遥。"[17]

《庄子·逍遥游》中还有一则"鹪鹩之喻"："鹪鹩巢于深林，不过一枝；偃鼠饮河，不过满腹。"它同样意味着对事功型生活的否定，对自适型生活的倡导。

在南宋，文士们纷纷采用"鹏鸠之比"和"鹪鹩之喻"来表达不愿高飞以求事功，而愿卑飞以求自适的意思。例如胡寅这样反复宣称：

> 鷃下蓬蒿，顾逍遥而已足；凫飞渤澥，计多少以何亏？[18]

逐飞兔于渤海，从斥鷃于蓬蒿。[19]

蓬艾卑飞，自适鹪鹩之趣。[20]

抢榆鷃翼，宜戢伏于一枝；击海鹏程，盍骞翔于万里？[21]

既无羡于飞扬，即自安于固陋。[22]

仲并也自称"惓惓畎亩，每倾葵藿之心；碌碌蓬蒿，安知鸿鹄之志"[23]，貌似谦辞，实则道出休闲选择之真实心志。他还祝愿友人张吏部"鹪鹩巢林，永遂一枝之乐"[24]。周孚称"一枝所托，幸安鹪鹩之栖"[25]。曾丰称"大鹏尺鷃各安于分"[26]，"彼鹏负天，吾觉控地，皆无失逍遥之趋"[27]，亦表达了类似之意。

范成大也认为，和鲲鹏的伟大事功相比，蜩、学鸠和斥鷃虽仅安于蓬蒿的休闲生活，但这种价值观同样也是无可厚非的，"鹏鷃相安无可笑，熊鱼自古不容兼"[28]，二者具有同等的价值，就和春花和秋花价值不能比较一样，"春秋兰菊殊调，南北马牛异方。心醉井蛙海若，眼空鹏海鸠枋"[29]。而且，范诗还含有这样一层意思：休闲与事功是对立的。鲲鹏在追求伟大事功的同时，也就丧失了休闲之乐，这正如熊掌与鱼不可兼得一样。而面对鲲鹏、鸠鷃所象征的两种对立的人生观，范成大反复明确表示：他愿意选择后者，因为自适自足的价值更高：

身谋同斥鷃，政尔愿蒿莱。[30]

身安腹果然，此外吾何求。[31]

大鹏上扶摇，南溟聒天沸。斥鷃有羽翼，意满蓬蒿里。[32]

鲸漫横江无奈蚁，鹏虽运海不如鸠。[33]

斥鷃蓬蒿元自足，世间何必卧高楼。[34]

此外，张镃也有诗云"小大风烟俱自适，鹪巢终莫拟云鲲"[35]，与范成大发出同调。甚至朱熹也认为："某窃意宅百揆、总元戎之任，与高卧草庐，悠然自乐者，其理则一，本无大小之分。所谓禹、稷、颜回同道也。"[36]他虽然没有在字面上直接采用"鹏鸠之比"，但同样肯定了休闲型生活和事功型生活具有同等价值。

第二节 忙闲之辨：事功型生活的批判

请先看几则短文。它们貌似平淡无奇，却颇有深意：

> 郧延任子宁驻军瑞岩，拉王岩起、阮图、叶嗣忠杖履游石门，汲泉烹茶，清赏终日，超然有物外之想。回首尘劳，良可叹也。绍兴丙辰仲秋题。（任子宁）[37]

> 广都蒋城、吴大年，古郫李椿、秦亭、权师雄，大梁赵恂，阆中冯时，同谷米居约，以绍兴十八年九月十有四日访古菖蒲洞，观唐人武功子石刻，置酒碧岩溪，效柳子序饮。损其筹为一题，各以投之，或洄，或止，或沉者，皆赏，惟直前无抵滞则免。坐客率三四饮，笑歌谐嬉，终日乃罢。（蒋城）[38]

> 开封乔士立千礼监兵恩平，与表弟胡湜正卿、□彦济、里人邵本观复、程席德修，偕是邦儒士何□深道、李俊□才、□□门文通、陈巫训时旦登熙春台，览江山城邑之美，心□目明，把酒笑傲，终日忘归。（乔士立）[39]

很难想象，此类短小，并无较多文采的即兴之语会被收入古籍。唯一的解释是，它们真实地表达了南宋士人（尤其是官场中人）对忙碌生活的反思与对休闲生活的重视。这种反思，包括了探究这种事功型生活方式的起因与意义究竟何在。

显然，前文所提之大鹏和小雀所代表的就是两种生活方式的比较：事功型生活和休闲型生活。而事功型生活就是多事而忙碌的生活。可见，南宋文士极喜谈及"忙"字并对其加以价值批判，这在文化史上是一个独特的现象。

在南宋文士看来，"忙"是一种荒诞、可笑的状态。如陆游云："堪笑行人日日忙。"[40] 在杨万里看来，"温饱能消底，奔忙自作痴"[41]。范成大因政务繁忙而自愧道："腊浅犹赊十日春，官忙长愧百年身。"[42] 面对世人的忙碌，张镃慨叹："尘土奔忙举世人，无过白白鬓毛新。"[43]

刘学箕发出这样的冷嘲："笑劳生一梦，两轮催逼，脆如朝露，轻若春沤。有限精神，无穷世路，劫劫忙忙谁肯休？"[44]方岳也欣赏悠闲自得的生活，对俗人忙碌的状态加以嘲讽："人嫌吾寂寞，吾亦笑人忙。"[45]"尘途长逐众人忙，不抵斋扉一枕凉。世路巇岖吾倦至，底须辛苦为膏粱？"[46]连僧人也嘲笑世人之忙。例如释文珦诗云：

> 人生百年间，汲汲奚所为？[47]
> 堪笑人生亦如此，百年汲汲劳其形。……争似渔翁扁舟独往最脱洒，七十二峰相对长青青。[48]
> 往事皆如梦，浮生底用忙？[49]
> 腾腾任运聊堪乐，汨汨劳生尽可哀！[50]

南宋文士甚至将这种心态投射到自然界。如辛弃疾笑云水奔走之忙："乱云扰扰水潺潺。笑溪山，几时闲？"[51]范成大对鸟雀的忙碌生存状态也持否定、讽刺的态度："鸟雀有底忙？激弹过墙东。"[52]"天公已许晴教好，说与鸣鸠一任忙。"[53]杨万里鄙夷日月、流水之忙："野水奔流不小停，知渠何事太忙生。"[54]"日月有底忙？昼夜驰向西。"[55]"滩下洄流能耐事，漩洑百转看它忙。"[56]方岳则对鹭鸟早起营食加以嘲讽："朝来更觉忙于我，雪沍苍溪不道寒。"[57]

南宋文士们甚至认为，"忙"是一种令人厌恶的、可恨的状态。范成大感慨大部分的忙碌都是无意义的："日出尘生万劫忙，可怜虚费隙驹光。"[58]林光朝对他人称："人事烟绵，无休歇时，可是闷人。"[59]对于在生活中由于忙碌而不能悠闲地与友人会晤，晁公遡常常用"恨"字来表达不满的情绪：

> 顷在益州得一见，虽小慰积年怀向，顾匆匆为恨耳。[60]
> 家弟每叹长才，某闻其言，甚思会晤。遂州匆匆一见，虽慰夙心，而恨不从容尔。[61]
> 某闻英名甚久，比在广汉始见风规，而观为政，殆有过于所闻，惟恨不获从容接辞耳。[62]
> 比承到郡庭，匆匆不甚从容接辞为恨。[63]

某顷豫先府君之游，辱知甚厚。去九月始见象贤，知风骨不凡，盛德之后，其益兴乎！为之悲喜，但恨匆匆不得款耳。[64]

忙，忙，忙。忙得累死累活，忙得没有风度，忙得没有时间享受生活、回味生活。问题是：为何要忙？

范成大开始质疑自己："沐雨梳风有底忙？"[65]他面对自己的急促步履发问："五柳能消多许地，客程何苦镇匆匆。"[66]杨万里自问："晓起穷忙作么生？"[67]张镃也自问："百年劳役终奚为，一段风流忍独抛。"[68]"遣经六六回，劳生竟何补。"[69]连释绍嵩也发出这样的拷问："奔走何时了，如今悟解不。"[70]林希逸甚至作了长篇大论《问云将辞》，向神仙发出"天问"：

玉融子以周瑜赤壁之年，困不得骋，神纤思结，兀兀无聊，欲访童子于崆峒，求神人于姑射。彷徨广漠之野，忽遇云将、天游于涂，跪而拜曰："……宁曲肱饮水以自足乎，将捷径窘步以追曲乎？……宁逆旅栖栖乎，将执御扬扬乎？宁为泽中雉乎，将为韝上鹰乎？宁为饮啄之鹜乎，将为浩荡之鸥乎？为鱼而透网乎，抑点额乎？为鸡而吐绶乎，抑断尾乎？宁看跕跕之鸢乎，抑友昂昂之鹤乎？……宁纵湖海之豪，高卧百尺楼乎，将学农圃之事，退守三亩园乎？……宁披羊裘以独钓乎，抑坐皋比以高谈乎？……宁荷渊明之锄乎，抑枕祖逖之戈乎？宁破戴逵之琴乎，抑挝祢衡之鼓乎？宁抱书以随半山之驴乎，抑候气以逐出关之牛乎？宁餐霞饮露以求轻举乎，抑尝粪舐痔以希进取乎？然富贵神仙，恐两误乎？宁饥吟困饮以诗酒自污乎，抑熊经鸟伸以纳新吐故乎？……宁槌鹤楼、翻鹦洲以快意乎，抑营燕巢、守蜂窠以苟活乎？……"[71]

无论答案如何，南宋文士最终的价值取向是一致的，那就是："忙不如闲"。

寻思百计，真个不如闲。（陈瓘）[72]
寻思百计不如闲。（周紫芝）[73]

寻思百计不如闲。（王炎）[74]

算不如闲，不如醉，不如痴。（辛弃疾）[75]

老夫自计甚审，忙定不如闲。（刘克庄）[76]

则闲中一日，胜于忙中一年矣。（方大琮）[77]

其最终的行动意向也是一致的，那就是所言的：

世上尘劳忙若钻，想欲跳身脱羁绊。（张镃）[78]

心景俱清，身名何有，且向忙中早转头。（赵师侠）[79]

究其实质，就是转向休闲。

第三节　休闲转向：自省与劝世的觉悟

在对蓬间小雀生活方式的肯定和对"忙"的批判中，南宋文士的价值思潮转向通过诗文明确地呈现在我们眼前。在范成大看来，休闲与健康是人生中最重要的两件事："身闲身健是生涯。何况好年华。"[80]他以闲懒为是，以匆忙为非："拙是天资懒是真。"[81]"懒里若承三昧力，始知忙里事俱非。"[82]他认为世间万物本是悠闲的，故而嘲笑日月之行走匆匆："浮生万法本悠哉，大笑羲娥转毂催。"[83]其他文士也多有认为，忙是谬误，休闲才是真理，休闲的生活方式才是人间正道：

人生所贵，逍遥快意，此外皆非。（张抡）[84]

病笑春先老，闲怜懒是真。（辛弃疾）[85]

人间乐事唯逍遥，蓬莱方丈非迢迢。（张镃）[86]

思量究竟都如梦，恋着休闲煞不痴。（张镃）[87]

人世只宜常放逸，杏花多爱逼清明。（张镃）[88]

老觉文章退，闲知气味真。（释绍嵩）[89]

顺带指出，张镃还曾将古今山林闲适诗编在一起，命名为《林泉啸咏》，说明休闲正是他志趣所在，也表明了他的价值观。南宋文士进一步认为，懂得休闲价值，向往、追求并享受自适生活的"闲人"，才是卓越的人、智慧的人：

> 世人学者急于爵禄之奉……穷年兀兀，老死章句，识者悲之。至于卓荦环奇之士，未始数数于此者，则必箕踞高吟，游心景物，收拾天地精英，以实锦囊……（邓肃）[90]
>
> 人生如梦，无一实法，婆娑嬉游，以卒余景，不是痴人。（张九成）[91]
>
> 时驾小车出，始知闲客真。（陆游）[92]
>
> 不是闲人闲不得，闲人不是等闲人。（李之彦）[93]
>
> 君有终身之闲，无一日之忙。（刘克庄）[94]

反之，在世俗追求中忙碌老死者，则是可悲之人。例如，黄震认为，靡弆一生为官而不知休闲娱乐，是一种悲哀，故而在其行状中特意加以提出："绝燕游，屏玩好，身不知有仕宦之乐，以至于死，是又可悲也夫！"[95]贡士周公弼一心谋取科举之路而积劳成疾，英年早逝且客死他乡，姚勉特意在其墓志铭中批评他不取休闲生涯而兀兀自苦："君有田可耕，有圃可游，有亭榭可嬉，有歌舞可娱，皆不自足，必欲取名第。虽勇爵不愿，虽客死不悔，可悲也。"[96]总之，如刘学箕所言："堪惊叹，叹痴人未悟，终日营求。"[97]

故而，南宋文士警醒世人："尘劳扰扰间。……几时心地闲。"（张抡）[98]他们主张"何妨袖手，且作闲人"（张元干）[99]，倡导"光阴且向闲中过"（张抡）[100]。在这样的思维调整下，很多南宋文士都进行了自省，从而实现了对传统价值观念的反转。

第一个典型代表是朱敦儒。他早年曾多次拒绝为官，过着"清都山水郎"的休闲生活。后来友人以国家中兴之义相感召，他才终于被说服，答应为国效力，于52岁时出仕。不过，经过10多年的官场生活，朱敦儒又发出"尘世悔重来，梦凄凉"[101]，"我是卧云人，悔到红尘深处"[102]的感慨，终于去官归隐。下面这首词是他再度转向，重归休闲的思想总结：

无知老子，元住渔舟樵舍里。暂借权监，持节纤朱我甚惭。 不能者止，免苦龟肠忧虎尾。身退心闲，剩向人间活几年。[103]

词的上阕说自己原过着清闲的渔樵生活，本无意长期为官。入仕之后，不得不遭受为官之累，对此深负平生之志之举自己甚是赧颜。下阕以自己没有从政能力为借口，为自己再次选择退隐自我解嘲，自我开脱。

"有何不可，依旧一枚闲底我。"[104]——朱敦儒的转向深深影响了其后的南宋文士，为他们的出处取舍提供了思路的依据和榜样。"其最直接的表现就是，在朱敦儒以后，涌现出大量的闲适隐逸词，以及'效希真体'的词作。"[105]范成大、辛弃疾、张镃、方岳等人，也莫不如是。

范成大的思想转向在"万境何如一丘壑，几时定解冠裳缚"[106]之句中流露得十分明显。在终日车马盈门的纷扰中，长期为官的他懂得了休闲的美好与珍贵："门阑知闲好，窗晴与睡宜。"[107]他认为以前的仕途是错误的人生选择，并非出自本心："浮生四十九俱非，楼上行藏与愿违。"[108]而当他初尝休闲的美好滋味之后，便告诫自己不要回头再走老路：

园林随分有清凉，走遍人间梦几场。铁砚磨成双鬓雪，桑弧射得一绳床。光阴画纸为棋局，事业看题检药囊。受用切身如此尔，莫于身外更乾忙。[109]

辛弃疾一生以抗金为事功目标，但在主和派的屡次打击下壮志难酬，终老丘园。尽管开始心有不甘，还曾发出"却将万字平戎策，换得东家种树书"[110]的愤激之语，然而在美丽的铅山带湖之畔，他也逐渐爱上了山林之乐，发出"老合投闲"[111]，"闲处直须行乐，良夜更教秉烛"[112]的呼声，甚至还提出"身闲贵早，岂为莼羹鲈鲙哉！"[113]

转向思想程度最深的恐怕要数张镃。他出身显赫，是名将张俊之曾孙，又是名将刘光世之外孙，自己也做过临安通判、司农寺丞等不小的官职，但他日渐推崇休闲哲学，长期向往休闲生活，以诗词书画、湖光山色自娱。且看他《南湖集》中反复流露的休闲之情：

> 要是从今后，休教枉却闲。[114]
> 蜂巢蚁垤非吾乐，终买云扃种术餐。[115]
> 会乞一闲归故隐，定因能赋结高人。[116]
> 定将印绶弃掷归南湖，秋风与我还相娱。[117]

方岳的休闲转向也颇为可圈可点。在年老之时，他终于体味到了山林之趣，于是实现了从高官到隐逸的华丽转身："惯贫已识山林趣，投老归从造物游。"[118]在他看来，休闲的滋味无价，自适的老农要胜过宰相。或许这种选择在他人看来是错误的，但方岳宁可为世俗所不解，决心要义无反顾地追求休闲：

> 春风秋月五十五，青山白云自今古。与其浮沈于不卿不相之间，孰愈自适于老圃老农之伍。……号天叫地为一官，宰相须还贾耽做。不如荷蓧坞中之把茅，卧听松声三峡涛。[119]
> 从吾所好宁相误，洙泗坛荒有玉条。[120]
> 醉眠明月元无价，对画凌烟自有人。绝口不谈当世事，掉头宁作太平民。[121]

此外，南宋文士不但自己实现了对传统价值观的反转，还引导他人及时醒悟，得自在之乐。例如，朱敦儒警醒友人："人人放著逍遥路。只怕君心不悟，弹指百年今古。"[122]又说："虚空无碍，你自痴迷不自在。"[123]他拷问友人："舍此萧闲，问君携杖安适？"[124]并期待他们"且披襟脱帽，自适其适"[125]，"放怀随分，各逍遥"[126]，乃至于更加洒脱地"把俗儒故纸，推向一边，三界外、寻得一场好笑"[127]。

范成大在送其兄做官时发出劝告："一官远游门户弱，百岁上策身心闲。胸次饶渠有廊庙，梦魂叵使无江山。"[128]张镃则告诫高官："风月属渔樵，真味岂能领。雍容补国手，斯宜理烟艇。"[129]无准禅师用自己的亲身体验来告诫他人走休闲之道："我游江湖三十有四年，饱饭之余，一

味闲打眠。子今迢迢苦寻讨,不知寻讨何慕焉。"[130] 释文珦劝导世人:
"人生贵适意,何必累形役。"[131] 其他文士对世人也各有劝说:

> 五湖归去共扁舟,何如早早酬深愿。(蔡伸)[132]
> 荣贵非干长生药,清闲是不死门风。劝君识取主人公。(韩世忠)[133]
> 金乌玉兔最无情,驱驰不暂停。春光才去又朱明,年华只暗惊。须省悟,莫劳神。朱颜不再新。灭除妄想养天真,管无寒暑侵。(张抡)[134]
> 有客最谙闲况味,无人会得真消息。算何须、抵死要荣华,劳心力。(吕胜己)[135]
> 把似渠垂功名泪,算何如、且作溪山主。(辛弃疾)[136]
> 识破尘劳扰扰,何如乐取清闲。(龚大明)[137]
> 算宦游虽好,何如生处,急流勇退,赢得闲人。(陈若水)[138]
> …………

正是在这样的自省与劝世的觉悟下,南宋休闲文化才会得到全面的发展与流行。这种南宋文士的思维转向,是对传统功利人生观的颠覆。它让人们重新审视习焉不察的人生,促使人们从心所好地去过一种真实、智慧的生活,对南宋社会各阶层的生活方式产生了深远的影响。

注释

[1] 李泽厚:《美的历程》,合肥:安徽文艺出版社,1994年版,第89页。
[2] 同上书,第92页。
[3] 吴功正:《宋代美学史》,南京:江苏教育出版社,2007年版,第313页。
[4] 同上书,第332页。
[5] 同上书,第347页。
[6]《祭李待制似矩》,《斐然集》卷二七,见曾枣庄等编:《全宋文》(第190册),上海:上海辞书出版社,合肥:安徽教育出版社,2006年版,第247页。
[7]《初秋梦故山觉而有作》四首其三,《剑南诗稿》卷十一,见钱仲联、马亚

中主编:《陆游全集校注》(第 2 册),杭州:浙江教育出版社,2011 年版,第 273 页。

[8]《还都》,《剑南诗稿》卷二十,见钱仲联、马亚中主编:《陆游全集校注》(第 2 册),第 315 页。

[9]《次韵酬陈伯冶监仓》,《南湖集》卷六,见(南宋)张镃:《南湖集》,吴晶、周膺点校,北京:当代中国出版社,2014 年版,第 171 页。

[10]潘立勇、陆庆祥:《中国传统休闲审美哲学的现代解读》,载《社会科学辑刊》,2011 年第 4 期。

[11]《吴方庆先生行状》,《李延平先生文集》卷一,见曾枣庄等编:《全宋文》(第 185 册),第 168 页。

[12]《水调歌头·赵可大生日》,见唐圭璋编纂:《全宋词》(简体增订本第 3 册),北京:中华书局,1965 年版,第 1909 页。

[13]《水调歌头·明月浸瑶碧》,见唐圭璋编纂:《全宋词》(简体增订本第 3 册),第 2236 页。

[14]《水调歌头·题永丰杨少游提点一枝堂》,《稼轩词》卷三,见(南宋)辛弃疾:《辛弃疾全集》,王步高等辑校汇评,珠海:珠海出版社,2002 年版,第 39 页。

[15]《汉宫春·答吴子似总干和章》,《稼轩词》卷六,见(南宋)辛弃疾:《辛弃疾全集》,王步高等辑校汇评,第 72 页。

[16]《次韵宋尚书山居十五咏·见一庵》,《秋崖先生小稿》卷九,傅璇琮等主编:《全宋诗》(第 61 册),北京:北京大学出版社,1998 年版,第 38315 页。

[17]《安分》,《潜山集》卷七,见傅璇琮等主编:《全宋诗》(第 63 册),第 39595 页。

[18]《致仕谢表》,《斐然集》卷六,见曾枣庄等编:《全宋文》(第 189 册),第 119 页。

[19]《谢赵盐启》,《斐然集》卷七,见曾枣庄等编:《全宋文》(第 189 册),第 255 页。

[20]《答刘帅启》,《斐然集》卷七,见曾枣庄等编:《全宋文》(第 189 册),第 257 页。

[21]《答邓倅柞启》,《斐然集》卷七,见曾枣庄等编:《全宋文》(第 189 册),第 260 页。

[22]《代向深之上范漕启》,《斐然集》卷八,见曾枣庄等编:《全宋文》(第 189 册),第 277 页。

[23]《代淮西守臣到任谢表》,《浮山集》卷六,见曾枣庄等编:《全宋文》(第 192 册),第 253 页。

［24］《贺湖州张吏部启》，《浮山集》卷七，见曾枣庄等编：《全宋文》（第 192 册），第 276 页。

［25］《代运使贺同知沈枢密启》，《蠹斋铅刀编》卷一九，见曾枣庄等编：《全宋文》（第 259 册），第 29 页。

［26］《代坦运使到任谢两丞相启》，《缘都集》卷一一，见曾枣庄等编：《全宋文》（第 277 册），第 229 页。

［27］《得通判琼州谢三府启》，《缘都集》卷三五，见曾枣庄等编：《全宋文》（第 277 册），第 283 页。

［28］《丙午新正书怀十首》其六，《石湖居士诗集》卷二六，见傅璇琮等主编：《全宋诗》（第 41 册），第 25995 页。

［29］《有叹二首》其一，《石湖居士诗集》卷二五，见傅璇琮等主编：《全宋诗》（第 41 册），第 25991 页。

［30］《除夜书怀》，《石湖居士诗集》卷四，见傅璇琮等主编：《全宋诗》（第 41 册），第 25776 页。

［31］《次韵温伯雨凉感怀》，《石湖居士诗集》卷六，见傅璇琮等主编：《全宋诗》（第 41 册），第 25792 页。

［32］《古风上知府秘书》二首其二，《石湖居士诗集》卷七，见傅璇琮等主编：《全宋诗》（第 41 册），第 25807 页。

［33］《偶然》，《石湖居士诗集》卷三〇，见傅璇琮等主编：《全宋诗》（第 41 册），第 26033 页。

［34］《仲行再示新句复次韵述怀》，《石湖居士诗集》卷二八，见傅璇琮等主编：《全宋诗》（第 41 册），第 26012 页。

［35］《有怀参政范公，因书桂隐近事奉寄》二首其二，《南湖集》卷六，见（南宋）张镃：《南湖集》，吴晶、周膺点校，第 168 页。

［36］《答李尧卿》，《晦庵先生朱文公文集》卷五七，见曾枣庄等编：《全宋文》（第 248 册），第 223 页。

［37］《瑞岩题名》，《闽中金石志》卷八，见曾枣庄等编：《全宋文》（第 186 册），第 219 页。

［38］《碧岩题名》，《金石苑》，见曾枣庄等编：《全宋文》（第 200 册），第 368 页。

［39］《乔士立题名》，《阳江县志》卷三六，见曾枣庄等编：《全宋文》（第 206 册），第 253—254 页。

［40］《过江山县浮桥有感》，《剑南诗稿》卷十三，见钱仲联、马亚中主编：《陆游全集校注》（第 2 册），第 372 页。

［41］《岁晚出城》，《诚斋集》卷五《江湖集》，见傅璇琮等主编：《全宋诗》（第 42 册），第 26138 页。

[42]《春前十日作》,《石湖居士诗集》卷二一, 见傅璇琮等主编:《全宋诗》(第 41 册), 第 25956 页。

[43]《鸥渚亭次韵茂洪西湖三诗》其三,《南湖集》卷八, 见 (南宋) 张镃:《南湖集》, 吴晶、周膺点校, 第 228 页。

[44]《沁园春》, 见唐圭璋编纂:《全宋词》(简体增订本第 4 册), 第 3125 页。

[45]《山居十首》其五,《秋崖先生小稿》卷一一, 见傅璇琮等主编:《全宋诗》(第 61 册), 第 38321 页。

[46]《次韵宋尚书山居·息斋》,《秋崖先生小稿》卷九, 见傅璇琮等主编:《全宋诗》(第 61 册), 第 38312 页。

[47]《夜兴》,《潜山集》卷二, 见傅璇琮等主编:《全宋诗》(第 63 册), 第 39527 页。

[48]《苦雪歌》,《潜山集》卷五, 见傅璇琮等主编:《全宋诗》(第 63 册), 第 39558 页。

[49]《吾性》,《潜山集》卷六, 见傅璇琮等主编:《全宋诗》(第 63 册), 第 39578 页。

[50]《人寿》,《潜山集》卷十, 见傅璇琮等主编:《全宋诗》(第 63 册), 第 39643 页。

[51]《江神子·送元济之归豫章》,《稼轩词》卷七, 见 (南宋) 辛弃疾:《辛弃疾全集》, 王步高等辑校汇评, 第 92 页。

[52]《懒床午坐》,《石湖居士诗集》卷二〇, 见傅璇琮等主编:《全宋诗》(第 41 册), 第 25944 页。

[53]《陆务观云春初多雨近方晴碧鸡坊海棠全未及去年》,《石湖居士诗集》卷一七, 见傅璇琮等主编:《全宋诗》(第 41 册), 第 25914 页。

[54]《过五里迳》三首其二,《诚斋集》卷一七《南海集》, 见傅璇琮等主编:《全宋诗》(第 42 册), 第 26300 页。

[55]《白发叹》, 见傅璇琮等主编:《全宋诗》(第 42 册), 第 26207 页。

[56]《碧落洞前滩水》三首其一,《诚斋集》卷一八《南海集》, 见傅璇琮等主编:《全宋诗》(第 42 册), 第 26315 页。

[57]《嘲鹭》,《秋崖先生小稿》卷七, 见傅璇琮等主编:《全宋诗》(第 61 册), 第 38299 页。

[58]《怀归寄题小艇》,《石湖居士诗集》卷二一, 见傅璇琮等主编:《全宋诗》(第 41 册), 第 25956 页。

[59]《与林元美褒》,《艾轩先生文集》卷六, 见曾枣庄等编:《全宋文》(第 210 册), 第 31 页。

[60]《与伏长宁柬》四,《嵩山集》卷三一, 见曾枣庄等编:《全宋文》(第 211

册），第 256 页。

[61]《答程签判柬》四，《嵩山集》卷三二，见曾枣庄等编：《全宋文》（第 211 册），第 281 页。

[62]《与泸州何倅札子》二，《嵩山集》卷四○，见曾枣庄等编：《全宋文》（第 211 册），第 392 页。

[63]《与黎彭山札子》二，《嵩山集》卷四二，见曾枣庄等编：《全宋文》（第 211 册），第 420 页。

[64]《与宇文县丞札子》二，《嵩山集》卷四三，见曾枣庄等编：《全宋文》（第 211 册），第 432 页。

[65]《百丈山》，《石湖居士诗集》卷七，见傅璇琮等主编：《全宋诗》（第 41 册），第 25805 页。

[66]《余杭道中》，《石湖居士诗集》卷三，见傅璇琮等主编：《全宋诗》（第 41 册），第 25765 页。

[67]《秋雨叹十解》其八，《诚斋集》卷七《江湖集》，见傅璇琮等主编：《全宋诗》（第 42 册），第 26168 页。

[68]《游瞿庵》，《南湖集》卷五，见（南宋）张镃：《南湖集》，吴晶、周膺点校，第 155 页。

[69]《重午》，《南湖集》卷一，见（南宋）张镃：《南湖集》，吴晶、周膺点校，第 21 页。

[70]《次韵梓上人》，《亚愚江浙纪行集句诗》卷一，见傅璇琮等主编：《全宋诗》（第 61 册），第 38613 页。

[71]《问云将辞》，《虞斋续集》卷七，见曾枣庄等编：《全宋文》（第 335 册），第 236 页。

[72]《满庭芳》，见唐圭璋编纂：《全宋词》（简体增订本第 2 册），北京：中华书局，1965 年版，第 816 页。

[73]《鹧鸪天》，见唐圭璋编纂：《全宋词》（简体增订本第 2 册），北京：中华书局，1965 年版，第 1135 页。

[74]《阮郎归》，见唐圭璋编纂：《全宋词》（简体增订本第 3 册），北京：中华书局，1965 年版，第 2399 页。

[75]《行香子》，《稼轩词》补遗，见（南宋）辛弃疾：《辛弃疾全集》，王步高等辑校汇评，第 201 页。

[76]《水调歌头·喜归》，见唐圭璋编纂：《全宋词》（简体增订本第 4 册），第 3309 页。

[77]《与赵倅书》，《铁庵集》卷二五，见曾枣庄等编：《全宋文》（第 322 册），第 64 页。

[78]《张郎中、尤少卿相继过访未果，往谢，先成古诗寄呈》，《南湖集》卷三，见（南宋）张镃：《南湖集》，吴晶、周膺点校，第 82 页。

[79]《沁园春·和伍子严避暑二首》其一，见唐圭璋编纂：《全宋词》（简体增订本第 3 册），第 2675 页。

[80]《朝中措》，见唐圭璋编纂：《全宋词》（简体增订本第 3 册），第 2086 页。

[81]《有会而作》，《石湖居士诗集》卷三一，见傅璇琮等主编：《全宋诗》（第 41 册），第 26038 页。

[82]《丙午新正书怀十首》其九，《石湖居士诗集》卷二六，见傅璇琮等主编：《全宋诗》（第 41 册），第 25995 页。

[83]《立春后一日作》，《石湖居士诗集》卷二一，见傅璇琮等主编：《全宋诗》（第 41 册），第 25956 页。

[84]《朝中措·渔父》十首其六，见唐圭璋编纂：《全宋词》（简体增订本第 3 册），第 1837 页。

[85]《南歌子·独坐蔗庵》，《稼轩词》卷十二，见（南宋）辛弃疾：《辛弃疾全集》，王步高等辑校汇评，第 178 页。

[86]《南园叔祖生日》，《南湖集》卷三，见（南宋）张镃：《南湖集》，吴晶、周膺点校，第 69 页。

[87]《次夜月色复佳游霞川锦池》二首其二，《南湖集》卷五，见（南宋）张镃：《南湖集》，吴晶、周膺点校，第 132 页。

[88]《卧疾连日殊无聊，赖客有送二省闱试题者，因成四韵》，《南湖集》卷五，见（南宋）张镃：《南湖集》，吴晶、周膺点校，第 150 页。

[89]《山居即事》二十首其十一，《亚愚江浙纪行集句诗》卷三，见傅璇琮等主编：《全宋诗》（第 61 册），第 38632 页。

[90]《上龟山先生杨博士书》，《栟榈集》卷一四，见曾枣庄等编：《全宋文》（第 183 册），第 134 页。

[91]《与尚书书》二，《横浦先生文集》卷一八，见曾枣庄等编：《全宋文》（第 184 册），第 23 页。

[92]《车中作》，《剑南诗稿》卷五十一，见钱仲联、马亚中主编：《陆游全集校注》（第 6 册），第 68 页。

[93]《东谷所见·闲》，《说郛》卷七十三，见（明）陶宗仪等编：《说郛三种》（六），上海：上海古籍出版社，1988 年版，第 3427 页。

[94]《祭方听蛙文》，《后村先生大全集》卷一三九，见曾枣庄等编：《全宋文》（第 332 册），第 237 页。

[95]《知吉州兼江西提举大监麋公行状》，《黄氏日钞》卷九六，见曾枣庄等编：《全宋文》（第 348 册），第 353 页。

［96］《万安周贡士墓志铭》，《雪坡舍人集》卷五〇，见曾枣庄等编：《全宋文》（第 352 册），第 144 页。

［97］《沁园春》，见唐圭璋编纂：《全宋词》（简体增订本第 4 册），第 3125 页。

［98］《阮郎归·咏夏》十首其七，见唐圭璋编纂：《全宋词》（简体增订本第 3 册），第 1830 页。

［99］《陇头泉》，见唐圭璋编纂：《全宋词》（简体增订本第 2 册），第 1427 页。

［100］《踏莎行·山居》十首其十，见唐圭璋编纂：《全宋词》（简体增订本第 3 册），第 1836 页。

［101］《蓦山溪》七首其三，《樵歌》卷中，见（南宋）朱敦儒：《樵歌》，龙元亮校，北京：文学古籍刊行社，1958 年版，第 30 页。

［102］《如梦令》八首其一，《樵歌》卷下，见（南宋）朱敦儒：《樵歌》，龙元亮校，第 83 页。

［103］《减字木兰花》十七首其八，《樵歌》卷下，见（南宋）朱敦儒：《樵歌》，龙元亮校，第 61 页。

［104］《减字木兰花》十七首其十六，《樵歌》卷下，见（南宋）朱敦儒：《樵歌》，龙元亮校，第 63 页。

［105］季夫萍：《乱离时代的"尘外之想"：朱敦儒隐逸思想和隐逸词研究》，福建师范大学硕士学位论文，2005 年，第 3 页。

［106］《胡宗伟罢官改秩举将不及格往谒金陵丹阳诸使者遂朝行在颇有倦游之叹作诗送之》，《石湖居士诗集》卷六，见傅璇琮等主编：《全宋诗》（第 41 册），第 25797 页。

［107］《新岁书怀》，《石湖居士诗集》卷三三，见傅璇琮等主编：《全宋诗》（第 41 册），第 26051 页。

［108］《乙未元日用前韵书怀今年五十矣》，《石湖居士诗集》卷一四，见傅璇琮等主编：《全宋诗》（第 41 册），第 25874 页。

［109］《园林》，《石湖居士诗集》卷三〇，见傅璇琮等主编：《全宋诗》（第 41 册），第 26034 页。

［110］《鹧鸪天·有客慨然谈功名，因追忆少年时事，戏作》，《稼轩词》卷九，见（南宋）辛弃疾：《辛弃疾全集》，王步高等辑校汇评，第 132 页。

［111］《沁园春·灵山斋庵赋，时筑偃湖未成》，《稼轩词》卷二，见（南宋）辛弃疾：《辛弃疾全集》，王步高等辑校汇评，第 24 页。

［112］《水调歌头·醉吟》，《稼轩词》卷三，见（南宋）辛弃疾：《辛弃疾全集》，王步高等辑校汇评，第 36 页。

［113］《沁园春·带湖新居将成》，《稼轩词》卷二，见（南宋）辛弃疾：《辛弃疾全集》，王步高等辑校汇评，第 21 页。

［114］《冬至后五日约客，晨往极乐精舍，因寻梅湖山，作诗纪事》二首其二，《南湖集》卷四，见（南宋）张镃：《南湖集》，吴晶、周膺点校，第99页。

［115］《闲步游紫极观》，《南湖集》卷六，见（南宋）张镃：《南湖集》，吴晶、周膺点校，第179页。

［116］《苏堤观木芙蓉，因见净慈明上人，翌日惠诗，酬赠二绝》其二，《南湖集》卷九，见（南宋）张镃：《南湖集》，吴晶、周膺点校，第248页。

［117］《秋风》，《南湖集》卷三，见（南宋）张镃：《南湖集》，吴晶、周膺点校，第83页。

［118］《次韵胡兄》二首其一，《秋崖先生小稿》卷一三，见傅璇琮等主编：《全宋诗》（第61册），第38346页。

［119］《古人行》，《秋崖先生小稿》卷三二，见傅璇琮等主编：《全宋诗》（第61册），第38461页。

［120］《次韵山居》四首其二，《秋崖先生小稿》卷二二，见傅璇琮等主编：《全宋诗》（第61册），第38400页。

［121］《题归来馆》，《秋崖先生小稿》卷二四，见傅璇琮等主编：《全宋诗》（第61册），第38416页。

［122］《桃源忆故人》六首其五，《樵歌》卷中，见（南宋）朱敦儒：《樵歌》，龙元亮校，第47页。

［123］《减字木兰花》十七首其十三，《樵歌》卷下，见（南宋）朱敦儒：《樵歌》，龙元亮校，第62页。

［124］《梦玉人引·和祝圣俞》，《樵歌》卷中，见（南宋）朱敦儒：《樵歌》，龙元亮校，第42页。

［125］《满江红·大热卧疾，浸石种蒲，强作凉想》，《樵歌》卷上，见（南宋）朱敦儒：《樵歌》，龙元亮校，第12页。

［126］《梦玉人引·和祝圣俞》，《樵歌》卷中，见（南宋）朱敦儒：《樵歌》，龙元亮校，第42页。

［127］《洞仙歌·赠太易》，《樵歌》卷上，见（南宋）朱敦儒：《樵歌》，龙元亮校，第10—11页。

［128］《次时叙韵送至先兄赴调》，《石湖居士诗集》卷四，见傅璇琮等主编：《全宋诗》（第41册），第25780页。

［129］《杂兴》三十九首其三十九，《南湖集》卷一，见（南宋）张镃：《南湖集》，吴晶、周膺点校，第17页。

［130］《送姝昭上人归乡》，《佛鉴录》卷五，见（日）前田慧云等编：《卍续藏》（第121册），台北：新文丰出版公司，1996年版，第949页。

［131］《秋兴》，《潜山集》卷二，见傅璇琮等主编：《全宋诗》（第63册），第

39526 页。

[132]《踏莎行·题团扇》，见唐圭璋编纂:《全宋词》(简体增订本第 2 册)，第 1323 页。

[133]《临江仙》，见唐圭璋编纂:《全宋词》(简体增订本第 2 册)，第 1340 页。

[134]《阮郎归·咏夏》十首其六，见唐圭璋编纂:《全宋词》(简体增订本第 3 册)，第 1829 页。

[135]《满江红·中秋日》，见唐圭璋编纂:《全宋词》(简体增订本第 3 册)，第 2272 页。

[136]《贺新郎·题赵兼善东山园小鲁亭》，见唐圭璋编纂:《全宋词》(简体增订本第 3 册)，第 2489 页。

[137]《西江月·书怀》，见唐圭璋编纂:《全宋词》(简体增订本第 4 册)，第 2974 页。

[138]《沁园春·寿游侍郎》，见唐圭璋编纂:《全宋词》(简体增订本第 5 册)，第 3885 页。

第三章　南宋尚闲心态之种种呈现

在人生观、价值观的日渐转向下，南宋文士的个体意识逐步被唤醒。他们开始注重自身的物质精神生活，主张为自己而活，率性而活。于是，在文士群体中普遍形成了一种"不妨投暇以夷犹，且将与世而酩酊"[1]的"尚闲"心态。在这种心态的驱动下，南宋文士开始深入思考休闲的价值所在，并探索、倡导各式各样的高雅生活方式，也即休闲工夫。在此过程中，他们享受到了生活的情趣，提高了生活的质量，也展现了人生的境界。

从存世诗文所流露的种种情状来看，南宋文士的尚闲心态又可细分为爱闲之心、求闲之志、稀闲之意、祈闲之愿、惜闲之情和夸闲之态。

第一节　"爱闲"之心与"求闲"之志

尽管爱闲、求闲的意识在魏晋已经得到确立，但它从未像南宋文士那样说得如此清楚、直接和强烈。由于相关资料过于丰富，此处主要就数位典型人物加以论述。

一、"贪闲怀抱竹篱烟"：爱闲之心

朱敦儒明确表示，他"只是爱闲耽酒，畏浮名拘缚"[2]，"爱静窗明几，焚香宴坐，闲调绿绮，默诵黄庭"[3]，将爱闲之意表露无遗。正如范松义指出："'闲'是词人最为推崇的生活态度，这在其作品中随处可见。"[4]朱熹虽步入科举与仕宦之途，刘光祖却独知他的爱闲之心："熹麋鹿之性，唯恐不入山林。"[5]楼钥虽身居高位，而李廷忠也知他"进剀切之数百言，甘闲退者十五载"[6]。刘克庄自称"好闲成癖，闻车马以惊猜"[7]。张镃也自称"野性乐闲寂"[8]，"佐世勋庸金鼎味，贪闲怀抱竹篱烟"[9]，故而，他对奔忙钻营的生活非常厌恶：

> 耽幽畏奔逐，何翅畏暑寒？[10]
> 出门苦喧阗，归舍喜清逸。[11]
> 自识闲中趣，常嫌闹处行。[12]

方岳也是一位"爱闲"者，自称"老石山苔手自治，爱闲诗最与山宜"[13]，"爱闲宁有万金产，投老当夸两足尊"[14]。此外，卢祖皋云："爱闲身长占，风澹波平。"[15]方大琮自称"好闲成癖"[16]。刘将孙云："爱闲爱静，清时有味。"[17]甚至佛门的释文珦也自称"但爱一闲堪伏老，翻思万卷是劳生"[18]。这样的例子甚多，实不胜枚举。

如果说，朱敦儒和方岳的爱闲仍略带有政治失意的成分。那么，还有一种情况恰恰与之相反。它不是基于政治失意，而是在官场得意时崇尚休闲，带有一种倡导急流勇退，以此促成官场清明的更深层含义。这一情况以南宋政治家史浩为代表。这位官拜参知政事、尚书右仆射、少傅、太保，封魏国公的朝廷大员，却自号"真隐"，在奏章里，他多次明确指出其爱闲目的是"惟坚故里休闲之志，助成清朝廉逊之风"[19]，"专欲投闲而避宠"[20]，希望皇帝"念其身已投闲，不使重贻于清议"[21]。

这充分说明，他的爱闲绝不仅仅是为了个人谋取自适，而是意于在官僚群体中倡导一种恬退清廉之风，反对某些个体长期把持权力，以营造公平、公正的政治氛围。这种"闲散是宜，功名何有"[22]的精神，是非常难能可贵的，也成就了他高洁的人格名声，颇值得今人学习借鉴。

二、"止乞柴荆到死闲"：求闲之志

凡物皆因爱而求，休闲亦然。求闲，是尚闲观念的思想性落实。南宋文士尚闲，遂以投闲为生涯谋划之鹄的，且官员、理学家、文学家，乃至皇帝、僧人皆然。

先论官员。高官史浩曾数十次向朝廷上辞官、乞休的表章，不过苦于朝廷留用甚久，终于在72岁时方得遂愿。潘良贵一生屡与高官相忤，中年后以闲为唯一追求，"惟平生志在一丘……泊然于世，殆将无求，期在晚年，康乐燕休"[23]。朱熹称赞某些官员："抗疏投闲，久露由衷之请。"[24]他还记载中奉大夫王某："决退休之志，未数月，即上章丐闲。"[25]高官楼钥向皇帝提出："无由陈力于清朝，只合投闲于故里。"[26]官员李廷忠自陈："分宜投弃于闲散之地。"[27]"分宜置散以投闲。"[28] 官员许应龙上疏道："亟畀丛祠，庶遂休闲之愿。"[29] 官员兼文学家刘克庄"六丐退闲，两求休致"[30]。名臣兼文学家李曾伯则上《淮西总乞投闲状》《淮西总再乞投闲状》。此类官员求闲之记载，在南宋文献中不可胜数，此处仅能举隅。

官员兼理学家胡寅称自己"恳款投闲"[31]，"沥恳投闲"[32]，求闲之心，可谓诚恳迫切。他又言："身尚纡于簪佩，志早抗于烟霞。"[33] "尘缨未濯，方将枕石而漱流。"[34] 此更是暗示了其所求为山林之闲而非城中"大隐"之闲。理学家刘子翚始因执丧致使身体羸弱，又不堪吏责，最后辞归武夷山，不出山达 17 年。伴随着祖居的修葺，他的求闲之思亦起："伏愿上梁之后，起居燕寝，和乐安平。……全家遁世，想遗迹于鹿门。"[35] 刘子翚的学生朱熹，至少 6 次向皇帝递交求闲的辞免状，主旨是"臣迂阔无能，分甘闲散"[36]，要求"伸投闲之请"[37]。政治家兼理学家陈傅良，自称"势可投闲，庶遂平生笔砚之乐"[38]。官员兼理学家真德秀向皇帝表达"吏责既稀，所愿优游于迩列"[39]；并打算"粗销田里之叹愁，即丐山林之闲散"[40]。文学家的求闲表述则更加诗意化。且看辛弃疾词云：

> 钟鼎山林都是梦，人间宠辱休惊。只消闲处遇平生。[41]
> 问谁分我渔樵席。江海消闲日。[42]
> 偷闲定向山中老，此意须教鹤辈知。[43]

这位志在北伐、图复中原的爱国领袖，在政治主张受到打压之后，其转而求闲之意，可谓流露分明。而出身于高官家庭的文士张镃，则这样展示其"求闲规划"：

> 习懒性已成，投闲计为长。[44]
> 墅邱寺观游须遍，台榭舟桥乐未穷。[45]

此外，卢祖皋在亲戚的生日宴会上发表投闲意愿："平生丘壑志，未老求闲，天亦徘徊就归计。想叠嶂双溪，千骑弓刀，浑不似、白石山中胜趣。怕竹屋梅窗欲成时，又飞诏东山，谢公催起。"[46] 吕渭老见白鸥生羡而替全家求闲：“白鸥汀，风共水，一生闲。横琴唳鹤，要携妻子老云间。”[47]何铨甚至在宫廷应制诗里向皇帝流露出投闲之思：

> 史魏王弥远出判宁国府，理庙命宰执侍从于此园设燕饯行，有朝官何铨赋诗曰：“饯行朱邸帝城春，随例颠忙宴玉津。报国独劳千一虑，钧天同听十三人；金卮宣劝君王重，花露湔愁醉梦真。却忆故人猿鹤在，便思投老乞闲身。”（吴自牧）[48]

尽管部分南宋文士的求闲是因为事业受挫，但对于大部分文士来说，求闲是其初心，即一贯的追求。史浩曾数十次向皇帝辞职求闲，并称这是他的本性：“予生赋鱼鸟之性，虽服先训，出从宦游，而江湖山薮之思，未尝间断。”[49]从下列诗词来看，其他文士对休闲的追求也并非晚年兴起的愿望，而是一种出自本性的怀抱，一种长期不懈的追求：

> 风雨梅花梦，溪山老子怀。（张镃）[50]
> 名字因农具，襟怀属钓蓑。（张镃）[51]
> 笺天公事君知否？止乞柴荆到死闲。（陆游）[52]
> 自计长闲何所恨，一生心事在烟波。（陆游）[53]

此外，甚至南宋的皇帝、僧人也流露求闲之意。如刘光祖记载宋光宗自称“历事岁久，念欲退闲”[54]。释绍嵩诗云：“自知潦倒无余事，乞取山林放旷身。”[55]可见“爱闲”之心与“求闲”之志在当时确为各阶层的普遍心态。

第二节 “稀闲”之意与“祈闲”之愿

尽管南宋文士在思想态度上“爱闲”，在行动落实上“求闲”，但他们也发现，“闲”非轻易可得。于是，他们有时将得闲作为人生的一种理想和愿景。

一、"问天难买是真闲"：稀闲之意

对于世人得闲之可能性，南宋文士认为是困难的："人生闲最难。算真闲、不到人间。"[56]究其原因：一则在主观；一则在客观。从主观上来说，人很难摆脱世俗诱惑，放弃对名利财色的追逐，故而忙碌终身。所以天地虽阔，但真正能走向林间渔樵并非易事：

> 今与古，谁肯死前闲？危脆利名才入手，虚华财色便追攀。荣辱片时间。（净圆）[57]
>
> 浮生事，算天涯海角，谁是闲人。（何梦桂）[58]
>
> 闲著江湖尽宽，谁肯渔蓑。（詹玉）[59]
>
> 愿随鞭镫，又被名缰勒住。恨身不做个，闲男女。（无名氏）[60]

而从客观来说，谋生的需要、各种工作和责任迫使着人们必须劳作，即使主观上想闲，也无法轻松潇洒地获得。如李曾伯自称："百计求闲，一归未得，便得归闲能几年？"[61]

故而，南宋诗词文章中充满了"稀闲"之意，即普遍认为休闲难得。如朱敦儒叹曰："浮生事，长江水，几时闲。"[62]吕渭老也感叹曰："夜迢迢，灯烛下，几心闲。"[63]方岳感叹，自己有闲而无人与之共闲："一刻之间（闲）值万金，苦无人可共幽襟。"[64]他在游览时还发出感叹："谁能半日闲，脱身此窥临。"[65]这是在表达得闲而赏景者甚少之意。张炎认为闲有钱难买："聊适兴，且怡颜。问天难买是真闲。"[66]赵希迈认为闲需要向老天去借："万事全将飞雪看，一闲且问苍天借。"[67]

吴泳曾发问："算人生、能有几时闲，金乌速。"[68]而赵希鹄则对此加以计算，以感叹休闲既难得，更难享用："人生一世间，如白驹过隙，而风雨忧愁，辄居三分之二，其间得闲者才一分耳。况知之而能享用者，又百分之一二。"[69]而另一些南宋文士则干脆认为休闲不可得，如言：

"寻思百计不如闲""未老得闲方是闲""又得浮生半日闲"，皆昔实欲闲而不能，羡闲而未遂者。闲岂易得哉！（倪思）[70]

天所靳者寿也……所尤靳者闲也。（刘克庄）[71]

而费衮更用一个故事来说明休闲生活非人间之物：

有士人贫甚，夜则露香祈天，益久不懈。一夕，方正襟焚香，忽闻空中神人语曰："帝悯汝诚，使我问汝何所欲。"士答曰："某之所欲甚微，非敢过望，但愿此生衣食粗足，逍遥山间水滨，以终其身，足矣！"神人大笑曰："此上界神仙之乐，汝何从得之？若求富贵，则可矣。"……盖天之靳惜清乐，百倍于功名爵禄也。[72]

现代心理学指出，人往往认为得不到的东西才是最好的。因此，南宋文士把休闲视为不可得之物，恰恰表现了其尚闲程度之高，也更彰显了他们眼中休闲的价值。因此，他们在得闲之后，往往习惯于把这种美好的生活状态看作上天赐予的，例如：

添老大，转痴顽。谢天教我老来闲。（朱敦儒）[73]

颇识造物意，长容吾辈闲。（刘应时）[74]

多谢天公怜岁晚，清时乞得身闲散。（张纲）[75]

雨露丝纶下玉宸，问天乞得个闲身。（杨万里）[76]

平生丘壑志，未老求闲，天亦徘徊就归计。（卢祖皋）[77]

人欺耄齿，迫暮景之桑榆；天许闲身，管春风之花柳。（刘克庄）[78]

喜一愚天禀，一闲天赋。（周密）[79]

有趣的是，西方哲学家也常将休闲比作神赐予的，以表现休闲的难得与对休闲的渴慕。如柏拉图说："众神为了怜悯人类——天生劳碌的种族，就赐给他们许多反复不断的节庆活动，借此消除他们的疲劳；众神赐给他们缪斯，以阿波罗和狄奥尼修斯为缪斯的主人，以便他们在众神陪伴下恢复元气，因此能够回复到人类原本的样子。"[80] 中西休闲思想对照，可谓相映成趣。

此外，有时南宋文士也会将得闲归功于皇恩浩荡，如姜特立云："京祠新任，好事日边还又。清闲无个事，君恩厚。"[81]李曾伯云："乞得闲身，毋庸多议，感荷九重渊听知。"[82]而事实上，南宋统治者也的确会以休闲笼络臣子。例如，宋孝宗曾刻意下诏（洪适代笔）满足王晞亮的休闲之志："畀以论撰之职，谐其燕闲之怀。"[83]"畀以真祠，班之秘殿，俾遂燕闲之志，当无喜愠之容。"[84]

二、"我愿时清无一事"：祈闲之愿

由于南宋文士认为休闲价值高而又十分之稀有，我们便发现了这样一种有趣的现象：文士们越来越倾向于将得闲作为一种人生的理想和愿景。一方面，他们在自己许愿时，不是求官求利，而是祈求闲散。例如张镃在除夕之夜发出这样的祈祷："但愿明年更闲散，无灾无难复何疑。"[85]另一方面，在对他人表达祝福时，文士们不再俗套地祈愿他人升官、发财之类，而是祝愿他人无事得闲。北宋亦出现此种现象，但不如南宋表现得更充分和强烈。例如魏了翁在刘光祖生日时对他有这样的祝愿："我愿时清无一事，尽使公闲。"[86]再看《全宋文》中的记载：

> 即日天地闭藏，伏惟弦歌无事，尊候万福。（晁公遡）[87]
> 即日草木茂遂，伏惟里舍就闲，尊候万福。（晁公遡）[88]
> 秋来庐下益觉节爽，伏惟宴居甚休，台候万福。（晁公遡）[89]
> 比日秋冷，恭惟幕府燕闲，起处佳福。（朱熹）[90]
> 恭惟幕府高闲，台候神相，动止万福。（刘宰）[91]
> 恭惟国史左史学邃道充，气闲宇足。（陈元晋）[92]
> …………

而通过行文措辞可发现，这种祝愿常常是给予那些具有一定官位之人（或高级公务员），其原因可能是当时官场繁忙，个中之人求"闲"若渴：

即日伏惟裁剸多暇，尊候万福。（岳飞）[93]

伏惟戎政多暇，神介靖共，台候动止万福。（龙大渊）[94]

即日萍始生，伏惟帐下清闲，台候万福。（晁公遡）[95]

即日草木敷荣，伏惟折狱有闲，尊候万福。（晁公遡）[96]

恭惟一道禀畏，皆应岁会，明台无事，饮此春酒，以介眉寿，台候动止万福。（晁公遡）[97]

治所号为多雨，秋气益当增爽。伏惟宴坐甚清，台候胜常。（晁公遡）[98]

伏惟政成无事，尊候胜常。（晁公遡）[99]

恭惟公堂清暇，书帷靓深，天相台候，动止万福！（孙应时）[100]

恭惟某官燕居申申，望隆四海，天人交相，台候起居万福。（陈宓）[101]

此外，舒邦佐祝愿某周姓官员："推道之余而为文章，翰墨特为游戏。"[102] 方大琮祝愿某些官员："管领溪山，付政事于游戏；吟哦风月，特翰墨之绪余。"[103] 他又祝愿某位江姓官员："游戏政事，非俗吏所能为；嬉笑文章，皆风人之托物。"[104] 晁公遡的文集中对某官员还有这样的祝愿："伏惟归及烧灯，与民同乐，闺庭欢豫，台候胜常。"[105] 即希望该官员不但自己休闲，还能与民同乐，可见得闲在当时是一种普遍性的愿景。

此外，由于南宋文士认为休闲难得、稀有，非人间可得，故而为了使祈愿成真，他们还会请求神仙来"帮助"对方实现，此确为南宋之一种有趣的文化现象：

即日伏惟倅贰多暇，神相有休，尊履禔福。（岳飞）[106]

恭惟三径如昨，手植益茂，可以偃息。神相燕闲，台候动止万福。（晁公遡）[107]

天气始尔开霁，渐可御绤绤，伏惟铃下无事，神相清净，台候万福。（晁公遡）[108]

伏惟经调已定，神相燕休，台候胜常。（晁公遡）[109]

第三节 "惜闲"之情与"夸闲"之态

因为求闲难得，南宋文士不禁发出这样的感慨："萧闲好，何时遂。"（韩玉）[110] 故而，在求闲而得闲之后，南宋文士表现出来的是一种"惜闲"和"夸闲"的心态。

一、"闲民亦幸乐清朝"：惜闲之情

不少南宋文士对自己得闲表达出一种庆幸而珍惜的心态。例如胡寅称自己"固欲濯足沧浪，冥心霄汉"，幸而愿望得以实现："幸从人欲……养以宽闲。"[111] 王十朋则不止一次地称"五年三郡，方幸投闲"[112]。杨至质在闲官任上庆幸自己"幸得请而号最闲，合掩关而作高卧"[113]。方岳这样向皇帝表达："臣昨以圣恩从欲，幸遂退闲，御札疏荣，过为优渥。"[114] 以上种种，"惜闲"之情皆溢于言表。

不少南宋文士尤其喜欢用一个"偷"字，总说自己是忙里偷闲，这说明了休闲来之不易，更意在表达他们的惜闲态度：

> 叠叠云山供四顾，簿书忙里偷闲去。心远地偏陶令趣。（葛胜仲）[115]
>
> 老子偷闲，爱君三径，共一尊芳醑。（韩元吉）[116]
>
> 忙里偷闲真得计。乘兴携壶，文饮欣同志。（曹冠）[117]
>
> 忙里偷闲同到、此山中。（姚述尧）[118]
>
> 琳馆偷闲，约赤城为友。（赵善括）[119]
>
> 天意好，物华新。偷闲赢取酒边身。（石孝友）[120]
>
> 相与偷将半日闲，共把尘襟洗。（郭应祥）[121]
>
> 我辈风流宜啸咏，官曹尘冗从煎逼。且簿书、丛里举清觞，偷闲日。（韩淲）[122]
>
> 官里从容何日是。偷闲著便寻幽事。（卢祖皋）[123]
>
> 偷闲来此徘徊，把人世黄粱都唤回。（陈人杰）[124]

张镃表示，归隐三年对他来说来太短了。他希望能一直休闲下去，直至百年，所谓"三年何足道，坚判百年期"[125]。他十分珍视得闲后的美好状态，因而不愿意轻易抛弃休闲生涯，去和名利做交换：

> 忙里能偷此闲乐，抗尘宁复叹劳生。[126]
> 平生丘壑意，不受暑寒迁。[127]
> 寸心方自适，肯易利荣降。[128]

此外，方岳亦十分珍惜获得的休闲。他认为，他已经尽情地享受这种来之不易的生活，没有辜负美好的闲暇，并勉励他人要珍惜休闲之乐：

> 闲民亦幸乐清朝，蓑笠过从语不嚣。[129]
> 天且莫教三月尽，我今无负一生闲。[130]
> 勉矣山林人，优哉聊卒岁。[131]

二、"天下无人闲似我"：夸闲之态

惜闲之余，南宋文士还表现出一种"夸闲"的心态。一方面是自夸。先看文学家的表现。赵令畤自夸："似我乐来真是少，见人忙处不相关。养真高静出尘寰。"[132] 张元干自称"长夏啖丹荔，两纪傲闲居"[133]，以闲居二十载为自得。吕渭老自赞心闲："我平生，心正似，白云闲。"[134] 杨万里自夸"天下无人闲似我"[135]，"胡床倦坐起凭栏，人正忙时我正闲"[136]。张镃自赞"修竹有风处，道人无事时"[137]。张炎词云："正喜云闲云又去，片云未识我心闲。"[138] 其意比吕渭老更进一层，即自夸其心比白云更闲。葛立方自夸："鸟劝饮兮风为启关，宇宙之间谁如我闲！"[139] 相比之下，朱敦儒的夸闲比较特别。试看：

> 谁闲如老子，不肯作神仙。[140]
> 我不是神仙，不会炼丹烧药。只是爱闲耽酒。[141]

洞天谁道在，尘寰外。[142]

若要理解这些词句须与朱敦儒的道家思想背景联系起来。朱敦儒一生求仙问道，以道家和道教的终极目标为休闲理想，把离人间、游仙境作为休闲最高境界。而此处他又说自己不是神仙，不愿做神仙。这即暗示出，人有了闲就是神仙，也就不必做天上的神仙；有了休闲的人间就是洞天，人间与仙境也就没有分别了，不需要到方外去另求仙境。不做神仙、不是神仙之语，其实乃是在夸闲而已。

再看高级官员们在停职之时或致仕（退休）之后的表现。胡寅在休闲之后称："藏拙投闲，粗适山林之性；通名笺记，未遑竿牍之修。"[143]曹勋在退闲后自称："卜筑天台，松竹靓深。侣方外之高士，访亲旧之知音。一觞一咏，有书有琴。村歌社舞时以乐，楮冠云衲间以寻。"[144]史浩在求闲获准之后诗云："官身乞得自由身，不著峨冠只葛巾。若也于斯能荐得，始知天地有闲人。"[145]以上分明均在显示其轻松适意之感。此外，方岳在停职时不以之为憾，反而自夸：

田园无事日，天地自由人。[146]
有兴自携残稿醉，无人得似老夫闲。[147]
无人闲似我，野荠共时新。[148]

事实上，南宋文士在居官任上，就喜欢自夸闲逸。诸葛忆兵指出："宋人居官，喜自言清闲无事，优游卒岁。故宋人诗歌写得波澜不惊，更多的是休闲或宴饮之际的酬唱应答之作。"[149]通过文献来看，我们发现的确如此。

范成大在四川任上，就自得地夸耀他是海内最闲的人，所谓"海内闲身输我侪，山中佳气为人浓"[150]。王炎在工作之余自称："人方逐逐，我独徐徐，人方役役，我独于于。谅愚智之悬隔，宜动静之殊涂。其在武水之曲，有先人之敝庐。一裘一葛，日饭一盂，非扫轨以谢物，且杜门而读书。付荣枯于自然，庶顺命而无违。抑古人有言，曰'优哉游哉，聊以卒岁'，是其获我私者乎。"[151]魏了翁在宦途征鞍中对人自夸："宇宙平宽，著我一人闲。"[152]"乾坤如许空阔，著我两人闲。"[153]方岳在任时，就为他清闲的工作骄傲自得："茶话略无尘土杂，荷香剩有水风兼。官曹那得闲如此，亦奉一囊惭属厌。"[154]

除了文士、官员之外，道士、僧人也有以闲身自夸的，例如道家人物白玉蟾云："只有一般输我处，君王未有此清闲。"[155] 即认为自己的幸福感超越帝王。释绍嵩诗云："天下无人闲似我，闲中方寸阔于天。"[156] 而释文珦最爱夸闲，常常这样自赞：

> 心比孤蟾净，身同野鹿闲。[157]
> 身志两不辱……乾坤一闲人。[158]
> 相彼常汲汲，而我独多暇。[159]
> 众人皆汲汲，孤客自俞俞。[160]
> 有客坐终日，城中无此闲。[161]
> 老僧闲甚富，谁欲贾予闲。[162]
> 五年懒踏上京尘，真是乾坤散诞身。[163]

另一方面，南宋文士喜欢赞美他人得闲。如蒋捷称赞薛某"自古达官酣富贵，往往遭人描画。只有青门，种瓜闲客，千载传佳话"[164]。张炎称赞某僧人"幽趣尽属闲僧，浑未识人间，落花啼鸟"[165]。在南宋文士夸人得闲的现象中，亦有一个有趣的特点。南宋社会曾普遍流行这样一句话："未老得闲方是闲"[166]，本章第二节中倪思曾加以引用。因此，他们在夸赞他人得闲时，也会指出这一点，即强调他人是未老即得闲，而不是年老方退闲，从而也体现了此闲之不易得：

> 未老得闲闲到老，无一事，和诗忙。（刘辰翁）[167]
> 知君久，勘破利名关。未老先得闲。（伍梅城）[168]
> 女郎乘龙全四德，未老得闲仁寿。（无名氏）[169]

总之，爱闲、求闲、稀闲、祈闲、惜闲和夸闲，可谓淋漓尽致地展现了南宋文士们尚闲的完整心态。这些林林总总的"尚闲"诗文，也彰显了休闲在南宋的价值之高。

注释

[1] 陈著：《菊集所檄》，《本堂集》卷五三，见曾枣庄等编：《全宋文》（第 350 册），上海：上海辞书出版社，合肥：安徽教育出版社，2006 年版，第 127 页。

[2]《好事近》十四首其十四，《樵歌》卷中，见（南宋）朱敦儒：《樵歌》，龙元亮校，北京：文学古籍刊行社，1958 年版，第 51 页。

[3]《沁园春》，《樵歌》卷上，见（南宋）朱敦儒：《樵歌》，龙元亮校，第 14 页。

[4] 范松义：《论朱敦儒词中自我形象的嬗变》，载《河南教育学院学报》（哲学社会科学版），2005 年第 1 期。

[5]《乞留侍讲朱熹札子》，《历代名臣奏议》卷一四七，见曾枣庄等编：《全宋文》（第 279 册），第 54 页。

[6]《贺楼尚书兼内翰启》，《橘山四六》卷一二，见曾枣庄等编：《全宋文》（第 284 册），第 271 页。

[7]《除守谢史丞相启》，《翰苑新书》续集卷三五，见曾枣庄等编：《全宋文》（第 328 册），第 344 页。

[8]《移石种竹橘》，《南湖集》卷二，见（南宋）张镃：《南湖集》，吴晶、周膺点校，北京：当代中国出版社，2014 年版，第 44 页。

[9]《园中梅有开者，寄呈当涂叔祖》，《南湖集》卷五，见（南宋）张镃：《南湖集》，吴晶、周膺点校，第 135 页。

[10]《次张以道韵》，《南湖集》卷一，见（南宋）张镃：《南湖集》，吴晶、周膺点校，第 32 页。

[11]《偶成》，《南湖集》卷二，见（南宋）张镃：《南湖集》，吴晶、周膺点校，第 38 页。

[12]《次韵酬曾无逸宗教》二首其一，《南湖集》卷二，见（南宋）张镃：《南湖集》，吴晶、周膺点校，第 108 页。

[13]《次韵宋尚书山居八首·日涉园》，《秋崖先生小稿》卷九，见傅璇琮等主编：《全宋诗》（第 61 册），北京：北京大学出版社，1998 年版，第 38311 页。

[14]《四用韵答才老》，《秋崖先生小稿》卷十五，见傅璇琮等主编：《全宋诗》（第 61 册），第 38350 页。

[15]《满庭芳·辛未岁，闻表兄王和叔秘监林屋既成，乃作彩舫，幅巾雪鬓，望之为蓬瀛仙翁也，因赋此以寿之，俾舟人歌以和渔唱》，见唐圭璋编纂：《全宋词》（简体增订本第 4 册），北京：中华书局，1965 年版，第 3099 页。

[16]《谢史丞相启》，《壶山四六》，见曾枣庄等编：《全宋文》（第 322 册），第

115 页。

［17］《金缕曲·用稼轩韵作》，见唐圭璋编纂:《全宋词》(简体增订本第 5 册)，第 4461 页。

［18］《归来》，《潜山集》卷十，见傅璇琮等主编:《全宋诗》(第 63 册)，第 39643 页。

［19］《重乞休致表》二，《鄮峰真隐漫录》卷一八，见曾枣庄等编:《全宋文》(第 199 册)，第 198 页。

［20］《辞太师表》，《鄮峰真隐漫录》卷一八，见曾枣庄等编:《全宋文》(第 199 册)，第 203 页。

［21］《辞太傅表》二，《鄮峰真隐漫录》卷一八，见曾枣庄等编:《全宋文》(第 199 册)，第 202 页。

［22］《辞太师第二表》，《鄮峰真隐漫录》卷一八，见曾枣庄等编:《全宋文》(第 199 册)，第 204 页。

［23］《祭亡弟仲严文》一，《永乐大典》卷一四〇五二，曾枣庄等编:《全宋文》(第 185 册)，第 430—431 页。

［24］《回曹职官启》，《晦庵先生朱文公文集》卷八五，见曾枣庄等编:《全宋文》(第 250 册)，第 234 页。又载于《回都昌知县启》，《晦庵先生朱文公文集》卷八五，见曾枣庄等编:《全宋文》(第 250 册)，第 235 页。

［25］《中奉大夫直焕章阁王公神道碑》，《晦庵先生朱文公文集》卷八九，见曾枣庄等编:《全宋文》(第 253 册)，第 50 页。

［26］《谢再任宫观表》，《攻愧集》卷一七，见曾枣庄等编:《全宋文》(第 263 册)，第 135 页。

［27］《通王枢相启》，《橘山四六》卷一，见曾枣庄等编:《全宋文》(第 284 册)，第 132 页。

［28］《谢王漕荐举启》，《橘山四六》卷六，见曾枣庄等编:《全宋文》(第 284 册)，第 200 页。

［29］《第三乞祠奏状》，《东涧集》卷九，见曾枣庄等编:《全宋文》(第 303 册)，第 289 页。

［30］《辞免右文殿修撰知建宁申省奏状》，《后村先生大全集》卷七八，见曾枣庄等编:《全宋文》(第 327 册)，第 339 页。

［31］《贺沈潭州启》，《斐然集》卷七，见曾枣庄等编:《全宋文》(第 189 册)，第 250 页。

［32］《贺范漕元作启》，《斐然集》卷七，见曾枣庄等编:《全宋文》(第 189 册)，第 250 页。

［33］《谢湖北王漕东卿启》，《斐然集》卷七，见曾枣庄等编:《全宋文》(第 189

册），第 253 页。

［34］《答高参议启》，《斐然集》卷七，见曾枣庄等编：《全宋文》（第 189 册），第
256 页。

［35］《修祖居上梁文》，《屏山集》卷六，见曾枣庄等编：《全宋文》（第 193 册），
第 220 页。

［36］《辞免焕章阁待制侍讲奏状二》，《晦庵先生朱文公文集》卷二三，见曾枣庄
等编：《全宋文》（第 243 册），第 278 页。

［37］《辞免知南康军状》，《晦庵先生朱文公文集》卷二二，见曾枣庄等编：《全宋
文》（第 244 册），第 18 页。

［38］《谢执宰启》，《止斋先生文集》卷三四，见曾枣庄等编：《全宋文》（第 267
册），第 419 页。

［39］《江东漕谢到任表》，《西山文集》卷一〇，见曾枣庄等编：《全宋文》（第 312
册），第 144 页。

［40］《辞免知福州安抚奏状》，《西山文集》卷一六，见曾枣庄等编：《全宋文》
（第 312 册），第 324 页。

［41］《临江仙·再用韵送祐之弟归浮梁》，《稼轩词》卷八，见（南宋）辛弃疾：
《辛弃疾全集》，王步高等辑校汇评，珠海：珠海出版社，2002 年版，第 105 页。

［42］《虞美人·送赵达夫》，《稼轩词》卷十一，见（南宋）辛弃疾：《辛弃疾全
集》，王步高等辑校汇评，第 175 页。

［43］《瑞鹧鸪·京口有怀山中故人》，《稼轩词》卷九，见（南宋）辛弃
疾全集》，王步高等辑校汇评，第 136 页。

［44］《不睡》，《南湖集》卷二，见（南宋）张镃：《南湖集》，吴晶、周膺点校，第
38 页。

［45］《榜书轩曰"景白"，以炉香事乐天像，因题律诗六韵其上》，《南湖集》卷
六，见（南宋）张镃：《南湖集》，吴晶、周膺点校，第 188 页。

［46］《洞仙歌·寿外舅》，见唐圭璋编纂：《全宋词》（简体增订本第 4 册），第
3096 页。

［47］《水调歌头·壬寅九月谒季修，题其书室壁曰秋斋梦谒，复以进道韵续之》，
见唐圭璋编纂：《全宋词》（简体增订本第 2 册），第 1455 页。

［48］《园囿》，《梦粱录》卷十九，见（南宋）吴自牧：《梦粱录》，杭州：浙江人民
出版社，1984 年版，第 179 页。

［49］《真隐园铭》，《鄮峰真隐漫录》卷四〇，见曾枣庄等编：《全宋文》（第 200
册），第 62 页。

［50］《次韵酬张仲思高邮见寄》二首其一，《南湖集》卷四，见（南宋）张镃：《南
湖集》，吴晶、周膺点校，第 102 页。

［51］《寒食》，《南湖集》卷四，见（南宋）张镃：《南湖集》，吴晶、周膺点校，第104 页。

［52］《冬晴日得闲游偶作》，《剑南诗稿》卷二十六，见钱仲联、马亚中主编：《陆游全集校注》（第 4 册），杭州：浙江教育出版社，2011 年版，第 50 页。

［53］《冬晴闲步东村由故塘还舍作》二首其一，《剑南诗稿》卷二十六，见钱仲联、马亚中主编：《陆游全集校注》（第 4 册），第 58 页。

［54］《宋丞相忠定赵公墓志铭》，《道光余干县志》卷二一，见曾枣庄等编：《全宋文》（第 279 册），第 84 页。

［55］《胡伯圆尚书以松山虚席力招补其阙辄辞以小诗遂获免》，《亚愚江浙纪行集句诗》卷五，见傅璇琮等主编：《全宋诗》（第 61 册），第 38647 页。

［56］《糖多令》，见唐圭璋编纂：《全宋词》（简体增订本第 5 册），第 4856 页。

［57］《望江南•娑婆苦》六首其五，见唐圭璋编纂：《全宋词》（简体增订本第 4 册），第 3120 页。

［58］《沁园春•和何逢原见寿》，见唐圭璋编纂：《全宋词》（简体增订本第 4 册），第 3987 页。

［59］《一萼红》，见唐圭璋编纂：《全宋词》（简体增订本第 5 册），第 4238 页。

［60］《感皇恩令》，见唐圭璋编纂：《全宋词》（简体增订本第 5 册），第 4849 页。

［61］《沁园春•乙卯初度和程都大韵》，见唐圭璋编纂：《全宋词》（简体增订本第 4 册），第 3583 页。

［62］《相见欢》七首其四，《樵歌》卷下，见（南宋）朱敦儒：《樵歌》，龙元亮校，第 82 页。

［63］《水调歌头》，见唐圭璋编纂：《全宋词》（简体增订本第 2 册），第 1470 页。

［64］《暑中杂兴》，《秋崖先生小稿》卷五，见傅璇琮等主编：《全宋诗》（第 61 册），第 38285 页。

［65］《避暑冷泉》，《秋崖先生小稿》卷二九，见傅璇琮等主编：《全宋诗》（第 61 册），第 38440 页。

［66］《渔歌子•张志和与余同姓，而意趣亦不相远，庚戌春，自阳羡牧溪放舟过鼋画溪，作渔歌子十解，述古调也》，见唐圭璋编纂：《全宋词》（简体增订本第 5 册），第 4451 页。

［67］《满江红》，见唐圭璋编纂：《全宋词》（简体增订本第 4 册），第 3426 页。

［68］《满江红•和吴毅甫》，见唐圭璋编纂：《全宋词》（简体增订本第 4 册），第 3211 页。

［69］《洞天清录集序》，见（南宋）陈槱：《负暄野录》（及其他一种），北京：中华书局，1985 年版，《洞天清录集序》第 1 页。

［70］《闲》，《经锄堂杂志》卷四，见（南宋）倪思：《经锄堂杂志》，邓子勉校点，

沈阳：辽宁教育出版社，2001年版，第45页。

［71］《祭方听蛙文》，《后村先生大全集》卷一三九，见曾枣庄等编：《全宋文》（第332册），第237页。

［72］《士人祈闲适》，《梁溪漫志》卷八，见（南宋）费衮：《梁溪漫志》，金圆校点，上海：上海古籍出版社，2001年版，第45页。

［73］《鹧鸪天》十四首其二，《樵歌》卷上，见（南宋）朱敦儒：《樵歌》，龙元亮校，第20页。

［74］《颐庵居士集序》，见（南宋）陆游：《放翁诗话》，章原批注，南京：凤凰出版社，2009年版，142页。

［75］《凤栖梧·癸未生日》，见唐圭璋编纂：《全宋词》（简体增订本第2册），第1198页。

［76］《圣恩增秩进职致仕，感恩述怀》，《诚斋集》卷三八《退休集》，见傅璇琮等主编：《全宋诗》（第42册），第26599页。

［77］《洞仙歌·寿外舅》，见唐圭璋编纂：《全宋词》（简体增订本第4册），第3096页。

［78］《回赵守计院启》，《后村先生大全集》卷一二五，见曾枣庄等编：《全宋文》（第328册），第276页。

［79］《满江红·寄剡中自醉兄》，见唐圭璋编纂：《全宋词》（简体增订本第5册），第4159页。

［80］（德）约瑟夫·皮珀：《闲暇：文化的基础》，刘森尧译，北京：新星出版社，2005年版，第2页。

［81］《感皇恩》，唐圭璋编纂：《全宋词》（简体增订本第3册），第2079页。

［82］《沁园春·丙辰归里和八窗叔韵》，唐圭璋编纂：《全宋词》（简体增订本第4册），第3585页。

［83］《知漳州王晞亮秘阁修撰致仕制》，《盘洲文集》卷二〇，见曾枣庄等编：《全宋文》（第212册），第303—304页。

［84］《王之望端明殿学士提举江州太平兴国官制》，《盘洲文集》卷二三，见曾枣庄等编：《全宋文》（第212册），第340页。

［85］《守岁》，《南湖集》卷五，见（南宋）张镃：《南湖集》，吴晶、周膺点校，第137页。

［86］《浪淘沙·刘左史光祖之生正月十日李夫人之生以十九日赋两词寄之》，见唐圭璋编纂：《全宋词》（简体增订本第4册），第3070页。

［87］《答宋汉初柬》一，《嵩山集》卷三三，见曾枣庄等编：《全宋文》（第211册），第286页。

［88］《答张监税柬》一，《嵩山集》卷三三，见曾枣庄等编：《全宋文》（第211

册），第 297 页。

［89］《与任提宫希旦札子》三，《嵩山集》卷四○，见曾枣庄等编：《全宋文》（第
211 册），第 381 页。

［90］《答巩仲至》，《晦庵先生朱文公文集》卷六四，见曾枣庄等编：《全宋文》
（第 249 册），第 225 页。

［91］《回何抚干处恬书》，《漫塘集》卷六，见曾枣庄等编：《全宋文》（第 299
册），第 186 页。

［92］《上魏左史了翁启》，《渔墅类稿》卷二，见曾枣庄等编：《全宋文》（第 325
册），第 23 页。

［93］《书简》三，《宝真斋法书赞》卷二八，见曾枣庄等编：《全宋文》（第 196
册），第 345 页。

［94］《岁华帖》，《式古堂书画汇考》卷一四，见曾枣庄等编：《全宋文》（第 200
册），第 326 页。

［95］《答杨茶干柬》一，《嵩山集》卷三二，见曾枣庄等编：《全宋文》（第 211
册），第 277 页。

［96］《答刘知录柬》一，《嵩山集》卷三三，见曾枣庄等编：《全宋文》（第 211
册），第 294 页。

［97］《上樊运使札子》九，《嵩山集》卷三七，见曾枣庄等编：《全宋文》（第 211
册），第 348 页。

［98］《与李雅州札子》一，《嵩山集》卷三九，见曾枣庄等编：《全宋文》（第 211
册），第 374 页。

［99］《与新都任知县札子》一，《嵩山集》卷四四，见曾枣庄等编：《全宋文》（第
211 册），第 447 页。

［100］《上丘文定公书》六，《烛湖集》卷七，见曾枣庄等编：《全宋文》（第 290
册），第 23 页。

［101］《与傅忠简札》二，《复斋集》卷一一，见曾枣庄等编：《全宋文》（第 304
册），第 381 页。

［102］《上周相所业启》，《双峰猥稿》卷四，见曾枣庄等编：《全宋文》（第 269
册），第 193 页。

［103］《回诸州通判启》，《壶山四六》，见曾枣庄等编：《全宋文》（第 322 册），第
136 页。

［104］《回兴化江倅启》，《壶山四六》，见曾枣庄等编：《全宋文》（第 322 册），第
137 页。

［105］《与简州王倅札子》一，《嵩山集》卷四○，见曾枣庄等编：《全宋文》（第
211 册），第 382 页。

[106]《书简》五，《宝真斋法书赞》卷二八，见曾枣庄等编:《全宋文》(第196册)，第346页。

[107]《上张待制札子》四，《嵩山集》卷三四，见曾枣庄等编:《全宋文》(第211册)，第309—310页。

[108]《与程邛州札子》五，《嵩山集》卷三八，见曾枣庄等编:《全宋文》(第211册)，第363页。

[109]《与史主管札子》七，《嵩山集》卷四一，见曾枣庄等编:《全宋文》(第211册)，第403页。

[110]《上平西·甲申岁西度道中作》，见唐圭璋编纂:《全宋词》(简体增订本第三册)，第2652页。

[111]《谢湖北王漕东卿启》，《斐然集》卷七，见曾枣庄等编:《全宋文》(第189册)，第253页。

[112]《答赵知宗》，《梅溪先生后集》卷二三，见曾枣庄等编:《全宋文》(第208册)，第340页。又载于《答任运使》，《梅溪先生后集》卷二三，见曾枣庄等编:《全宋文》(第208册)，第341页。

[113]《迓郡守章吏部启》，《勿斋先生文集》卷上，见曾枣庄等编:《全宋文》(第344册)，第261页。

[114]《第二奏》，《秋崖集》卷一七，见曾枣庄等编:《全宋文》(第341册)，第332页。

[115]《渔家傲》，见唐圭璋编纂:《全宋词》(简体增订本第2册)，第927页。

[116]《醉蓬莱·次韵张子永同饮谢德舆家》，见唐圭璋编纂:《全宋词》(简体增订本第2册)，第1811页。

[117]《凤栖梧·寻芳，饮于小园》，见唐圭璋编纂:《全宋词》(简体增订本第3册)，第1984页。

[118]《南歌子·时方自金厅会议催科，事罢即作此游》，见唐圭璋编纂:《全宋词》(简体增订本第3册)，第2010页。

[119]《醉蓬莱·寿司马大监生日》，见唐圭璋编纂:《全宋词》(简体增订本第3册)，第2561页。

[120]《鹧鸪天》，见唐圭璋编纂:《全宋词》(简体增订本第3册)，第2622页。

[121]《卜算子·二月晦，偕徐孟坚、滕审言、李季功游裴公亭作》，见唐圭璋编纂:《全宋词》(简体增订本第4册)，第2875页。

[122]《满江红·和赵公明》，见唐圭璋编纂:《全宋词》(简体增订本第4册)，第2879页。

[123]《渔家傲》，见唐圭璋编纂:《全宋词》(简体增订本第4册)，第3102页。

[124]《沁园春·同林义倩游惠觉寺，衲子差可与语，因作葛藤语示之》，见唐圭

璋编纂:《全宋词》（简体增订本第 5 册），第 3906 页。

［125］《安乐泉亭上午憩》，《南湖集》卷四，见（南宋）张镃:《南湖集》，吴晶、周膺点校，第 116 页。

［126］《题昌化县双溪馆》，《南湖集》卷六，见（南宋）张镃:《南湖集》，吴晶、周膺点校，第 178 页。

［127］《伏日》，《南湖集》卷四，见（南宋）张镃:《南湖集》，吴晶、周膺点校，第 110 页。

［128］《清晖阁在柳洲寺旧址》二首其二，《南湖集》卷四，见（南宋）张镃:《南湖集》，吴晶、周膺点校，第 103 页。

［129］《次韵山居》四首其四，《秋崖先生小稿》卷二二，见傅璇琮等主编:《全宋诗》（第 61 册），第 38400 页。

［130］《山行》三首其三，《秋崖先生小稿》卷三五，见傅璇琮等主编:《全宋诗》（第 61 册），第 38477 页。

［131］《答费司法》二首其二，《秋崖先生小稿》卷二九，见傅璇琮等主编:《全宋诗》（第 61 册），第 38441 页。

［132］《浣溪沙》，见唐圭璋编纂:《全宋词》（简体增订本第 1 册），第 641 页。

［133］《水调歌头》，见唐圭璋编纂:《全宋词》（简体增订本第 2 册），第 1399 页。

［134］《水调歌头》八首其四，见唐圭璋编纂:《全宋词》（简体增订本第 2 册），第 1122 页。

［135］《十六月夜再同子文巨济李叔槃南溪步月》，《诚斋集》卷三六《退休集》，见傅璇琮等主编:《全宋诗》（第 42 册），第 26569 页。

［136］《静坐池亭二首》其一，《诚斋集》卷一〇《荆溪集》，见傅璇琮等主编:《全宋诗》（第 42 册），第 26197 页。

［137］《安乐泉亭上午憩》，《南湖集》卷四，见（南宋）张镃:《南湖集》，吴晶、周膺点校，第 116 页。

［138］《瑶台聚八仙·千岩竞秀》，见唐圭璋编纂:《全宋词》（简体增订本第五册），第 4426 页。

［139］《喜闲》，《归愚集》卷六，见曾枣庄等编:《全宋文》（第 201 册），第 19 页。

［140］《临江仙》八首其五，《樵歌》卷上，见（南宋）朱敦儒:《樵歌》，龙元亮校，第 18 页。

［141］《好事近》十四首其十四，《樵歌》卷中，见（南宋）朱敦儒:《樵歌》，龙元亮校，第 51 页。

［142］《感皇恩》三首其三，《樵歌》卷中，见（南宋）朱敦儒:《樵歌》，龙元亮校，第 37 页。

［143］《答朱盐启》,《斐然集》卷七, 见曾枣庄等编:《全宋文》(第 189 册), 第 256 页。

［144］《迎銮赋·闲居》,《松隐文集》卷一, 见曾枣庄等编:《全宋文》(第 191 册), 第 6 页。

［145］《真隐居士自赞》八,《鄮峰真隐漫录》卷三五, 见曾枣庄等编:《全宋文》(第 200 册), 第 96 页。

［146］《山居十首》其三,《秋崖先生小稿》卷一一, 见傅璇琮等主编:《全宋诗》(第 61 册), 第 38321 页。

［147］《山行》七首其一,《秋崖先生小稿》卷十九, 见傅璇琮等主编:《全宋诗》(第 61 册), 第 38382 页。

［148］《癸丑人日》,《秋崖先生小稿》卷三六, 见傅璇琮等主编:《全宋诗》(第 61 册), 第 38491—38492 页。

［149］诸葛忆兵:《论唐宋诗差异与科举之关联》, 载《文学评论》, 2012 年第 5 期。

［150］《再题青城山》,《石湖居士诗集》卷十八, 见傅璇琮等主编:《全宋诗》(第 41 册), 第 25917 页。

［151］《夏日郊行赋》,《双溪集》卷九, 见曾枣庄等编:《全宋文》(第 269 册), 第 369 页。

［152］《江城子·次韵西叔兄访王宣干》, 见唐圭璋编纂:《全宋词》(简体增订本 第 4 册), 第 3072 页。

［153］《水调歌头·约李潼川饮即席赋》, 见唐圭璋编纂:《全宋词》(简体增订本 第 4 册), 第 3073 页。

［154］《入局》,《秋崖先生小稿》卷二十, 见傅璇琮等主编:《全宋诗》(第 61 册), 第 38389 页。

［155］《曲肱诗》,《修真十书武夷集》卷之四十八, 见 (明) 张宇初等编:《道藏》(第 4 册), 北京: 文物出版社, 上海: 上海书店, 天津: 天津古籍出版社, 1988 年版, 第 811 页。

［156］《坐夏净慈戏书解嘲》,《亚愚江浙纪行集句诗》卷五, 见傅璇琮等主编:《全宋诗》(第 61 册), 第 38647 页。

［157］《闭户》,《潜山集》卷三, 见傅璇琮等主编:《全宋诗》(第 63 册), 第 39631 页。

［158］《不屈》,《潜山集》卷三, 见傅璇琮等主编:《全宋诗》(第 63 册), 第 39531 页。

［159］《依韵酬葛秋岩陶体》四首其三,《潜山集》卷四, 见傅璇琮等主编:《全宋诗》(第 63 册), 第 39542 页。

［160］《孤客》，《潜山集》卷六，见傅璇琮等主编：《全宋诗》（第 63 册），第 39575 页。

［161］《湖亭》，《潜山集》卷八，见傅璇琮等主编：《全宋诗》（第 63 册），第 39600 页。

［162］《闲居》，《潜山集》卷九，见傅璇琮等主编：《全宋诗》（第 63 册），第 39625 页。

［163］《酬李笃房元日见寄韵》，《潜山集》卷十，见傅璇琮等主编：《全宋诗》（第 63 册），第 39637 页。

［164］《念奴娇·寿薛稼堂》，见唐圭璋编纂：《全宋词》（简体增订本第 5 册），第 4351 页。

［165］《玉漏迟·登无尽上人山楼》，见唐圭璋编纂：《全宋词》（简体增订本第 5 册），第 4399 页。

［166］《句》，见傅璇琮等主编：《全宋诗》（第 35 册），第 22011 页。

［167］《江城子·和默轩初度韵》，见唐圭璋编纂：《全宋词》（简体增订本第 5 册），第 4038 页。

［168］《最高楼》，见唐圭璋编纂：《全宋词》（简体增订本第 5 册），第 4519 页。

［169］《杏花天·侄寿姑》，见唐圭璋编纂：《全宋词》（简体增订本第 5 册），第 4803 页。

第四章 南宋休闲风格之高度认同

南宋休闲思潮更深一层的意义在于，文士们不仅仅希冀转向休闲的生活，更在推崇并自觉追求一种"休闲人格"。所谓休闲人格，是指在文人、士大夫的休闲中，主体往往能抛弃（或至少是减少）功利之心，不像世俗之人那样蝇营狗苟，而表现出闲雅的风度和超脱的人品。一方面，它在形式上表现为处事淡定自信、从容不迫，显示出一种舒缓有致的气质；另一方面，它在内涵上表现为对物质、名利淡然处之的品格，绝无营营之私心，而多有坦荡安闲之乐。

南宋文士在诗文中普遍表达出了对休闲人格的极度推崇，这几乎成了当时的一种文化现象。它表现在三个方面：一是对历史上休闲人物的高度认同；二是对当时人休闲风格的正面评价；三是对休闲人格的自我定位。

第一节 "堪羡渊明滋味长"：历史认同

南宋文士并不排斥事功，他们也多半有从政或从戎的经历，在政治、军事上有所主张，有的甚至颇有建树。如史浩、陆游、辛弃疾、范成大、张镃、方岳等等都是如此。故而，他们也推崇历史上的帝王、能臣、名儒、圣贤，例如陆游以"《出师》一表真名世，千古谁堪伯仲间"[1]来赞美诸葛亮，辛弃疾以"叹息曹瞒老骥诗，伏枥如公者"[2]缅怀曹操，等等。不过，在南宋新型价值观下，他们更为赞赏的，却是历史上的隐逸高士和休闲人物。先秦以来的颜回、曾点、庄子、严光、庞德、张翰、刘伶、陶潜、贺知章、韦应物、白居易等人，都普遍受到高度推崇。他们的休闲人格尽管在前代均已获得程度不同的赞许，但像在南宋时那样受到如此广泛而热烈的称誉，在思想史和文化史上仍是空前的。

先秦的颜回不急功近利，甘于陋巷之中以学习求道为乐，是儒家休闲哲学中安贫乐道的典型。胡寅赞曰："服闲兮无悔，逍遥兮襄羊。尘外兮超然，壶中兮未央。会图形兮凌烟，为寿俊兮乐康。"[3]宋远孙赞曰："乐道而忘箪瓢者，惟颜子一人耳。"[4]辛弃疾赞曰："人不堪忧，一瓢自乐，贤哉回也。"[5]朱熹赞曰："屡至空乏而处之能安，此颜子所以庶几于道也。"[6]他还称："然古之君子一箪食瓢饮而处之泰然，未尝有戚戚乎其心而汲汲乎其言者。"[7]道家的白玉蟾也赞曰："颜回者，贤人也。学道人若外取他求，则反招殃祸也。"[8]连皇帝宋理宗也称赞颜回："乐道箪瓢，不易所守。"[9]此外，胡良卿还建有"颜乐堂"，以表示对颜回的崇敬。

孔门的另一位高徒曾点，在《论语·先进》中曾留下这样的著名典故，亦成为儒家休闲哲学的经典：

> 子路、曾皙、冉有、公西华侍坐。子曰："以吾一日长乎尔，毋吾以也。居则曰：'不吾知也！'如或知尔，则何以哉？"……"点，尔何如？"鼓瑟希，铿尔，舍瑟而作，对曰："异乎三子者之撰。"子曰："何伤乎？亦各言其志也。"曰："莫春者，春服既成，冠者五六人，童子六七人，浴乎沂，风乎舞雩，咏而归。"夫子喟然叹曰："吾与点也！"

曾点不刻意追求治国平天下的事功，而对"浴乎沂，风乎舞雩，咏而归"的休闲生活方式心向往之，因此得到孔子的喟叹赞许。南宋文士高度认同"舞雩风流"的典故，对曾点景仰不已，如晁公遡赞道："吾其与点，风乎可及于舞雩。"[10]王弈词云："于是沿邹过鲁，千古慕雩风。"[11]方岳更是以之为"道之至"："点尔春何如，妙在夫子喟。宇宙一瑟间，谁知道之至。"[12]

作为儒家的后脉，南宋的理学家们对曾点的人格、风度更是多有追慕赞颂，认为这是"见道"的表现，并一律表示要效仿之（其例甚多，此处仅举隅）：

> 莫学齐人知管晏，好追沂上舞雩风。（胡寅）[13]
>
> 春服初成丽景迟，步随流水玩晴漪。微吟缓节归来晚，一任清风拂面吹。（朱熹）[14]
>
> 若夫曾皙言志，乃其中心之所愿而可乐之事也。盖其见道分明，无所系累，从容和乐，欲与万物各得其所之意，莫不霭然见于词气之间。（朱熹）[15]

曾点见道无疑，心不累事，其胸次洒落，有非言语所能形容者。（朱熹）[16]

谁言曾点志，吾得与之偕。（陆九渊）[17]

人争言志，独乐舞雩。固非矫激以沽名，是乃从容而就义。（舒璘）[18]

曾点言志，乃欲从容游泳于其中，其气象词旨，雍容自得，各止其所，足以见其天资高明……（黄干）[19]

则曾点气象洒落，从容优为……（陈淳）[20]

而曾晳浴沂泳归，其心休休然，有非事物之所能累者矣。（魏了翁）[21]

尤其值得一提的是，陆九渊甚至以曾点境界来衡量理学前辈程颢、程颐兄弟的境界高下："二程见周茂叔后，吟风弄月而归，有'吾与点也'之意。后来明道此意却存，伊川已失此意。"[22]此外，杨简记载文士舒元质还"筑风雩亭以自娱"[23]，叶适记载李伯珍也"筑堂豫章之圃，命曰风雩"[24]。当时的石鼓书院建有"风雩亭"，沙县还建有"咏归台"，还有文士名叫"楼知点""徐师点"，此外王与之，字次点；陈咏，字景沂；周沂，字沂叟；等等。可见对曾点休闲风格的认同几乎成为南宋的一种文化现象。

先秦的庄子天才高妙，认为人生如梦蝶，当自适其心，何苦自累。于是，他拒绝了楚王许诺的高官厚禄，甘愿自在地垂钓于濮水，休闲一生，逍遥而游。南宋文士对他的人生哲学也加以高度赞赏：

而游曰逍遥，请畅《南华》之高论。（胡寅）[25]

濮水钓而持竿不顾兮，钓高尚以远尘俗之羁。（徐存）[26]

平生会心处，最向漆园多。（陆游）[27]

旧爱《南华》语，今方践所闻。（陆游）[28]

案上数编书，非《庄》即《老》。（辛弃疾）[29]

东汉的严光（字子陵）与汉光武帝刘秀同学，刘秀即位后，多次高官延聘，而他不慕富贵，拒绝接受，终日披羊裘而垂钓桐江之畔，悠闲自适以终老。他的高风亮节成为隐士的标杆，得到南宋文士的普遍赞誉和仰慕：

> 嗟哉先生此何意兮，自汉至今孰可企兮。相彼影附权与势兮，蒲服奔趋比奴隶兮。睢睢盱盱希唾涕兮，舐痔得车而不耻兮。矧夫故人登宝位兮，谈笑可得富与贵兮。澹如不闻亦不视兮，与世相去几万里兮。纷纷称颂高其节兮，犹以光明举日月兮。（滕岑）[30]

> 光武既有天下，先生独隐沦渔樵间……玉之洁，冰之清，后世无得而称焉，非得道之士能之乎！（陈公亮）[31]

> 钓台严先生之清风，更千百年未有能续之者……（真德秀）[32]

> 自是先生高尚……凛凛亘千载，风月属樵渔。（曾中思）[33]

> 吊羊裘，追往躅，尚仪型。……千载仰风节……（黄子功）[34]

> 奇男子，汉真人。……千古诵清名。（张嗣初）[35]

> 曾把丝纶一掷，藐视山河九鼎。（沈明叔）[36]

> 子陵吾所睹，裘外底须名。（方岳）[37]

而严光闲坐的富春江钓台一带，也成了南宋文士心中的圣地。如徐存赋曰："竟拂衣而去之兮，卒老于丘壑而不悔。……钓气概而挺然不可瞒也。"[38]林正大词云："自是先生，独全高节，归去江湖乐未央。……高哉不事侯王。爱此地山高水更长。"[39]张镃诗云："千古风高仰钓台，朱轮新拥得通才。"[40]方岳诗云："羊裘偃蹇钓烟沙，不肯云台定等差。汉室了无尘土在，满江风月自芦花。"[41]

此外，更有不少南宋文士还亲赴文化现场，表达对严光的敬慕。例如胡寅访问过严子陵祠堂，范成大还亲往严子陵钓台拜谒，朱翌亦在钓台"再拜三奠，顾瞻千古之高风"[42]。陈居仁称他："重过钓台路，风物故依然。羊裘轩上，俯临清泚面屏颜。仰见先生风节，更有两公名德，冰雪照人寒。"[43]朱熹在钓台题诗："想象羊裘披了，一笑两忘身世，来插钓鱼竿。……未羡痴儿鼎足，放去任疏顽。爽气动星斗，终古照林峦。"[44]滕岑在钓台下留赋："舟过台下来弭楫兮，身为声利所羁绁兮，欲持何颜见像设兮。"[45]王炎更是"自乾道丙戌至绍熙辛亥，凡四过严濑"[46]。

东汉的另一位名士庞德公，钟情于畎亩之乐，荆州刺史刘表多次许以厚禄，并亲自登门拜访，他均不为所动，最后隐居于鹿门山，采药而终。他也和严光一样成为隐士的代表，为南宋文士所赞赏：

> 萧然唯有鹿门老，不带孙刘一点尘。（朱敦儒）[47]
> 老庞俯伏嗣芳尘，古也今也谁如此。（宏智正觉）[48]
> 苏门长啸不可亲，鹿门采药更绝尘。（陆游）[49]
> 鹿门采药悠然去，千载庞公是赏音。（陆游）[50]
> 鹿门庞老不愿仕，名与诸葛争驱驰。（张镃）[51]

于是，不少南宋文士表示要拜他，学他，友他，伴他，甚至亲切地称他为"老庞"：

> 拜了老庞归去也，高着枕、卧南阳。（陈著）[52]
> 古人尚齿，迎他商皓，拜他庞老。（刘克庄）[53]
> 烟漠漠，雨蒙蒙。梁溪只在太湖东。长儿童，学庞翁。（李纲）[54]
> 目断鹿门三太息，庞公千载可论交。（陆游）[55]
> 半毡半幅一羌床，寒淡家风肖老庞。（宏智正觉）[56]
> 幸柴车堪驾，何惭韩众，药苗可采，长伴庞公。（刘克庄）[57]

魏晋时期，竹林七贤中的刘伶嗜酒如命："常乘鹿车，携一壶酒，使人荷锸而随之，谓曰：'死便埋我。'"[58]南宋文士对这种重视休闲、看淡生死的性格非常钦慕，纷纷表示认同乃至要效仿：

> 生希李广名飞将，死慕刘伶赠醉侯。（陆游）[59]
> 贺监称狂客，刘伶赠醉侯。吾身会兼此，已矣尚何求！（陆游）[60]
> 汝说刘伶，古今达者，醉后何妨死便埋。（辛弃疾）[61]
> 醉乡日月，飘然身世付刘伶。（葛长庚）[62]
> 醉面挟风，携杜康酒，酹刘伶台。（王奕）[63]

不须更问青乌子，一锸相随死便埋。（方岳）[64]

西晋的著名文学家张翰（字季鹰）有清才，善属文，性格放纵不拘。他在《世说新语·识鉴》中留下了这样的著名记载：

> 在洛，见秋风起，因思吴中菰菜羹、鲈鱼脍，曰："人生贵得适意尔，何能羁宦数千里以要名爵？"遂命驾便归。[65]

对此，吕渭老表示："要伴江湖张翰，同泛洛阳船。"[66] 王十朋赞曰："渊明寻三径之松菊，季鹰思千里之莼鲈……天下称之以为高。"[67] 李曾伯叹曰："怅江湖幸有，季鹰鲈脍。"[68] 曾原郕叹曰："叹季鹰、闻早忆莼鲈。"[69] 李彭老发出拷问："归期早，谁似季鹰高致？鲈鱼相伴菰米。红尘如海丘园梦，一叶又秋风起。"[70]

东晋的陶潜（子元亮，一字渊明，号靖节征士）厌恶官场虚伪，在彭泽令任上为官83天就弃官而去，归田偷闲，饮酒自适，采菊东篱。对此，赞美其休闲人格者尤众。无论是南宋官员、理学家还是文学家，都对他心存敬意和企慕。

> 伟矣靖节，百代犹贤。《归来》一赋，高韵凛然。漉巾瘦筇，墟里风烟。仰止清名，日月在天。（曹勋）[71]
> 一行作吏，谁知叔夜之非心；三径就荒，每叹渊明之悟往。（吕贵克）[72]
> 渊明雅兴谁能续。东篱千古遗高躅。人生所贵无拘束。（张抡）[73]
> 归兮学取陶彭泽。采菊东篱，悠然见山色。（赵善括）[74]

就理学家而言，胡寅称胡安国："慕陶靖节为人，诵'心远'之章。"[75] 朱熹称："一咏归来赋，顿将行迹超。"[76] "每寻高士传，独叹渊明贤。……景物自清绝，优游可忘年。结庐倚苍峭，举觞酹潺湲。临风一长啸，乱以归来篇。"[77] 王迈载真德秀赞曰："宽闲寂寞之滨，寄兴冲澹，惟有陶靖节。"[78] 而文学家的喜爱、赞美、钦慕之辞就更为普遍，更为热烈：

> 千载渊明，信风流称首。吟绕东篱，白衣何处，谁复当年偶。（王之道）[79]
>
> 君不见、渊明归去后，一觞自泛东篱菊。仰高风、寂寞莫生刍，人如玉。（吕胜己）[80]
>
> 须信采菊东篱，高情千载，只有陶彭泽。（辛弃疾）[81]
>
> 倾白酒，绕东篱。只于陶令有心期。（辛弃疾）[82]
>
> 平生酷爱渊明，偶然一出归来早。（刘克庄）[83]
>
> 寄傲南窗。堪羡渊明滋味长。（李曾伯）[84]
>
> 我爱陶潜，休官彭泽，为三径荒芜归去来。（李曾伯）[85]
>
> 陶元亮，自古真奇男子。（吴编修）[86]
>
> 远怀柴桑翁，合处无疑情。（张镃）[87]

钦慕之外，乃是效仿之思。南宋文士纷纷表示，要拜陶渊明为师，和他结友。如袁去华云："陶元亮，千载是吾师。"[88] 辛弃疾云："穆先生，陶县令，是吾师。"[89] 黄升云："几劫修来方得到，与渊明、千载为知旧。"[90] 李光云："元亮赋归去，富贵比浮云。……遗编讽咏，敛衽千载友斯人。"[91] 赵以夫云："归去也，东篱好在，觅渊明友。"[92]

其中，辛弃疾应是对陶渊明最为倾倒之人。张海鸥统计："陶渊明是稼轩词中出现次数最多的人物。稼轩词直接涉及其人其事其诗文者有45处。"[93] 此外，新昌、九江等地官员还隆重修了陶渊明祠。

唐代贺知章（字季真）以闲逸闻名，常与张旭、李白饮酒赋诗，切磋诗艺，时称"饮中八仙"。叶梦得对他有"一笑陶彭泽，千载贺知章"[94] 的称颂，朱敦儒对他有"陶潜能啸傲，贺老最风流"[95] 之赞语。莫将则在明州建"逸老堂"纪念贺知章，称"尚友千载，风藻霞觞，而想其遗风焉"[96]。此外，史浩在《鄮峰真隐漫录》卷三三中的《会稽先贤祠传赞下》中对其有赞。高观国还有云："爱知章引去，安车稳驾，轩冕付、谈笑外。"[97] 刘辰翁亦有云："识风流、还贺季真。"[98]

对于唐代居高官却身心闲逸、政令清简的苏州刺史韦应物，傅自得赞曰：

韦苏州诗云："今朝郡斋闲，欲问楞伽字。"某每读至此，未尝不废卷太息，想像应物之风流酝藉，而有以知苏台当时之无事也。[99]

此外，他还对当时的泉州太守叶嗣忠说："泉为剧郡，侯能镇之以静而不扰，使吏辈优游如此，抑亦可以见大府办治而侯之风度矣。"[100]即他期待叶嗣忠能效法韦应物，具有一种政府官员的休闲风度。

对于一生崇尚闲适的唐代大诗人白居易，张镃赞曰："乐天未归时，极口献忠鲠。十上九不行，回身避机阱。酒徒与诗伴，共煮香山茗。流传画九人，公貌粹而整。"[101]又称司马光、苏轼均受其影响："贤如文正及文忠，迁叟东坡尽学公。自愿人才虽太远，仰希闲乐或相同。……子迟发白如先约，官达名高定不逢。赖有香山类东刹，西方内院各心空。"[102]

此外，吕渭老还赞美一生傲视王侯、饮酒自适的李白："看人间，谁得似，谪仙闲。"[103]朱翌甚至对杜甫画像也有"神闲意定，超然若溯瞿塘而上"[104]之赞语。而史浩在《会稽先贤祠传赞》里集中对范蠡等40位会稽先贤进行了赞颂，又在《四明十二先生赞》里对夏黄公等12位乡里先贤进行了赞颂，其中多有历史上著名的隐逸休闲人物。

吴功正指出："（宋人）不拘囿于既往的和现有的结论。宋人不同于唐人，爱作翻案文章，自作机杼，涉及一系列历史问题以及人物的评价。"[105]南宋文士人生观的颠覆，价值观的转向还进一步导致了另一个状况的发生，即对历史上的休闲人物给予高度认同之外，还对另一些历史人物进行了重新估价。

稷和禹都是上古事功型人生的典型代表，他们功勋卓著，但也非常辛苦。大禹为了治水"腓无胈，胫无毛，沐甚雨，栉疾风"（《庄子·天下》），忙得三过家门而不入。历代对这种精神推崇备至，直到唐代，杜甫还"窃比稷与契"[106]，元稹也对"皋夔益稷禹"表示出"缅然千载后"[107]的敬意。而在南宋休闲型人生的视域下，张九成认为"稷助禹以浚川而奏艰食鲜食。二人与同其劳苦"[108]，即表示虽然他们取得了宏伟的功勋，但也饱受了身心的折磨，丧失了家庭的欢乐，很难说是有个人幸福的。正是在这个角度上，陆游发出"人生各自适意耳，稷禹巢许知谁贤？"[109] 的翻案之论，而更加欣赏隐逸休闲的巢父和许由。

在有些人看来，孔子也是事功型人生的代表。儒家的"有为"促使他周游列国，到处宣扬其王道主张，却也栖栖遑遑，累累如丧家之犬。也正是在休闲人生观的选择下，张镃认为孔子虽一生凄惶奔走，却终难避免被冷落的命运，所谓"嗤笑鲁中叟，弥缝阙失成灰尘"[110]。辛弃疾也对孔子的到处奔走加以嘲讽，而对隐士长沮、桀溺加以认同："去卫灵公，遭桓司马。东西南北之人也。长沮桀溺耦而耕，丘何为是栖栖者。"[111]

屈原作为政治家，为楚国尽心尽力，最终被谤见弃，忧心国事，形容憔悴，最终愤而沉江。历代对屈原赞许有加，而到了南宋，这种情况发生了戏剧性的改变。据《史记·屈原贾生列传》记载，屈原在自沉汨罗之前和一位渔父曾有过一段对话。渔父问屈原为何憔悴不堪，屈原说："众人都沉醉，只有我一人清醒。"渔父认为："聪明贤哲的人，不受外界事物的束缚，而能够随着世俗变化。整个世界都混浊，为什么不随大流而且推波助澜呢？众人都沉醉，为什么不也跟着吃点酒糟，喝点薄酒？"而屈原宁死不改变节操，终于自投汨罗江而死。

高宗赵构站在肯定渔父的角度对屈原加以批评："那知江汉独醒人。"[112] "谁云渔父是愚翁？一叶浮家万虑空。"[113] 辛弃疾认为，众人皆醉我独醒的状态下，必然导致个体的毁灭。因此，他赞赏陶潜的"醉"而不以屈原的"醒"为然："记醉眠陶令，终全至乐。独醒屈子，未免沈灾。"[114] 无独有偶，张镃也称屈原是"独醒徒自苦"[115]，认为他的胸襟不够闲旷，不能随时俯仰，随时自适，而是狭隘固执，知其不可仍营营而为，因此并非智者：

> 隘哉沉湘人，独以醒自名。……若伊旷怀襟，道在宁营营？详观中圣言，当与智者评。[116]

此外，方岳也"倚松自读离骚坐，一笑独醒江水深"[117]，释文珦也"大笑沈湘人，独醒亦奚为"[118]，对屈原的"独醒"加以否定。

对于诸葛亮，历代均赞誉其为国操劳、"鞠躬尽瘁，死而后已"的风范。而潘坊却认为他"过劳死"的功业，不如他出山前的休闲生活："相蜀吞吴成底事，何如只抱隆中膝。"[119]而张镃认为庞德公一生休闲不仕，与诸葛亮终身辛劳有同样的价值："鹿门庞老不愿仕，名与诸葛争驱驰。"[120]

辛弃疾有一首词，更全面地对历史上事功型人物进行了价值重估，对以陶渊明为代表的休闲人格进行了高度赞誉，可谓一篇翻案型的"休闲宣言"：

> 路傍人怪问：此隐者、姓陶不？甚黄菊如云，朝吟暮醉，唤不回头。纵无酒，成怅望，只东篱搔首亦风流。与客朝餐一笑，落英饱便归休。 古来尧舜有巢由。江海去悠悠。待说与佳人，种成香草，莫怨灵修。"我无可无不可"，意先生出处有如丘。闻道问津人过，杀鸡为黍相留。[121]

第二节 "一生知己是林逋"：本朝评价

南宋文士既然推崇历史上的休闲人物，便自然也对同时代的休闲人物及其休闲风格予以正面评价。此类文字，不仅仅是在赞赏丰富高雅的休闲生活方式，同时也意在赞许一种优雅淡泊，不汲汲于功利的人格与风度。事实上，休闲品质已经成为评价当时各阶层人士的共同标准之一。

首先，以"休"字来赞美本朝人士的例子。王十朋称赞鲁国公陈康伯"休休有容，涯涘莫窥"[122]。楼钥称赞皇帝"圣心休休，保和太和"[123]。陈亮称赞石天民"此吾天民所以单行于士林之表，平平而坦坦，容容而休休乎"[124]。袁燮称赞章焕"宽平乐易，心焉休休，达于面目，粹如也"[125]。王子俊称赞谢参政"心休休其有容，籍甚海涵之量"[126]，又称大臣刘光祖"心休休其有容，不遗一介"[127]。刘宰称钱丞相"堂堂不挠，休休有容"[128]。方大琮称游丞相"有休休有容之量而权衡定"[129]，又称他"其休休有容，古大臣用心"[130]。郑霖称赵安抚"人谓多多而益办，帝嘉休休而有容"[131]，"帝嘉休休而有容，人谓多多而益办"[132]。欧阳守道称刘克庄"然且循循焉不立异于众人，休休焉若俟知于来哲"[133]。由以上归纳可知，"休休"在南宋用以称赞一个人的个性安闲喜乐，心胸宽大包容。（事实上，这个用法的源头很早，当来自《尚书·秦誓》："其心休休焉，其如有容。"）

其次，以"闲"字赞美本朝人士的例子。张元干称赞俞羲仲"胜度闲兮……袖手旁观，不妨游戏。……雍容进退……"[134]。张继先称赞林灵素"闲名日起，浪迹时暌"[135]。胡寅赞有裕堂曰："六合无际，此堂廓如。四时行焉，此堂为枢。堂心日休，堂路常坦。堂智闲闲，堂色侃侃。"[136]（名为赞堂，实为赞堂主向宣卿人格之休闲。）陈文蔚称赵子潇"辞荣就闲，戒满知足。徜徉丘园，惟欲所欲"[137]。杨万里称其友萧德藻"道肥诗弥瘦，世忙渠自闲"[138]。洪咨夔称赞俞侍郎"公乎闲闲，表立一世"[139]，又称赞庄侍郎"望之闲闲，炙之温温，扣之盘盘"[140]。牟巘称当朝文士乔篑成"日坐澹轩……庭空月朗，神闲志定，素琴横膝，大音声希，何其澹！"[141]

还有王质称赞徐行简"手玩昆仑，游戏指挥"[142]。包恢赞赵宗丞"世间之事，细大毕明；世间之艺，游戏俱精"[143]。这些都也意在赞美一种休闲风度。此外，以"闲"的衍生词如闲淡、闲旷、幽闲、闲暇、闲雅等及以"闲"的近义词如自由、自在、从容、雍容、悠然、洒落、萧散、逍遥、优游等来称颂当朝人士的例子就更加繁多，此处无法一一列举。

正如历代一样，在南宋文士看来，闲隐不仕是一种高尚的情操，因此相关文献中对当时隐士休闲自适的记载也较为丰富。最为南宋文士所激赏的当朝隐士是林逋。他终生不仕不娶，以梅为妻，以鹤为子，隐逸终老于杭州西湖，被皇帝赐号"和靖先生"。陆游推崇林逋云："君复仲先真隐沦。"[144]吕知存也赞美他："名利之途，众人所争。公独去之，曾无吝情。"[145]王柏赞曰："野人云卧，孤山苍苍。梅侑逸兴，香满诗囊。湖边竹户，猿鹤徜徉。寒泉秋菊，千载耿光。"[146]方岳亦有诗赞："古心不为世情改，老气了非流俗徒。三读离骚多楚怨，一生知己是林逋。"[147]

此外，黄干记载："有隐君子曰林公某，字端仲……公入有左图右史之娱，出有山林池亭之乐，率十余年未尝至城郭。"[148]胡寅称向宣卿曰：

"河内向公宣卿小隐于衡阳之伊山，结茅为堂，置书史其中。茂竹幽兰，阴郁前后，春葩秋馥，以时自献，猿啼近嶂，鸥驯曲沼，马埒车喧，杳然云水之外。"[149]还说他不时与胡寅、韩璜等人"或商较文义，或把盏赋诗，逍遥襄羊"[150]。李石赞程隐君"素能诗，时出佳句。从名胜林泉，诗酒适意"[151]。朱熹赞美邵雍"闲中今古，醉里乾坤"[152]。陈宓赞林师古"素有隐志……日与客饮酒，更相唱和，风朝月夕，乐不厌也"[153]。

不过，这里需要指出，和前代不甚相同的是，南宋文士并非仅仅称赞隐士群体，而是广泛地称赞当朝各类人群的休闲风格。这是南宋休闲思想的一道独特风景。

对于统治阶层，历来多称赞其如何宵衣旰食、勤政为民。如大禹的"三过家门而不入"，周公的"握发吐哺"，诸葛亮的"鞠躬尽瘁，死而后已"，皆被当作典范而为人称道。而南宋文士却对国家高层的休闲风格颇为看重，对比历代文士的价值观，这种心态可谓空前。除本节第二段前文所提到的相关人物而外，还有如下：

对于开国公葛胜仲，章倧在大书其功业的同时，不忘赞美其生活中的休闲风度，称其早年"暇日携宾友登览泉石，吟咏酬唱"[154]，晚年"公为之赋诗饮酒，乐而不厌……优游闲适凡十有四年"[155]。杨万里称赞华文阁直学士程叔达"既归，宅旁治小圃曰西野，有堂二：曰葵心，曰秀野。凿池沼，种花竹，逍遥忘归"[156]，又称赞刑部侍郎章焘"至于一丘一岳，乘兴忘返。理一山园于南山之阳，命曰'南坡'。杖屦于斯，觞咏于斯，卧兴放斯。酒酣赋诗，殆无虚日，终无一言及于声利"[157]。朱熹赞汪尚书"宁隐屏而就闲，弭长骛之遄辙"[158]。许及之赞美右丞相洪适"得负郭地百亩……野服瘦筇，终日婆娑其间，人视之不知其为丞相也"[159]。倪思称左丞相周必大"身虽系于轩冕，心常乐乎丘樊"[160]。陈宓赞参知政事郑昭先"勇退之节卓然莫及。……遂园林清闲自适之怀……"[161]

此外，赞美一般文官休闲风格的就更多，举隅如下。张九成称赞黄珏生前"平居暇日，婆娑嬉游，笑谈戏剧，若将无不可者"[162]。胡寅称其父胡安国"望云倚杖，临水观鱼，淡然无外营"[163]，称赞江褒"幅巾野服，萧散林泉"[164]，称赞李似矩"山林独往，聊卒岁以优游"[165]，还赞赏刘彦修"无高不临，无胜不践，无唱不酬"[166]。曹勋称杨延宗"既就闲适，即治所居为燕息处，莳松竹花木，日与亲朋饮酒赋诗……至闲暇，则弹琴摘阮，嗜诗书，作为文辞"[167]。王之望称石延庆"襟抱夷旷，嗜酒爱客，雅有风味，杯觞流行，沈酣笑歌，怡然放怀，不屑缰锁。见之者无不心开意豁，忘戚戚拘窘之态"[168]。刘子翚称友人祝佑"自是脱略世纷，寓意于酒，朝醺暮酣，不见醒客。……或悠然独酌，赋诗长啸。所居有林泉之胜，君蹑履曳杖，徜徉云间。人识之曰：'此醉仙也。'"[169]袁燮记载李文鉴"燕处六年，凿池累石，环以花木，幅巾藜杖，鹤鹿自随，时与故交极欢而罢"[170]，因而赞赏他"勇决闲退，恬然自处"[171]。叶适记载黄仁静"遂营隐居沃州之尾……松柏迷道，庭花合围，公著山人衣，曳杖挟书行吟，宾送烟月于林倩中"[172]。陈亮赞赏喻师"晚岁百事不以关心；至于园池之间，婆娑游嬉无虚日"[173]。……实不胜枚举。有趣的是，有时皇帝也会称赞下属具有休闲风格。如胡寅记载宋高宗称许胡安国"优游厌饫，久自得之"[174]。洪适记载宋高宗许吴益"怡养丘樊，玩烟霞之舒卷"[175]。

还有赞美武官休闲品质的，例如：王之道称赞陈文叟"平生好作诗……闲居宴坐，焚香诵经，深于性理，无所滞碍。于所舍之西偏，名其堂曰随缘，自号随缘居士"[176]；胡寅称赞刘帅"中和乐职，继投壶散帙之清标"[177]，又称外舅张兵部"不驰不竞，悠然卒岁"[178]；曹勋称董仲永"日与宾客炷香瀹茗，佳时觞咏，放怀杯酒。……静寄山房，放意林丘。忘怀觞咏，莫间朋俦"[179]；仲并称赞王帅"枕籍诗书，散英华于翰墨；啸歌风月，寓谈笑于杯觞"[180]；陈元晋称赵公茂"宰衡山时，军府急符，下无虚日，作邑者酬应不给，而公茂弹琴赋诗，公事都了"[181]。

为何要看重官员的休闲风格？南宋文士强焕从侧面给出了答案。他以本朝周邦彦为例指出，做官与休闲并不矛盾。为官之余，能够优游卒岁，开展休闲活动，正显示了官员的才干与境界：

> 文章政事，初非两途。学之优者，发而为政，必有可观；政有其暇，则游艺于咏歌者，必其才有余办者也。溧水为负山之邑，官赋浩穰，民讼纷沓，似不可以弦歌为政。而待制周公元祐癸酉春中

为邑长于斯，其政敬简，民到于今称之者固有余爱；而其尤可称者，于拨烦治剧之中不妨舒啸，一觞一咏，句中有眼，脍炙人口者又有余声，声洋洋乎在耳，则其政有不亡者存。余慕周公之才名有年于兹，不谓于八十余载之后踵公旧踪，既喜而愧。故自到任以来，访其政事，于所治后圃，得其遗致，有亭曰"姑射"，有堂曰"萧闲"，皆取神仙中事揭而名之，可以想象其襟抱之不凡……暇日从容，式燕嘉宾，歌者在上，果以公之词为首唱，夫然后知邑人爱其词，乃所以不忘其政也。……公讳邦彦，字美成，钱塘人也。[182]

也正因为此，胡寅认为其父胡安国年轻时急躁，而年老渐渐休闲舒缓是一种进步："公性本刚急，乃其老也，气宇冲淡，容貌雍穆。"[183]

此外，还有人赞美当时的教授以及一些女性的休闲品质。如潘良贵称赞陈楫"宽裕优容，不立城府。……徜徉岩壑"[184]，又称其亡兄"放怀于杯酒。……万事不问，沈酣遂性。……旷达类晋宋之高人"[185]。张元干称黄夫人生前有"安贫自乐，顺适处士之意"[186]。杨椿称大行皇太后的品行是"幽闲有容"[187]。王灼称王夫人"华发投闲，相与优游而卒岁"[188]。

值得注意的是：南宋文士不仅赞许"无事"之闲，也欣赏那种"有事"之闲，即身处繁忙之中却游刃有余，身处逆境之中却无惧无畏的智慧与淡定之风度。这就使得南宋休闲哲学更加深刻。例如：

（太师钱忱）大率仁厚而不迫，镇静而不扰。……断大事于雍容谭笑之间……（杨椿）[189]

人之所难，公（刘彦修）若遨嬉。目无全牛，游刃委迟。（张嵲）[190]

（骆观国）感疾既革，神闲气定，不异平时。（楼钥）[191]

（朱熹）于繁剧之中，常优闲而有余。（陈淳）[192]

事大如山，众相顾失匕箸，公（方信孺）神闲意定，起而应之。（刘克庄）[193]

（杜于耕）挺孤身于百万虎狼之中，意定神闲，夷然无惧。（刘

克庄）[194]

> 人皆凛然有急迫之忧，公（谢总领）独处之如闲暇之日。（李
> 曾伯）[195]

而更富有意味的是，以上林林总总对当朝人物休闲品质的赞美，大多出现在南宋的墓志铭、祭文中。这充分说明，在当时的意识形态中，休闲的品质对品评人物来说极其重要，休闲意识和休闲生活成为在对死者的一生进行概括时的重要维度。墓志铭、祭文中常提及休闲，是力图说明一个完整的人格不应仅有功业或道德的单一向度。北宋虽然也有类似现象，但南宋表现得更为明显和充分。

第三节 "闲人"与"闲客"：自我定位

在对他人进行休闲品质的褒奖的同时，南宋文士也对自身进行休闲人格的定位，可谓见"闲"思齐。

他们常直接将自己与历代休闲人物进行比附，自况先贤以明志。例如，范成大自比庞德，"团栾话里老庞衰"[196]；将家人比为庞德一家，"扫除一室空诸有，庞老家人总解禅"[197]；又自比陶渊明、白居易，"栗里归来窗下卧，香山老去病中诗"[198]，"归来栗里多情话，病后香山少醉吟"[199]。

陆游曾自比严光："从教俗眼憎疏放，行矣桐江醉客星！"[200]宗人白崖老对陆游以庞德公相许，曾让陆游感到愧不敢当，所谓"长愧宗人白崖老，赠行期我鹿门庞"[201]。而后来在归隐得闲后，陆游便也开始自比庞德公。他甚至用佛家轮回的思想，认定他的前世是贺知章：

> 门前西走钱塘路，也有闲人似老庞。[202]
> 五百年前贺季真，再来依旧作闲人。[203]

辛弃疾则自称为"爱酒陶元亮"[204]，称自己的家为"松菊陶潜宅"[205]，又称其"种柳已成陶令宅"[206]。方岳也和辛弃疾一样，自比

陶渊明，将其住处比为陶渊明之居，并以靠近林逋的墓地为荣：

> 谁求封禅家徒壁，自谓羲皇人似陶。[207]
> 五柳当门陶令宅，百梅共坞老逋坟。[208]
> 陶元亮已觉今是，祁孔宾毋费夜呼。[209]

此外，休闲人格的自我定位还可以从名、字、号的取用上更充分、鲜明地反映出来。例如直接以"休"或"闲"命名号的南宋文士有：理学家李郁之孙名李闲；严参，号三休居士；龚明之，号五休居士；陈知柔，号休斋；石余亨，号休休翁；孙锐，号耕闲，常同，号虚闲居士；史正志，号乐闲居士；董史，号闲中老叟；吴岗，号耐闲翁；马先觉，号得闲居士；周模，亦号得闲居士；徐敏子，号秀野闲人；刘学箕，号方是闲居士；曾耆年，号爱闲老人；刘天迪，号云闲；韩镠，号萧闲；危和，号闲静居士；赵孟淳，号虚闲野叟；贾似道，号半闲老人；范令君，号闲静翁；曾朝俊，号栖闲居士；等等。还有佛门释子名道闲、自闲、万年闲，端公禅师法号安闲，释子元号万事休，等等。

此外，字号中以"隐""逸""遁""息""适"等表明休闲取向的有：张元干，号芦川老隐、真隐山人；赵叔向，号西隐野人；赵子岩，字少隐；程介，号盘隐；刘嗣庆，号云隐；洪遵，号小隐；曹勋，号松隐；赵子昼，号西隐老人；周紫芝，字少隐；陈世崇，号随隐；史浩，号真隐居士；徐似道，号竹隐；吴端，号湖山樵隐；陆垕，字盘隐；俞烈，号盘隐居士；龚大明，号山隐；宋之瑞，号樵隐；余玠，亦号樵隐；顾士龙，字苹隐；释道济，号湖隐；戴烨，号南隐；胡梦昱，号竹林愚隐；宋自适，号清隐；陆游，号渔隐、渔隐子、笠泽渔隐；施枢，号芸隐；李用，号竹隐；李智远，号谷隐野人；李瓘，号天隐；林景英，号隐山；刘应龟，号山南隐逸；陈世崇，号随隐；黄鹏飞，字桂隐；贡宗舒，号柳隐居士；俞自得，号吟隐；裴相如，号豹隐；章至谦，号清隐道士；自强，号南墅野隐；程先，号东隐；谢敏行，号中隐居士；林尚仁，号端隐；吴自然，号雁峰隐人；俞文豹，号堪隐，等等。宋自适有兄弟名宋自逸；徐存，号逸平翁；张牧，字逸叟；宋恭甫，号逸斋；叶绍翁，号靖逸；虞似良，号横溪真逸；沈中行，号野逸；朱藻，亦号野逸；蔡正孙，号蒙斋野逸；赵至道，字竹逸；郑樵，号溪西逸民；李莘，号樵逸山人，等等。罗无竞、朱熹、吴觉，皆号遁翁；翟龛，号遁庵；陈咏，号肥遁子；全璧，号遁初子；唐文若，号遁庵；石余亨，又号遁翁；高闶，号息斋；汤中，号息庵；释达观，亦号息庵；周颉，号适庵，等等。还有文士名王自适，等等。

还有，潘阆，号逍遥子；韩世忠，号清凉居士；陈与义，号简斋、无住道人；郭雍，号白云先生；冯楫，号不动居士；郭雍，号白云先生；祁宽，号庐阜老圃；宋齐愈，字退翁；熊禾，号退斋；陈文叟，号随缘居士；范雩，字伯达；熊彦诗，号曲肱先生；杨杰，号无为子；蔡绦，亦号无为子；朱翌，号省事老人；吴芾，号湖山居士；黄彪，号静乐居士；欧阳懋，号静退居士；计有功，号灌园居士；姚孝锡，号醉轩；曾敏行，号浮云居士、归愚老人；史正志，别号柳溪钓翁、吴门老圃；丘葵，号钓矶；释清了，号真歇；葛庆龙，号寄渔翁、江南野道人；蒋恢，号菊圃散人；张元道，号烟霞子；徐彭年，号散翁；丘士龙，号尘外人；胡谊，号观省佚翁；等等。显然，这些名、字、号都带有不同程度的休闲意味，颇能反映出南宋文士在休闲人格方面的自我定位。

张九成曾引《礼记》里的话说："君子之容舒迟。"[210]这似乎暗示着，闲人乃是君子。故而，以名、字、号来明确休闲人格外，诗文中以"闲人、闲客"来标榜自己的身份亦成为潮流。如范成大常称自己是"闲客""江湖散人"，晁公遡常称自己是"闲人"，陆游更常称自己为"闲人""散人""闲客""栖闲客""长闲客"。方岳自称"天地自由人"，宏智禅师称自己是"闲身"，无准禅师称自己为佛祖的"闲奴婢"。白玉蟾自号"武夷散人""神霄散吏"，更自称"一个清闲客，无事挂心头"[211]，"孤云野鹤，是物外之闲人。"[212]诸如此类，不一而足。

并且，南宋文士还喜将带有休闲意味的字眼作为其起居空间的称号，如熊彦诗称其室为"曲肱寮"，董仲永名其室"安乐窝"，汪圣锡筑"燕坐轩"，范成大建"请息斋"，刘学箕建"方是闲堂"，赵不迁建"方是闲""真得归"二堂，李伯珍筑"风雩堂"，李仲镇建"懒窝"，方岳建"懒庵"，贾似道建"半闲堂"。张镃兴建"桂隐林泉"，其中辟有"安闲堂""现乐堂"。丘士龙将其隐居之地命名为"闲世界"，刘揆筑"燕居堂"，赵蕃建"思隐斋"，陈世昌命名其休闲之室为"余闲"，祝穆命名其庐为"南溪樟隐"，俞文豹名其所居为"堪隐"，魏天与作堂，名"爱闲"。此外，还有李伺记载吴方庆"优游旧隐，结庐号曰'真佚'"[213]；范浚记载欧阳使君"辟高轩，游居其间，而名之曰'拙懒'"[214]；林仰记载王季海"辟一楹地，为燕息所……名'隐轩'"[215]，等等。

　　总之，在以文学家朱敦儒、陆游、范成大、辛弃疾、张镃、方岳等人和一些宗教（禅宗、道教）人物为主要代表的推动下，南宋休闲思潮蓬勃兴起。相应地，中国传统休闲哲学也因他们而更为丰富和深刻，产生了深刻全面的休闲本体意识、丰富高雅的休闲工夫，展示出了独具气象的休闲境界，并对当时社会乃至后世的生活方式产生了积极而深远的影响。这些内容，将在以下各章中详细阐述。需要指出的是，除了文学家和宗教文士之外，南宋理学家朱熹、陆九渊等人，尽管并没有将休闲视为人生观方面的最高取向，但在读书、做人等方面看到了休闲的重要价值，将其作为人生修养必不可少的工夫，因此南宋理学家同样是该时代休闲思想的重要人物。这将在以下各章中有所体现。

注释

[1]《书愤》，《剑南诗稿》卷十七，见钱仲联、马亚中主编：《陆游全集校注》（第3册），杭州：浙江教育出版社，2011年版，第140页。

[2]《卜算子》，《稼轩词》卷十一，见（南宋）辛弃疾：《辛弃疾全集》，王步高等辑校汇评，珠海：珠海出版社，2002年版，第165页。

[3]《贾宝学记颜赞》，《斐然集》卷三〇，见曾枣庄等编：《全宋文》（第190册），上海：上海辞书出版社，合肥：安徽教育出版社，2006年版，第110页。

[4]《杂说》，《国朝二百家名贤文粹》卷四三，见曾枣庄等编：《全宋文》（第209册），第238页。

[5]《水龙吟·题瓢泉》，《稼轩词》卷五，见（南宋）辛弃疾：《辛弃疾全集》，王步高等辑校汇评，第57页。

[6]《答陈明仲》，《晦庵先生朱文公文集》卷四三，见曾枣庄等编：《全宋文》（第

246 册），第 264 页。

[7]《牧斋记》，《晦庵先生朱文公文集》卷七七，见曾枣庄等编：《全宋文》（第252 册），第 28 页。

[8]《道法九要·守分第三》，《道法会元》卷一，见曾枣庄等编：《全宋文》（第296 册），第 203 页。

[9]《道统十三赞》，《咸淳临安志》卷一一，见曾枣庄等编：《全宋文》（第 345册），第 417 页。

[10]《答张教授启》一，《嵩山集》卷一九，见曾枣庄等编：《全宋文》（第 211册），第 142 页。

[11]《水调歌头·舟过桃源，适逢初度，和欧阳楚翁韵》，见唐圭璋编纂：《全宋词》（简体增订本第 5 册），北京：中华书局，1965 年版，第 4168 页。

[12]《四用韵》，《秋崖先生小稿》卷二七，见傅璇琮等主编：《全宋诗》（第 61册），北京：北京大学出版社，1998 年版，第 38430 页。

[13]《永州谯门上梁文》，《斐然集》卷三〇，见曾枣庄等编：《全宋文》（第 190册），第 261 页。

[14]《曾点》，《晦庵先生朱文公文集》卷第二，见朱杰人等编：《朱子全书》（第 20 册），上海：上海古籍出版社，合肥：安徽教育出版社，2002 年版，第285 页。

[15]《与张敬夫论癸巳论语说》，《晦庵先生朱文公文集》卷三一，见曾枣庄等编：《全宋文》（第 245 册），第 113 页。

[16]《答陈明仲》，《晦庵先生朱文公文集》卷四三，见曾枣庄等编：《全宋文》（第 246 册），第 264 页。

[17]《年谱》，《陆九渊集》卷三十六，见（南宋）陆九渊：《陆九渊集》，钟哲点校，北京：中华书局，1980 年版，第 484 页。

[18]《谢彭祭酒启》，《舒文靖公类稿》卷四，见曾枣庄等编：《全宋文》（第 260册），第 162 页。

[19]《与李敬子司直书》三一，《勉斋先生黄文肃公文集》卷三，见曾枣庄等编：《全宋文》（第 288 册），第 21 页。

[20]《答廖师子晦书》一，《北溪大全集》卷二二，见曾枣庄等编：《全宋文》（第295 册），第 4 页。

[21]《心远堂记》，《鹤山先生大全文集》卷四九，见曾枣庄等编：《全宋文》（第310 册），第 448 页。

[22]《语录上》，《陆九渊集》卷三十四，见（南宋）陆九渊：《陆九渊集》，钟哲点校，第 401 页。

[23]《宜州通判舒元质墓志铭》，《慈湖先生遗书补编》，见曾枣庄等编：《全宋文》

（第 276 册），第 51 页。

［24］《风雩堂记》，《水心文集》卷一〇，见曾枣庄等编：《全宋文》（第 286 册），第 102 页。

［25］《答韩谏罢岁旦往来启》，《斐然集》卷七，曾枣庄等编：《全宋文》（第 189 册），第 258 页。

［26］《钓台赋》，《历代赋汇》卷一〇七，曾枣庄等编：《全宋文》（第 192 册），第 358 页。

［27］《诗酒》，《剑南诗稿》卷九，见钱仲联、马亚中主编：《陆游全集校注》（第 2 册），第 161 页。

［28］《夏日杂咏》四首其一，《剑南诗稿》卷七十二，见钱仲联、马亚中主编：《陆游全集校注》（第 7 册），第 323 页。

［29］《感皇恩·读庄子，闻朱晦庵即世》，《稼轩词》卷七，见（南宋）辛弃疾：《辛弃疾全集》，王步高等辑校汇评，第 95 页。

［30］《钓台赋》，《历代赋汇》卷一〇七，见曾枣庄等编：《全宋文》（第 268 册），第 348 页。

［31］《重建严先生祠堂记》，《严陵集》卷九，见曾枣庄等编：《全宋文》（第 274 册），第 412 页。

［32］《钓台江公文集序》，《西山文集》卷二八，见曾枣庄等编：《全宋文》（第 313 册），第 156 页。

［33］《水调歌头》，见唐圭璋编纂：《全宋词》（简体增订本第 5 册），第 4545 页。

［34］同上书，第 4546 页。

［35］同上。

［36］同上。

［37］《舟次严陵》二首其二，《秋崖先生小稿》卷一二，见傅璇琮等主编：《全宋诗》（第 61 册），第 38327 页。

［38］《钓台赋》，《历代赋汇》卷一〇七，见曾枣庄等编：《全宋文》（第 192 册），第 358 页。

［39］《括沁园春》，见唐圭璋编纂：《全宋词》（简体增订本第 4 册），第 3149 页。

［40］《送叶景良知严陵》，《南湖集》卷六，见（南宋）张镃：《南湖集》，吴晶、周膺点校，北京：当代中国出版社，2014 年版，第 171 页。

［41］《钓台》，《秋崖先生小稿》卷六，傅璇琮等主编：《全宋诗》（第 61 册），第 38292 页。

［42］《钓台赋》，《历代赋汇》卷一〇七，见曾枣庄等编：《全宋文》（第 188 册），第 341 页。

［43］《水调歌头》，见唐圭璋编纂：《全宋词》（简体增订本第 3 册），第 2155 页。

［44］《书钓台壁间何人所题后》，《晦庵先生朱文公文集》卷八四，见朱杰人等编：《朱子全书》（第 24 册），第 3961 页。

［45］《钓台赋》，《历代赋汇》卷一〇七，见曾枣庄等主编：《全宋文》（第 268 册），第 348 页。

［46］《钓台赋》，《双溪集》卷九，见曾枣庄等编：《全宋文》（第 269 册），第 373 页。

［47］《绝句》二首其一，载刘克庄《后村诗话》续集卷四，见傅璇琮等主编：《全宋诗》（第 25 册），第 16881 页。

［48］《借雪窦韵送超然居士赵表之时在渖潭》，《宏智广录》卷第八，见（日）高楠顺次郎等编：《大正新修大藏经》（第 48 卷），东京：大正一切经刊行会，1930 年版，第 87 页。

［49］《读史有感》三首其三，《剑南诗稿》卷四十三，见钱仲联、马亚中主编：《陆游全集校注》（第 5 册），第 274 页。

［50］《岁晚》六首其六，《剑南诗稿》卷七十四，见钱仲联、马亚中主编：《陆游全集校注》（第 7 册），第 401 页。

［51］《韩子师尚书致仕》，《南湖集》卷三，见（南宋）张镃：《南湖集》，吴晶、周膺点校，第 77 页。

［52］《糖多令·次前韵范纯甫留饮》，见唐圭璋编纂：《全宋词》（简体增订本第 4 册），第 3869 页。

［53］《水龙吟》，见唐圭璋编纂：《全宋词》（简体增订本第 4 册），第 3344 页。

［54］《江城子·池阳泛舟作》，见唐圭璋编纂：《全宋词》（简体增订本第 2 册），第 1175 页。

［55］《小筑》，《剑南诗稿》卷三十九，见钱仲联、马亚中主编：《陆游全集校注》（第 5 册），第 97 页。

［56］《雪晴寄刘殿撰》，《宏智广录》卷第八，见（日）高楠顺次郎等编：《大正新修大藏经》（第 48 卷），第 94 页。

［57］《沁园春·二鹿》，见唐圭璋编纂：《全宋词》（简体增订本第 4 册），第 3314 页。

［58］《晋书卷四十九·刘伶传·列传第十九》，见许嘉璐主编：《二十四史全译》（晋书·第 2 册），上海：汉语大词典出版社，2004 年版，第 1122 页。

［59］《江楼醉中作》，《剑南诗稿》卷九，见钱仲联、马亚中主编：《陆游全集校注》（第 2 册），第 126 页。

［60］《立秋前一夕作》，《剑南诗稿》卷五十四，见钱仲联、马亚中主编：《陆游全集校注》（第 6 册），第 156 页。

［61］《沁园春·将止酒，戒酒杯使勿近》，《稼轩词》卷二，见（南宋）辛弃疾：

《辛弃疾全集》，王步高等辑校汇评，第 25 页。

［62］《水调歌头》，见唐圭璋编纂：《全宋词》（简体增订本第 4 册），第 3282 页。

［63］《沁园春·客山阳偕诸公游杜康庄刘伶台醉吟》，见唐圭璋编纂：《全宋词》（简体增订本第 4 册），第 4174 页。

［64］《即事十首》其七，《秋崖先生小稿》卷六，见傅璇琮等主编：《全宋诗》（第 61 册），第 38291 页。

［65］（南朝宋）刘义庆：《世说新语》，黄征、柳军晔注释，杭州：浙江古籍出版社，1998 年版，第 155 页。

［66］《水调歌头》八首其八，见唐圭璋编纂：《全宋词》（简体增订本第 2 册），第 1123 页。

［67］《送吴教授秉信归省序》，《梅溪先生文集》卷一七，见曾枣庄等编：《全宋文》（第 208 册），第 379—380 页。

［68］《沁园春·月夜自和》，见唐圭璋编纂：《全宋词》（简体增订本第 4 册），第 3552 页。

［69］《八声甘州·东阳岩》，见唐圭璋编纂：《全宋词》（简体增订本第 4 册），第 3632 页。

［70］《摸鱼子·紫云山房拟赋莼》，见唐圭璋编纂：《全宋词》（简体增订本第 4 册），第 3766 页。

［71］《陶渊明画赞》，《松隐文集》卷二九，见曾枣庄等编：《全宋文》（第 191 册），第 106 页。

［72］《博见楼上梁文》，《五百家播芳大全文粹》卷九二，见曾枣庄等编：《全宋文》（第 192 册），第 119 页。

［73］《醉落魄·咏秋》十首其四，见唐圭璋编纂：《全宋词》（简体增订本第 3 册），第 1831 页。

［74］《醉落魄·赵监惠酒五斗以应重九之节，至晚小饮，赋之》，见唐圭璋编纂：《全宋词》（简体增订本第 3 册），第 2557—2558 页。

［75］《先公行状》上，《斐然集》卷二五，曾枣庄等编：《全宋文》（第 190 册），第 150 页。

［76］《试院杂诗五首》其三，《晦庵先生朱文公文集》卷一，见朱杰人等编：《朱子全书》（第 20 册），第 245 页。

［77］《陶公醉石归去来馆》，《晦庵先生朱文公文集》卷七，见朱杰人等编：《朱子全书》（第 20 册），第 487 页。

［78］《沧州尘缶编序》，《沧州尘缶编》卷首，见曾枣庄等编：《全宋文》（第 324 册），第 323 页。

［79］《醉蓬莱·追和东坡重九呈彦时兄》，见唐圭璋编纂：《全宋词》（简体增订本

第 2 册），第 1487 页。

［80］《满江红·登长沙定王台和南轩张先生韵》，见唐圭璋编纂：《全宋词》（简体增订本第 3 册），第 2273 页。

［81］《念奴娇·重九席上》，《稼轩词》卷二，见（南宋）辛弃疾：《辛弃疾全集》，王步高等辑校汇评，第 20 页。

［82］《鹧鸪天·重九席上》，《稼轩词》卷九，（南宋）辛弃疾：《辛弃疾全集》，王步高等辑校汇评，第 123 页。

［83］《水龙吟》，见唐圭璋编纂：《全宋词》（简体增订本第 4 册），第 3341 页。

［84］《减字木兰花》，见唐圭璋编纂：《全宋词》（简体增订本第 4 册），第 3567 页。

［85］《沁园春·和邓季谦通判为寿韵》，见唐圭璋编纂：《全宋词》（简体增订本第 4 册），第 3577 页。

［86］《摸鱼儿》，见唐圭璋编纂：《全宋词》（简体增订本第 5 册），第 4490 页。

［87］《重九日，病酒不饮。而园菊已芳，薄莫吟绕，亦有佳兴。因和渊明 < 九日闲居 > 诗一首，聊见向慕之意云》，《南湖集》卷一，见（南宋）张镃：《南湖集》，吴晶、周膺点校，第 22 页。

［88］《归字谣》，见唐圭璋编纂：《全宋词》（简体增订本第 3 册），第 1953 页。

［89］《最高楼·吾拟乞归，犬子以田产未置止我，赋此骂之》，《稼轩词》卷六，见（南宋）辛弃疾：《辛弃疾全集》，王步高等辑校汇评，第 81 页。

［90］《贺新郎·菊》，见唐圭璋编纂：《全宋词》（简体增订本第 4 册），第 3792 页。

［91］《水调歌头·丞相李公伯纪寄示水调一阕，咏叹李太白，词采秀发，然予于太白窃有恨焉，因以陶渊明为答，盖有激云耳》，见唐圭璋编纂：《全宋词》（简体增订本第 2 册），第 1016 页。

［92］《龙山会·四明重阳泛舟月湖》，见唐圭璋编纂：《全宋词》（简体增订本第 4 册），第 3391 页。

［93］张海鸥：《宋代文化与文学研究》，北京：中国社会科学出版社，2002 年版，第 191 页。

［94］《水调歌头·次韵叔父寺丞林德祖和休官咏怀》，见唐圭璋编纂：《全宋词》（简体增订本第 2 册），第 992 页。

［95］《临江仙》八首其六，《樵歌》卷上，见（南宋）朱敦儒：《樵歌》，龙元亮校，北京：文学古籍刊行社，1958 年版，第 19 页。

［96］《隐德堂记》，《延佑四明志》卷八，见曾枣庄等编：《全宋文》（第 200 册），第 355 页。

［97］《水龙吟·为放翁寿》，见唐圭璋编纂：《全宋词》（简体增订本第 4 册），第

3031 页。

［98］《行香子•叠韵》，见唐圭璋编纂：《全宋词》（简体增订本第 5 册），第
4051 页。

［99］《海录碎事后序》，《海录碎事》卷末，见曾枣庄等编：《全宋文》（第 211
册），第 31 页。

［100］同上。

［101］《杂兴》三十九首其三十九，《南湖集》卷一，见（南宋）张镃：《南湖集》，
吴晶、周膺点校，第 18 页。

［102］《榜书轩曰"景白"，以炉香事乐天像。因题律诗六韵其上》，《南湖集》卷
六，见（南宋）张镃：《南湖集》，吴晶、周膺点校，第 188 页。

［103］《水调歌头》八首其七，见唐圭璋编纂：《全宋词》（简体增订本第 2 册），
第 1456 页。

［104］《杜子美画像赞》，《灂山集补遗》，见曾枣庄等编：《全宋文》（第 188 册），
第 350 页。

［105］吴功正：《宋代的文化精神与美学意识》，载《福建论坛》（人文社会科学
版），2008 年第 5 期。

［106］《自京赴奉先县咏怀五百字》，见卢国琛选注：《杜甫诗醇》，杭州：浙江大
学出版社，2006 年版，第 38 页。

［107］《和乐天赠樊著作》，见钟叔河主编：《唐诗百家全集》（元稹•于鹄•薛
逢），海口：海南出版社，1992 年版，第 134 页。

［108］《益稷论》，《横浦先生文集》卷六，见曾枣庄等编：《全宋文》（第 184 册），
第 57 页。

［109］《泛湖上云门》，《剑南诗稿》卷二十，见钱仲联、马亚中主编：《陆游全集
校注》（第 3 册），第 311 页。

［110］《三爱吟》，《南湖集》卷二，见（南宋）张镃：《南湖集》，吴晶、周膺点校，
第 63 页。

［111］《踏莎行•赋稼轩，集经句》，《稼轩词》卷七，见（南宋）辛弃疾：《辛弃疾
全集》，王步高等辑校汇评，第 98 页。

［112］《渔父词》十五首其九，见唐圭璋编纂：《全宋词》（简体增订本第 2 册），
第 1672 页。

［113］《渔父词》十五首其十一，见唐圭璋编纂：《全宋词》（简体增订本第 2 册），
第 1673 页。

［114］《沁园春•城中诸公载酒入山，余不得以止酒为解，遂破戒一醉，再用韵》，
《稼轩词》卷二，见（南宋）辛弃疾：《辛弃疾全集》，王步高等辑校汇评，第
25 页。

［115］《重午》，《南湖集》卷一，见（南宋）张镃：《南湖集》，吴晶、周膺点校，第21页。

［116］《杂兴》三十九首其十二，《南湖集》卷一，见（南宋）张镃：《南湖集》，吴晶、周膺点校，第12页。

［117］《重午》，《秋崖先生小稿》卷四，见傅璇琮等主编：《全宋诗》（第61册），第38265页。

［118.］《题醉翁图》，《潜山集》卷二，见傅璇琮等主编：《全宋诗》（第63册），第39522页。

［119］《满江红》，见唐圭璋编纂：《全宋词》（简体增订本第4册），第3737页。

［120］《韩子师尚书致仕》，《南湖集》卷三，见（南宋）张镃：《南湖集》，吴晶、周膺点校，第77页。

［121］《木兰花慢•寄题吴克明广文菊隐》，《稼轩词》卷四，见（南宋）辛弃疾：《辛弃疾全集》，王步高等辑校汇评，第53页。

［122］《祭鲁公文》，《梅溪先生后集》卷二八，见曾枣庄等编：《全宋文》（第209册），第204页。

［123］《论进德养生奏》，《攻愧集》卷二二，见曾枣庄等编：《全宋文》（第263册），第204页。

［124］《祭石天民知军文》，《陈亮集》卷三二，见曾枣庄等编：《全宋文》（第280册），第154页。

［125］《章府君墓志铭》，《絜斋集》卷二〇，见曾枣庄等编：《全宋文》（第282册），第5页。

［126］《免解谢参政启》，《格斋四六》，见曾枣庄等编：《全宋文》（第283册），第222页。

［127］《谢制置刘阁学举十科启》，《格斋四六》，见曾枣庄等编：《全宋文》（第283册），第230页。

［128］《上钱丞相启》，《漫塘集》卷一六，见曾枣庄等编：《全宋文》（第299册），第371页。

［129］《与游丞相书》六，《铁庵集》卷一五，见曾枣庄等编：《全宋文》（第321册），第234页。

［130］《与郑金部书》八，《铁庵集》卷一七，见曾枣庄等编：《全宋文》（第321册），第310页。

［131］《贺赵安抚启》，《翰苑新书》续集卷一一，见曾枣庄等编：《全宋文》（第341册），第79页。

［132］《贺赵安抚启》，《秘籍新书》卷八，见曾枣庄等编：《全宋文》（第341册），第131页。

[133]《代人贺刘后村启》,《巽斋文集》卷二三,见曾枣庄等编:《全宋文》(第346册),第375页。

[134]《俞羲仲画赞》,《芦川归来集》卷一〇,见曾枣庄等编:《全宋文》(第182册),第426页。

[135]《答林灵素书》,《三十代天师虚靖真君语录》卷一,见曾枣庄等编:《全宋文》(第184册),第209页。

[136]《伊山向氏有裕堂记》,《斐然集》卷二一,见曾枣庄等编:《全宋文》(第190册),第97页。

[137]《祭赵敷文文》,《克斋集》卷一一,见曾枣庄等编:《全宋文》(第290册),第423页。

[138]《答赋永丰宰黄岩老投赠五言古句》,《诚斋集》卷三六《退休集》,见傅璇琮等主编:《全宋诗》(第42册),第26562页。

[139]《祭俞侍郎文》,《平斋集》卷三二,见曾枣庄等编:《全宋文》(第307册),第280页。

[140]《祭庄侍郎文》,《平斋集》卷三二,见曾枣庄等编:《全宋文》(第307册),第282页。

[141]《淡轩记》,《陵阳先生集》卷一一,见曾枣庄等编:《全宋文》(第355册),第390页。

[142]《徐行简真赞》,《雪山集》卷一〇,见曾枣庄等编:《全宋文》(第258册),第348页。

[143]《祭赵宗丞文》,《敝帚稿略》卷七,见曾枣庄等编:《全宋文》(第320册),第18页。

[144]《读林逋、魏野二处士诗》,《剑南诗稿》卷四十,见钱仲联、马亚中主编:《陆游全集校注》(第5册),第141页。

[145]《祭和靖先生文》,《和靖文集》卷一〇,见曾枣庄等编:《全宋文》(第194册),第375页。

[146]《古贤相赞·林和靖》,《鲁斋集》卷六,见曾枣庄等编:《全宋文》(第338册),第355页。

[147]《以梅送王尉》,《秋崖先生小稿》卷二三,见傅璇琮等主编:《全宋诗》(第61册),第38405—38406页。

[148]《林端仲墓志铭》,《勉斋先生黄文肃公文集》卷三五,见曾枣庄等编:《全宋文》(第288册),第462页。

[149]《伊山向氏有裕堂记》,《斐然集》卷二一,见曾枣庄等编:《全宋文》(第190册),第96页。

[150]同上。

［151］《程隐君墓志铭》，《方舟集》卷一六，见曾枣庄等编：《全宋文》（第206册），第107页。

［152］《六先生画像赞·康节先生》，《晦庵先生朱文公文集》卷八五，见曾枣庄等编：《全宋文》（第252册），第177页。

［153］《处士林公墓志铭》，《复斋集》卷二一，见曾枣庄等编：《全宋文》（第305册），第273页。

［154］《宋左宣奉大夫显谟阁待制致仕赠特进谥文康葛公行状》，《丹阳集》卷二四，见曾枣庄等编：《全宋文》（第186册），第187页。

［155］同上书，第192页。

［156］《宋故华文阁直学士赠特进程公墓志铭》，《诚斋集》卷一二五，见曾枣庄等编：《全宋文》（第240册），第201页。

［157］《刑部侍郎章公墓铭》，《诚斋集》卷一二五，见曾枣庄等编：《全宋文》（第240册），第205页。

［158］《祭汪尚书文》，《晦庵先生朱文公文集》卷八七，见曾枣庄等编：《全宋文》（第253册），第221页。

［159］《宋尚书右仆射观文殿学士正议大夫赠特进洪公行状》，《盘洲文集》附，见曾枣庄等编：《全宋文》（第280册），第319页。

［160］《周必大转少傅致仕制》，《周益国文忠公年谱》，见曾枣庄等编：《全宋文》（第282册），第289页。

［161］《回郑知院昭光》，《复斋集》卷一一，见曾枣庄等编：《全宋文》（第304册），第415页。

［162］《黄吏部墓志铭》，《横浦先生文集》卷二〇，见曾枣庄等编：《全宋文》（第184册），第172页。

［163］《先公行状》上，《斐然集》卷二五，见曾枣庄等编：《全宋文》（第190册），第150页。

［164］《左朝散郎江君墓志铭》，《斐然集》卷二六，见曾枣庄等编：《全宋文》（第190册），第229—230页。

［165］《祭李待制似矩》，《斐然集》卷二七，见曾枣庄等编：《全宋文》（第190册），第247页。

［166］《祭刘待制彦修》，《斐然集》卷二七，见曾枣庄等编：《全宋文》（第190册），第250页。

［167］《干办内东门司杨公墓志铭》，《松隐文集》卷三六，见曾枣庄等编：《全宋文》（第191册），第140—141页。

［168］《故左朝请郎石君墓志铭》，《汉滨集》卷一五，见曾枣庄等编：《全宋文》（第198册），第8页。

［169］《致仕祝君墓志铭》,《屏山集》卷九,见曾枣庄等编:《全宋文》(第 193 册),第 212 页。

［170］《滁州司理李君墓志铭》,《絜斋集》卷一九,见曾枣庄等编:《全宋文》(第 281 册),第 407 页。

［171］同上书,第 408 页。

［172］《朝奉大夫致仕黄公墓志铭》,《水心文集》卷一五,见曾枣庄等编:《全宋文》(第 286 册),第 199 页。

［173］《喻夏卿墓志铭》,《陈亮集》卷三六,见曾枣庄等编:《全宋文》(第 280 册),第 105 页。

［174］《先公行状》下,《斐然集》卷二五,见曾枣庄等编:《全宋文》(第 190 册),第 191 页。

［175］《吴益转右朝奉郎制》,《盘洲文集》卷二四,见曾枣庄等编:《全宋文》(第 212 册),第 368 页。

［176］《故武节大夫陈文叟墓志》,《相山集》卷二九,见曾枣庄等编:《全宋文》(第 185 册),第 132 页。

［177］《代季父上刘帅求荐章启》,《斐然集》卷八,见曾枣庄等编:《全宋文》(第 189 册),第 270 页。

［178］《祭外舅张兵部》,《斐然集》卷二七,见曾枣庄等编:《全宋文》(第 190 册),第 243 页。

［179］《董太尉墓志》,《松隐文集》卷三六,见曾枣庄等编:《全宋文》(第 191 册),第 135—136 页。

［180］《贺建康王帅启》,《浮山集》卷七,见曾枣庄等编:《全宋文》(第 192 册),第 273 页。

［181］《跋赵寺丞公茂诗》,《渔墅类稿》卷五,见曾枣庄等编:《全宋文》(第 325 册),第 60 页。

［182］《片玉词序》,《片玉词》卷首,见曾枣庄等编:《全宋文》(第 276 册),第 352 页。

［183］《先公行状》下,《斐然集》卷二五,见曾枣庄等编:《全宋文》(第 190 册),第 189 页。

［184］《故镇江府学教授陈公墓志铭》,《永乐大典》卷三一四九,见曾枣庄等编:《全宋文》(第 185 册),第 426 页。

［185］《祭三二兄教授文》一,《永乐大典》卷一四〇五一,见曾枣庄等编:《全宋文》(第 185 册),第 427 页。

［186］《晋安黄夫人墓志铭》,《芦川归来集》卷一〇,见曾枣庄等编:《全宋文》(第 182 册),第 435 页。

［187］《集议大行皇太后谥号奏》，《中兴礼书》卷二六七，见曾枣庄等编：《全宋文》（第 185 册），第 437 页。

［188］《代作祭王夫人文》，《永乐大典》卷一四〇五〇，见曾枣庄等编：《全宋文》（第 192 册），第 81 页。

［189］《德星堂记》，《国朝二百家名贤文粹》卷一四〇，见曾枣庄等编：《全宋文》（第 186 册），第 7 页。

［190］《祭刘宝学彦修文》，《紫微集》卷三六，见曾枣庄等编：《全宋文》（第 187 册），第 237 页。

［191］《骆观国墓志铭》，《攻愧集》卷一〇六，见曾枣庄等编：《全宋文》（第 266 册），第 119 页。

［192］《侍讲待制朱先生叙述》，《北溪大全集》卷一七，见曾枣庄等编：《全宋文》（第 296 册），第 82 页。

［193］《诗境集序》，《后村先生大全集》卷九七，见曾枣庄等编：《全宋文》（第 329 册），第 155 页。

［194］《祭杜于耕尚书文》，《后村先生大全集》卷一三八，见曾枣庄等编：《全宋文》（第 332 册），第 205 页。

［195］《谢总领举智谋科启》，《可斋杂稿》卷一一，见曾枣庄等编：《全宋文》（第 340 册），第 263 页。

［196］《喜周妹自四明到》，《石湖居士诗集》卷二三，见傅璇琮等主编：《全宋诗》（第 41 册），第 25970 页。

［197］《丙午新正书怀十首》其四，《石湖居士诗集》卷二六，见傅璇琮等主编：《全宋诗》（第 41 册），第 25994 页。

［198］《丙午新正书怀十首》其八，《石湖居士诗集》卷二六，见傅璇琮等主编：《全宋诗》（第 41 册），第 25995 页。

［199］《偶至东堂》，《石湖居士诗集》卷三二，见傅璇琮等主编：《全宋诗》（第 41 册），第 26045 页。

［200］《遣兴》，《剑南诗稿》卷十七，见钱仲联、马亚中主编：《陆游全集校注》（第 3 册），第 154 页。

［201］《庵中晨起书触目》四首其四，《剑南诗稿》卷三十八，见钱仲联、马亚中主编：《陆游全集校注》（第 5 册），第 72 页。

［202］《秋晚杂兴》十二首其十二，《剑南诗稿》卷七十一，见钱仲联、马亚中主编：《陆游全集校注》（第 7 册），第 317 页。

［203］《秋日杂咏》八首其二，《剑南诗稿》卷四十七，见钱仲联、马亚中主编：《陆游全集校注》（第 5 册），第 406 页。

［204］《水调歌头·再用韵，呈南涧》，《稼轩词》卷三，见（南宋）辛弃疾：《辛弃

疾全集》，王步高等辑校汇评，第 31 页。

［205］《生查子·民瞻见和，再用韵》，《稼轩词》卷十二，见 (南宋) 辛弃疾:《辛弃疾全集》，王步高等辑校汇评，第 189 页。

［206］《满江红·寿赵茂嘉郎中，前章记兼济仓事》，《稼轩词》卷四，见 (南宋) 辛弃疾:《辛弃疾全集》，王步高等辑校汇评，第 51 页。

［207］《次韵汪宰见寄》二首其一，《秋崖先生小稿》卷一三，见傅璇琮等主编:《全宋诗》(第 61 册)，第 38345 页。

［208］《山中》六首其六，《秋崖先生小稿》卷二〇，见傅璇琮等主编:《全宋诗》(第 61 册)，第 38388 页。

［209］《次韵程汪二兄投赠》二首其一，《秋崖先生小稿》卷二四，见傅璇琮等主编:《全宋诗》(第 61 册)，第 38411 页。

［210］《迩英春秋进讲》，《横浦先生文集》卷一三，见曾枣庄等编:《全宋文》(第 184 册)，第 115 页。

［211］《水调歌头·自述》，见 (南宋) 白玉蟾:《白玉蟾全集校注本》，朱逸辉校注，海口:海南出版社，2004 年版，第 439 页。

［212］《堂规榜》，《鸣鹤余音》卷九，见曾枣庄等编:《全宋文》(第 296 册)，第 160 页。

［213］《吴方庆先生行状》，《李延平先生文集》卷一，见曾枣庄等编:《全宋文》(第 185 册)，第 168 页。

［214］《拙懒轩记》，《范香溪文集》卷六，见曾枣庄等编:《全宋文》(第 194 册)，第 150 页。

［215］《尉思隐轩记》，《赤城集》卷三，见曾枣庄等编:《全宋文》(第 198 册)，第 139 页。

第五章　南宋本体思考的闲之为物

李国亭指出："哲学科学所研究的基本规律——物质世界的客观性，思维与存在的关系问题，物质与精神的关系问题，对立统一规律，量变与质变规律，否定之否定规律等，在休闲哲学研究中同样会遇到。"[1]胡伟希等这样认为："中国休闲哲学是以人生哲学为内容，以本体论为基础，并且将人生理想展现为人生的具体实践的哲学；它具有理想与现实合一、知与行统一、形上世界与形下世界合一的特征。它既是一种人生哲学，更是一种生命哲学，是一种关于生命之意义与价值如何展示为日常的生活方式与行为方式的哲学。"[2]以上两家之说在南宋休闲哲学中都可得到很好的印证。

宋代是理性思维高度发达的时代，崇尚理趣是宋代文化的基本特点。就整个宋代思想风气而言，儒家、道家、佛家都重视对本性、性理的探寻。这一特点落实在休闲哲学上，表现为主体意识的自觉和本体思考的凸显。如果说魏晋时代开始了对人本体的思考，那么南宋则深入到了对休闲本体的某种探索。

所谓本体，在中国传统哲学语境中，即本质、本根、本然之意。笔者认为，这是几个互有联系而又有区别的词汇。本质是揭示"其实如何"，重在透过现象而得出的形而上结论；本根是追问"源头如何"，重在追溯最始源的起因和最基本的条件；本然则是断定"本当如何"，是一种理想性的预设。在南宋的文献中，我们可以发现一种对休闲的本体之思，即对"闲"在本质、本根、本然上为何物、有何用的形而上思考。尽管这种本体思辨的火花在前代亦曾闪现，但其在南宋时期所表现出的全面性和深刻性，是前代所没有的。这是南宋休闲哲学的一大特色。

现代休闲研究者热衷于探讨休闲的本质，并试图由此给休闲下定义。而在南宋文士与"闲"有关的描述中，我们就常常能感到他们对"闲为何物"的本体性领悟和理解。概括起来主要有以下几个方面：休闲与身心自由、心态安乐的密切关系，休闲的私人领域性质，休闲作为宇宙本然的状态。

第一节 "闲身无所系"：闲与自由本性

在谈到"闲"（及其相类似的词汇）时，南宋文士也常常提及"自由"或与之意义相近的词句，这无疑就是将自由视为休闲的某种属性。例如张镃有一首诗题目叫《时贤有爵高名重而不自由者，再念闲居之可乐，为赋长句》，显然就流露出了这层意思。其他诗人的诗句则表现得更明显。例如陆游诗云：

> 不是无羁束，闲人得自由。[3]
> 官闲身自得，客至眼殊明。[4]
> 征途暗尽旧貂裘，归卧林间喜自由。[5]

此外，范成大诗云："贵仕龟钻匼，闲居马脱靮。"[6]"酣酣午枕眠方丈，一笑闲身始自由。"[7]姜特立词云："又谁知、堂上有闲人，无拘束。"[8]沈瀛词云："没事汉、清闲人。任自由、毁誉利害不上心。"[9]方岳诗云："我爱山居好，闲吟树倚身。田园无事日，天地自由人。"[10]以上也均和陆诗颇有类似之处。南宋宗教界亦有类似表达。如宏智禅师指出："闲身无所系"[11]，也就是"闲闲不羁"[12]，或者说"身闲野云不羁"[13]。他甚至直接说出了"随类而游，闲闲自由。天上天下，云行水流"[14]。释文珦也多次表达了类似的意思：

> 闲身孰能靰，萧散随所欲。[15]
> 闲身出尘表，世鞅讵能绝。[16]
> 消摇鹰脱鞲，萧散马释鞯。[17]
> 闲身如野鹤，天地一虚巢。[18]
> 好是孤云性，谁能管得他。[19]
> 颇觉闲情逸，浑无俗累牵。[20]

南宋文士这一现象所透露出的信息，无疑就是将休闲与自由等而视之。而胡寅的一段话更能直接透露这一点。他认为，孔子赞赏曾点之志并非不通世务，意在不让学生"智效一能，才周一事，区区见役于人，交累于物，老身童豁而不悔哉"[21]，即是说，孔子之所以倡导"舞雩风流"的休闲生活，是为了让学生获得自由，而不为人所羁、为物所累。正如张法所言："孔子认为人生最高的境界不是子路的治理千乘之国的政治功业，不是冉有的使人民都知文明礼貌的教化伟业，也不是公西华的把宗庙仪式做得尽善尽美的专业上成功，而是曾点的超越于政治功利、教化功利、专业成就的自由境界。"[22]这实质上也就说明了休闲带给人的特征乃是自由。

现代休闲学总是在自由的层面上界定休闲的本质。正如吴树波所指出："尽管国内外学者对休闲的定义千差万别，但都肯定休闲的一个根本特征就是自由。"[23]美国休闲学家约翰·纽林格（John Neulinger）认为："休闲感有，且只有一个判据，那便是心之自由感。只要一种行为是自由的，无拘无束的，不受压抑的，那它就是休闲的。去休闲，意味着作为一个自由的主体，由自己的选择，投身于某一项活动之中。"[24]约翰·凯利也认为："休闲可以作为直接体验来研究。从这种体验中可能提炼出某些使休闲成其为休闲的因素。两种最易识别的因素是自由感（a sense of freedom）以及内在（而非外在的）结果。"[25]而以上南宋文本中的叙述正是这种"自由感"的形象描绘。尽管他们没有直接言说出"闲即自由"一类的话，但以上生动的词句足以显示，他们已将自由作为休闲的本质来看待。

自由的含义无疑也包括自由而无掩饰地顺应、抒发和表现人的自然本性这一层面。因此，当黄彻说"甘老林泉，实其本心"[26]的时候，我们便可看出南宋人是将休闲与人的自然本性同等看待的。而当陆游说"幽居正得遂初心"[27]，"羊裘老作桐江叟，点检初心幸未违"[28]的时候，我们同样也能解读出这种含义。

古代汉语中还常用"野性"来指代人的自然本性。宏智禅师这样把"闲"与"野性"相联系："野性闲闲"[29]，"闲情肖水云，野性从麋鹿"[30]。这分明是在肯定休闲是人的自然本性。而当胡寅说"狎鸥鹭于沧州，姑从野性"[31]，无疑也就是在说回归自然本性。

陆庆祥认为："休闲的本质是人的自然化"[32]，"人的自然化有两个层次，一个层次是人化于外界的自然，即人能够回归自然山水，同大自然和谐共处、主动地去欣赏自然、游嬉于自然之中。另一个层次是人化于人自身的自然本性之中，即人摆脱物的束缚与异化而回到自我生命的本真性情上来。……后者人对自然本性的回归更是休闲活动之内在特征"[33]。宏智和胡寅的论述，对现代休闲本体论的此类思路，显然具有支撑作用。对照杰弗瑞·戈比著名之"休闲"定义：

> 休闲是从文化环境和物质环境的外在压力中解脱出来的一种相对自由的生活，它使个体能够以自己所喜爱的、本能地感到有价值的方式，在内心之爱的驱动下行动，并为信仰提供一个基础。[34]

笔者认为，这两种关于休闲本体的论述有相通之处。"以自己所喜爱的、本能地感到有价值的方式，在内心之爱的驱动下行动"，无疑就是按照人的自然本性行事，自由地表达、实现人的自然天性，也即"人的自然化"。

第二节 "闲中自怡悦"：闲与安乐心态

在诗词散文中，南宋文士又常将"闲"的状态与"安"的情绪相提并论，即将"安"与"闲"并用或直接相连：

安闲多熟睡，衰退少新交。（陆游）[35]

守家风则失抚会应变之方，立门庭则失安稳宴闲之道。（宏智正觉）[36]

歌舞筵中人易老，闭门打坐安闲好。（张元干）[37]

百年间，无个事，且安闲。（吕渭老）[38]

功名事，须早计，真安闲。（吕渭老）[39]

解组之由既无愧怍，身闲心安，尊幼和辑，世间之福，讵有过于此者……（吕祖谦）[40]

盖老者不知吾人闲居自有可乐，而必欲见之行事，是以若此焦劳。（黄干）[41]

安闲得在中年好，抱瓮尚堪蔬圃。（李昴英）[42]

得日日、安闲笑过。（李昴英）[43]

休识字，莫嫌贫。方是安闲第一人。（王谌）[44]

赢得濠梁真乐，剩有陶园佳趣，村屦日安闲。（石麟）[45]

此外，张镃将其"桂隐林泉"中的一处堂馆命名为"安闲堂"，亦是一例。约翰·凯利这样强调："西方文化中对休闲概念的一个共识是：休闲必须是'悠闲自在的'，放松的成分通常被认作是核心所在……"[46]以上这些诗文对理解凯利之言显然具有很好的佐证作用。

并且，更进一步的是，在心灵安稳的基础上，喜乐情绪必然也会随之产生。先秦时代儒家休闲哲学的经典案例是"孔颜之乐""曾点之乐"，其中的"乐"字就早已点出了休闲的愉悦本质。南宋文士在此方面的用法更多。在南宋诗词中，"乐""趣"与"闲"总是相伴而生：

天然自乐，非关风月，闲处偏多。（辛弃疾）[47]

自识闲中趣，常嫌闹处行。（张镃）[48]

野客独谙闲意趣，草烟空爱一川明。（张镃）[49]

行乐事，都付与闲人。（吴潜）[50]

乐取闲中日月长。（李曾伯）[51]

朋来草草樽俎，投闲赢得浮生乐。（卫宗武）[52]

乐闲中日月，清时钟鼓，结春风社。（周密）[53]

看静里闲中，醒来醉后，乐意偏殊。（张炎）[54]

释文珦尤其多次指出了"闲"与"乐"的共生关系。这也是他从多年的闲居体验中得出的结论：

屏居泉石间，所乐在闲纵。[55]

只以闲为乐，宁论是与非。[56]

得闲真可乐，未死已知空。[57]

野老知闲趣，沙鸥似故人。[58]

闲中自有无穷乐，敢道麻衣胜锦衣。[59]

闲户闲身乐，登山野步轻。[60]

此外，在南宋文士们看来，"闲"中不但有"乐"，而且"闲"带来的"乐"多且质量高，是人间"至乐"：

> 人生，谁满百，闲中最乐，饱外何求。（袁去华）[61]
> 由来至乐，总属闲人。（辛弃疾）[62]
> 闲中存至乐，难与俗人言。（释文珦）[63]
> 老去身犹健，闲中乐最真。（释文珦）[64]

再从南宋散文看，"闲"与"乐"的结合亦十分普遍。如宏智禅师云："白鸥之野盟，飘飘而闲乐。"[65] 晁公遡散文的此类意味更多，他厌恶热闹喧哗的世俗之乐，而以闲暇时的从容不迫、散步赏景为乐：

> 承释此喧哄而就燕闲，大可乐也。[66]
> 按行三径，景物增丽。虽释机务之劳，就此闲暇，固足以乐……[67]
> 某为贫所驱，日投喧哄，益觉宴闲可乐。伏惟佩二千石印授，从容林庐，卧看绕屋扶疏，台候胜常。[68]

朱熹则把乐作为"闲"的必然结果："闲中自怡悦，妙处绝几微。"[69] 而吕贵克指出，人们总将"乐"作为追求名利的结果，而事实上，官场、名利带来的往往是陷阱、深坑，只有当人们蓦然回首，痛定思痛时才发现，其实"闲"中自有其乐：

> 属道路历山溪之险，而轩裳困荆棘之深。回思痛定之堪惊，始见闲中之有乐。[70]

此外，吕渭老的"世事莫牵萦，乐取这闲时节"[71] 亦可解读出同样的意思。

在现代西方休闲学语境中，美国学者卡普兰（Max Kaplan）把"心理快乐（psychologically pleasant）"[72] 作为休闲定义中的要素。杰弗瑞·戈比对休闲的著名描述"随心所欲，以欣然之态做心爱之事"[73] 也突出了休闲的快乐性心理体验。他还指出："当人们在体验休闲的时候……他们感到一种愉快的冲动。"[74] 我国学人也指出：

> 是否属于休闲，是由活动使人愉快的性质所决定的。[75]
> 情趣是休闲的灵魂。[76]
> 休闲是如何成就自我并从中获得快乐的学问……[77]
> 休闲首先是一个与人生快乐相伴随的问题。……休闲就是一种快乐。[78]

可见，南宋诗词散文已经充分流露出了休闲中"乐"的这一层本质。而张镃的"一般要撰眼前乐，泉石由来乐较真"[79] 则不但指出休闲是乐，更指出它比其他快乐更加真实。

第三节 "长日闭门闲"：闲与私人领域

南宋诗文中在描绘休闲状态时，常出现肯定性的"闭门""闭户""杜门""关门"等字样。这是一个富有意味的现象。见诸诗题的，仅陆游就有《杜门》1首，《久雨杜门遣怀》1首，《亲旧或见嘲终岁杜门戏作解嘲》1首，《假中闭户终日偶得绝句》3首，《三山杜门作歌》5首，《闭门》5首，《闭户》8首。此外，范成大的《石湖居士诗集》中，出现"闭户"12次，"闭门"10次，"掩关"7次，"关门"1次。张镃的《南湖集》中，出现"闭门"4次，"关门"3次，"杜门"2次，"闭户"1次。

长时间闭门不出的陆游，在其诗文中并没有表现出不适或寂寞之感，反而似乎流露着某种自夸的成分：

> 退食辄杜门，不省求捷径。[80]
> 屏居无一事，闭户常经旬。[81]

凭阑秋万里，闭户醉经年。[82]

陆子居山阴，杜门辄经年。[83]

此外还有杨万里自称"三年闭户松风里"[84]，"我住南溪溪北涯，闭门草长不曾开"[85]。陈宓称卫君子"群朋离立，终日杜门，萧然有物外趣"[86]。张镃不但自己"闭门求一醉"[87]，"湖远慵呼艇，春归只闭门"[88]，还赞赏朋友虞子建"虞君借屋王城里，闭门端坐穷经史"[89]。

美国哈佛大学的汉学家宇文所安（Stephen Owen）提出"私人天地"（原文为 private sphere，一译"私人领域"）概念，并将其界定为：

> 一系列物、经验以及活动，它们属于一个独立于社会天地的主体，无论那个社会天地是国家还是家庭。要创造一个私人空间，宣告溢余和游戏是必须的。[90]

可见，在宇文所安眼中，"私人天地"和"休闲"具有密切的联系。私人领域保障了休闲的获得，这种休闲，不是公共娱乐性的，而是文士们内心的闲情逸致。基于此概念，当代休闲学学者潘立勇、陆庆祥认为：

> 对于休闲来说，私人领域这一概念是非常重要的。[91]
>
> 回到私人领域是拥有闲情的关键，也是闲情所具有的最为明显之特征。很难想象一个人心中指向公共领域，仍能获以闲情。[92]
>
> 真正的休闲是个体回归私人领域……[93]

陆庆祥又把"关门"作为回归私人领域的标志：

> "门"在中国古代的诗歌中是一个很有意思的意象。关门、闭门，门里、门外都是一种人生境遇的呈现。关上门意味着士人回到个体的私人空间，而门外则常常意味着繁华的公共空间。[94]

对此，笔者表示赞同，并进一步认为，南宋文士明显点出了休闲在生存环境上的私人领域性质，将其作为休闲的必要条件看待。试看下列一些说法（例子甚多，仅举数隅）：

乞与高闲偿凤歉，闭门稳卧舒疲心。（宏智正觉）[95]

箪瓢虚道不堪忧，闭户方从造物游。（陆游）[96]

闭门万事不相关，饱受人间一味闲。（陆游）[97]

休问满城骑马滑，不妨长日闭门闲。（范成大）[98]

闭门幽僻断经过，静极兼无雀可罗。林下故人知几个，就中老子得闲多。（范成大）[99]

欲识清狂自在身，关门湖上独经春。（张镃）[100]

以上诗句显然可以解读出这样的意思：私人领域才是休闲的根本，向私人领域的回归是休闲最基本的发生或实现机制。尤其值得注意的是，"闭门"之类的字眼总是出现在"闲"字之前，或者说，是有了"闭门"的"因"才有了"闲"的果。而"若教开门与客游，扰扰依前怀百忧"（陆游）[101]，这便必然导致将"闭门"作为休闲工夫的出现，关于这一点将在后续进行分析。总之，南宋诗文的"闭门"，与现代休闲学的本体思考相合，而后者正可为前者提供理论支撑。

南宋人对休闲的私人领域性质之体认，还可以从其他词语上得到证明，那就是"燕"和"私"的连用。所谓"燕"，即休闲之意。南宋诗文中常有"燕闲""燕居""燕坐""燕息""燕豫""燕暇"等字样，即是证明。如"既就闲适，即治所为燕息处"（曹勋）[102]，"春风骀荡，戎幕燕闲"（卫博）[103]，等等，例子繁多，兹不细举。

因而，"燕私"一词的使用，便具有了某种形而上的意味。熊彦诗云："若观于燕私而得其平居闲暇无事之时，能久而安其所守与养，则予与永之姻家也，知之莫详焉。"[104] 冯时行称秦丞相"退而燕私，绝声色货利之欲，熏香静坐，玩味简素"[105]。——以上很好地说明了休闲的私人领域性质。

陆庆祥提出：

只有真正地能够关注私人领域、重视私人领域的人，才是一个完整的人，也是最自由的人。那些能够掌握自己命运的人才是自己的主人；将自己的命运寄托于外在的公共空间的人，则很容易失去自由，丧失本真的自我。……也就是说，"安于闲散"之人，不仅在空闲的时候能够自由地支配闲暇，体现出自我生命的创造力，而且即便是在繁忙的工作中、坎坷的人生中，无论顺境逆境，他始终能做到"安时处顺"，无往不适。[106]

很明显，公共领域的劳作最容易使人的生命流于异化，成为手段；而只有在休闲中，人才能找回自身。[107]

熊彦诗认为永之（名不详）在燕私闲暇时"能久而安其所守与养"，故而钦慕其人，不但引为同调，更欲与之联姻。陆氏以上的话语，正可作为熊彦诗所怀心态的一种合理阐释。

第四节 "万物本常闲"：闲与宇宙状态

潘立勇先生等指出："闲是个体生命和宇宙生命的本然状态"[108]，"作为本体的闲，更是具有宇宙的普遍意义。在中国古人看来，不仅人类本应休闲，万物也是'闲'的。……宇宙万物本体为闲暇，人也是万物之有机的一部分，故人之闲的根据是万物之闲。……从终极意义上讲，儒道都是认同宇宙之闲的本体地位的"[109]。此论从南宋诸人的思想来看即可得到印证。并且认同宇宙之闲的本体地位的也不止儒道二家，还有佛家。

事实上，在南宋较早提出万物本闲思想的是禅门。例如，宋初期的宏智禅师称："青山自闲云自缓。"[110]大慧宗杲禅师云："万法本闲，唯人自闹。"[111]释慧空云："天无所加，己日以劳。"[112]南宋中后期的无准禅师也曾发出的这样的感慨："忙者自忙闲者闲。"[113]我们不难发现，无准所言的忙者是指执迷不悟、奔忙钻营的红尘中人，而闲者显然乃是指闲静淡然的自然和宇宙。南宋道家代表人物白玉蟾也说："乌飞兔走，造物清闲。"[114]此都意在指出闲才是宇宙万物的本质面貌，而人不能加以领会，却终日忙碌自扰。

南宋文士中，范成大有诗云："浮生万法本悠哉，大笑羲娥转毂催。"[115] 此即认为世间万物的本质乃是闲的。他又说："官忙风月镇长闲，开遍香红酒尚寒。"[116] 此乃是将大自然之闲与为官之忙加以对比。陆游诗中也有类似而更直接的句子：

> 众死一身今独健，人忙万物本常闲。[117]
> 中原俯仰成今古，物外自闲人自忙。[118]

此外，其他南宋文士也纷纷这样以"闲"来描绘宇宙万物、自然风物（风景、风月），且诗文中都明显流露了宇宙自然的休闲本质，可谓与大慧、陆游等人之语颇有神似之处：

> 天宇长闲，飞仙狂醉，授云碎玉沈空。（向子諲）[119]
> 春意长闲，游丝尽日低飞。（辛弃疾）[120]
> 雁已西飞人未还，一帘风月闲。（邓肃）[121]
> 紫腰艳艳，青腰袅袅，风月俱闲。（赵长卿）[122]
> 午桥见有闲风月，正自不妨嘉趣。（赵瘫斋）[123]

正因有了"宇宙皆闲"之观念，南宋诸人才会在笔下把"闲"字赋予自然万物。第二章提到，不少南宋文士厌恶人生忙碌的状态，并将这种心态投射到自然之物上，如辛弃疾、杨万里嘲笑云水、日月奔走之忙，范成大讽刺鸟雀的忙碌，方岳嘲讽鹭鸟比他更忙，等等。而同时，具有"宇宙皆闲"之观念的文士，则对不少植物、动物冠以"闲"字来加以描绘，如：

> 柳絮轻柔，梅花闲淡，宫院风流。（曾觌）[124]
> 闲花野草皆掀舞，曾在君王顾盼中。（林淳）[125]
> 桃李竞春事，坡菊自清闲。（陈著）[126]
> 新花斗巧，有天然闲态，倚阑堪惜。（无名氏）[127]
> 邂逅初心得计处，伊水鸥闲波碧。（朱敦儒）[128]

非郭还非野，闲莺燕、时傍笑语清佳。（赵彦端）[129]

闲戏蝶，懒游蜂。破除花影重。（赵师侠）[130]

南宋文士甚至对无生命之物，也都用"闲"字来形容，充分表现了他们"万物皆闲"的观念（当然这其中也不乏内心闲情在外物上的投射）：

正柳外闲云，溪头淡月，映带疏钟。（朱敦儒）[131]

玉鸭熏炉闲瑞脑，朱樱斗帐掩流苏。（李清照）[132]

一片闲云，山头初起。飘然直上虚空里。（张抡）[133]

凝香地，古仙柏，玉尘闲。（陈造）[134]

吴霜应点鬓云斑。绮窗闲，梦连环。（辛弃疾）[135]

闲略约，远浮屠。溪南修竹有茅庐。（辛弃疾）[136]

人去秋千闲挂月，马停杨柳倦嘶风。（吴文英）[137]

屏风数幅画江山。水云闲。（无名氏）[138]

既然万物皆闲，那么人就应当效仿自然之物，努力实现身心之闲。南宋文士在此方面就颇为乐意展示自己，并且其中带有很大程度的自得之意：

爱家山。坐来心与云闲。（张纲）[139]

我平生，心正似，白云闲。（吕渭老）[140]

幽人心已与云闲，逍遥自在谁能累。（张抡）[141]

一笑东风打耳，心无竞、远与春闲。（侯寘）[142]

目力已随飞鸟尽，机心还逐白鸥闲。（吴儆）[143]

目送孤鸿远，心与白鸥闲。（林淳）[144]

输与沧浪叟，长伴白鸥闲。（王炎）[145]

三十六宫秋好，看扶疏仙影，伴月长闲。（周密）[146]

身如溪上钓矶闲，心似道旁官堠懒。（辛弃疾）[147]

浮云出处元无定，得似浮云也自由。（辛弃疾）[148]

相映成趣的是，禅门亦复如此。宏智禅师总用"闲"字来称名万物，在他眼中，花是"闲华"，鸟是"闲鸥"，甚至对云朵、月亮、桌子、船只、竹子、丘壑等无生命之物，也都用"闲"字来形容之，例如：

水月茫茫兮舟棹闲，雪云冉冉兮路岐绝。[149]

云无心而自闲，天无际而能宽。[150]

沧海阔，白云闲。莫将毫发著其间。[151]

松石岁寒，云月高闲。[152]

寒枯青嶂骨，闲淡白云身。[153]

丘壑闲闲兮。云自无心。[154]

衰发雪松白，闲情霜竹虚。[155]

以上等等，不胜枚举。而宏智禅师以宇宙为闲的观念，无非仍意在说明：既然休闲是宇宙的普遍状态，故而也应是人的生命状态。人应向自然学习，和闲闲万物一样寻求舒适、自由的生活。

不过有趣的是，南宋却也有人将宇宙万物的本性归结为"忙"的。例如李之彦说："天地之间，日月之运行，星辰之躔度，寒暑之推移，山川之流峙，草木之生息，机发轮转，无一息停焉。"[156]不过他的结论并非认为人也应该忙，而是从反面指出"闲"的珍贵与难得："造物之于人，不靳于功名富贵，而独靳于闲。……天地且不得闲，而闲岂人之所易得哉？"[157]虽然认识论相背，但对休闲之肯定与希冀却相同。

南宋文士对"闲为何物"的本体性思考，也有不限于以上四个方面的。例如，邓光荐曾发表过这样的见解，姑录之以备考：

闲乃心，天机实深。闲乃躬，环应无穷。闲乃清，修浑沌而抱大清。闲而徜徉，柴立中央，与天地而为常，与日月而参光。[158]

注释

[1] 李国亭、王学安:《关于休闲哲学的思考》,载《自然辩证法研究》,2002 年第 3 期。

[2] 胡伟希、陈盈盈:《追求生命的超越与融通:儒道禅与休闲》,昆明:云南人民出版社,2004 年版,第 10 页。

[3]《十月晦日作》,《剑南诗稿》卷三十一,见钱仲联、马亚中主编:《陆游全集校注》(第 4 册),杭州:浙江教育出版社,2011 年版,第 240 页。

[4]《客至》,《剑南诗稿》卷五十二,见钱仲联、马亚中主编:《陆游全集校注》(第 6 册),第 75 页。

[5]《道院杂兴》四首其二,《剑南诗稿》卷六十五,见钱仲联、马亚中主编:《陆游全集校注》(第 7 册),第 82 页。

[6]《藻侄比课五言诗已有意趣老怀甚喜因吟病中十二首示之可率昆季赓和胜终日饱闲也》其七,《石湖居士诗集》卷二四,见傅璇琮等主编:《全宋诗》(第 41 册),北京:北京大学出版社,1998 年版,第 25978 页。

[7]《凌云九顶》,《石湖居士诗集》卷十八,见傅璇琮等主编:《全宋诗》(第 41 册),第 25921 页。

[8]《满江红》,见唐圭璋编纂:《全宋词》(简体增订本第 3 册),第 2078 页。

[9]《风入松》,见唐圭璋编纂:《全宋词》(简体增订本第 3 册),第 2152 页。

[10]《山居十首》其三,《秋崖先生小稿》卷十一,见傅璇琮等主编:《全宋诗》(第 61 册),第 38321 页。

[11]《禅人写真求赞》,《宏智广录》卷第七,见(日)高楠顺次郎等编:《大正新修大藏经》(第 48 卷),东京:大正一切经刊行会,1930 年版,第 80 页。

[12]《禅人并化主写真求赞》,《宏智广录》卷第九,见(日)高楠顺次郎等编:《大正新修大藏经》(第 48 卷),第 113 页。

[13] 同上书,第 104 页。

[14]《大用庵铭》,《两浙金石志》卷八,见曾枣庄等编:《全宋文》(第 183 册),上海:上海辞书出版社,合肥:安徽教育出版社,2006 年版,第 5 页。

[15]《闲身》,《潜山集》卷三,见傅璇琮等主编:《全宋诗》(第 63 册),第 39531 页。

[16] 同上。

[17]《屏居》,《潜山集》卷四,见傅璇琮等主编:《全宋诗》(第 63 册),第 39553 页。

［18］《送王逸人》，《潜山集》卷六，见傅璇琮等主编：《全宋诗》（第 63 册），第 39579 页。

［19］《绿阴满院》，《潜山集》卷八，见傅璇琮等主编：《全宋诗》（第 63 册），第 39612 页。

［20］《闲居多暇追叙旧游成一百十韵》，《潜山集》卷一二，见傅璇琮等主编：《全宋诗》（第 63 册），第 39664 页。

［21］《永州重修学记》，《斐然集》卷二一，见曾枣庄等编：《全宋文》（第 190 册），2006 年版，第 80 页。

［22］张法：《休闲与美学三题议》，载《甘肃社会科学》，2011 年第 4 期。

［23］吴树波：《佛教休闲思想初探》，载《中国石油大学学报》（社会科学版），2011 年第 2 期。

［24］John Neulinger. *The Psychology of Leisure: Research Approaches to the Study of Leisure.* Springfield. IL: Charles Thomas Publishers, 1974, p.6.

［25］John R. Kelly, *Freedom to be: A New Sociology of Leisure.* New York: Macmillan Publishing Company, 1987, p.20.

［26］《巩溪诗话自序》，见曾枣庄等编：《全宋文》（第 185 册），2006 年版，第 238 页。

［27］《予自春夏屡病，至立秋而愈，作长句自贺》，《剑南诗稿》卷三十七，见钱仲联、马亚中主编：《陆游全集校注》（第 5 册），第 19 页。

［28］《渔家》，《剑南诗稿》卷六十，见钱仲联、马亚中主编：《陆游全集校注》（第 6 册），第 373 页。

［29］《禅人并化主写真求赞》，《宏智广录》卷第九，见（日）高楠顺次郎等编：《大正新修大藏经》（第 48 卷），第 118 页。

［30］《禅人写真求赞》，《宏智广录》卷第七，见（日）高楠顺次郎等编：《大正新修大藏经》（第 48 卷），第 80 页。

［31］《答邓倅柞启》，《斐然集》卷七，见曾枣庄等编：《全宋文》（第 189 册），2006 年版，第 260 页。

［32］陆庆祥：《庄子休闲哲学略论》，载《贵州社会科学》，2011 年第 7 期。

［33］陆庆祥：《人的自然化：孔子休闲哲学考》，载《兰州学刊》，2011 年第 2 期。

［34］Geoffrey Godbey, *Leisure in Your Life: An Exploration.* Philadelphia: Venture Publishing, Inc., 1985, p.9.

［35］《园中作》，《剑南诗稿》卷七十五，见钱仲联、马亚中主编：《陆游全集校注》（第 7 册），第 454 页。

［36］《宏智广录》卷第四，见（日）高楠顺次郎等编：《大正新修大藏经》（第 48 卷），第 47 页。

［37］《蝶恋花》，见唐圭璋编纂：《全宋词》（简体增订本第 2 册），北京：中华书局，1965 年版，第 1402 页。

［38］《水调歌头·明日，纯中以酒见贶，约即见过，徘徊江上久之不至，复次其韵》，见唐圭璋编纂：《全宋词》（简体增订本第 2 册），第 1454 页。

［39］《水调歌头·陈性孺不相见十年矣，今在云间，欲襆被访之，大病遂已，次其韵而寄之》，见唐圭璋编纂：《全宋词》（简体增订本第 2 册），第 1455 页。

［40］《与潘侍郎叔玠书》四，《东莱吕太史别集》卷九，见曾枣庄等编：《全宋文》（第 261 册），2006 年版，第 139 页。

［41］《与李敬子司直书》一〇，《勉斋先生黄文肃公文集》卷三，见曾枣庄等编：《全宋文》（第 288 册），2006 年版，第 7 页。

［42］《摸鱼儿·用古"买陂塘旋栽杨柳"韵》，见唐圭璋编纂：《全宋词》（简体增订本第 4 册），第 3638 页。

［43］《贺新郎·丙辰自寿、游景泰小隐作》，见唐圭璋编纂：《全宋词》（简体增订本第 4 册），第 3641 页。

［44］《渔父词·嘉熙戊戌季春一日，画溪吟客王子信为亚愚诗禅上人作渔父词七首》其七，见唐圭璋编纂：《全宋词》（简体增订本第 4 册），第 3743 页。

［45］《水调歌头·寿致政叔，时又得孙》，见唐圭璋编纂：《全宋词》（简体增订本第 5 册），第 4482 页。

［46］John R. Kelly, *Freedom to be: A New Sociology of Leisure*. New York: Macmillan Publishing Company, 1987, p.28.

［47］《沁园春·弄溪赋》，《稼轩词》卷二，见唐圭璋编纂：《全宋词》（简体增订本第 4 册），第 2446 页。

［48］《次韵酬曾无逸宗教》二首其一，《南湖集》卷四，见（南宋）张镃：《南湖集》，吴晶、周膺点校，第 108 页。

［49］《寒食前一日西湖闲泛三首》其一，《南湖集》卷八，见（南宋）张镃：《南湖集》，吴晶、周膺点校，第 226 页。

［50］《望江南》，见唐圭璋编纂：《全宋词》（简体增订本第 4 册），第 3485 页。

［51］《减字木兰花·丙午和朱希真韵》，唐圭璋编纂：《全宋词》（简体增订本第 4 册），第 3567 页。

［52］《摸鱼儿·叠前韵》，见唐圭璋编纂：《全宋词》（简体增订本第 4 册），第 3779 页。

［53］《龙吟曲·赋宝山园表里画图》，见唐圭璋编纂：《全宋词》（简体增订本第 5 册），第 4150 页。

［54］《木兰花慢·丹谷园》，见唐圭璋编纂：《全宋词》（简体增订本第 5 册），第 4412—4413 页。

［55］《屏居》，《潜山集》卷四，见傅璇琮等主编:《全宋诗》（第63册），第39550页。

［56］《闲乐》，《潜山集》卷六，见傅璇琮等主编:《全宋诗》（第63册），第39577页。

［57］《懒性》，《潜山集》卷六，见傅璇琮等主编:《全宋诗》（第63册），第39579页。

［58］《清苔》，《潜山集》卷六，见傅璇琮等主编:《全宋诗》（第63册），第39582页。

［59］《晚步》，《潜山集》卷十，见傅璇琮等主编:《全宋诗》（第63册），第39641页。

［60］《一钵》，《潜山集》卷一三，见傅璇琮等主编:《全宋诗》（第63册），第39676页。

［61］《满庭芳》，见唐圭璋编纂:《全宋词》（简体增订本第3册），第1938页。

［62］《行香子·博山戏呈赵昌父韩仲止》，《稼轩词》卷七，见（南宋）辛弃疾:《辛弃疾全集》，王步高等辑校汇评，珠海:珠海出版社，2002年版，第96页。

［63］《幽处》，《潜山集》卷八，见傅璇琮等主编:《全宋诗》（第63册），第39609页。

［64］《远尘》，《潜山集》卷一三，见傅璇琮等主编:《全宋诗》（第63册），第39680页。

［65］《参头智舒与众行者写师像求赞》，《宏智广录》卷第九，见（日）高楠顺次郎等编:《大正新修大藏经》第48卷，第103页。

［66］《答李眉山柬》四，《嵩山集》卷三二，见曾枣庄等编:《全宋文》（第211册），2006年版，第275页。

［67］《上虞参政札子》三，《嵩山集》卷三四，见曾枣庄等编:《全宋文》（第211册），2006年版，第305页。

［68］《与宇文简州师献札子》一，《嵩山集》卷三九，见曾枣庄等编:《全宋文》（第211册），2006年版，第371页。

［69］《次韵潮州诗六首·闲坐》，《晦庵先生朱文公文集》卷第二，见朱杰人等编:《朱子全书》（第20册），上海:上海古籍出版社，合肥:安徽教育出版社，2002年版，第296页。

［70］《博见楼上梁文》，《五百家播芳大全文粹》卷九二，见曾枣庄等编:《全宋文》（第192册），2006年版，第119页。

［71］《好事近》，见唐圭璋编纂:《全宋词》（简体增订本第2册），第1471页。

［72］Max Kaplan, *Leisure: Theory and Practice*. New York: John Wiley, 1975, p.26.

［73］Geoffrey Godbey, *Leisure in Your Life: An Exploration*. Philadelphia: Venture

Publishing, Inc., 1985, p.1.

［74］同上书 , p.7.

［75］于光远:《论普遍有闲的社会》，载《自然辩证法研究》，2002 年第 1 期。

［76］龚斌:《中国人的休闲》，上海：上海古籍出版社，1998 年版，第 58 页。

［77］徐春林:《儒家休闲哲学初探》，《江西师范大学学报》(哲学社会科学版)，2006 年第 3 期。

［78］赖勤芳:《休闲美学的内在理路及其论域》，载《甘肃社会科学》，2011 年第 4 期。

［79］《鸥渚亭次韵茂洪西湖三诗》其三,《南湖集》卷八，见 (南宋) 张镃:《南湖集》，吴晶、周膺点校，第 228 页。

［80］《寄陈鲁山正字》,《剑南诗稿》卷一，见钱仲联、马亚中主编:《陆游全集校注》(第 1 册)，第 26 页。

［81］《闭户》,《剑南诗稿》卷十七，见钱仲联、马亚中主编:《陆游全集校注》(第 3 册)，第 104 页。

［82］《有叟》,《剑南诗稿》卷二十三，见钱仲联、马亚中主编:《陆游全集校注》(第 3 册)，第 424 页。

［83］《闲适》二首其二,《剑南诗稿》卷四十七，见钱仲联、马亚中主编:《陆游全集校注》(第 5 册)，第 396 页。

［84］《濠原路中》,《诚斋集》卷七《江湖集》，见傅璇琮等主编:《全宋诗》(第 42 册)，第 26113 页。

［85］《送徐吉水解组造朝》,《诚斋集》卷四《江湖集》，见傅璇琮等主编:《全宋诗》(第 42 册)，第 26169 页。

［86］《卫君子传》,《复斋集》卷七，见曾枣庄等编:《全宋文》(第 305 册)，2006 年版，第 235 页。

［87］《杂兴》三十九首其十二,《南湖集》卷一，见 (南宋) 张镃:《南湖集》，吴晶、周膺点校，第 12 页。

［88］《春晚》,《南湖集》卷四，见 (南宋) 张镃:《南湖集》，吴晶、周膺点校，第 101 页。

［89］《简虞子建》,《南湖集》卷三，见 (南宋) 张镃:《南湖集》，吴晶、周膺点校，第 71 页。

［90］(美) 宇文所安:《中国"中世纪"的终结：中唐文学文化论集》，陈引驰、陈磊译，北京：生活·读书·新知三联书店，2006 年版，第 71 页。

［91］潘立勇、陆庆祥:《中国传统休闲审美哲学的现代解读》，载《社会科学辑刊》，2011 年第 4 期。

［92］陆庆祥:《苏轼休闲审美思想研究》，浙江大学博士学位论文，2010 年，第

71 页。

［93］同上文，第 73 页。

［94］同上文，第 63 页。

［95］《解首座职事书记相招以偈力辞》，《宏智广录》卷第八，见（日）高楠顺次郎等编：《大正新修大藏经》（第 48 卷），第 87 页。

［96］《闭户》，《剑南诗稿》卷二十四，见钱仲联、马亚中主编：《陆游全集校注》（第 3 册），第 450 页。

［97］《闲适》，《剑南诗稿》卷七十一，见钱仲联、马亚中主编：《陆游全集校注》（第 7 册），第 305 页。

［98］《次韵朋元久雨》，《石湖居士诗集》卷九，见傅璇琮等主编：《全宋诗》（第 41 册），第 25826 页。

［99］《放下庵即事三绝》其三，《石湖居士诗集》卷三一，见傅璇琮等主编：《全宋诗》（第 41 册），第 26039 页。

［100］《谒陆礼部归，偶成二绝句》其一，《南湖集》卷七，见（南宋）张镃：《南湖集》，吴晶、周膺点校，第 207 页。

［101］《偶与客饮客去戏作》，《剑南诗稿》卷五十六，见钱仲联、马亚中主编：《陆游全集校注》（第 6 册），第 225 页。

［102］《干办内东门司杨公墓志铭》，《松隐文集》卷三六，见曾枣庄等编：《全宋文》（第 191 册），2006 年版，第 140 页。

［103］《与水军统制启》，《定庵类稿》卷三，见曾枣庄等编：《全宋文》（第 192 册），2006 年版，第 185 页。

［104］《谦牧寮记》，《国朝二百家名贤文粹》卷一四三，见曾枣庄等编：《全宋文》（第 185 册），2006 年版，第 399 页。

［105］《谢秦丞相小简》二，《五百家播芳大全文粹》卷五六，见曾枣庄等编：《全宋文》（第 193 册），2006 年版，第 322 页。

［106］陆庆祥：《苏轼休闲审美思想研究》，浙江大学博士学位论文，2010 年，第 23 页。

［107］陆庆祥：《庄子休闲哲学略论》，载《贵州社会科学》，2011 年第 7 期。

［108］潘立勇、陆庆祥：《中国传统休闲审美哲学的现代解读》，载《社会科学辑刊》，2011 年第 4 期。

［109］同上。

［110］《宏智广录》卷第四，见（日）高楠顺次郎等编：《大正新修大藏经》（第 48 卷），第 41 页。

［111］《大慧语录》卷二，见（日）高楠顺次郎等编：《大正新修大藏经》（第 47 卷），第 816 页。

［112］《答灵空老辩韩书》,《雪峰空和尚外集》,见曾枣庄等编:《全宋文》(第 187 册),2006 年版,第 291 页。

［113］《佛鉴录》卷二,见(日)前田慧云等编:《卍续藏》(第 121 册)台北:新文丰出版公司,1996 年版,第 884 页。

［114］《冬至小参文》,见曾枣庄等编:《全宋文》(第 296 册),2006 年版,第 219 页。

［115］《立春后一日作》,《石湖居士诗集》卷二一,见傅璇琮等主编:《全宋诗》(第 41 册),第 25956 页。

［116］《真瑞堂前丹桂》二首其二,《石湖居士诗集》卷二一,见傅璇琮等主编:《全宋诗》(第 41 册),第 25954 页。

［117］《东园小饮》四首其四,《剑南诗稿》卷四十三,见钱仲联、马亚中主编:《陆游全集校注》(第 5 册),第 239 页。

［118］《八月四日夜梦中作》,《剑南诗稿》卷五十八,见钱仲联、马亚中主编:《陆游全集校注》(第 6 册),第 327 页。

［119］《满庭芳·政和癸巳滁阳作,其年京师大雪》,见唐圭璋编纂:《全宋词》(简体增订本第二册),第 1257 页。

［120］《新荷叶·再和前韵》,《稼轩词》卷七,见(南宋)辛弃疾:《辛弃疾全集》,王步高等辑校汇评,第 83 页。

［121］《长相思令》,见唐圭璋编纂:《全宋词》(简体增订本第 2 册),第 1439 页。

［122］《眼儿媚》,见唐圭璋编纂:《全宋词》(简体增订本第 3 册),第 2356 页。

［123］《买陂塘·寿监丞吴芹庵》,见唐圭璋编纂:《全宋词》(简体增订本第 4 册),第 3373 页。

［124］《柳梢青》,见唐圭璋编纂:《全宋词》(简体增订本第 2 册),第 1716 页。

［125］《鹧鸪天·西湖》,见唐圭璋编纂:《全宋词》(简体增订本第 3 册),第 2369 页。

［126］《水调歌头·寿陈菊坡枢密卓》,见唐圭璋编纂:《全宋词》(简体增订本第 4 册),第 3851 页。

［127］《落梅慢》,见唐圭璋编纂:《全宋词》(简体增订本第 5 册),第 4577 页。

［128］《念奴娇·杨子安侍郎寿》,《樵歌》卷上,见(南宋)朱敦儒:《樵歌》,龙元亮校,北京:文学古籍刊行社,1958 年版,第 8 页。

［129］《五彩结同心·为渊卿寿》,见唐圭璋编纂:《全宋词》(简体增订本第 3 册),第 1886 页。

［130］《醉桃源》,见唐圭璋编纂:《全宋词》(简体增订本第 3 册),第 2692 页。

［131］《木兰花慢》二首其一,《樵歌》卷上,见(南宋)朱敦儒:《樵歌》,龙元亮校,第 9 页。

［132］《浣溪沙》，见唐圭璋编纂：《全宋词》（简体增订本第2册），第1211页。

［133］《蹋莎行·山居》十首其三，见唐圭璋编纂：《全宋词》（简体增订本第3册），第1835页。

［134］《水调歌头》，见唐圭璋编纂：《全宋词》（简体增订本第3册），第2233页。

［135］《江神子·和陈仁和韵》，见唐圭璋编纂：《全宋词》（简体增订本第3册），第2423页。

［136］《鹧鸪天·石门道中》，见唐圭璋编纂：《全宋词》（简体增订本第3册），第2448页。

［137］《望江南》，见唐圭璋编纂：《全宋词》（简体增订本第4册），第3719页。

［138］《杨柳枝》，见唐圭璋编纂：《全宋词》（简体增订本第5册），第4629页。

［139］《绿头鸭·次韵陈季明》，见唐圭璋编纂：《全宋词》（简体增订本第2册），第1197页。

［140］《水调歌头·壬寅十月二十四日饮少酒径醉，拥案而寝，中夜酒醒，次其韵，作一篇》，见唐圭璋编纂：《全宋词》（简体增订本第2册），第1455页。

［141］《踏莎行·山居十首其三》，见唐圭璋编纂：《全宋词》（简体增订本第3册），第1835页。

［142］《凤凰台上忆吹箫·再用韵赠黄宰》，见唐圭璋编纂：《全宋词》（简体增订本第3册），第1852页。

［143］《浣溪沙·题馀干传舍》，见唐圭璋编纂：《全宋词》（简体增订本第3册），第2040页。

［144］《水调歌头·次赵帅开西湖韵》，见唐圭璋编纂：《全宋词》（简体增订本第3册），第2369页。

［145］《水调歌头·登石鼓合江亭》，见唐圭璋编纂：《全宋词》（简体增订本第3册），第2393页。

［146］《声声慢·逃禅作菊、桂、秋荷，目之曰三逸》，见唐圭璋编纂：《全宋词》（简体增订本第5册），第4147页。

［147］《玉楼春·用韵答叶仲洽》，《稼轩词》卷十，见（南宋）辛弃疾：《辛弃疾全集》，王步高等辑校汇评，第139页。

［148］《鹧鸪天》，《稼轩词》补遗，见（南宋）辛弃疾：《辛弃疾全集》，王步高等辑校汇评，第205页。

［149］《宏智广录》卷第一，见（日）高楠顺次郎等编：《大正新修大藏经》（第48卷），第12页。

［150］同上书，第14页。

［151］《宏智广录》卷第二，见（日）高楠顺次郎等编：《大正新修大藏经》（第48卷），第20页。

［152］《宏智广录》卷第九，见（日）高楠顺次郎等编：《大正新修大藏经》（第48卷），第104页。

［153］《禅人并化主写真求赞》，《宏智广录》卷第九，见（日）高楠顺次郎等编：《大正新修大藏经》（第48卷），第109页。

［154］《宏智广录》卷第九，见（日）高楠顺次郎等编：《大正新修大藏经》（第48卷），第111页。

［155］同上书，第114页。

［156］《东谷所见·闲》，《说郛》卷七十三，见（明）陶宗仪等编：《说郛三种》（六），上海：上海古籍出版社，1988年版，第3427页。

［157］同上。

［158］《宋朝奉郎曾栖闲公像赞》，万历《武城曾氏族谱》，见曾枣庄等编：《全宋文》（第356册），第418页。

第六章　南宋休闲价值的多维比较

当人们认识到了某物的本质、本根、本然之后，就会进一步对其价值做出评估。南宋文士之于休闲正是如此。在他们眼中，休闲的价值遥遥领先于其他诉求。陈元晋记载，乐大章在科举不顺时，即发出这样的呐喊："人生贵适意，吾岂无以自适耶？"[1] 于是他弃砚投笔，躬耕自适。葛立方认为，休闲的价值远远高于忙碌："所贵兮寂寂而矫矫，所鄙兮赫赫而碌碌。"[2] 张镃认为，从情趣上来说，斥鷃的休闲型生活之价值要高于鸿雁的事功型生活："极知趣尚寓小物，过眼斥鷃高飞鸿。"[3]

事实上，众多的南宋文士和他们一样，在诗文中将休闲的价值与他物进行了多维比较，从而展现出了对休闲价值的推崇。与众多的传统型价值追求相比，南宋人士对休闲是高度认同乃至情有独钟的。

显然，事物的价值正是通过比较、度量才得以彰显。恩格斯曾经说过："任何一个人在文学上的价值都不是由他自己决定的，而只是同整体的比较当中决定的。"[4] 休闲的价值也是如此。"在生活中，当我们说一个东西好或坏的时候，总是以一定的对比和参照为前提的。"[5] 南宋文士之所以日渐倾向于抛弃传统的事功型生活道路，而选择休闲自适型的生活方式，乃是将多维的客观价值进行了广泛的比较和度量，并在此过程中进行判断、选择和决策的结果。

第一节 "数刻清闲直万金"：休闲与财富之比较

马克思主义认为，价值的本质是现实的人同满足其某种需要的客体的属性之间的一种关系，任何价值都有其客观的基础和源泉，具有客观性。但是同时，又是主体对客体属性的一种评价和应用。当主体面对不同的客体时，价值必然包含某种主观性的比较。故而，"价值是具有比较性的，任何价值都意味着围绕同一价值主体的多种价值客体的相互比较；任何价值不仅意味着价值客体与价值主体之间的关系，还同时意味着价值客体与价值客体之间的关系"[6]。南宋人士首先把休闲与金钱、财富等物进行了价值比较。这正如汪辉勇所指出的：

> "价"首先是与经济和商业有关的概念。而"值"在古代汉语

中有措置、合宜、恰当的意思。那么，这也就是说，"价"和"值"这两个字在古代汉语中是人们对事物进行品评、比较的概念，而且这种品评、比较首先是与商业有关的。[7]

倪偶向世人发问："借问良田千万亩。何如乐取林泉趣。"[8] 方岳也请世人权衡："便富贵、何如杯酒？"[9] 陈人杰甚至请世人思考："算五陵豪客，百年荣贵，何如衲子，一钵生涯。俯仰溪山，婆娑松桧，两腋清风茶一杯。"[10]

另一些文士则有了明确的回答。通过诗文我们发现，在陆游的生活逻辑里，"闲"已经与"富贵"成为同位语，二者在价值上被画上了等号：

> 省事贫犹富，宽怀客胜家。[11]
> 闭门绝外慕，自谓真富贵。[12]
> 领取林间闲富贵，向来误计伴邹枚。[13]

此外，张镃的"湖山真富贵，花鸟小声名"[14]；方岳的"闲中富贵阳和月，静处乾坤自在身"[15]，"闲为真富贵，健是小神仙"[16]；林尚仁的"未必清闲非盛福，纵教富贵亦虚荣"[17]，等等亦是此意。

平心而论，在科举盛行、官僚待遇优渥的宋代，这些文士仍能看轻世俗追求，以休闲价值为重，以自我实现为重，实属不易。这是南宋文士在冷静思考人生之后所产生的判断。

南宋文士甚至通过诗文把休闲做了某种财富价值上的量化，这无疑更加彰显了休闲的价值。通过刊印传播，这些诗文也在客观上向世人普及了休闲的观念：

> 此行殊胜邯郸客，数刻清闲直万金。（陆游）[18]
> 雨余木叶绿成阴，一日身闲直万金。（陆游）[19]
> 岸帻萧骚雪满簪，一闲真是直千金。（范成大）[20]
> 元方伯始皆吾党，邂逅清游直万金。（范成大）[21]
> 一刻之闲值万金，苦无人可共幽襟。（方岳）[22]
> 竹窗风好直万金，不涉世间荣辱境。（方岳）[23]

李之彦更明确地说："故曰，'身闲则为富，心闲则为贵。'"[24] 顺便指出，后来马克思在定义财富时有一个非凡之论，即"（财富是）每一个个人和整个社会可以自由支配的时间"[25]。这无疑是明确断言，休闲本身就是财富。而现代休闲学理论至今仍一再向人们普及"自由时间是衡量未来社会财富的重要尺度"[26]这一原理。南宋人士把闲散和财富等量齐观，显示了他们对休闲本质、对自由时间价值的高度认同。

此外，南宋文士还有以下程度更高的言论，意在说明休闲生活的价值高于物质财富，由此来愈加彰显休闲的价值。例如李之彦认为，闲是最难得而最宝贵之物，休闲状态具有高度的意义和价值。因此，那些不需为生计奔忙却又舍不得享受休闲之乐的富人应该被鄙视，因为他们的人生还不如那些清贫却能享受清闲的野叟有价值："若夫富家翁守钱房，抑又不足道也！名曰享富贵，其实一俗子。孰若安分清闲之野叟哉！"[27] 还有袁燮记载李文鉴："每曰利禄之乐，不如林泉之乐。"[28] 以下一些南宋诗文也略同此意：

> 笑掩陈编聊自慰，古来富贵羡樵渔。（陆游）[29]
>
> 阶庭树，满目鱼鱼雅雅。千金难买清暇。（邓剡）[30]
>
> 故园更有松竹，富贵不如闲。（仇远）[31]
>
> 聊适兴，且怡颜。问天难买是真闲。（张炎）[32]
>
> 半日偷闲，一生清福，岂在荣钟鼎。（李昴英）[33]
>
> 世人以玉帛为贵，钟鼎为荣；吾所贵者烟霞，所荣者泉石。（白玉蟾）[34]

第二节 "得闲随处胜官身"：休闲与做官之比较

南宋文士接着对休闲与做官二者的价值做了比较。王迈发出这样的拷问："上天将相，平地神仙，孰为轻重？"[35] 而倪思明确认为，休闲的价值与做官相等："闲居事业与达官无异，观圣贤书如对君父，观史如观公案，观小说如观优伶，观诗如听歌曲，此其乐与达者何异？"[36]

胡寅在请辞官职之后，勾画其休闲生活时，有这样一段话，表达了同样的意思："方将系钓艇于苔矶，听棋声于花院。烹不材之雁，时访故人；换可爱之鹅，聊从道士。优游乐岁，涵咏圣时。……赏奇文而析疑义，过从无俗调之谈谐；咏《招隐》而赋《闲居》，述作有词人之风味。……是为称惬，徯俟褒升？"[37] 张抡亦云："买断一江风月，胜如千户封侯。"[38] 吕渭老也发出同调："廊庙非吾事，茅屋且安安。"[39] "高卧南窗折几，杯到不留残。莫遣江湖手，遮日向长安。"[40] 这无疑都是把休闲的价值看得高于为官。陆游也认为休闲胜过加官晋爵：

> 自笑年年随宦牒，不如处处得闲行。[41]
> 有酒便应遗世事，得闲随处胜官身。[42]
> 身安自胜闲官职，不是虚名暗折除。[43]
> 铸印大如斗，佩剑长挂颐。不如茅屋底，睡到日高时。[44]

他甚至认为，山野篱下闲逸生活的价值，完全超过上万户侯，所谓"东篱偪仄才寻丈，已敌征西万户侯"[45]。因此，他将休闲留给自己，而将功名赋予痴迷不悟的"诸贤"：

> 功名已付诸贤了，长作闲人乐太平。[46]
> 功名君自力，丘壑我平生。[47]
> 功名渠自有人了，留我镜中双颊红。[48]

此外，他还劝导友人："终日坐忘对燕几，有时出游骑蹇驴。人生如此自可尔，勿羡新贵高门闾。"[49]

范成大极力贬低为官的价值，而赞赏耕桑之乐、丘壑之闲："身谋已落园丁后，满帽京尘日正中。"[50] 在他眼里，无论是为官还是经商，恐怕都难以享受休闲之乐："不知朱户趑趄者，能胜青山放浪无。"[51]

辛弃疾在晚年也终于认识到休闲胜过科举和做官。因此，他抛却功名之念，将其视为人生走过的一条弯路，弃如敝屣，转而把休闲作为一种"功名"：

莫说弓刀事业，依然诗酒功名。千载图中今古事，万石溪头长短亭。小塘风浪平。[52]

绿野先生闲袖手，却寻诗酒功名。未知明日定阴晴。今宵成独醉，却笑众人醒。[53]

侬家。生涯蜡屐，功名破甑，交友抟沙。往日曾论，渊明似胜卧龙些。记从来、人生行乐，休更问、日饮亡何。快斟呵。裁诗未稳，得酒良佳。[54]

功名自误。谩教得陶朱，五湖西子，一舸弄烟雨。[55]

在张镃眼中，休闲并非小事，不可因为功名而忽视休闲的价值："功名世上虽为急，弄水搴芳未可轻。"[56]他也同样认为，休闲生涯要胜过做官："浮生果解随缘足，适意真强爵与名。"[57]"百年清绝意，孤棹抵封侯。"[58]他还和辛弃疾一样，"每将幽事当功名"[59]，并对朋友说："仕虽多，不使胜闲日，余之愿也，余之幸也，敢不勉旃！"[60]

刘克庄甚至直接发出了这样的感叹："与其贪恋以挺盈满之灾，孰若勇决而希退闲之福！"[61]他还称赞友人叶寺丞："雅怀自适，宦情遂慵。宁奉祠鳌，不贪边功。"[62]这分明是告诉我们，在叶寺丞眼中，休闲之乐也已经胜过了做官，以至于他懒于仕途。

与陆游、辛弃疾、张镃、刘克庄大致同时代的许多其他文士也同样认为休闲生涯胜过为官。因此，他们倡导选择像庄子、严光那种"不事王侯，高尚其事"（《周易·蛊》）的休闲生活方式：

功名，聊尔耳，千金聘楚，万户封留。又争如物外，闲旷优游。（毛开）[63]

区区个甚，帝尧堂下足夔龙。不如闻早问溪山，高养吾慵。（韩玉）[64]

动星象，被羊裘傲睨，一世轩裳。高哉不事侯王。爱此地山高水更长。（林正大）[65]

况是吾庐江上，也抵得、封侯千户。（萧元之）[66]

得闲趣，山中宰相，何必事侯王。（无名氏）[67]

衮衣绣裳，孰轻于幅巾藜杖？趋班待漏，孰闲于焚香读

《易》？（方大琮）[68]

现代价值学指出："任何决策……在本质上都是基于不同方案的比较和评价。"[69] 在封建社会，走"学而优则仕"的道路，通过科举获得官位，是读书人普遍的选择。而不少南宋文士在"出"与"处"的抉择上，能够放弃做官而选择休闲，这来自他们自身对此二者价值高低的比较和判断。

第三节 "一闲可敌八珍美"：休闲与其他之比较

南宋人士还开始把休闲与幸福、美食、珠宝、名利、神仙等进行价值比较。

在陆游的幸福观里，清闲就是幸福。他自认为已经长久地享受了这种幸福，并且在其中初步领略了造化之机，所谓"久叨物外清闲福，粗识诗中造化权"[70]。他认为，在人间获得清闲就是最大的幸福，因此，完全不必像陶渊明那样去寻找世外的桃源胜境："清闲即是桃源境，常笑渊明欲问津。"[71] 此外，其他不少文士都在字里行间流露出"休闲即是幸福"之意：

> 岁岁闲为福，今朝命最通。（张镃）[72]
> 百年一梦黄粱熟。人生要足何时足。赢取清闲，即是世间福。（张抡）[73]
> 吟松新纳禄，共享清闲福。（郭应祥）[74]
> 这闲福，自心许。蓼花芦叶纷江渚。（汪晫）[75]
> 休把淹留成感慨，时闲赏玩时闲福。（吴潜）[76]
> 门外从尘俗。……清闲十二分福。（陈著）[77]
> 户外红尘飞不到，受人间、到大清闲福。（赵必瑑）[78]

现代休闲学高度重视休闲与幸福的关系。笔者曾撰文指出："对休闲学加以幸福学的解读，摆正休闲与幸福的关系，探究怎样的休闲理念和休闲方式才能带给我们更多的幸福……在当今攀比 GDP 而忽视人文关怀的后现代社会具有重要意义。"[79] 这种思路，可谓在南宋便发出了某种先声。

南宋人士还认为休闲在价值上胜过美食、珠宝、名利等世俗之物。俗人通常追求感官享受，如美食、酒色等，而陆游认为，闲中的滋味比美食更美好，它的珍贵是熊掌、驼峰等珍馐也无法匹敌的：

> 饭饱眼欲闲，心闲身自安。乐超六欲界，美过八珍盘。[80]
>
> 若论胸中淡无事，八珍何得望藜羹。[81]
>
> 一闲可敌八珍美，骊驹在门端可起。[82]
>
> 闲中有味君知否，熊掌驼峰未是珍。[83]

俗人贪爱金银财宝，而陆游认为珠宝满室，亦不如耕桑之乐："火齐堆盘起，珊瑚列库藏。不如茅屋底，父子事耕桑。"[84]

辛弃疾则认为休闲胜过名利。他作词云："名利奔驰。宠辱惊疑。旧家时、都有些儿。而今老矣，识破关机：算不如闲，不如醉，不如痴。"[85] 又云："人生行乐耳，身后虚名，何似生前一杯酒。"[86] 张镃则指出士人的"出""处"都是有价值的，庞德的闲隐与诸葛亮的功业同样名垂天地："丈夫出处无两岐，强自分别儿童痴。鹿门庞老不愿仕，名与诸葛争驱驰。"[87] 故而，他劝友人考虑及早隐退："公未五十方朱颜，勇退奚俟谋蓍龟。"[88] 同时，其他南宋文士也认为休闲胜过名利：

> 宁知千载名，不如一杯酒。（方岳）[89]
>
> 人生何必求名，身闲便是名高处。（萧元之）[90]
>
> 待欲□、家山未得，方知名不如酒。（刘辰翁）[91]
>
> 任使有荣居紫禁，争如无事隐青山。浮名浮利总输闲。（无名氏）[92]

此外，黄寿认为休闲绝非小事，不可因为耽于公务而忽视闲暇之乐，"或者谓县之宿弊未革，庶事颓弛，宜若缓其本而急其末，谨其小而忽其大。余谓不然。……方将拂牍诉之倥偬，遁日月之闲暇，招来僚友，徜徉盘礴，爨云安之麹米，煮江南之菽芽，而寓目焉。……"[93]

南宋文士还将"闲"与"仙"进行比较。陈造的"胜日乘闲觉半仙"[94]表达了得闲类仙之意。类似地，张炎也认为，"闲人"的价值和"神仙"相等："休说神仙事，便神仙纵有，即是闲人。"[95]而在朱敦儒眼里，享受休闲的价值要胜过成仙。因此他宁可做闲人，也不愿意做神仙："谁闲如老子，不肯作神仙。"[96]

第四节 "长时只么闲闲地"：佛门对休闲之认识

最后再单独提一下宗教界的认识。道家著名人物白玉蟾认为休闲生活胜过名利富贵。在他看来，后者只不过是一种牢笼：

> 世人以名利相高，子女相华；吾所高者松筠，所华者丘壑。世人之贵荣高华不过为欢喜桎梏耳![97]

南宋佛门对休闲尤为推重，多有把休闲之价值与财富等量齐观的说法，例如宏智禅师云："玉鞭金马闲终日，明月清风富一生。"[98]此外，无准禅师也有云："了知八珍与藜苋，清闲富贵但等平。"[99]而释文珦质疑："富贵有何好？只以劳其形。吾居在山林，四体常安宁。"[100]在他看来，富贵不如贫贱，因为"富贵者常劳，贫贱者常逸"[101]。故而他提出"未必王侯家，有吾清净福"[102]，甚至肯定地断言"到头华衮服，不及芰荷裳"[103]，即认为富贵不如休闲，并由此劝导世人不要在意穷达，乃至应抛弃功名富贵而取休闲：

> 人生贵适意，穷达奚足论?[104]
>
> 山中有至乐，功名焉足图?[105]
>
> 闲人有至乐，何须作三公?[106]

在他看来，休闲才是一种真正的富贵："闲为真富贵。"[107]它的价值胜过成仙："闲身胜得仙"[108]。此外有趣的是，和辛弃疾一样，释行海也把休闲看作一种功业："养竹栽花住玉京，已将功业付闲情。"[109]

在南宋诗僧这里，常有"高闲"一词。细细玩味之，颇有意味。闲则闲矣，在"闲"前加一"高"字，表示出"闲"是一种超绝而稀有的状态（即佛门所谓"殊胜"的状态），故而隐含着闲的价值胜过其他一切的含义。如宏智禅师诗云："豁落亡依，高闲不羁。"[110]"乞与高闲偿夙歉，闭门稳卧舒疲心。"[111]"松石岁寒，云月高闲。"[112]释道璨称某人"高闲凝远，萧然晋、宋人品"[113]。释文珦诗云："尚此高闲久，空林旧径存。"[114]

此外，尤有意味的一句是："一等高闲兮，余云敛霁；十方清白兮，片月摩秋。"[115]此句中，宏智禅师在"高闲"前又加了"一等"字样，显然是认为休闲的价值不但高，而且是"一等"的高，胜过其他林林总总之物。此外，释绍嵩诗云："近来唯此乐，高韵寄闲情。"[116]同样表达出"闲"的状态高雅脱俗之意。释绍嵩甚至认为，休闲生涯是胜过其他任何生活方式的人生道路："与闲为活计，祇者是生涯。"[117]

不过佛门重视休闲价值的角度与层次与文士均有所不同。南宋文士推重休闲价值，多是出自世俗身心放松的需求，而佛门则是站在视其为修行之门径的角度。佛门以修行而得涅槃境界为最高目标。宏智禅师创立"默照禅"的修行方式，所以"闲"对宏智禅师来说，便成为践行此种禅法必不可少的身心态度：

> 拱默威音世外游，放闲枯木堂中坐。[118]
>
> 智照幽而不昏，道合体而无住。……一切处稳，一切处闲。[119]
>
> 衲僧默游寂住，虚灵妙通。……照无功用无迹，闲云流水，初不留碍。[120]
>
> 默坐胡床兮，不欲说黑道白；闲倚柱杖兮，谁能画西指东。[121]
>
> 拙口默默，闲身寥寥。[122]
>
> 默而不凝，照而不流；关棙虚而活，机轮转处幽；闲云淡而无雨，野水清而有秋。[123]
>
> 头上有骨，眼底无肉；分影月随流，闲心云出谷；万缘圆应兮

廓周大千，一点灵虚兮默照幽独。[124]

默而静专，体之妙全；情尽性传，心空觉圆；闲闲游幻世，了了应尘缘。[125]

苏状指出："禅宗里，有称佛性是'闲'的，佛的最高境界是'闲'的，还有出现最多的就是称佛法是闲的。"[126]南宋无准禅师便是如此。他认为，保持"闲荡"的状态在人的修行上，胜过其他一切殊胜之法："纵有出世间殊胜又殊胜底法，亦无心顾着。长时只么闲闲地，荡荡地，不依倚一物，长养成就。"[127]

总之，对事物的高度认同来自对其的价值判断。当南宋文士不时发出如下的呼声或论断时，他们已在比较中将"闲"判断为世间价值最高之物：

寻思百计，真个不如闲。浮世纷华梦影，嚣尘路、来往循环。江湖手，长安障日，何似把鱼竿。（陈瓘）[128]

终日看山不厌山，寻思百计不如闲。（周紫芝）[129]

休休，闲最好。（潘良贵）[130]

人间行路难。寻思百计不如闲。（王炎）[131]

人间世，只闲之一字，受用无穷。（陈人杰）[132]

浮生惟有闲好。回头翻讶磻溪叟，轻把一丝抛了。（陈著）[133]

筇竹随游屐。闲似神仙闲最好……（张炎）[134]

细将万事都思遍，唯有闲居味最长。（释文珦）[135]

人们在社会实践中不可避免地要有所比较、有所选择。人们自觉地进行选择和比较，在比较中选择，在选择中比较，并且总是按照一定的标准和尺度进行。南宋文士自觉选择休闲型的生活道路，正是因为他们将其与传统的价值追求进行了比较。而至于比较的标准，我们通过胡寅的"优游乐岁，涵咏圣时。……是为称惬，奚俟褒升？"和张镃的"浮生果解随缘足，适意真强爵与名"可知，即是否"自适"，是否真正能够从中得到内心真实的快乐。

注释

［1］《致政司法乐公墓志铭》,《渔墅类稿》卷六, 见曾枣庄等编:《全宋文》(第325 册), 上海：上海辞书出版社, 合肥：安徽教育出版社, 2006 年版, 第78 页。

［2］《喜闲》,《归愚集》卷六, 见曾枣庄等编:《全宋文》(第 201 册), 第 19 页。

［3］《题寒绿轩》,《南湖集》卷三, 见 (南宋) 张镃:《南湖集》, 吴晶、周膺点校, 北京：当代中国出版社, 2014 年版, 第 76 页。

［4］(德) 马克思、恩格斯:《马克思恩格斯全集》(第 1 卷), 中央编译局译, 北京：人民出版社, 1960 年版, 第 523—524 页。

［5］汪辉勇:《价值学研究》, 长沙：中南大学出版社, 2001 年版, 第 25 页。

［6］同上书, 第 39 页。

［7］同上书, 第 18 页。

［8］《蝶恋花》, 见唐圭璋编纂:《全宋词》(简体增订本第 2 册), 北京：中华书局, 1965 年版, 第 1728 页。

［9］《贺新郎·戊申生日》, 见唐圭璋编纂:《全宋词》(简体增订本第 4 册), 第3605 页。

［10］《沁园春·同林义倩游惠觉寺, 衲子差可与语, 因作葛藤语示之》, 见唐圭璋编纂:《全宋词》(简体增订本第 5 册), 第 3906 页。

［11］《戏作野兴》,《剑南诗稿》卷四十八, 见钱仲联、马亚中主编:《陆游全集校注》(第 6 册), 杭州：浙江教育出版社, 2011 年版, 第 435 页。

［12］《读王摩诘诗爱其散发晚未簪道书行尚把之句因用为韵赋古风十首亦皆物外事也》十首其四,《剑南诗稿》卷六十三, 见钱仲联、马亚中主编:《陆游全集校注》(第 7 册), 第 20 页。

［13］《林间书意》,《剑南诗稿》卷六十七, 见钱仲联、马亚中主编:《陆游全集校注》(第 7 册), 第 150 页。

［14］《次韵酬曾无逸宗教》二首其一,《南湖集》卷二, 见 (南宋) 张镃:《南湖集》, 吴晶、周膺点校, 第 108 页。

［15］《人日》,《秋崖先生小稿》卷一九, 见傅璇琮等主编:《全宋诗》(第 61 册), 北京：北京大学出版社, 1998 年版, 第 38375 页。

［16］《式贤和杜夔府百韵过余秋崖下大篇春容笔力遒劲于其归也聊复效颦》,《秋崖先生小稿》卷三六, 见傅璇琮等主编:《全宋诗》(第 61 册), 第 38488 页。

［17］《端隐吟稿·自赋》, 见傅璇琮等主编:《全宋诗》(第 62 册), 第 38983 页。

［18］《梦游山寺焚香煮茗甚适既觉怅然以诗记之》，《剑南诗稿》卷三十二，见钱仲联、马亚中主编：《陆游全集校注》（第 4 册），第 300 页。

［19］《晚春东园作》，《剑南诗稿》卷六十六，见钱仲联、马亚中主编：《陆游全集校注》（第 7 册），第 128 页。

［20］《偶至东堂》，《石湖居士诗集》卷三二，见傅璇琮等主编：《全宋诗》（第 41 册），第 26045 页。

［21］《与胡经仲陈朋元游照山堂梅数百株盛开》，《石湖居士诗集》卷九，见傅璇琮等主编：《全宋诗》（第 41 册），第 25821 页。

［22］《暑中杂兴》，《秋崖先生小稿》卷五，见傅璇琮等主编：《全宋诗》（第 61 册），第 38285 页。

［23］《次韵谢兄馈李》，《秋崖先生小稿》卷三四，傅璇琮等主编：《全宋诗》（第 61 册），第 38470 页。

［24］《东谷所见·闲》，《说郛》卷七十三，见（明）陶宗仪等编：《说郛三种》（六），上海：上海古籍出版社，1988 年版，第 3427 页。

［25］（德）马克思、恩格斯：《马克思恩格斯全集》（第 31 卷），中央编译局译，北京：人民出版社，1972 年版，第 102 页。

［26］陆彦明、马惠娣：《马克思休闲思想初探》，载《自然辩证法研究》，2002 年第 1 期。

［27］《东谷所见·闲》，《说郛》卷七十三，见（明）陶宗仪等编：《说郛三种》（六），第 3427 页。

［28］《滁州司理李君墓志铭》，《絜斋集》卷一九，见曾枣庄等编：《全宋文》（第 281 册），第 408 页。

［29］《岁暮》，《剑南诗稿》卷十四，见钱仲联、马亚中主编：《陆游全集校注》（第 2 册），第 441 页。

［30］《摸鱼儿·寿周耐轩府尹，是岁起义仓》，见唐圭璋编纂：《全宋词》（简体增订本第 5 册），第 4186 页。

［31］《忆旧游》，见唐圭璋编纂：《全宋词》（简体增订本第 5 册），第 4301 页。

［32］《渔歌子·张志和与余同姓，而意趣亦不相远，庚戌春，自阳羡牧溪放舟过罨画溪，作渔歌子十解，述古调也》，见唐圭璋编纂：《全宋词》（简体增订本第 5 册），第 4451 页。

［33］《念奴娇·宝祐丁巳闰四月，偕十友避暑白云寺》，见唐圭璋编纂：《全宋词》（简体增订本第 4 册），第 3643 页。

［34］《静胜堂记》，《琼馆白真人集》，见曾枣庄等编：《全宋文》（第 296 册），第 271 页。

［35］《上留经略启》，《瞿轩集》卷八，见曾枣庄等编：《全宋文》（第 324 册），第

217页。

［36］《闲居事业》,《经锄堂杂志》卷四,见(南宋)倪思:《经锄堂杂志》,邓子勉校点,沈阳:辽宁教育出版社,2001年版,第49—50页。

［37］《谢湖北王漕东卿启》,《斐然集》卷七,见曾枣庄等编:《全宋文》(第189册),第253页。

［38］《朝中措·渔父》十首其三,见唐圭璋编纂:《全宋词》(简体增订本第3册),第1837页。

［39］《水调歌头·其韵而寄之》,见唐圭璋编纂:《全宋词》(简体增订本第2册),第1455页。

［40］《水调歌头·壬寅九月,谒季修,题其书室壁曰秋斋梦谒,复以进道韵续之》,见唐圭璋编纂:《全宋词》(简体增订本第2册),第1455页。

［41］《将之荣州取道青城》,《剑南诗稿》卷六,见钱仲联、马亚中主编:《陆游全集校注》(第1册),第372页。

［42］《秋夜独过小桥观月》,《剑南诗稿》卷十五,见钱仲联、马亚中主编:《陆游全集校注》(第3册),第24页。

［43］《病愈小健戏作》二首其二,《剑南诗稿》卷四十一,见钱仲联、马亚中主编:《陆游全集校注》(第5册),第193页。

［44］《不如茅屋底》四首其一,《剑南诗稿》卷五十九,见钱仲联、马亚中主编:《陆游全集校注》(第6册),第367页。

［45］《戏遣老怀》五首其五,《剑南诗稿》卷六十五,见钱仲联、马亚中主编:《陆游全集校注》(第7册),第89页。

［46］《访昭觉老》,《剑南诗稿》卷八,见钱仲联、马亚中主编:《陆游全集校注》(第2册),第97页。

［47］《寄吕博士》,《剑南诗稿》卷十二,见钱仲联、马亚中主编:《陆游全集校注》(第2册),第323页。

［48］《寄仗锡平老借用其听琴诗韵》,《剑南诗稿》卷十四,见钱仲联、马亚中主编:《陆游全集校注》(第2册),第454页。

［49］《题唐执中书楼》,《剑南诗稿》卷七十四,见钱仲联、马亚中主编:《陆游全集校注》(第7册),第399页。

［50］《次韵马少伊郁舜举寄示同游石湖诗卷七首》,《石湖居士诗集》卷一一,见傅璇琮等主编:《全宋诗》(第41册),第25839页。

［51］《次韵正夫游王园会者六人》,《石湖居士诗集》卷九,见傅璇琮等主编:《全宋诗》(第41册),第25825页。

［52］《破阵子》,《稼轩词》卷八,见(南宋)辛弃疾:《辛弃疾全集》,王步高等辑校汇评,珠海:珠海出版社,2002年版,第104页。

［53］《临江仙·即席和韩南涧韵》，《稼轩词》卷八，见（南宋）辛弃疾：《辛弃疾全集》，王步高等辑校汇评，第106页。

［54］《玉蝴蝶·杜仲高书来戒酒用韵》，《稼轩词》卷三，见（南宋）辛弃疾：《辛弃疾全集》，王步高等辑校汇评，第40页。

［55］《摸鱼儿》，《稼轩词》卷五，见（南宋）辛弃疾：《辛弃疾全集》，王步高等辑校汇评，第61页。

［56］《锦池泛舟，赠庄器之》二首其二，《南湖集》卷六，见（南宋）张镃：《南湖集》，吴晶、周膺点校，第176页。

［57］《游新市赵侍郎园》，《南湖集》卷六，见（南宋）张镃：《南湖集》，吴晶、周膺点校，第174页。

［58］《桂隐纪咏·舣苹舟》，《南湖集》卷七，见（南宋）张镃：《南湖集》，吴晶、周膺点校，第195页。

［59］《甲辰仲冬八日，元衡携两诗过访，及归，次韵酬送，后篇兼寄张武子》二首其一，《南湖集》卷八，见（南宋）张镃：《南湖集》，吴晶、周膺点校，第238页。

［60］《约斋桂隐百课》，《武林旧事》卷第十，（宋）四水潜夫辑：《武林旧事》，杭州：浙江人民出版社，1984年版，第163页。

［61］《代西山丐祠表》，《后村先生大全集》卷一一，见曾枣庄等编：《全宋文》（第327册），第224页。

［62］《祭南林叶寺丞文》，《后村先生大全集》卷一四〇，见曾枣庄等编：《全宋文》（第332册），第244页。

［63］《满庭芳·行次四安，用前韵，寄章叔通、沈无隐》，见唐圭璋编纂：《全宋词》（简体增订本第2册），第1762页。

［64］《上平西·甲申岁西度道中作》，见唐圭璋编纂：《全宋词》（简体增订本第3册），第2652页。

［65］《沁园春》，见唐圭璋编纂：《全宋词》（简体增订本第4册），第3149页。

［66］《水龙吟·答沈庄可》，见唐圭璋编纂：《全宋词》（简体增订本第5册），第4020页。

［67］《满庭芳·庆隐士》，见唐圭璋编纂：《全宋词》（简体增订本第5册），第4814页。

［68］《与郑丞相书》三，《铁庵集》卷一四，见曾枣庄等编：《全宋文》（第321册），第210页。

［69］汪辉勇：《价值学研究》，长沙：中南大学出版社，2001年版，第107页。

［70］《遣兴》二首其一，《剑南诗稿》卷五十七，见钱仲联、马亚中主编：《陆游全集校注》（第6册），第280页。

［71］《遣兴》四首其四，《剑南诗稿》卷四十，见钱仲联、马亚中主编：《陆游全集校注》（第5册），第141页。

［72］《野芳亭偶书》，《南湖集》卷四，见（南宋）张镃：《南湖集》，吴晶、周膺点校，第100页。

［73］《醉落魄·咏秋》十首其五，见唐圭璋编纂：《全宋词》（简体增订本第3册），第1831页。

［74］《菩萨蛮·去岁寿李嗣立》，见唐圭璋编纂：《全宋词》（简体增订本第4册），第2853页。

［75］《贺新郎·环谷秋夜独酌》，见唐圭璋编纂：《全宋词》（简体增订本第4册），第2943页。

［76］《满江红·戊午八月二十七日进思堂赏第二木犀》，见唐圭璋编纂：《全宋词》（简体增订本第4册），第3504页。

［77］《念奴娇·献再一兄成室大任》，见唐圭璋编纂：《全宋词》（简体增订本第4册），第3849页。

［78］《贺新郎·寿陈新渌》，见唐圭璋编纂：《全宋词》（简体增订本第5册），第4280页。

［79］章辉：《论休闲学的学科界定和使命》，载《中央民族大学学报》（哲学社会科学版），2012年第2期。

［80］《疏山东堂昼眠》，《剑南诗稿》卷十二，见钱仲联、马亚中主编：《陆游全集校注》（第2册），第325页。

［81］《东堂睡起》，《剑南诗稿》卷四十，见钱仲联、马亚中主编：《陆游全集校注》（第5册），第137页。

［82］《春晚用对酒韵》，《剑南诗稿》卷五十三，见钱仲联、马亚中主编：《陆游全集校注》（第6册），第123页。

［83］《闲味》，《剑南诗稿》卷五十六，见钱仲联、马亚中主编：《陆游全集校注》（第6册），第245页。

［84］《不如茅屋底》四首其三，《剑南诗稿》卷五十九，钱仲联、马亚中主编：《陆游全集校注》（第6册），第367页。

［85］《行香子》，《稼轩词》补遗，见（南宋）辛弃疾：《辛弃疾全集》，王步高等辑校汇评，第201页。

［86］《洞仙歌·访泉于期思，得周氏泉，为赋》，《稼轩词》卷六，见（南宋）辛弃疾：《辛弃疾全集》，王步高等辑校汇评，第77页。

［87］《韩子师尚书致仕》，《南湖集》卷三，（南宋）张镃：《南湖集》，吴晶、周膺点校，第77页。

［88］同上。

［89］《以嗜酒爱风竹卜居此林泉为韵作十小诗》其二,《秋崖先生小稿》卷一, 见傅璇琮等主编:《全宋诗》(第61册), 第38265页。

［90］《水龙吟·答沈庄可》, 见唐圭璋编纂:《全宋词》(简体增订本第5册), 第4020页。

［91］《摸鱼儿》, 见唐圭璋编纂:《全宋词》(简体增订本第5册), 第4111页。

［92］《浣溪沙》, 见唐圭璋编纂:《全宋词》(简体增订本第5册), 第4632页。

［93］《重修双溪驿馆记》, 乾隆《昌化县志》卷一○, 见曾枣庄等编:《全宋文》(第184册), 第347页。

［94］《绍熙壬子劝耕妙胜》四首其三,《江湖长翁集》卷一八, 见傅璇琮等主编:《全宋诗》(第45册), 第28217页。

［95］《忆旧游·登蓬莱阁》, 见唐圭璋编纂:《全宋词》(简体增订本第5册), 第4390页。

［96］《临江仙》八首其五,《樵歌》卷上, 见(南宋)朱敦儒:《樵歌》, 龙元亮校, 北京:文学古籍刊行社, 1958年版, 第18页。

［97］《静胜堂记》,《琼馆白真人集》, 见曾枣庄等编:《全宋文》(第296册), 第271页。

［98］《宏智广录》卷第二, 见(日)高楠顺次郎等编:《大正新修大藏经》(第48卷), 东京:大正一切经刊行会, 1930年版, 第24页。

［99］《送赵龙图归四明》,《佛鉴录》卷五, 见(日)前田慧云等编:《卍续藏》(第121册), 台北:新文丰出版公司, 1996年版, 第948页。

［100］《山居答客问》,《潜山集》卷四, 见傅璇琮等主编:《全宋诗》(第63册), 第39543页。

［101］《人生几何行》,《潜山集》卷四, 见傅璇琮等主编:《全宋诗》(第63册), 第39545页。

［102］《居山乐》,《潜山集》卷二, 见傅璇琮等主编:《全宋诗》(第63册), 第39526页。

［103］《吾性》,《潜山集》卷六, 见傅璇琮等主编:《全宋诗》(第63册), 第39578页。

［104］《别山中友》,《潜山集》卷四, 见傅璇琮等主编:《全宋诗》(第63册), 第39546页。

［105］《游仙》,《潜山集》卷三, 见傅璇琮等主编:《全宋诗》(第63册), 第39532页。

［106］《舟中》,《潜山集》卷一三, 见傅璇琮等主编:《全宋诗》(第63册), 第39676页。

［107］《山巅水涯》,《潜山集》卷七, 见傅璇琮等主编:《全宋诗》(第63册),

39594 页。

[108]《寄潜斋王尚书》,《潜山集》卷七,见傅璇琮等主编:《全宋诗》(第 63
册),第 39586 页。

[109]《赠叶苔矶》,《雪岑和尚续集》卷上,见傅璇琮等主编:《全宋诗》(第 66
册),第 41343 页。

[110]《泗州普照觉和尚颂古》,《宏智广录》卷第二,见(日)高楠顺次郎等编:
《大正新修大藏经》(第 48 卷),第 24 页。

[111]《解首座职事书记相招以偈力辞》,《宏智广录》卷第八,见(日)高楠顺次
郎等编:《大正新修大藏经》(第 48 卷),第 87 页。

[112]《禅人并化主写真求赞》,《宏智广录》卷第九,见(日)高楠顺次郎等编:
《大正新修大藏经》(第 48 卷),第 104 页。

[113]《与王月津书》,《无文印》卷一六,见曾枣庄等编:《全宋文》(第 349 册),
第 234 页。

[114]《过逸人居》,《济山集》卷七,见傅璇琮等主编:《全宋诗》(第 63 册),第
39588 页。

[115]《禅人并化主写真求赞》,《宏智广录》卷第九,见(日)高楠顺次郎等编:
《大正新修大藏经》(第 48 卷),第 110 页。

[116]《和崇上人》,《亚愚江浙纪行集句诗》卷三,见傅璇琮等主编:《全宋诗》
(第 61 册),第 38628 页。

[117]《山居即事》二十首其二,《亚愚江浙纪行集句诗》卷三,见傅璇琮等主编:
《全宋诗》(第 61 册),第 38631 页。

[118]《宏智广录》卷第四,见(日)高楠顺次郎等编:《大正新修大藏经》(第 48
卷),第 41 页。

[119]《宏智广录》卷第六,见(日)高楠顺次郎等编:《大正新修大藏经》(第 48
卷),第 74 页。

[120]同上书,第 75 页。

[121]《禅人写真求赞》,《宏智广录》卷第七,见(日)高楠顺次郎等编:《大正
新修大藏经》(第 48 卷),第 80 页。

[122]《禅人并化主写真求赞》,《宏智广录》卷第九,见(日)高楠顺次郎等编:
《大正新修大藏经》(第 48 卷),第 106 页。

[123]同上书,第 109 页。

[124]同上书,第 113 页。

[125]同上书,第 116 页。

[126]苏状:《"闲"与中国古代文人的审美人生:对"闲"范畴的文化美学研
究》,复旦大学博士学位论文,2008 年,第 70 页。

［127］《示彬典座》,《佛鉴录》卷三，见（日）前田慧云等编：《卍续藏》（第 121 册），第 918 页。

［128］《满庭芳》，见唐圭璋编纂：《全宋词》（简体增订本第 2 册），第 816 页。

［129］《鹧鸪天》，见唐圭璋编纂：《全宋词》（简体增订本第 2 册），第 1135 页。

［130］《满庭芳·中秋》，见唐圭璋编纂：《全宋词》（简体增订本第 2 册），第 1514 页。

［131］《阮郎归·雪川作》，见唐圭璋编纂：《全宋词》（简体增订本第 3 册），第 2399 页。

［132］《沁园春·姑苏新邑有善为计然之术者，家用以肥，既而作堂佚老，扁曰闲贵。盖取唐人"白衣闲亦贵，何必谒天阶"之句，友人池袭父邀予同赋，因作长短句遗之》，见唐圭璋编纂：《全宋词》（简体增订本第 5 册），第 3907 页。

［133］《摸鱼儿·寿虚谷》，见唐圭璋编纂：《全宋词》（简体增订本第 4 册），第 3855 页。

［134］《壶中天·寿月溪》，见唐圭璋编纂：《全宋词》（简体增订本第 4 册），第 4447 页。

［135］《山居》,《潜山集》卷十，见傅璇琮等主编：《全宋诗》（第 63 册），第 39639 页。

第七章　南宋休闲价值的本体运思

价值，作为哲学范畴具有最高的普遍性和概括性。从认识论上来说，价值属于关系范畴，是指客体能够满足主体需要的效益关系。晁公遡云："林下优游，乃获南窗之寄傲。其失何有，所得实多。无毁于后，无忧于心。"[1] 此实际是在正面言说休闲的价值。胡寅记载江衮的话说："人若不知休，官愈进，心愈侈，禄愈多，用愈广，气愈骄，意愈锐，机诈日生，佞邪日甚，危祸奄至，可为长太息也。"[2] 此实际是在反面言说休闲的重要性，亦即休闲的价值。

在南宋文士看来，休闲不代表无所事事，而是一种重要的"事业"。例如陆游将闲暇之中所从事的各种发展个性、创造性的活动称之为"闲中事业"："闲中事业君知否，不把渔竿即荷锄。"[3]"闲中事业吾能了，未恨林庐送此生。"[4] 南宋文士甚至将"闲事"视为"勋业"，可见价值之高。例如陆游称"世间万事都忘尽，惟向闲中屡策勋"[5]。程珌记载董仲光有"陶镕水石闲勋业，铨择风花静事权"[6] 的诗句。

事实上，南宋文士不但直接或间接地指出了"闲"在本质上究竟为何物，并将休闲价值与他物进行比较，凸显其价值程度之高，还更深刻而具体地阐述了休闲自身的根本价值所在，即"闲有何用"，告诉我们休闲如何满足了人类的种种主体需求。而这些对休闲价值的论述，来自南宋文士对休闲本体的领悟和理解。

第一节 "闲来自觉有精神"：身心调适

南宋文士既已认识到休闲与安乐的本质关系，就进一步产生了休闲可以养生的价值观念。他们觉察到如果终日操劳，身心不自由，就会"文书烟海困浮沉，不觉盘跚百病侵"（范成大）[7]，严重损害健康。而休闲则可以使人的筋骨得到放松和调适："凡人之情，怵迫则少欢愉，暇豫则多款适。"（张牧）[8]

南宋文士还用实例很好地证明了休闲是如何使人消除疲劳，让精神重放生机的，下面是两个典型代表。第一，种慎思与友人"相率挐舟载酒游北岩及观石鱼。竟日忘归，客怀顿释，殊不知薄宦飘零、江山之牢落也"[9]。第二，冯时行的与友出游：

绍兴庚辰十二月既望，缙云冯时行从诸旧朋凡十有五人，携酒具出西梅林。……凡三四酒行也，以"旧时爱酒陶彭泽，今作梅花树下僧"为韵，分题赋诗。……是行也，余被命造朝，行事薄遽，重以大府衣冠谒报，主人馈劳，酬对奔驰，形神为之俱敝。诸公导以斯游，江流如碧玉，平野秀润，竹坞桑畴，连延弥望，民家十十五五，篱落鸡犬，比间相亲，不愁不嗟。余散策其间，盖不知向之疲恭厌苦所在也。昔人谋于野则获闲暇清旷，有爽于精神思虑，游不可废如此哉！[10]

仅仅一日之休闲，二人一说"客怀顿释"，一说"盖不知向之疲恭厌苦所在也"，都真切而迅速地体验到了休闲带来的身心调适之效果。

故而，南宋文士产生了不少关于休闲的养生价值之论。上文冯时行已说："……获闲暇清旷，有爽于精神思虑，游不可废……"朱敦儒在词里也说得很明确："闲来自觉有精神。心海风恬浪静。"[11]吴潜也有词云："静里精神偏爽快，闲中光景越舒徐。"[12]陆游多次指出了休闲带来的生理舒适。因此，他常以休闲为保健养生之方：

> 徐行舒血脉，危坐学踵息。[13]
> 身向人间阅事多，杜门聊得养天和。[14]
> 谢客杜门殊省事，一盂香饭养天和。[15]
> 醺然一枕虚堂睡，顿觉情怀似少年。[16]
> 一见溪山病眼开，青鞋处处蹋苍苔。[17]

并且，陆游暗示，这种养生作用不仅仅在于身体的舒适，更在于心理的调适，是一种"养心"：

> 琴调养心安澹泊，炉香挽梦上青冥。[18]
> 宴坐心光无蔽障，横眠踵息自清匀。[19]
> 少年妄起功名念，岂信身闲心太平。[20]
> 残发凋零不满巾，闭门聊得养天真。[21]

而一旦达到了心安，就能对身体疾病起到比药物还要好的保健效果：

> 心安了无梦，一扫想与因。[22]
> 心安病自除，衾暖梦欲重。[23]
> 心安闲梦少，病去俗医疏。[24]

无独有偶，朱熹也看到休闲对于"养心"的作用。他教导友人"收拾身心渐令向里，令宁静闲退之意胜而飞扬躁扰之气消，则治心养气、处世接物自然安稳，一时长进，无复前日内外之患矣"[25]。他又指出"闲坐"的功效是："缘此闲坐，却有恬养功夫。"[26]

范成大曾直接声称，官员公假日的休闲活动使他的身体更加健康，甚至连眼病都不疗而愈了："休沐辰良不待晴，径称闲客此闲行。春衫欺雨任教冷，病眼得山元自明。"[27]也是在这个层面上，孙应时指出"深居无事，优游养寿"[28]的功效，张镃亦明言"长闲便是延年法"[29]。他还用另一首诗，暗示出休闲体验具有除病养生的效果：

> 夜月虽愆约，秋云却荐凉。桥明缘水净，树近觉风香。众论轻闲适，幽怀贵老狂。从今无复病，处处养生方。[30]

张镃把写诗作为其休闲方式之一，并以亲身经验指出，写诗可以治病："因病经句不赋诗，无诗病思转难支。今朝诗句未成了，已觉全无病可医。"[31]此外，方岳也看到休闲在养生方面的价值："老觉人情薄，闲于世累轻。"[32]"隐居捐世累，隐士应星文。"[33]

而从根源上说，休闲对生理调适的价值显然还是由休闲的"自由"这一本体性质而来的。朱敦儒对此一语道破：

> 心闲便清凉，无南北。[34]
> 身闲更觉身轻。酒壶歌扇随行。[35]

显然，朱敦儒看到，在休闲的自由心态下，人便能心地清净，从而使身体也达到舒适。这是休闲最直接、最明显的本体价值。故而，他选择休闲来养生，而弃置道家的养生之道：

> 不养丹砂，不肯参同契。两顿家餐三觉睡。闭着门儿，不管人闲事。[36]
>
> 真个先生爱睡。睡里百般滋味。转面又翻身，随意十方游戏。[37]

而佛门的释文珦指出，人之所以生病，乃是欲望太多，如果得闲，那么这些疾病就会无声而消："众患皆因有欲，一闲全得无闻。"[38]这是因为心神安定，病焉从来："交绝身常定，心安病不生。"[39]

事实证明，当代人尤其是知识分子、科技精英，短寿的原因主要是休闲不足，尤其是睡眠不足。总之，"醉里乾坤，闲中日月，便是长生术"（吴季子）[40]。南宋文士的休闲养生价值观，无疑对我们有着积极意义。

第二节 "闲中日月不胜长"：生命展开

自由是人的一切自身价值得以实现的前提。自由首先表现为自由时间的获得。人生本来短暂，如果在工作、劳动中沦为机器，那么人生就更加苦短，无法充分展开人的个性、境界，也就谈不上人生的意义和价值。因此，对抗人生短暂的一个方法是，人要使自己活得尽量长些，增加人生的绝对长度，也就增加了自由时间。在这一点上，沈瀛有词云：

> 昔贤置酒。十老半千年纪寿。知彼由何。真处闲中日月多。[41]

他的大意是说：前贤诸老之所以能够长寿，其原因就在于休闲的生活方式。这是休闲对身体的客观效果。

对抗人生短暂的第二个方法，就是让时间慢下来，使之相对变长。

这恰恰也是休闲的独特功能。在这一点上，很多南宋文士都明确指出，正是休闲在主观感受上使时间得以延长，让有效的生命得以充分展开：

> 闲里光阴一倍长。况逢菊厴篱边笑，风露中香。（向子谭）[42]
>
> 且共追欢宽白首。清闲赢得身长久。（李弥逊）[43]
>
> 闲日多少韶光。雕阑静、芳草池塘。（曾觌）[44]
>
> 名不恋，利都忘。闲中日自长。（张抡）[45]
>
> 闲日似年长，又在他乡春暮。（王炎）[46]
>
> 要地时难得，闲处日偏长。（赵师侠）[47]
>
> 春光莫恨中分过，能使时长始是闲。（张镃）[48]

陆游、范成大、杨万里、方岳，以及一些佛门人物，在此方面的论述更多。让我们先看看陆游的阐释：

> 梦里功名谁复计，闲中日月不胜长。[49]
>
> 贫任青春过，闲知白日长。[50]
>
> 北庵睡起坐东厢，无事方知日月长。[51]
>
> 惟有龟堂无一事，闭门白日不胜长。[52]
>
> 日长似岁闲方觉，事大如山醉亦休。[53]
>
> 老叹交朋尽，闲知日月长。[54]
>
> 老惊时易失，闲觉日偏长。[55]

相通地，范成大也有"身闲一日似两日"[56]，"静里秋先到，闲中昼自长"[57]，"若教闲里工夫到，始觉淡中滋味长"[58]的同调之语。此外，杨万里、方岳、释绍嵩的诗句亦有异曲同工之处：

> 道是秋来还日短，秋来闲里日偏长。（杨万里）[59]
>
> 山寂夜如水，僧闲日抵年。（方岳）[60]
>
> 贫知醉有回天日，早得闲为却日戈。（方岳）[61]
>
> 事去青山在，闲知白日长。（释绍嵩）[62]
>
> 还缘世遇兵戈闹，颇觉闲消日月多。（释绍嵩）[63]

人闲清昼永，鸟语绿阴凉。（释文珦）[64]

有趣的是，向子諲的"闲里光阴一倍长"与范成大的"身闲一日似两日"说明了他们二人的休闲感受是相同的。而王炎的"闲日似年长"，方岳的"僧闲日抵年"，则在休闲感受上与前二人的心理时间有着数百十倍的差异，这或许正说明了他们对休闲的渴求程度之深。此外，陆游还说过：

要知不负年光处，南陌东阡自在身。[65]
酒楼僧壁留诗遍，八十年来自在身。[66]

对于没有自由而被强制工作的人来说，即使他的寿命很长，但属于他自己的个体生命是短暂的，是无法得到任何实质性展开的，他的生命对于他自己很难说是有效的生命，因为他无暇去享受生活。正是休闲本体的自由性质才为生命的充分展开铺设了无尽的道路。陆诗正暗示出，休闲的生活方式才算充分享受了人生，没有虚度光阴。

第三节 "一闲成就万篇诗"：自我实现

没有自由而被强制工作的人生或许客观上对社会有所贡献，但根本谈不上自身价值的实现。人除了成为机器以外，不能实现任何自我价值。马克思极力反对这种劳动的异化，并曾在《共产党宣言》等不少文献中把"每个人的自由发展"作为人类的共同追求。与此相契合，现代休闲学把休闲理解为一种"成为人"的过程，认为它是人生中一个持久的、重要的发展舞台。约翰·凯利的相关表述是：

休闲可能在一生的"成为"过程中都出于中心地位。生活不仅仅在于知道我们是干什么的（我们的角色），还包括去知道我们是谁（我们的身份）。[67]
休闲为探索和发展提供了空间，为"成为人"以及为他人创造

"成为人"的机会提供了空间。[68]

在行为者一生的发展目标以及成就个人人性的决定中都有休闲的远期效果。[69]

对这种休闲在自我实现层面的价值，南宋文士实已有所表述。金文刚曾记载，金安节明确指出，休闲时的人生才是属于自己的：

（金安节）退居凡七载，恬静自处，无异于韦布时。暇日，则杖屦自随，涉近郊，徜徉于葆真山下，超然自适。每对客曰："臣之事君，当致其身。今既谢事，则此身方为我有。"[70]

释文珦的"却喜闲身不属人"[71]也从反面指出了同样的意思。而以下诗句实际上指出了这样的事实：休闲可以使人的天性显现，使人真正地认识自我，成为自我，而不是带着假面具前行，因而也就没有辜负此生：

酬未当价夫何病，脱然幽栖见天性。（李石）[72]
有酒无余愿，因闲得此心。（辛弃疾）[73]
闲里方知得此生，痴人身外更经营。（范成大）[74]

而张镃的"欲识清狂自在身，关门湖上独经春"[75]之语，笔者也认为完全可以总结出这样的意思：休闲对人自身的本质有着成就之功。

南宋文士普遍将诗文、著作的成就作为自我实现的标志。他们认为，是"闲"使他们得到了这方面的成就。例如张栻认为，朱熹是因为得闲才能够专心于著述：

兄闲中想得专精于文字间，殆亦天意也。[76]
尊兄闲静中玩理甚精，每得来书，论学及政及评品人才，未尝不犁然有当……[77]

张镃自称"一闲成就万篇诗"[78]，即认为自己之所以能成为诗人，就是因为选择了休闲的人生。龚相指出，闲才能使其获文史之乐，"余令乌江之明年，职闲讼稀，得以文史自娱"[79]。胡仔以编撰有《苕溪渔隐丛话》而著名。他自言，这一成就是得益于闲暇："嗟余老矣，命益蹇，身益闲，故得以编次。"[80]释晓莹也将其著作《云卧纪谈》的成因归于"身闲无事"[81]。刘克庄更是详细诉说了这样一个事实：自己在公务繁忙时，一两年仅仅写诗 20 余首，而奉祠得闲之后，很快就有了数百首诗——这是因闲而得专心所带来的成果：

> 顷游江淮幕府，年壮气盛，建业又有六朝陈迹，诗料满目，而余方为书檄所困留，一年阅十月，得诗仅有二十余首。及出幕奉南岳祠，未两考，得诗三百，非必技进，身闲而功专耳。[82]

无独有偶，释文珦自言："苦吟因静得，幽思与闲便。"[83]林希逸也记载傅子渊曾自言："因闲观时，因静照物，因物寓言，因言成诗。"[84]这同样是指出"闲"对于诗歌创作的重要性。而陆游则强调，休闲的生活，才使他享受到赏花、听鸟、饮酒、焚香、饮茶、读书、写诗等等多方面的人生乐趣：

> 官身常欠读书债，禄米不供沽酒资。剩喜今朝寂无事，焚香闲看《玉溪诗》。[85]
> 数简隐书忘世味，半瓯春茗过花时。寂寥终岁君无诮，正是幽居一段奇。[86]
> 柴门不掩俗人稀，成就山房一段奇。木叶最宜新雨后，鸟声更胜暮春时。家赀屡罄缘耽酒，宿习犹存为爱诗。别有一条差自慰，术苗芎苗正离离。[87]

赵翼认为陆游的诗胜过苏轼："宋诗以苏、陆为两大家。后人震于东坡之名，往往谓苏胜于陆，而不知陆实胜苏也。"[88]之所以这样认为，赵翼将原因之一归结于陆游有较多的闲暇："心闲则易触发，而妙绪纷来；时暇则易琢磨，而微疵尽去。"[89]可见休闲对于成就大诗人之重要性。

此外，牟子才尤其指出，皇帝不必事事躬亲，繁忙操劳，其如果有能干的宰相加以辅佐，则可以在"闲"中思考更多更大的事情，发展更高超的见解："使宰相得人，足以任事，则万几理而君不劳。君不劳，则从容暇逸，思其关宗社之大者，而所见高矣。"[90]

前文还提到，南宋文士中流传着徐某的一句诗："此生待足何时足，未老得闲方是闲。"[91]此句曾令当朝诗人吴蒂大为叹服，并萌生及早退闲之志。当人老去之时，精力体力、生活质量均大不如前，生命接近终点，故而自我实现的时间和空间均极其有限。所以，"未老得闲方是闲"也就意味着"未老得闲方有用"，即尽早得闲才能使"闲"化为自我实现。徐某的诗在实质上也正触及了休闲价值，即闲与自我实现的关系问题。

以上南宋文士的言论所流露之意，可谓是马克思的"人的全面发展"理论和约翰·凯利的"成为人"的休闲学理论的先声之言。

第四节 "心闲天地本来宽"：精神超越

现代心理学认为，有较为广阔的视野，较少考虑个人利益，是自我实现的人格特征之一。而南宋文士也早已告诉我们，休闲的价值，就在于可以使人或胸怀宽阔，或心绪井然，不为外界杂物所扰，从而对宇宙和人生有更高视野、更加通达、更富于理性的姿态。

朱熹曾引《后汉书》里赞美荀淑的话说："弃官而归，闲居养志。"[92]此即是看到了休闲在提高修养、达到精神超越方面的价值。范成大指出，利用休沐的机会可以让休闲来恢复人的天性，以免官尘污染了心灵："门外客姑去，窗前人对闲。谁能乌帽底，尘土浣朱颜？"[93]方岳则认为，在休闲时，人们同时也是在修行："了了不如都懜懂，休休便是力修行。"[94]而熊彦诗特别指出：

> 而君子所守与其所养，亦皆得于平居闲暇无事之时。如守且不固，养之不浚其源，则泛然接于外，有不能久而安者。[95]

即是说，休闲价值在于为君子的精神操守提供条件。如果没有闲暇，就容易导致"泛然接于外"。这样，操守就不能"固"，涵养就不能"浚其源"，操守也就不能久安了。文士苏籀还指出艺术休闲在陶冶情操、提高修养方面的作用：

王右军曰："正赖丝竹陶写耳。"嗟夫！吉日良宵，宾主酣饮，笙簧嘈杂，使旷世纤阿之伦，求语意之相类，穷音调之抑扬，上激青云，荡泄吾辈胸怀，所谓陶写也。[96]

释绍嵩则指出了在休闲天地中所体验到的广阔世界："天下无人闲似我，闲中方寸阔于天。"[97] 释文珦也指出"闲"使他心胸开阔："老觉心情懒，闲知世界宽。"[98] 宏智禅师进一步指出，有了闲暇，人的情感世界就会变得开阔，所谓"情田闲自廓，心地净而光"[99]；人的性情也会变得和缓，所谓"了了智空，闲闲色融"[100]；身心的闲荡可以使人不为声色所束缚，感觉器官也会变得敏锐，即"身心清恬，面目冷严。烟巢寒翠栖鸟梦，风漪绿净游鱼潜。荡荡兮眺听自妙，闲闲兮声色不粘"[101]。

在提高智慧与精神境界方面，胡寅认为在有闲无扰的条件下，人方可以开悟："智闲无酬，乃臻击竹之悟。"[102] 罗愿认为，闲暇可以使人智虑周全："夫为之于闲暇者，体胖心佚，智虑审而力有余。"[103] 蒋志行也认为，有了闲暇人才能心绪和平，做事才能井井有条："夫人惟力闲暇而后心和平，心和平而后设施有绪。"[104] 欧阳守道指出："其心闲而不乱，故好恶无私。"[105] 此表示闲可以使人心公平公正，考虑问题不起偏私。

周孚指出，当朝皇帝正是因为有了较多的闲暇，才产生了许多智慧的考虑："惟皇心自佚于宴闲，故睿算倍膺于悠久。"[106] 而反面的例子是：王帅为政，细事亲为，操劳无暇。冯时行认为，这会妨碍精神修养，也不利于更高远的智力决策，因此劝导王帅：

初不妨闲燕，无废啸歌。惟盛德谦尊，凡应接宾客，待遇僚吏，过为委屈优厚，由是为政事之际，略无闲阁清暇之隙。夫用约则心静，心静则神生，然后虑远而见微。[107]

这无疑是休闲在精神超越方面价值的一个具体生动的例证。最后尤其值得一提的是陆游。他明确看到了休闲在精神超越方面的价值：

> 道在箪瓢端自足，心闲天地本来宽。[108]
>
> 《黄庭》两卷伴身闲，盘篆香残日未残。泛泛孤身似萍叶，始知天地不胜宽。[109]

他认为，通过休闲，自己在某种程度上已经达到了这样的境界："年老衣冠古，身闲宇宙宽。"[110]"闭门无事不胜闲，心境超然一室宽。"[111]

清代评论家对陆游推崇备至。赵翼称陆游"凡一草、一木、一鱼、一鸟，无不裁剪入诗，是一万首即有一万大意，又有四万小意"[112]；姚鼐称陆诗"裁制既富，变境亦多"[113]；梁诗正等誉陆诗为"深山大泽，包含者多……其闳深微妙之指。何尝不与李、杜、韩、白诸家异曲同工"[114]，此都意在说明陆游诗歌内容博大，哲学思想深厚，这都与陆游境界的宽广密不可分。而他精神境界的高度则无疑得益于他身心的休闲。休闲的本体价值，于此可见一斑。

除身心调适、生命展开、自我实现和精神超越四方面外，一些南宋文士还指出休闲对于人类在认识事物方面的价值。陆游称："老厌人间事，闲知造物功。"[115]方岳自称："闲知天地摩铜狄。"[116]"花落花开俱有意，略于闲处见几微。"[117]释文珦称："闲知云意度，清爱水精神。"[118]这些都显然说明了休闲对人在认识自然事物方面的作用和价值。陈淳则指出，在闲中方可玩味出圣贤言语之意：

> 须先且就圣贤言语实处为准则，于幽闲静一之中虚心而详玩，随章逐句，一一实下讲明考究工夫，盖幽闲静一，则心清而不扰；虚心详玩，则前无所蔽而可以有见。[119]

陈淳是一位理学家，而南宋理学大盛，文士们多以发现、探究"天理""物理"为自我成就。他们不时通过诗文暗示，他们对物理的认识、理解和发现，正是因闲而得：

> 天理直须闲处看，人谋常向巧中疏。（陆游）[120]
>
> 独坐空山里，闲寻物理幽。（释绍嵩）[121]
>
> 天理静中见，物情闲处知。（释文珦）[122]
>
> 地远无人迹，心闲见物情。（释文珦）[123]

此外，张栻还提出过"察人于闲暇之际"[124]，此尤有意味。盖察人于职场之中，行为多有造作，不能反映一个人的真实面貌，而察人于闲暇之时，才能反映出一个人的真实本性。这是现代休闲学理论，而南宋文士实早已提出。

———

注释

[1]《答前夔路宪李敷文启》，《嵩山集》卷二二，见曾枣庄等编：《全宋文》（第211册），上海：上海辞书出版社，合肥：安徽教育出版社，2006年版，第173页。

[2]《左朝散郎江君墓志铭》，《斐然集》卷二六，见曾枣庄等编：《全宋文》（第190册），第229页。

[3]《舟中遣怀》，《剑南诗稿》卷二十二，见钱仲联、马亚中主编：《陆游全集校注》（第3册），杭州：浙江教育出版社，2011年版，第384页。

[4]《小轩》，《剑南诗稿》卷二十四，见钱仲联、马亚中主编：《陆游全集校注》（第3册），第472页。

[5]《渔隐堂独坐至夕》，《剑南诗稿》卷三十六，见钱仲联、马亚中主编：《陆游全集校注》（第4册），第457页。

[6]《鄱阳董仲光诗集序》，《洺水集》卷一二，见曾枣庄等编：《全宋文》（第297册），第380页。

[7]《致一斋述事》，《石湖居士诗集》卷二二，见傅璇琮等主编：《全宋诗》（第41册），北京：北京大学出版社，1998年版，第25961页。

[8]《连江惠悦堂记》，道光《福建通志》卷一八，见曾枣庄等编：《全宋文》（294册），第283页。

[9]《游北岩还观石鱼记》，《八琼室金石补正》卷八三，见曾枣庄等编：《全宋文》（第184册），第264页。

［10］《梅林分韵诗序》，嘉庆《四川通志》卷四九，见曾枣庄等编：《全宋文》（第193 册），第 330—331 页。

［11］《西江月》，见（南宋）朱敦儒：《樵歌》，龙元亮校，北京：文学古籍刊行社，1958 年版，第 1108 页。

［12］《望江南》，见唐圭璋编纂：《全宋词》（简体增订本第 4 册），北京：中华书局，1965 年版，第 3487 页。

［13］《东斋杂书》十二首其五，《剑南诗稿》卷六十六，见钱仲联、马亚中主编：《陆游全集校注》（第 7 册），第 140 页。

［14］《即事》四首其一，《剑南诗稿》卷七十七，见钱仲联、马亚中主编：《陆游全集校注》（第 8 册），第 4 页。

［15］《杂赋》十二首其十，《剑南诗稿》卷七十九，见钱仲联、马亚中主编：《陆游全集校注》（第 8 册），第 90 页。

［16］《对酒戏作》二首其二，《剑南诗稿》卷五十一，见钱仲联、马亚中主编：《陆游全集校注》（第 6 册），第 44 页。

［17］《闲游》二首其一，《剑南诗稿》卷七十六，见钱仲联、马亚中主编：《陆游全集校注》（第 7 册），第 468 页。

［18］《道室即事》，《剑南诗稿》卷十五，见钱仲联、马亚中主编：《陆游全集校注》（第 3 册），第 31 页。

［19］《闭户》二首其二，《剑南诗稿》卷三十一，见钱仲联、马亚中主编：《陆游全集校注》（第 4 册），第 250 页。

［20］《独学》，《剑南诗稿》卷一，见钱仲联、马亚中主编：《陆游全集校注》（第 1 册），第 89 页。

［21］《闭门》二首其一，《剑南诗稿》卷六十一，见钱仲联、马亚中主编：《陆游全集校注》（第 6 册），第 415 页。

［22］《午睡》，《剑南诗稿》卷十一，见钱仲联、马亚中主编：《陆游全集校注》（第 2 册），第 295 页。

［23］《午醉径睡比觉已甲夜矣》，《剑南诗稿》卷十三，见钱仲联、马亚中主编：《陆游全集校注》（第 2 册），第 418 页。

［24］《省事》，《剑南诗稿》卷四十，见钱仲联、马亚中主编：《陆游全集校注》（第 5 册），第 161 页。

［25］《答周纯仁》，《晦庵先生朱文公文集》卷六〇，见曾枣庄等编：《全宋文》（第 249 册），第 2 页。

［26］《与彭子寿》，《晦庵先生朱文公文别集》卷三，见曾枣庄等编：《全宋文》（第 250 册），第 133 页。

［27］《次韵韩无咎右司上巳泛湖》，《石湖居士诗集》卷一〇，见傅璇琮等主编：

《全宋诗》（第 41 册），第 25832 页。

[28]《上丘文定公书》七，《烛湖集》卷七，见曾枣庄等编：《全宋文》（第 290 册），第 24 页。

[29]《入园闻鹤唳》，《南湖集》卷六，见（南宋）张镃：《南湖集》，吴晶、周膺点校，北京：当代中国出版社，2014 年版，第 165 页。

[30]《湖边夜兴》，《南湖集》卷四，见（南宋）张镃：《南湖集》，吴晶、周膺点校，第 120 页。

[31]《园中杂书》四首其一，《南湖集》卷八，见（南宋）张镃：《南湖集》，吴晶、周膺点校，第 234 页。

[32]《唐律十首》其九，《秋崖先生小稿》卷一二，见傅璇琮等主编：《全宋诗》（第 61 册），第 38330 页。

[33]《新晴》，《秋崖先生小稿》卷二九，见傅璇琮等主编：《全宋诗》（第 61 册），第 38442 页。

[34]《满江红·大热卧疾，浸石种蒲，强作凉想》，《樵歌》卷上，见（南宋）朱敦儒：《樵歌》，龙元亮校，第 12 页。

[35]《清平乐》六首其一，《樵歌》卷下，见（南宋）朱敦儒：《樵歌》，龙元亮校，第 71 页。

[36]《苏幕遮》二首其一，《樵歌》卷中，见（南宋）朱敦儒：《樵歌》，龙元亮校，第 39 页。

[37]《如梦令》八首其四，《樵歌》卷下，见（南宋）朱敦儒：《樵歌》，龙元亮校，第 84 页。

[38]《阙题》，《潜山集》卷一二，见傅璇琮等主编：《全宋诗》（第 63 册），第 39661。

[39]《隐居》，《潜山集》卷八，见傅璇琮等主编：《全宋诗》（第 63 册），第 39614 页。

[40]《念奴娇·寿朋友》，见唐圭璋编纂：《全宋词》（简体增订本第 5 册），第 3981 页。

[41]《减字木兰花·诸斋作真率会，又用前韵赋木兰花令》，见唐圭璋编纂：《全宋词》（简体增订本第 3 册），第 2150 页。

[42]《采桑子·芗林为牧庵舅作》，见唐圭璋编纂：《全宋词》（简体增订本第 2 册），第 1253 页。

[43]《渔家傲·博士生日》，见唐圭璋编纂：《全宋词》（简体增订本第 2 册），第 1377 页。

[44]《春光好·感旧》，见唐圭璋编纂：《全宋词》（简体增订本第 2 册），第 1703 页。

［45］《阮郎归·咏夏》十首其八，见唐圭璋编纂：《全宋词》（简体增订本第 3 册），第 1831 页。

［46］《好事近》，见唐圭璋编纂：《全宋词》（简体增订本第 3 册），2399 页。

［47］《水调歌头·和石林韵》，见唐圭璋编纂：《全宋词》（简体增订本第 3 册），第 2674 页。

［48］《春分后一日山堂述事》四首其一，《南湖集》卷五，见（南宋）张镃：《南湖集》，吴晶、周膺点校，第 138 页。

［49］《有感》二首其二，《剑南诗稿》卷十六，见钱仲联、马亚中主编：《陆游全集校注》（第 3 册），第 54 页。

［50］《村舍》，《剑南诗稿》卷二十九，见钱仲联、马亚中主编：《陆游全集校注》（第 4 册），第 191 页。

［51］《龟堂东窗戏弄笔墨偶得绝句》五首其三，《剑南诗稿》卷三十六，见钱仲联、马亚中主编：《陆游全集校注》（第 4 册），第 444 页。

［52］《春日》六首其三，《剑南诗稿》卷四十二，见钱仲联、马亚中主编：《陆游全集校注》（第 5 册），226 第页。

［53］《秋思》，《剑南诗稿》卷四十七，见钱仲联、马亚中主编：《陆游全集校注》（第 5 册），第 389 页。

［54］《秋晚寓叹》六首其四，《剑南诗稿》卷四十八，见钱仲联、马亚中主编：《陆游全集校注》（第 5 册），第 426 页。

［55］《雨霁》，《剑南诗稿》卷七十一，见钱仲联、马亚中主编：《陆游全集校注》（第 7 册），第 300 页。

［56］《丙午新正书怀十首》其三，《石湖居士诗集》卷二六，见傅璇琮等主编：《全宋诗》（第 41 册），第 25994 页。

［57］《藻侄比课五言诗已有意趣老怀甚喜因吟病中十二首示之可率昆季赓和胜终日饱闲也》其九，《石湖居士诗集》卷二四，见傅璇琮等主编：《全宋诗》（第 41 册），第 25977 页。

［58］《怀归寄题小艇》，《石湖居士诗集》卷二一，见傅璇琮等主编：《全宋诗》（第 41 册），第 25956 页。

［59］《静坐池亭二首》其二，《诚斋集》卷一〇《荆溪集》，见傅璇琮等主编：《全宋诗》（第 42 册），第 26197 页。

［60］《热甚有怀山间》，《秋崖先生小稿》卷一二，见傅璇琮等主编：《全宋诗》（第 61 册），第 38327 页。

［61］《元日》，《秋崖先生小稿》卷一九，见傅璇琮等主编：《全宋诗》（第 61 册），第 38374 页。

［62］《山居即事》二十首其十八，《亚愚江浙纪行集句诗》卷三，见傅璇琮等主

编:《全宋诗》(第 61 册),第 38633 页。

[63]《兰亭书事》,《亚愚江浙纪行集句诗》卷四,见傅璇琮等主编:《全宋诗》(第 61 册),第 38637 页。

[64]《题竹房》,《潜山集》卷六,见傅璇琮等主编:《全宋诗》(第 63 册),第 39583 页。

[65]《晚春》二首其二,《剑南诗稿》卷七十五,见钱仲联、马亚中主编:《陆游全集校注》(第 7 册),第 456 页。

[66]《初归杂咏》七首其一,《剑南诗稿》卷五十三,见钱仲联、马亚中主编:《陆游全集校注》(第 6 册),第 148 页。

[67] John R. Kelly, *Freedom to be: A New Sociology of Leisure.* New York: Macmillan Publishing Company, 1987, p.66.

[68] 同上书,p.206.

[69] 同上书,p.229.

[70]《宋故敷文阁学士中奉大夫致仕休宁县开国子食邑五百户累赠开府仪同三司少保谥忠肃金公安节家传》,《新安文献志》卷七三,见曾枣庄等编:《全宋文》(第 333 册),第 50 页。

[71]《客居》,《潜山集》卷十,见傅璇琮等主编:《全宋诗》(第 63 册),第 39638 页。

[72]《忠州文学赵君墓志铭》,《方舟集》卷一六,见曾枣庄等编:《全宋文》(第 206 册),第 114 页。

[73]《即事示儿》,《稼轩诗之一》,见(南宋)辛弃疾:《辛弃疾全集》,王步高等辑校汇评,珠海:珠海出版社,2002 年版,第 213 页。

[74]《题南塘客舍》,《石湖居士诗集》卷五,见傅璇琮等主编:《全宋诗》(第 41 册),第 25783 页。

[75]《谒陆礼部归,偶成二绝句》其一,《南湖集》卷七,见(南宋)张镃:《南湖集》,吴晶、周膺点校,第 207 页。

[76]《答朱元晦》一六,《南轩集》卷二三,见曾枣庄等编:《全宋文》(第 255 册),第 102 页。

[77]《答朱元晦》二一,《南轩集》卷二三,见曾枣庄等编:《全宋文》(第 255 册),第 106 页。

[78]《园步杂兴》四首其四,《南湖集》卷七,见(南宋)张镃:《南湖集》,吴晶、周膺点校,第 214 页。

[79]《项王亭赋》,《历代赋汇》卷一一〇,见曾枣庄等编:《全宋文》(第 188 册),第 352 页。

[80]《渔隐丛话后集序》,见曾枣庄等编:《全宋文》(第 206 册),第 328 页。

[81]《云卧纪谈自叙》，见曾枣庄等编：《全宋文》（第 206 册），第 352 页。

[82]《跋黄憺诗》，《后村先生大全集》卷九九，见曾枣庄等编：《全宋文》（第 329 册），第 204 页。

[83]《剡源山房》，《潜山集》卷一二，见傅璇琮等主编：《全宋诗》（第 63 册），第 39661 页。

[84]《跋静观小稿》，《鹰斋续集》卷一三，见曾枣庄等编：《全宋文》（第 335 册），第 366 页。

[85]《假中闭户终日偶得绝句》三首其三，《剑南诗稿》卷十九，见钱仲联、马亚中主编：《陆游全集校注》（第 3 册），第 279 页。

[86]《闭门》二首其二，《剑南诗稿》卷六十一，见钱仲联、马亚中主编：《陆游全集校注》（第 6 册），第 416 页。

[87]《山房》，《剑南诗稿》卷八十二，见钱仲联、马亚中主编：《陆游全集校注》（第 8 册），第 183 页。

[88]《瓯北诗话》卷六，见（清）赵翼：《瓯北诗话》，马亚中、杨年丰批注，南京：凤凰出版社，2009 年版，第 67 页。

[89]《瓯北诗话》卷六，见（清）赵翼：《瓯北诗话》，马亚中、杨年丰批注，第 68 页。

[90]《论君相之职疏》，《历代名臣奏议》卷六二，见曾枣庄等编：《全宋文》（第 334 册），第 329 页。

[91]《句》，见傅璇琮等主编：《全宋诗》（第 35 册），第 22011 页。

[92]《聚星亭画屏赞》，《晦庵先生朱文公文集》卷八五，见曾枣庄等编：《全宋文》（第 252 册），第 182 页。

[93]《次韵赵德庄吏部休沐》，《石湖居士诗集》卷一〇，见傅璇琮等主编：《全宋诗》（第 41 册），第 25829 页。

[94]《遣兴》二首其一，《秋崖先生小稿》卷三五，见傅璇琮等主编：《全宋诗》（第 61 册），第 38482 页。

[95]《谦牧寮记》，《国朝二百家名贤文粹》卷一四三，见曾枣庄等编：《全宋文》（第 185 册），第 398 页。

[96]《书三学士长短句新集后》，《双溪集》卷一一，见曾枣庄等编：《全宋文》（第 183 册），第 336 页。

[97]《坐夏净慈戏书解嘲》，《亚愚江浙纪行集句诗》卷五，见傅璇琮等主编：《全宋诗》（第 61 册），第 38647 页。

[98]《偶作》，《潜山集》卷一三，见傅璇琮等主编：《全宋诗》（第 63 册），第 39696 页。

[99]《禅人并化主写真求赞》，《宏智广录》卷第九，见（日）高楠顺次郎等

编：《大正新修大藏经》（第48卷），东京：大正一切经刊行会，1930年版，第110页。

[100]同上书，第115页。

[101]同上书，第105—106页。

[102]《龙山长老开堂疏》，《斐然集》卷三〇，见曾枣庄等编：《全宋文》（第190册），第268页。

[103]《上执政书》，《罗鄂州小集》卷五，见曾枣庄等编：《全宋文》（第259册），第270页。

[104]《通判东厅壁记》，《景定建康志》卷二四，见曾枣庄等编：《全宋文》（第301册），第245页。

[105]《赠周生序》，《巽斋文集》卷八，见曾枣庄等编：《全宋文》（第346册），第395页。

[106]《贺今上皇帝表》，《蠹斋铅刀编》卷一五，见曾枣庄等编：《全宋文》（第259册），第6页。

[107]《上王帅札子》，《五百家播芳大全文粹》卷五五，见曾枣庄等编：《全宋文》（第193册），第328页。

[108]《初寒宴坐》，《剑南诗稿》卷十七，见钱仲联、马亚中主编：《陆游全集校注》（第3册），第126页。

[109]《杂题》六首其四，《剑南诗稿》卷三十六，见钱仲联、马亚中主编：《陆游全集校注》（第4册），第432页。

[110]《晨起》，《剑南诗稿》卷二十一，见钱仲联、马亚中主编：《陆游全集校注》（第3册），第345页。

[111]《题斋壁》二首其一，《剑南诗稿》卷三十，见钱仲联、马亚中主编：《陆游全集校注》（第4册），第215页。

[112]《瓯北诗话》卷六，见（清）赵翼：《瓯北诗话》，马亚中、杨年丰批注，第66页。

[113]《五七言今体诗钞·序目》，见钱仲联主编：《姚鼐文选》，周中明选注评点，苏州：苏州大学出版社，2001年版，第268页。

[114]《山阴陆游诗一》，《御选唐宋诗醇》卷四十二，见（清）清高宗选：《御选唐宋诗醇》（陆诗一），扬州：广陵古籍刻印社，1982年版，第2页。

[115]《东篱杂书》四首其三，《剑南诗稿》卷七十六，见钱仲联、马亚中主编：《陆游全集校注》（第7册），第458页。

[116]《次韵辟雍同舍用予魁字韵》，《秋崖先生小稿》卷二四，见傅璇琮等主编：《全宋诗》（第61册），第38412页。

[117]《次韵程弟》十首其四，《秋崖先生小稿》卷二，见傅璇琮等主编：《全宋

诗》(第 61 册),第 38271 页。

[118]《地远》,《潜山集》卷六,见傅璇琮等主编:《全宋诗》(第 63 册),第 39578 页。

[119]《答郑尉景千书中穷格一条之义书》,《北溪大全集》卷三五,见曾枣庄等编:《全宋文》(第 295 册),第 143 页。

[120]《题斋壁》二首其二,《剑南诗稿》卷三十,见钱仲联、马亚中主编:《陆游全集校注》(第 4 册),第 215 页。

[121]《山居即事》二十首其四,《亚愚江浙纪行集句诗》卷三,见傅璇琮等主编:《全宋诗》(第 61 册),第 38631 页。

[122]《夜兴》,《潜山集》卷二,见傅璇琮等主编:《全宋诗》(第 63 册),第 39527 页。

[123]《地远》,《潜山集》卷六,见傅璇琮等主编:《全宋诗》(第 63 册),第 39578 页。

[124]《答叶定》,《永乐大典》卷二九七八,见曾枣庄等编:《全宋文》(第 255 册),第 239 页。

第八章 南宋心闲工夫的顺性之道

主体的休闲不是现成的、静态的，而是处于不断生成的过程中。正如约翰·凯利所认为的："本质上讲，休闲应当被理解为一种'成为状态'（ state of becoming ）。"[1] 正是在此意义上，休闲成为一种工夫，一种需要长期培养、修炼的过程。

何谓工夫？王阳明曾云："诚是心之本体，求复其本体，便是思诚的工夫。"[2] 由此可以印证，工夫是用来"复其本体"的，也就是回到本体、达到本体的手段和方法。因此，在传统哲学的逻辑架构中，工夫是实现本体的手段或途径（或用传统语汇称为"次第"）。胡伟希认为：

> 休闲哲学之不同于一般的人生哲学，在于它要将种种的人生理想、追求，以及价值，体现于日常生活世界。就是说，对于休闲哲学来说，它不是空谈哲理，而是透过人的具体生活：他的行为模式、生活内容，以及行动风格等等，来展示他的人格理想、生活价值的。[3]

此处所谓的"展示人格理想、生活价值"的"行为模式"，大意即休闲工夫，由此可见其重要性。而潘立勇先生等总结得更好："按中国传统哲学的理念，本体在当下呈现，本体与工夫一体两元，密不可分。本体即工夫，工夫即本体。本体为工夫所依之预设，工夫为本体现实之呈现。"[4] 因此，探讨南宋休闲的工夫就显得非常重要。事实上，有人也已指出了工夫论在宋代哲学中的重要地位：

> 工夫论是中国哲学尤其是宋明理学的重要特点之一，在中国哲学中，尤其是儒家思想中，可以说，没有不涉及工夫论的，具体谈论工夫是宋明理学的特色。……从广义上说，任何宗教都有工夫，任何哲学也都与工夫相关，但惟有中国哲学，特别是儒家思想，把工夫作为最重要的谈论对象及理论构成要素……对于宋明理学及儒家心性论来说，工夫是如何发显"本体"的修养（涵养）、次第等实践方式。[5]

本书认为，南宋休闲工夫作为对休闲本体的实现途径，其具体路径大体表现在两个方面：一是主观的精神层面如何实现"心闲"；二是客观的行为层面如何实现"身闲"。

就第一个方面而言，正如有学者所言："中国文化对人的问题的探讨通常是围绕着'心'展开的。"[6]"'闲'在中国古代文人那里以一种精神境界之'心闲'为重要特征和首要意义。"[7]事实上，南宋文士也早已看出了"心闲"的重要地位。例如，范浚指出这样一种现象：

> 今人平旦出门，牵事逐食，营为百绪，暮必归居，以休其身。然方动作疲剧，昏睡寤起，起则凌遽如昨。彼其心事躁扰，冥迷流浪，曾不少自存省，是知休其身，不知休其心。[8]

这段话恰好说明，"心闲"比"身闲"更为重要，它直接影响、制约着后者。故而本书首先阐述南宋的心闲工夫。

关于主观精神层面如何实现心性的调节，南宋心闲工夫又包括了如何顺应自然本性和如何避免本性遮蔽两个层次。本章先谈如何顺应自然本性。

南宋文士认为，"心闲"必然要求顺应自己生命的本然状态，违背本心、初心，违反天性和本能需求，就谈不上心闲。其实东晋谢灵运就表达过类似的意思："抱病就闲，顺从性情，敢率所乐。"[9]南宋心闲工夫更强调顺应人的自然本性，倡导率性而为，按本心行事。下面的例子很能代表这种看法。

张九成在谪居大庾岭期间，借宿僧居，建书房"竹轩"，别人攻击他"不审出处，罔择交游，致清议之靡容"[10]，没有"祈哀于朝廷"[11]，而是快乐地"种植垦艺，造立名字，将磅礴偃息，自适于万物之外"[12]，是一种羞耻的行为。张哑然笑曰："物各有趣，人各有适。子方以审逐为耻，我独以适心为贵。"[13]可见张氏不惧他人攻击，而要以"适心"来获取休闲之乐。

不难看出，张九成的"自适""适心"必然要求超越现存社会习俗的桎梏，顺从生命的本然状态，这正是一种心闲工夫的顺性之道。此外，杨兴宗记载，南宋宗室赵不渗在弟兄皆出仕的环境中表示："吾不乐留京城，愿得山林以居，顺吾之性。"[14]杨兴宗赞美他"有力不施，安闲而嬉。宗室之贤，千载其知"[15]。白玉蟾称赞苏森"闲时而棋，兴时而饮，畅时而歌，醉时而睡。此生为任真，所适得自若也"[16]。这都同样是在倡导心闲工夫的顺性之道。而其他南宋诸人进一步指出，懒惰、童心、享受现前和爱静，是"心"的本然状态，是本心、初心。只有在心志上顺应这些天性，不惧他人的、习俗的目光，方能通过正确的实践以获得休闲。现代休闲学认为：

> 闲暇同时也是一种无法言传的愉悦状态，并由此认识这个世界的神秘性格，带给盲目信仰某种信心，让事情顺其自然发展。（皮珀）[17]
>
> 休闲是从文化环境和物质环境的外在压力中解脱出来的一种相对自由的生活，它使个体能够以自己所喜爱的、本能地感到有价值的方式，在内心之爱的驱动下行动……（杰弗瑞·戈比）[18]

无论"让事情顺其自然发展"，还是"本能地感到有价值的方式"，其实恰好就是"顺性"而为，就是"自适""适心"，也就是懒惰、童心、享受现前和爱静。南宋休闲工夫之思路可谓早已暗合了现代休闲学原理。

第一节　"第一先教懒是真"：慵懒之道

先看南宋的一个有趣现象：葛立方，号懒真子；李鼎，号懒窝；赵汝谠，号懒庵；赵若琚，号懒翁；王纲，亦号懒翁；钱选，号习懒翁；钱厚，号竹岩懒翁；杜应然，号懒庵野叟；李处权，号松庵惰夫；李仲镇，名其寓所"懒窠"；方宣，建"懒庵"；方岳，亦建"懒庵"；苏森，建"懒翁斋"；范浚记载欧阳使君："辟高轩，游居其间，而名之曰'拙懒'。"[19]范成大自称"习闲成懒懒成痴"[20]。杨万里自称"小儿知我懒"[21]，"诗人元自懒"[22]，"学懒真成懒，知休却得休"[23]。王迈自称"平生习懒，岂堪飘风草檄之忙"[24]。韩元吉这样形容自己："我性天下懒，自谓世莫双。揭来官中都，懒极济以憃。有如千黑鱼，东西转桥矼。又如橐驼卧，厌逐群吠龙。鼻涕任纵横，脬转徒膀胱。"[25]……

南宋文士普遍认为，好逸恶劳是人的本然状态。胡寅自称"某生则冥顽，少而懒惰"[26]。他在给皇帝的奏文中称："臣窃原人之常情，好安逸，恶勤劳。……所谓始于忧勤而终于逸乐，周公之有功于王大矣。……故无逸者，图逸之本也。"[27]此即明确指出，勤劳是手段，而希望获得休闲才是人的根本目的。后来西方思想史上也有极为类似的观点，如卢梭指出："无所事事乃是人的最原始也最强烈的激情（仅次于自我保护）。如果仔细地观察，可以发现，甚至在我们中间，人们工作仅仅是为了得到休息：依然是出于懒惰，我们才勤快。"[28]由此可见，中西休闲思想可谓不乏相通之处。另有一些南宋文士则更直接拈出"懒"字作为人的本真状态和天性：

> 漫道贫非病，谁知懒是真？（陆游）[29]
> 拙是天资懒是真，本来何用戒香薰。（范成大）[30]
> 懒里若承三昧力，始知忙里事俱非。（范成大）[31]
> 捏目华中影现身，有为皆妄懒方真。（范成大）[32]
> 病笑春先老，闲怜懒是真。（辛弃疾）[33]
> 余平生懒惰，出于天性。嗜之如饮食，挟之如亲昵，安之如庐舍，周游天下，未尝不与之俱。旨哉懒乎！（释道璨）[34]

基于此，南宋文士普遍倡导将"懒"作为休闲工夫。例如，陆游认为"身闲与懒宜"[35]，而范成大提倡"槁木闲身随念懒，浮云幻事转头非"[36]。这位信佛的文士还为"懒"之工夫寻找到了佛教理据："懒拙已成三昧解，此生还证一圆通。"[37]文士李仲镇以"懒"闻名当时，还为自己的寓所起名为"懒窝"。范成大非常赞赏李仲镇的好懒工夫：

> 求名当著鞭，访道亦重趼。二边俱不住，三昧不如懒。向来南岳师，自谓极萧散。收涕且无绪，客至那可款。争如懒窝高，门外辙常满。殊不妨啸歌，秉烛苦夜短。天寒雪欲花，屋角黄云晚。径须烦二妙，对洗玻璃盏。[38]

辛弃疾在字面上相当明确地指出"懒"是休闲工夫："穷自乐，懒方闲。人间路窄酒杯宽。"[39] 他自称"天生予懒奈予何"[40]，"身如溪上钓矶闲，心似道旁官堠懒"[41]。

张镃诗云："水村居自乐，城市懒尤真。"[42] 又说："得价婆娑重，投闲懒散宜。"[43] 此即认为只有懒散的步调和节奏才适合休闲。正是基于这些，张镃把具备懒惰的心态作为休闲的第一工夫："诸公要识居园法，第一先教懒是真。"[44] 这是南宋休闲工夫的最典型表达。他这样形容自己的"懒"：

> 张子为人懒无对，遮手一官追行辈。[45]
> 园居懒成癖，驾言何所之？[46]
> 关门便懒退，遇事少躬亲。[47]
> 疏见只缘懒，频来致不妨。[48]

他还称自己不愿意为过节而劳碌，破坏自己的休闲："闲中滋味谙来惯，懒费心情为节辰。"[49] 国人的休闲历来重视节庆，不过，当代人在节庆活动中却往往不得休闲。各种聚会宴请、迎来送往，乃至送礼、还人情债，把应当休闲的人们却搞得很累，甚至心力交瘁，患上"节日综合征"。以自适为重，避免纷繁的节庆活动扰乱内心的平静，张镃的这种思路对国人不无启发。

此外，还有方岳倡导"举世忙时赢得懒，是人爱处放教轻"[50] 的休闲工夫。如此等等，不一而足。

爱睡是"懒"的一个重要表现。南宋人既把"懒"作为休闲工夫，自然对"睡"也看得颇为重要。朱敦儒指出，"睡"是人的自然需要，故而要随分满足不可违：

> 随分饥餐困睡，浑忘了、秋热春寒。[51]
> 饭饱茶香。瞌睡之时便上床。[52]

范成大也倡导想睡就睡："不待春来呼我困，四时何日不堪眠？"[53]

这一方面是因为他有着率性而为的心性，另一方面也是因为佛、道二教的倡导：

> 何处安身立命？饥餐渴饮困眠。（范成大）[54]
> 渴饮饥餐困睡，是名真学瞿聃。（范成大）[55]
> 饥时吃饭慵时睡，何暇将心更觅心。（范成大）[56]
> 若解昏昏安稳睡，主翁方始是惺惺。（范成大）[57]

从他的诗中可知，他尤爱午睡。例如他自称"闲心如絮久沾泥，但爱日长添午睡"[58]，"朝镜略无功业到，午窗惟有睡魔知"[59]。尤其是"酣酣午枕眠方丈，一笑闲身始自由"[60]一句，在说法上颇为直接地把睡眠视为休闲工夫。而他的"出门斟酌无忙事，睡过黄梅细雨天"[61]也同样如此。

陆游的诗句谈论睡眠最多。在他看来，睡眠是一件非常美好的事，故而常用"美睡"一词来形容："闲门美睡畏剥啄。"[62]"今宵一美睡，何止傲羲皇。"[63]"微凉供美睡，稳字入新联。"[64]故而他将其作为一种顺性的休闲活动，而不仅仅是生存的必需：

> 地偏身饱闲，秋爽睡殊美。[65]
> 舍风珍簟闲眠处，叠雪轻衫新浴时。[66]
> 闲眠簟作波纹冷，新浴衣如蝉翼轻。[67]
> 散步持书卷，闲眠枕药囊。[68]
> 潜消暗换人谁在？小醉闲眠我自奇。[69]
> 新诗哦罢闲无事，移取藤床睡去来。[70]

陆游重视早晨的睡眠："幸是身闲朝睡美。"[71]如果一旦晨眠被耽误，则要想办法补回："朝回补睡寻幽梦。"[72]"莫放辘轳鸣玉井，偷闲要补五更眠。"[73]他甚至在白天也要闲眠：

> 微火秋先跨，闲房昼亦眠。[74]
> 好景逢初夏，闲身得昼眠。[75]

蓬门一闭还旬日，实怕闲人搅昼眠。[76]

陆游的爱懒贪睡，已经达到了相当的程度。他自称"贪睡畸翁"[77]，年老而头发斑白时仍以闲眠自慰："老子未须悲白发，黄公垆下且闲眠。"[78] 客人知道他贪睡，也尽量不打扰他："客知贪睡多留刺，儿未来归自检书。"[79] 此外，其他南宋文士也纷纷与之同调，鼓吹自适的睡眠工夫：

> 黑甜自来无比，百计总输先。……华胥何处，蝶化逍遥，此意谁传。（张抡）[80]
> 我自乐天全。出处两无累，赢取日高眠。（程公许）[81]
> 而今何事最相宜？宜醉宜游宜睡。（辛弃疾）[82]
> 办取一生无别事，饥时吃饭困时眠。（张镃）[83]
> 无能涉世何妨睡，有道登山只是徐。（方岳）[84]
> 百年三万六千场，拟挈乾坤入睡乡。（方岳）[85]

前文曾提到睡眠有养生作用，在南宋诸人看来，其原因就在于它符合人懒的本性，故而不但可以养身，更能起到调节心性的作用，使人安稳快乐，也就获得了"心闲"：

> 记醉眠陶令，终全至乐；独醒屈子，未免沉灾。（辛弃疾）[86]
> 睡足闲居好滋味，投床径自駒駒地。（张镃）[87]
> 人间一事最幽奇，病醉皆非半睡时。经纸屏低心正惬，木绵衾暖足慵移。蘧蘧蝶梦萦孤枕，咄咄鸡声过短篱。无奈冲寒早朝客，不知疏拙是便宜。（张镃）[88]
> 黑甜安尔睡为魔。……一枕觉来佳兴多。（张镃）[89]
> 闲处光阴，赢得日高眠。一品高官人道好，多少事，碎心田。（吴潜）[90]
> 北窗高卧美无价，山鸟竟知吾是谁。（方岳）[91]
> 石根一睡美，幽尚谁与同。（方岳）[92]

"懒"的心态调节和"睡"的实践工夫，使南宋文士得以回归自然本性，有助于他们在萧散中回避世俗纷扰与危机，获得休闲。此外，像庄器之那样"深叹末俗竞，懒赴殊科试"（张镃）[93]者亦不在少数。这种懒赴科举的"懒"，更表现了南宋一部分文士厌恶科举俗弊，不愿进入体制而限制自己的自由，不愿与统治者合作的清高态度。

总之，正如方岳所言："尽懒从吾睡，虽穷不受怜。"[94]"懒"和"睡"成为众多文士共同所倡导的"适心"工夫。

第二节 "养心功用在还婴"：童心之道

童年是人一生中最率性而为的时期，童心也被看作人的最本真、最自然的状态。关于这一点，传统哲学中以李贽的"童心说"最为著名：

> 夫童心者，真心也。若以童心为不可，是以真心为不可也。夫童心者，绝假纯真，最初一念之本心也。若失却童心，便失却真心；失却真心，便失却真人。人而非真，全不复有初矣。童子者，人之初也；童心者，心之初也。夫心之初，曷可失也！[95]

事实上，先秦道家早已流露出对儿童本真状态的赞赏。老子主张人们"常德不离，复归于婴儿"（《老子·二十八章》），因为婴儿的自然本真状态使其身心旺盛而和谐："骨弱筋柔而握固，未知牝牡之合而朘作，精之至也。终日号而不嗄，和之至也。"（《老子·五十五章》）因此老子认为，有德之人有赤子之心："含德之厚，比于赤子。"（《老子·五十五章》）此外，《庄子·庚桑楚》里也记载：老子曾诘问南荣趎"能儿子乎？"以上都表达了道家对童心的向往。

南宋诸人显然受到道家哲学影响，并进一步把保持童心，把像儿童一样生活作为一种休闲工夫。这在历史上具有非常鲜明的特色。刘子翚云："童心莹如，杂虑无寄……顺之于正而已。"[96]这恰好说明儿童的行为是顺适己心的。因此，回归童心才可能成为一种休闲工夫。

其后陆游指出："养心功用在还婴，肯使秋毫有妄情？"[97]显然，陆游将回归婴儿的状态作为"养心"的一种工夫。因为婴儿没有"妄情"，才能无忧无虑地享受生活。对于陆游本人来说，保持童心使他获得了休闲的欢乐。他常说自己到晚年还有一颗童心，倡导人们像孩子一样对万事无所顾虑，完全按照自己的心意去流连山水，去放任天真的想法：

> 浮云万事不到眼，千岁人间心尚孩。[98]
> 八十可怜心尚孩，看山看水不知回。[99]
> 老客天涯心尚孩，惜春直欲挽春回。[100]
> 苍然老气压桃杏，笑我白发心尚孩。[101]

童心的一个表现就是喜欢游戏。陆游颇主张像儿童一样游戏。在他看来，和孩子在一起是获得休闲安乐的一种重要方法。虽然有时遭到别人的嘲笑："白发短欲尽，人嗤心尚孩"[102]，但陆游不为所动，依然如旧，终日像少年儿童那样休闲游嬉。这在道学大盛，知识分子变得越来越严肃、面具越来越沉重的封建社会实属不易：

> 堪笑放翁头白尽，坐消长日事儿嬉。[103]
> 残年真欲数期颐，一事无营饱即嬉。[104]
> 老翁终日饱还嬉，常拾儿童竹马骑。[105]
> 整书拂几当闲嬉，时取曾孙竹马骑。[106]
> 贫甚不为明日计，兴来犹作少年狂。[107]

游戏是人的天性。现代休闲学看重游戏的价值。德国哲学家拉纳（Hugo Rahner）指出："人们在游戏中趋向于一种最悠闲的境界，在这种境界中，甚至连身体都摆脱了世俗的负担，而和着天堂之舞的节拍轻松摇动。"[108] 杰弗瑞·戈比指出："也许一个成年人最明显的标志之一，是能够像孩子一样地生活和玩耍。……人需求游戏，这是千真万确的真理。"[109] 陆游的游戏工夫，显示了我国传统休闲思想中对游戏价值的肯定。

其他南宋诸人同样以保持童心作为休闲之道，如范成大。这位曾位居参知政事（相当于副宰相）的文士，在诗中这样倡导：

童心仍竹马，暮境忽蒲轮。[110]

节物竞随乡俗，老翁闲伴儿嬉。[111]

旁人不堪忧，我心犹始孩。[112]

憨憨与世共儿嬉，兀兀从人笑我痴。[113]

儿童竞佳节，呼唤舞且歌；我亦兴不浅，健起相婆娑。[114]

其他还有辛弃疾"焚香度日尽从容，笑语调儿童"[115]；石孝友"作儿戏，为亲寿，捧霞钟"[116]；姜夔赞赏"柳州老矣犹儿戏"[117]；刘克庄自称"老夫白首，尚儿嬉、废圃一番料理"[118]；刘辰翁自称"遗民植杖唐巾起，闲伴儿童看立春"[119]；李慧之赞赏"八九十翁，似婴儿戏，汉司马迁"[120]；方岳主张"且从群儿嬉，吾未已可把"[121]。

以上诸人，大多是曾任一定官位，有一定地位的文士大臣，但他们或倡导童心之道，或能在老年童心未泯，保持游戏精神，这是难能可贵的，这也是他们能够保持乐观，获得休闲并长寿的秘诀。

此外，方岳也自称"我观于世，何者非儿嬉"[122]。无名氏云："世事儿戏耳，尊酒百忧消。"[123]这些在更形而上的层面上、更广阔的视野中用"游戏说"表达出了对社会的认识，因此是更高层次的休闲工夫。

第三节 "及时乐取逍遥性"：即时之道

享受眼前也是人的最自然的本性，从对儿童的观察即可证明这一点。很少会有孩子为了明天五颗糖果的许诺而放弃今天一颗糖果的享受。这种当下的满足在心理学上被称为即时满足（instantly fulfilling），但随着年龄渐长，知觉益广，人们开始有了名利之谋划，这种自然本性便被抑制了。"即时满足"逐渐为成人所特有的"自我延迟满足"（self-imposed delay of gratification）所取代。这是一种甘愿为可能的更有价值的长远结果而放弃即时满足的抉择取向。它使人们越来越习惯把努力工作看作今天的事情，而把幸福设定在未来的某个时刻，结果是忘了享受现在，与一个个当下的快乐失之交臂。

与世俗忽视当下相反，佛教非常重视当下的价值和体验。古印度佛教的"现量"概念，就具有刹那构成、当下呈现、不可重复等语义。我国佛教尤其是禅宗向来有"目前法""目前意""目前机"等说法。"目前法"指在眼前可以觅到的佛法，"目前意"指当下的智慧，"目前机"指现前可以用来觉悟的机缘和禅境。唐代高僧临济义玄指出，法旨都不会离开目前现用的情境："心法无形，通贯十方，目前现用。"[124] 唐代高僧善会亦说："目前无法，意在目前。"[125] 因此，禅宗哲学讲究不要执着过去，也不要幻想未来，而要在当下的色（现象）的体验上获得觉悟。

受禅宗影响极深的南宋人士，在休闲工夫上也强调要重视当下的体验，尤其以朱敦儒最为典型。他劝导人们要从忙碌中停下来，跳出去，享受当下的快乐：

> 受用现前活计，且行歌行乐。[126]
> 不须计较与安排，领取而今见在。[127]
> 琼酥热。今朝不饮，几时欢悦。[128]
> 乐事眼前多，春酒今年胜。好趁迎梅接柳时，满引金杯饮。[129]

朱敦儒采取的是及时行乐的心态，其理由是人生短暂，故而无须犹豫，无须等待。他反复指出时间的飞逝给休闲带来的障碍：

> 白日去如箭，达者惜分阴。[130]
> 浮生春梦，难得是欢娱。[131]
> 世事短如春梦，人情薄似秋云。[132]
> 浮生事，长江水，几时闲。[133]
> 昔人已矣，松下泉底不如今。[134]
> 流水滔滔无住处，飞光匆匆西沈。世间谁是百年人。[135]

因为人生短暂，所以他决心要"身退心闲，剩向人间活几年"[136]。不过，朱敦儒承认，自己对休闲也并非一开始就有自觉的认识。他意识到要及时行乐是有过程的。

他也曾因试图寻觅某种未来的终极幸福，而忽视了当下的快乐体验，乃至终日生活在危机之中，但终于悔悟："新来省悟一生痴。寻觅上天梯。抛失眼前活计，踏翻暗里危机。莫言就错，真须悔过，休更迟疑。"[137] 故而，后来的朱敦儒十分珍惜当下休闲的宝贵，舍不得轻辞与友人的宴乐之趣：

> 片时欢笑且相亲。明日阴晴未定。[138]
>
> 从容言笑醉还醒，争忍便轻别。只愿主人留客，更重斟金叶。[139]

朱敦儒还认为，其实每个人都可以和他一样选择休闲的生活，只不过并非人人意识到人生短暂。一旦领悟，撒手名利而及时行乐，人生立刻就可以变得美好。例如他词云："撒手游行。到处笙歌拥路迎。"[140] 又云："人人放著逍遥路，只怕君心不悟。弹指百年今古……"[141] 朱敦儒之后的其他南宋诸人，也多持此享受现前的休闲工夫论：

> 韶光回首即成空，及时乐取逍遥性。（张抡）[142]
>
> 趁闲行乐，休辜负、冶叶繁英。（侯寘）[143]
>
> 人生行乐耳，须富贵何时。（向滈）[144]
>
> 但官闲、有酒便游嬉，愁无益。（丘崈）[145]
>
> 身闲有限，莫辞光景，刻烛相催。（丘崈）[146]
>
> 趁闲身未老，良辰美景，款醉新歌舞。（赵长卿）[147]
>
> 塞责文书容我懒，及时杯酒赖君同。（范成大）[148]
>
> 荣华势利输人惯，赢得尊前现在身。（范成大）[149]
>
> 身后虚名，古来不换生前醉。（辛弃疾）[150]
>
> 等闲陈迹。总无如现在，尊前一笑，坐中赢得。（辛弃疾）[151]
>
> 闲处直须行乐，良夜更教秉烛，高会惜分阴。（辛弃疾）[152]
>
> 莫待青春晚，趁莺花未老，觅醉寻欢。（仇远）[153]

南宋诸人中，以张镃、方岳对及时行乐的表述较为充分。张镃的一首诗比朱敦儒更形象地强调了人生的短暂。尽管不乏夸饰，但的确非常深刻，发人警醒：

人生都无四万日，炊黍未办鬓已华。功名富贵软铁汉，四万日中先太半。稚衰忧病睡工夫，余剩不能供瓮筹。何当筠笼罩住兔与乌，请渠同道黄金壶。皇王帝霸果何事，醉眼一觑皆虚无。春风今年春雨粗，池中水通门前湖。垂杨洲旁系板舫，艳杏桥上行巾车。才晴肯放此乐缓，客有与无俱不管。诗成书纸或书墙，后五十年坟草长。[154]

故此，他指出及时行乐的重要性。在他看来，无论是物质性的娱乐（如饮酒），还是精神性的娱乐（如吟诗、旅游），都要及时享受：

> 一般要撰眼前乐，泉石由来乐较真。[155]
> 今朝欢笑且衔杯，休更问明日。[156]
> 有手须把酒，有口须吟诗。更留未老脚，上山当及时。[157]

也正因为此，张镃将其"桂隐林泉"中的一座堂馆命名为"现乐堂"。而方岳的"即时之道"也颇为可圈可点。他借刘伶的例子指出，身后的名声不如眼前的美酒：

> 刘伶坟上宁须酒，并与声名不用传。[158]
> 功名那及生前酒，机会多如饭后钟。[159]
> 未暇思身后，何如了目前。[160]
> 百年一瞬息，万事皆尘埃。所以身后名，不如掌中杯。[161]

此外，林光朝还有类似的议论："相聚才三十左右，今五十矣，要他富贵是何时！惟一日享得一日，快活无事，为吾人实历处，此意皎皎也。"[162] 陈著对友人有这样的檄文："伏以须菊花满插，要酬佳节之难逢；把茱萸细看，曾问明年之谁健。忽焉今日，又是重阳。……其羞俎豆，以从樽罍。时复一中之，庶免明月清风之笑；人生行乐耳，长记丹崖青壁之游。兹檄星驰，如约云集。戊寅九月日檄。"[163] 诸如此类，随处可见。

还有前文提到，南宋文士中流传徐某的一句诗："此生待足何时足，未老得闲方是闲。"[164]这句话也具有及时行乐之意。故而刘学箕建堂名曰"方是闲"，自号"方是闲居士"。陈宓称赞赵郎中"求清闲于未老，方深乐乎止足之趣"[165]，又称赞林经略"引车还家，未老能闲，徜徉泉石，四五年间"[166]。此均是在倡导求闲于未老，及时享受当下生活。

从正统伦理观来看，"及时行乐"观念历来给人以不良的印象，被认为会导致"今朝有酒今朝醉"的那种不顾一切、醉生梦死的行为。但若从活在当下、受用目前的哲学视角来看，却也具有一定的合理性和积极意义。虽然以上南宋文士没有达到要像佛家那样在当下去领悟佛理的层次，但他们对不可重复的人生快乐的珍惜态度，对陷入"自我延迟满足"泥淖而不得休闲之乐的当代人来说具有一定积极意义。

苏状指出："'即时'（'及时'）行乐的心理转化不需太多主体功夫，只要使心顺承当下之性即可，因此，对文人和大众都是一种很实用，也是很奏效的得闲心理途径，古人赋闲理由无论其明之或暗之，都潜藏这种心理作用。"[167]但苏文在举例中对南宋付之阙如。本书对此正是一个很好的补充。

第四节 "静处工夫自策勋"：归静之道

中国传统的儒、道哲学都把"静"作为人的本性。老子云："致虚极，守静笃。万物并作，吾以观复。夫物芸芸，各归其根。归根曰'静'，静曰'复命'，复命曰'常'，知常曰'明'。"（《老子·十六章》）根据此意，"静"为万物的本原，当然也是人的本性。在庄子那里，"万物之本"也是"虚静恬淡寂寞无为"（《庄子·天道》）的存在。后来《礼记》更直接肯定了"静"是人性的本然状态："人生而静，天之性也。感于物而动，性之欲也。物至知知，然后好恶形焉。好恶无节于内，知诱于外，不能反躬，天理灭矣。"（《礼记·乐记》）

向世陵认为："'反躬'意味着反省体验人生而静的天性。"[168]笔者表示完全赞同。李白云："遂造穷谷间，始知静者闲"（《寻高凤石门山中元丹丘》）[169]，说明唐人在某种程度上已将"静"视为得"闲"之必要条件。而南宋人生哲学中对"静"的工夫更是颇为推崇，这从他们的名、字、号中就可见一斑，如有文士名陈静山、汪静山，陆九渊字子静，黄彪号静乐居士，王衷赐号悟静处士，有释名静芳，有道士名黎道静，等等。而其休闲的顺性工夫，也是按照这种"反躬求静"的思路展开的。

张元干云："眼界贵宽，心地贵闲，耳根贵静。"[170] 王铚云："盖是心既静，则外景靡非至乐，况山川之足娱心乎！"[171] 张九成记载他的朋友陈开祖开辟书室，取名"静胜斋"原因是"盖欲居闲守静，以胜事物之纷纭也。至于人是人非、人富人贵、人荣人辱，皆无足以动其心者"[172]。潘良贵记载曹用晦曾经"高车秩马，驰逐乎通都大邑"[173]，而后来却能"纸窗竺屋，环堵萧然，终日凝默"[174]。潘良贵认为，这"是必有静于中而胜于外者矣"[175]。

张抡感到"元来一念静无尘。萧然心自清"[176]。陆游自称"茅斋遥夜养心君，静处工夫自策勋"[177]。张镃认为"心静境自来，非关苦寻搜"[178]，并在其园林中建筑"静乐庐"。以上种种，均在不同程度上将"静"作为休闲工夫。

南宋佛门也倡导归静之道。释文珦可谓是一位典型代表。他认为静乃是其天然本性："吾心静而贞，是乃出天禀。"[179] 他指出，人在动中总会受到牵制，而在静中则能恢复本性："动时皆物役，静处是吾天。"[180] 静，可以消除烦恼，忘记万事："一静灭万虑"[181]，"万事静中忘"[182]。从佛教的角度，静可以"省缘"而得"真如"，从而也就得到了休闲：

> 任性无外求，一静万缘了。何事尘中人，百年徒扰扰。[183]
> 以闲消苑结，因静得真如。[184]

释文珦还自称"老身真个如山静"[185]，"常于静处著闲身"[186]。此外，南宋道家领袖也讲究"静"的工夫，虽然不是针对休闲而是针对得道成仙所发出的，但从其效果来看，仍与休闲工夫有实质的相通之处：

> 自兹以往，慎言语，节饮食，除垢止念，静心守一，虚无恬

淡，寂寞无为，收视返听，和光同尘。（张继先）[187]

尝谓静躁两歧，胜负殊势，惟其静也，乃能胜之，一静可以制万动也。方其动心之时，六窗烟昏，七窍风号，寸田荆榛，灵府猿猱，龙悲欲海，凤堕世罗，生死岸阔，人我山高，功德蓁林，化作蓬蒿，清静眷属，变为干戈，轻举妄动，躁图狂操，忧悲于患难之途，老死于名利之窝。……及其静虑之时，心天云朗，性海波澄，丹田花开，华池水生，梦游瑶台，神谒玉京，物我俱忘，宠辱不惊，松风萝月，与为弟兄，岩猿溪鹤，堪结友闻，逍遥乎幽寥之内，徜徉乎碧虚之滨。《经》云"归根曰静，静曰复命"者此也。（白玉蟾）[188]

地方而静，东注不竭，主静者也。……以虚养心，心所以静。……人心安静，如北辰之不移。……静则忘念，应机忘我，应变忘物……（李道纯）[189]

南宋讲"静"的工夫讲得最起劲的是理学家。虽然他们是将其作为道德、心性修养的工夫，但从针对的状况和产生的效果来看，这无疑也可以被视为休闲工夫。如李石主张："优而柔之，静以坐持。厥持谓何？静为动基。如衣之领，如纲之维。"[190]此外，他还自称"默以掩口，静以止足"[191]。

李侗尤其讲究心志的"静"。他主张要静心，而手段是静坐：

学问之道，不在于多言，但默坐澄心，体认天理若见……[192]
承谕处事扰扰，便似内外离绝，不相贼贯。此病可于静坐时收摄……[193]

他以自己的老师罗从彦为例："某曩时从罗先生学问，终日相对静坐……先生极好静坐。某时未有知，退入室中，亦只静坐而已。先生令静中看'喜怒哀乐未发之谓中'，未发时作何气象。此意不惟于进学有利，兼亦是养心之要。"[194]他并以此告诫朱熹"于静默时及日用处下功夫，看如何"[195]。刘子翚也主张：

惟循惟默，乃能自得。[196]

学者必有用心……静为入门，扰而不变也……[197]

朱熹在其《晦庵先生朱文公文集》卷六十一、六十二中反复引用程子"人生而静"的话，又在卷七十五中提到周子主静之说，还在卷六十七和卷七十六中两次提到《乐记》中"人生而静，天之性也"之语，可谓将先儒的"主静论"奉为圭臬。其他还有叶肃指出"虚而静者性也"[198]，唐仲友指出"人之心，本虚而静"[199]，陈亮认同"人生而静"[200]，等等。直到南宋末年，理学家们仍一直主静得闲：

> 人生而静，天之性也。性本静，本虚，本清明，无所不烛，譬之于水，波则荡，滓则浑，是故贵于不挠也。自昔经济之士，平居暇日，淡乎无其营。一旦临大众，决大策，断大疑，垂绅拥袖，不动声色，奠九鼎于泰山者，静则然耳。大哉静乎，天地万物纵横妙用，变化其中，一有所侵乱，焦焦然与百物战，争胜负，则我为役矣，如物何！……《大学》曰："静而后能安。"（钱时）[201]

> 天地之初，阴阳之始。混乎难名，惟静而已。是谓真静，万化之根。不与动对，动由是生。人之此心，惟静为体。……我尝从师，请问疑义。谆谆之告，主静为是。（家铉翁）[202]

此外，范浚称儿童之心处在"静"的状态，这恰好也说明"静"是人的本性："夫童蒙未发，心一而静，自是养之，虽幼而壮，壮而老，将不失其赤子之心。"[203]

关于"主静"的休闲工夫，甚至连西方休闲学家也注意到了。美国乔治·梅森大学休闲学教授托马斯·古德尔指出："不可否认的是，中国人休闲主'静'（注重内省），而西方人却是主'动'（注重外在表现）。"[204]从南宋休闲工夫里，我们找到了此一论断的充分依据。

注释

［1］John R. Kelly, *Freedom to be: A New Sociology of Leisure*. New York: Macmillan Publishing Company, 1987, p.1.

［2］《传习录上》，见 (明) 王守仁：《王阳明全集》，吴光等编校，上海：上海古籍出版社，2011 年版，第 40 页。

［3］胡伟希：《中国休闲哲学的特质及其开展》，载《湖南社会科学》，2003 年第 6 期。

［4］潘立勇、陆庆祥：《中国传统休闲审美哲学的现代解读》，载《社会科学辑刊》，2011 年第 4 期。

［5］袁曦：《儒家心性论传统与工夫论思想研究》，海南大学硕士学位论文，2010 年，第 14 页。

［6］彭鹏：《本体、工夫与境界：心文化的理论与实践》，载《唐都学刊》，2010 年第 5 期。

［7］苏状：《"闲"与中国古代文人的审美人生：对"闲"范畴的文化美学研究》，复旦大学博士论文，2008 年，第 7 页。

［8］《养正斋记》，《范香溪文集》卷六，见曾枣庄等编：《全宋文》(第 194 册)，上海：上海辞书出版社，合肥：安徽教育出版社，2006 年版，第 145—146 页。

［9］《山居赋》序，见 (南朝) 谢灵运：《谢灵运集》，李运富编注，长沙：岳麓书社，1999 年版，第 226 页。

［10］《竹轩记》，《横浦先生文集》卷一七，见曾枣庄等编：《全宋文》(第 184 册)，第 154 页。

［11］同上。

［12］同上书，第 155 页。

［13］同上。

［14］《有宋宗室平江府都监墓志铭》，民国《江苏通志稿》金石一三，见曾枣庄等编：《全宋文》(第 242 册)，第 449 页。

［15］同上书，第 450 页。

［16］《懒翁斋赋》，《修真十书·上清集》卷四二，见曾枣庄等编：《全宋文》(第 296 册)，第 149 页。

［17］(德) 约瑟夫·皮珀：《闲暇：文化的基础》，刘森尧译，北京：新星出版社，2005 年版，第 42 页。

［18］Geoffrey Godbey, *Leisure in Your Life: An Exploration*. Philadelphia: Venture

Publishing, Inc., 1985, p.9.

［19］《拙懒轩记》，《范香溪文集》卷六，见曾枣庄等编：《全宋文》（第 194 册），第 150 页。

［20］《习闲》，《石湖居士诗集》卷二九，见傅璇琮等主编：《全宋诗》（第 41 册），北京：北京大学出版社，1998 年版，第 26027 页。

［21］《老眼废书有叹》，《诚斋集》卷四《江湖集》，见傅璇琮等主编：《全宋诗》（第 42 册），第 26126 页。

［22］《春日六绝句》其三，《诚斋集》卷五《江湖集》，见傅璇琮等主编：《全宋诗》（第 42 册），第 26134 页。

［23］《暮归》，《诚斋集》卷五《江湖集》，见傅璇琮等主编：《全宋诗》（第 42 册），第 26136 页。

［24］《与王合同启》，《臞轩先生四六》卷一，见曾枣庄等编：《全宋文》（第 324 册），第 286 页。

［25］《李仲镇懒窠》，《南涧甲乙稿》卷一，见傅璇琮等主编：《全宋诗》（第 38 册），第 23609 页。

［26］《谢湖北王漕东卿启》，《斐然集》卷七，见曾枣庄等编：《全宋文》（第 189 册），第 253 页。

［27］《无逸传》，《斐然集》卷二二，见曾枣庄等编：《全宋文》（第 190 册），第 1—2 页。

［28］（法）卢梭：《论语言的起源》，洪涛译，上海：上海人民出版社，2003 年版，第 74 页。

［29］《步至湖上寓小舟还舍》五首其五，《剑南诗稿》卷三十，见钱仲联、马亚中主编：《陆游全集校注》（第 4 册），第 207 页。

［30］《有会而作》，《石湖居士诗集》卷三一，见傅璇琮等主编：《全宋诗》（第 41 册），第 26038 页。

［31］《丙午新正书怀十首》其九，《石湖居士诗集》卷二六，见傅璇琮等主编：《全宋诗》（第 41 册），第 25995 页。

［32］《偶书》，《石湖居士诗集》卷二八，见傅璇琮等主编：《全宋诗》（第 41 册），第 26019 页。

［33］《南歌子·独坐蔗庵》，《稼轩词》卷十二，见（南宋）辛弃疾：《辛弃疾全集》，王步高等辑校汇评，珠海：珠海出版社，2002 年版，第 178 页。

［34］《懒翁说》，《无文印》卷九，见曾枣庄等编：《全宋文》（第 349 册），第 352 页。

［35］《晨至湖上》二首其二，《剑南诗稿》卷五，见钱仲联、马亚中主编：《陆游全集校注》（第 1 册），第 337 页。

［36］《题漫斋壁》，《石湖居士诗集》卷六，见傅璇琮等主编：《全宋诗》（第41册），第25799页。

［37］《晚集南楼》，《石湖居士诗集》卷六，见傅璇琮等主编：《全宋诗》（第41册），第25795页。

［38］《李仲镇懒窝》，《石湖居士诗集》卷八，见傅璇琮等主编：《全宋诗》（第41册），第25816页。

［39］《鹧鸪天·吴子似过秋水》，《稼轩词》卷九，见（南宋）辛弃疾：《辛弃疾全集》，王步高等辑校汇评，第135页。

［40］《鹧鸪天·三山道中》，见（南宋）辛弃疾：《辛弃疾全集》，王步高等辑校汇评，第129页。

［41］《玉楼春·用韵答叶仲洽》，《稼轩词》卷十，见（南宋）辛弃疾：《辛弃疾全集》，王步高等辑校汇评，第139页。

［42］《代书回寄杨伯虎》，《南湖集》卷四，见（南宋）张镃：《南湖集》，吴晶、周膺点校，北京：当代中国出版社，2014年版，第101页。

［43］《安乐泉亭上午憩》，《南湖集》卷四，见（南宋）张镃：《南湖集》，吴晶、周膺点校，第117页。

［44］《即席次潘茂洪韵》，《南湖集》卷六，见（南宋）张镃：《南湖集》，吴晶、周膺点校，第158页。

［45］《奉祠云台，题陈希夷画像》，《南湖集》卷二，见（南宋）张镃：《南湖集》，吴晶、周膺点校，第55页。

［46］《简喻叔奇工部、沈无隐寺簿》，《南湖集》卷三，见（南宋）张镃：《南湖集》，吴晶、周膺点校，第72页。

［47］《次韵罗端规》二首其一，《南湖集》卷四，见（南宋）张镃：《南湖集》，吴晶、周膺点校，第96页。

［48］《简陈监仓》二首其一，《南湖集》卷四，见（南宋）张镃：《南湖集》，吴晶、周膺点校，第98页。

［49］《五日荥阳郡王饷酒》，《南湖集》卷五，见（南宋）张镃：《南湖集》，吴晶、周膺点校，第129页。

［50］《感怀》十首其六，《秋崖先生小稿》卷一五，见傅璇琮等主编：《全宋诗》（第61册），第38348页。

［51］《满庭芳》二首其一，《樵歌》卷上，见（南宋）朱敦儒：《樵歌》，龙元亮校，北京：文学古籍刊行社，1958年版，第11页。

［52］《减字木兰花》十七首其十六，《樵歌》卷下，见（南宋）朱敦儒：《樵歌》，龙元亮校，第63页。

［53］《春困二绝》其一，《石湖居士诗集》卷二六，见傅璇琮等主编：《全宋诗》

（第 41 册），第 25996 页。

[54]《二偈呈似寿老》，《石湖居士诗集》卷二三，见傅璇琮等主编：《全宋诗》（第 41 册），第 25967 页。

[55]《次韵养正元日六言》，《石湖居士诗集》卷三三，见傅璇琮等主编：《全宋诗》（第 41 册），第 26051 页。

[56]《偶至东堂》，《石湖居士诗集》卷三二，见傅璇琮等主编：《全宋诗》（第 41 册），第 26045 页。

[57]《春困二绝》其二，《石湖居士诗集》卷二六，见傅璇琮等主编：《全宋诗》（第 41 册），第 25996 页。

[58]《次韵时叙》，《石湖居士诗集》卷三，见傅璇琮等主编：《全宋诗》（第 41 册），第 25766 页。

[59]《丙午新正书怀十首》其三，《石湖居士诗集》卷二六，见傅璇琮等主编：《全宋诗》（第 41 册），第 25994 页。

[60]《凌云九顶》，《石湖居士诗集》卷一八，见傅璇琮等主编：《全宋诗》（第 41 册），第 25921 页。

[61]《病中绝句》八首其二，《石湖居士诗集》卷四，见傅璇琮等主编：《全宋诗》（第 41 册），第 25778 页。

[62]《寄徐秀才斯远并呈庄贤良器之》，《剑南诗稿》卷三十，见钱仲联、马亚中主编：《陆游全集校注》（第 4 册），杭州：浙江教育出版社，2011 年版，第 223 页。

[63]《南堂纳凉》二首其二，《剑南诗稿》卷四十六，见钱仲联、马亚中主编：《陆游全集校注》（第 5 册），第 374 页。

[64]《雨后凉甚》，《剑南诗稿》卷五十八，见钱仲联、马亚中主编：《陆游全集校注》（第 6 册），第 314 页。

[65]《起晚戏作》，《剑南诗稿》卷十五，见钱仲联、马亚中主编：《陆游全集校注》（第 3 册），第 4 页。

[66]《夏日晚兴》，《剑南诗稿》卷二十七，见钱仲联、马亚中主编：《陆游全集校注》（第 4 册），第 97 页。

[67]《秋暑夜兴》，《剑南诗稿》卷四十七，见钱仲联、马亚中主编：《陆游全集校注》（第 5 册），第 385 页。

[68]《杂兴》六首其一，《剑南诗稿》卷五十九，见钱仲联、马亚中主编：《陆游全集校注》（第 6 册），第 357 页。

[69]《寓叹》，《剑南诗稿》卷六十四，见钱仲联、马亚中主编：《陆游全集校注》（第 7 册），第 47 页。

[70]《夏日》十二首其十二，《剑南诗稿》卷八十二，见钱仲联、马亚中主编：

《陆游全集校注》(第8册)，第196页。

[71]《立春》，《剑南诗稿》卷九，见钱仲联、马亚中主编:《陆游全集校注》(第2册)，第165页。

[72]《题斋壁》三首其三，《剑南诗稿》卷五十三，见钱仲联、马亚中主编:《陆游全集校注》(第6册)，第135页。

[73]《天祺节日饭罢小憩》，《剑南诗稿》卷十二，见钱仲联、马亚中主编:《陆游全集校注》(第2册)，第316页。

[74]《卧病累日羸甚偶复小健戏作》，《剑南诗稿》卷四十七，见钱仲联、马亚中主编:《陆游全集校注》(第5册)，第417页。

[75]《初夏昼眠》，《剑南诗稿》卷五十七，见钱仲联、马亚中主编:《陆游全集校注》(第6册)，第277页。

[76]《炊米不继戏作》，《剑南诗稿》卷五十七，见钱仲联、马亚中主编:《陆游全集校注》(第6册)，第269页。

[77]《夏日》十二首其十一，《剑南诗稿》卷八十二，见钱仲联、马亚中主编:《陆游全集校注》(第8册)，第196页。

[78]《故山》四首其二，《剑南诗稿》卷二十一，见钱仲联、马亚中主编:《陆游全集校注》(第3册)，第365页。

[79]《题斋壁》三首其一，《剑南诗稿》卷五十三，见钱仲联、马亚中主编:《陆游全集校注》(第6册)，第135页。

[80]《诉衷情·咏闲》十首其九，见唐圭璋编纂:《全宋词》(简体增订本第三册)，北京:中华书局，1965年版，第1841页。

[81]《水调歌头·和吴秀岩韵》，见唐圭璋编纂:《全宋词》(简体增订本第四册)，第3216页。

[82]《西江月示儿曹，以家事付之》，《稼轩词》卷十，见(南宋)辛弃疾:《辛弃疾全集》，王步高等辑校汇评，第149页。

[83]《碧宇书兴》，《南湖集》卷五，见(南宋)张镃:《南湖集》，吴晶、周膺点校，第150页。

[84]《次韵郑金判》八首其六，《秋崖先生小稿》卷一七，见傅璇琮等主编:《全宋诗》(第61册)，第38363页。

[85]《茧窝》，《秋崖先生小稿》卷二○，见傅璇琮等主编:《全宋诗》(第61册)，第38384页。

[86]《沁园春·城中诸公载酒入山，余不得以止酒为解，遂破戒一醉，再用韵》，《稼轩词》卷二，见(南宋)辛弃疾:《辛弃疾全集》，王步高等辑校汇评，第25页。

[87]《夜看月边行云》，《南湖集》卷二，见(南宋)张镃:《南湖集》，吴晶、周膺

点校，第59页。

［88］《晓寝喜成》，《南湖集》卷五，见（南宋）张镃：《南湖集》，吴晶、周膺点校，第151—152页。

［89］《咏清苦》，《南湖集》卷八，见（南宋）张镃：《南湖集》，吴晶、周膺点校，第230页。

［90］《江城子•示表侄刘国华》，见唐圭璋编纂：《全宋词》（简体增订本第4册），第3479页。

［91］《山中》四首其三，《秋崖先生小稿》卷二〇，见傅璇琮等主编：《全宋诗》（第61册），第38386页。

［92］《夏日珠溪赋八音体》，《秋崖先生小稿》卷二六，见傅璇琮等主编：《全宋诗》（第61册），第38425页。

［93］《寄题庄器之招隐楼》，《南湖集》卷一，见（南宋）张镃：《南湖集》，吴晶、周膺点校，第33页。

［94］《式贤和杜夔府百韵过余秋崖下大篇春容笔力遒劲于其归也聊复效颦》，《秋崖先生小稿》卷三六，见傅璇琮等主编：《全宋诗》（第61册），第38488页。

［95］《童心说》，《焚书》卷三，见（明）李贽：《焚书•续焚书》，北京：中华书局，1975年版，第98页。

［96］《蒙斋记》，《屏山集》卷五，见曾枣庄等编：《全宋文》（第193册），第205页。

［97］《道室述怀》，《剑南诗稿》卷五十七，见钱仲联、马亚中主编：《陆游全集校注》（第6册），第264页。

［98］《道室试笔》六首其一，《剑南诗稿》卷六十，见钱仲联、马亚中主编：《陆游全集校注》（第6册），第389页。

［99］《初归杂咏》七首其三，《剑南诗稿》卷五十三，见钱仲联、马亚中主编：《陆游全集校注》（第6册），第149页。

［100］《春晚书怀》三首其三，《剑南诗稿》卷三，见钱仲联、马亚中主编：《陆游全集校注》（第2册），第233页。

［101］《故蜀别苑在成都西南十五六里梅至多有两大树夭矫若龙相传谓之梅龙予初至蜀尝为作诗自此岁常访之今复赋一首丁酉十一月也》，《剑南诗稿》卷九，见钱仲联、马亚中主编：《陆游全集校注》（第2册），第143页。

［102］《老境》二首其一，《剑南诗稿》卷三十八，见钱仲联、马亚中主编：《陆游全集校注》（第5册），第75页。

［103］《爱闲》，《剑南诗稿》卷二十四，见钱仲联、马亚中主编：《陆游全集校注》（第3册），第472页。

［104］《老甚自咏》二首其一，《剑南诗稿》卷五十六，见钱仲联、马亚中主编：

《陆游全集校注》（第 6 册），第 249 页。

［105］《老叹》，《剑南诗稿》卷六十八，见钱仲联、马亚中主编：《陆游全集校注》
（第 7 册），第 191 页。

［106］《书意》三首其一，《剑南诗稿》卷七十五，见钱仲联、马亚中主编：《陆游全集校注》（第 7 册），第 455 页。

［107］《晚步湖堤》，《剑南诗稿》卷八十，见钱仲联、马亚中主编：《陆游全集校注》（第 8 册），第 111 页。

［108］Thomas Goodale & Geoffrey Godbey, *The Evolution of Leisure: Historical and Philosophical Perspectives*, Philadelphia: Venture Publishing, Inc., 1988, p.164.

［109］同上书，p.165.

［110］《丙午新年六十一岁俗谓之元命作诗自贶》，《石湖居士诗集》卷二六，见傅璇琮等主编：《全宋诗》（第 41 册），第 25995—25996 页。

［111］《夏至》二首其一，《石湖居士诗集》卷二三，见傅璇琮等主编：《全宋诗》（第 41 册），第 25973 页。

［112］《立春大雪招亲友共春盘坐上作》，《石湖居士诗集》卷二六，见傅璇琮等主编：《全宋诗》（第 41 册），第 25996 页。

［113］《睡起》，《石湖居士诗集》卷二八，见傅璇琮等主编：《全宋诗》（第 41 册），第 26013 页。

［114］《春日览镜有感》，《石湖居士诗集》卷三二，见傅璇琮等主编：《全宋诗》（第 41 册），第 26043 页。

［115］《朝中措》，《稼轩词》卷十，见（南宋）辛弃疾：《辛弃疾全集》，王步高等辑校汇评，第 151 页。

［116］《水调歌头》，见唐圭璋编纂：《全宋词》（简体增订本第 3 册），第 2640 页。

［117］《摸鱼儿·酰露坐月饮》，见唐圭璋编纂：《全宋词》（简体增订本第 3 册），第 2806 页。

［118］《念奴娇·菊》，见唐圭璋编纂：《全宋词》（简体增订本第 4 册），第 3320 页。

［119］《鹧鸪天·迎春》见唐圭璋编纂：《全宋词》（简体增订本第 5 册），第 4060 页。

［120］《沁园春·寿韦轩八十一岁》，见唐圭璋编纂：《全宋词》（简体增订本第 5 册），第 4533 页。

［121］《和放翁社日四首》其二，《秋崖先生小稿》卷二八，见傅璇琮等主编：《全宋诗》（第 61 册），第 38435 页。

［122］《山居十六咏·幽谷》，《秋崖先生小稿》卷一，见傅璇琮等主编：《全宋诗》（第 61 册），第 38263 页。

[123]《水调歌头・生日自寿》，见唐圭璋编纂:《全宋词》(简体增订本第 5 册),
第 4773 页。

[124]《镇州临济慧照禅师语录》，见 (日) 高楠顺次郎等编:《大正新修大藏经》
(第 47 卷), 东京:大正一切经刊行会, 1930 年版, 第 498 页。

[125]《祖堂集》卷七, 见 (南唐) 静、筠二禅师编撰:《祖堂集》, 北京:中华书
局, 2007 年版, 第 325 页。

[126]《好事近》十四首其十四,《樵歌》卷中, 见 (南宋) 朱敦儒:《樵歌》, 龙元
亮校, 第 51 页。

[127]《西江月》八首其六,《樵歌》卷中, 见 (南宋) 朱敦儒:《樵歌》, 龙元亮
校, 第 54 页。

[128]《忆秦娥・至节赴郡会, 赦到》四首其四,《樵歌》卷下, 见 (南宋) 朱敦
儒:《樵歌》, 龙元亮校, 第 69 页。

[129]《卜算子》七首其二,《樵歌》卷下, 见 (南宋) 朱敦儒:《樵歌》, 龙元亮
校, 第 69 页。

[130]《水调歌头》六首其二,《樵歌》卷上, 见 (南宋) 朱敦儒:《樵歌》, 龙元亮
校, 第 2 页。

[131]《暮山溪》七首其一,《樵歌》卷中, 见 (南宋) 朱敦儒:《樵歌》, 龙元亮
校, 第 30 页。

[132]《西江月》八首其五,《樵歌》卷中, 见 (南宋) 朱敦儒:《樵歌》, 龙元亮
校, 第 54 页。

[133]《相见欢》七首其四,《樵歌》卷下, 见 (南宋) 朱敦儒:《樵歌》, 龙元亮
校, 第 82 页。

[134]《水调歌头》六首其二,《樵歌》卷上, 见 (南宋) 朱敦儒:《樵歌》, 龙元亮
校, 第 3 页。

[135]《临江仙》八首其二,《樵歌》卷上, 见 (南宋) 朱敦儒:《樵歌》, 龙元亮
校, 第 17—18 页。

[136]《减字木兰花》十七首其八,《樵歌》卷下, 见 (南宋) 朱敦儒:《樵歌》, 龙
元亮校, 第 61 页。

[137]《朝中措》十一首其八,《樵歌》卷中, 见 (南宋) 朱敦儒:《樵歌》, 龙元亮
校, 第 34 页。

[138]《西江月》八首其五,《樵歌》卷中, 见 (南宋) 朱敦儒:《樵歌》, 龙元亮
校, 第 54 页。

[139]《好事近》十四首其十一,《樵歌》卷中, 见 (南宋) 朱敦儒:《樵歌》, 龙元
亮校, 第 50 页。

[140]《减字木兰花》十七首其十三,《樵歌》卷下, 见 (南宋) 朱敦儒:《樵歌》,

龙元亮校，第62页。

［141］《桃源忆故人》六首其五，《樵歌》卷中，见（南宋）朱敦儒：《樵歌》，龙元亮校，第47页。

［142］《踏莎行·山居》十首其五，见唐圭璋编纂：《全宋词》（简体增订本第3册），第1835页。

［143］《新荷叶·金陵府会鼓子词》，见唐圭璋编纂：《全宋词》（简体增订本第3册），第1854页。

［144］《临江仙·再到桂林》，见唐圭璋编纂：《全宋词》（简体增订本第3册），第1966页。

［145］《满江红》，见唐圭璋编纂：《全宋词》（简体增订本第3册），第2249页。

［146］《朝中措》，见唐圭璋编纂：《全宋词》（简体增订本第3册），第2259页。

［147］《探春令·元夕》，见唐圭璋编纂：《全宋词》（简体增订本第3册），第2295页。

［148］《次伯安推官赠别韵》，《石湖居士诗集》卷八，见傅璇琮等主编：《全宋诗》（第41册），第25812页。

［149］《亲戚小集》，《石湖居士诗集》卷二九，见傅璇琮等主编：《全宋诗》（第41册），第26027页。

［150］《点绛唇》，《稼轩词》卷十二，见（南宋）辛弃疾：《辛弃疾全集》，王步高等辑校汇评，第188页。

［151］《苏武慢·雪》，《稼轩词》补遗，见（南宋）辛弃疾：《辛弃疾全集》，王步高等辑校汇评，第196页。

［152］《水调歌头·醉吟》，见唐圭璋编纂：《全宋词》（简体增订本第3册），第2469页。

［153］《忆旧游》，唐圭璋编纂：《全宋词》（简体增订本第5册），第4301页。

［154］《王荆文公有＜客至当饮酒＞篇，姜邦杰广其意赋诗见示。有云，有客固当饮，无客饮更歌，有客与无客，颓然同一科。仆因和答一首》，《南湖集》卷二，见（南宋）张镃：《南湖集》，吴晶、周膺点校，第62页。

［155］《鸥渚亭次韵茂洪西湖三诗》其三，《南湖集》卷八，见（南宋）张镃：《南湖集》，吴晶、周膺点校，第228页。

［156］《好事近·拥绣堂看天花》，《南湖集》卷二，见（南宋）张镃：《南湖集》，吴晶、周膺点校，第272页。

［157］《三爱吟》，《南湖集》卷十，见（南宋）张镃：《南湖集》，吴晶、周膺点校，第62页。

［158］《感怀》十首其二，《秋崖先生小稿》卷一五，见傅璇琮等主编：《全宋诗》（第61册），第38347页。

[159]《墐屋》,《秋崖先生小稿》卷一七，见傅璇琮等主编:《全宋诗》(第 61 册)，第 38360 页。

[160]《式贤和杜夔府百韵过余秋崖下大篇春容笔力遒劲于其归也聊复效颦》，载 (宋) 吴龙翰《古梅遗稿》卷六，见傅璇琮等主编:《全宋诗》(第 61 册)，第 38488 页。

[161]《杂兴》二首其一,《秋崖先生小稿》卷二八，见傅璇琮等主编:《全宋诗》(第 61 册)，第 38434 页。

[162]《与林之美充》二,《艾轩先生文集》卷六，见曾枣庄等编:《全宋文》(第 210 册)，第 30 页。

[163]《菊集所檄》,《本堂集》卷五三，见曾枣庄等编:《全宋文》(第 350 册)，第 128 页。

[164]《句》，见傅璇琮等主编:《全宋诗》(第 35 册)，第 22011 页。

[165]《祭南康经略赵郎中文》,《复斋集》卷一八，见曾枣庄等编:《全宋文》(第 305 册)，第 326 页。

[166]《祭福清林经略文》,《复斋集》卷一八，见曾枣庄等编:《全宋文》(第 305 册)，第 327 页。

[167] 苏状:《“闲”与中国古代文人的审美人生：对“闲”范畴的文化美学研究》，复旦大学博士论文，2008 年，第 10 页。

[168] 向世陵:《中国哲学“反本”“复性”论研究》，载《中国人民大学学报》，2007 年第 5 期。

[169] (清) 彭定求等编:《全唐诗》(第三册)，延边：延边人民出版社，2004 年版，第 1017 页。

[170]《山桂庵铭》,《芦川归来集》卷一〇，见曾枣庄等编:《全宋文》(第 182 册)，第 434 页。

[171]《双清堂记》,《赤城集》卷一二，见曾枣庄等编:《全宋文》(第 182 册)，第 182 页。

[172]《静胜斋记》,《横浦先生文集》卷一七，见曾枣庄等编:《全宋文》(第 184 册)，第 153—154 页。

[173]《静胜斋说》,《默成文集》卷三，见曾枣庄等编:《全宋文》(第 185 册)，第 418 页。

[174] 同上。

[175] 同上。

[176]《阮郎归 • 咏夏》十首其五，见唐圭璋编纂:《全宋词》(简体增订本第 3 册)，第 1829 页。

[177]《老学庵北窗杂书》七首其三,《剑南诗稿》卷六十七，见钱仲联、马亚中

主编:《陆游全集校注》(第7册),第180页。

[178]《次韵答张以道<茶谷闲步>》,《南湖集》卷一,见(南宋)张镃:《南湖集》,吴晶、周膺点校,第34页。

[179]《吾心》,《潜山集》卷三,见傅璇琮等主编:《全宋诗》(第63册),第39535页。

[180]《偃息》,《潜山集》卷九,见傅璇琮等主编:《全宋诗》(第63册),第39618页。

[181]《真乐》,《潜山集》卷八,见傅璇琮等主编:《全宋诗》(第63册),第39607页。

[182]《山中吟》,《诗渊》册三,见傅璇琮等主编:《全宋诗》(第63册),第39683页。

[183]《晓坐》,《潜山集》卷四,见傅璇琮等主编:《全宋诗》(第63册),第39552页。

[184]《不出》,《潜山集》卷一二,见傅璇琮等主编:《全宋诗》(第63册),第39665页。

[185]《云林》,《潜山集》卷十,见傅璇琮等主编:《全宋诗》(第63册),第39638页。

[186]《静处》,《永乐大典》卷一四五四四,见傅璇琮等主编:《全宋诗》(第63册),第39669页。

[187]《心说》,《三十代天师虚靖真君语录》卷一○,见曾枣庄等编:《全宋文》(第184册),第211页。

[188]《静胜堂记》,《琼馆白真人集》,见曾枣庄等编:《全宋文》(第296册),第271页。

[189]《炼虚歌》,《中和集》卷之四,见(宋元)李道纯:《中和正脉:道教中派李道纯内丹修炼秘籍》,盛克琦、果兆辉编校,北京:宗教文化出版社,2009年版,第57—58页。

[190]《六箴·时箴》,《国朝二百家名贤文粹》卷一八六,见曾枣庄等编:《全宋文》(第206册),第51页。

[191]《自赞》三,《方舟集》卷十四,见曾枣庄等编:《全宋文》(第206册),第70页。

[192]《与刘平甫书》,《李延平先生文集》卷一,见曾枣庄等编:《全宋文》(第185册),第148页。

[193]《与朱元晦书》一五,《李延平先生文集》卷二,见曾枣庄等编:《全宋文》(第185册),第160页。

[194]《与朱元晦书》七,《李延平先生文集》卷二,见曾枣庄等编:《全宋文》

（第 185 册），第 153 页。

[195]《与朱元晦书》二二,《李延平先生文集》卷二，见曾枣庄等编:《全宋文》（第 185 册），第 166 页。

[196]《圣传论十首·孟子》,《屏山集》卷一，见曾枣庄等编:《全宋文》（第 193 册），第 174 页。

[197] 同上书，第 173 页。

[198]《情论》,《古文集成》卷四五，见曾枣庄等编:《全宋文》（第 254 册），第 358 页。

[199]《颜曾论》,《悦斋文钞》卷八，见曾枣庄等编:《全宋文》（第 260 册），第 327 页。

[200]《耘斋铭》,《陈亮集》卷一〇，见曾枣庄等编:《全宋文》（第 280 册），第 70 页。

[201]《静安堂记》,《蜀阜存稿》卷三，见曾枣庄等编:《全宋文》（第 307 册），第 345 页。

[202]《主静箴》,《则堂集》卷四，见曾枣庄等编:《全宋文》（第 349 册），第 188 页。

[203]《养正斋记》,《范香溪文集》卷六，见曾枣庄等编:《全宋文》（第 194 册），第 146 页。

[204] 马惠娣:《休闲：人类美丽的精神家园》，北京：中国经济出版社，2004 年版，第 98 页。

第九章　南宋心闲工夫的复性之道

如第八章所言，南宋休闲工夫强调顺应人的自然本性，倡导率性而为，按本心行事。这虽看似容易，但实则颇难。原因就在于人心在后天社会中受到各种遮蔽，不再如儿童般清净，难以复归本性。针对这一问题，传统哲学很早就开始了"反本复性论"的探讨。

"反本复性论"是具有中国特色的哲学思想，简单说就是"变化气质，复其本然之善"（马一浮）[1]。向世陵指出："反本复性作为集中体现中国哲学特色的理论和方法，既关涉实体，又牵连方法……中国哲学之生命力也在反本复性的不懈追求中，得到最为绚丽的彰显。……反本复性有'归根'、'求放心'、'灭情'、'善反'和'良知自觉'等多种方式，但又都以回到清净纯粹的先天本性为哲学的目的。"[2]

"反本复性论"由道家所开创，为儒道所共循。老子云："归根曰'静'，静曰'复命'，复命曰'常'，知常曰'明'。"（《老子•十六章》）"常德不离，复归于婴儿。"（《老子•二十八章》）孟子云："万物皆备于我矣。反身而诚，乐莫大焉。"（《孟子•尽心上》）基于此，唐李翱的《复性书》正式提出了"复性"的诉求，要求解除人心的"昏"和"惑"，回复到本来清净心。在此思路下，南宋诸人也普遍认为，只有解除外在诱惑，恢复被蒙蔽的本性、本心，才能使人获得休闲。

胡宏指出："孔子曰：'复，反也，所以返本复始，求全其所由生也。'……今欲驱除其外诱，不失其赤子之心，以复其所由生之妙……"[3]释义和也说："但此心灵妙自在，不守自性，故随迷悟之缘，作业受苦……"[4]道教南宗五祖白玉蟾在宣扬其修行工夫时，更是提出"净心田"之法：

> 有一修行法，不用问师传。教君只是，饥来吃饭困来眠。何必移精运气，也莫行功打坐，但去净心田。终日无思虑，便是活神仙。[5]

此法虽不是为休闲而发，但从结果"终日无思虑，便是活神仙"看，无疑可视为休闲工夫。而所谓"净心田"，实质就是复归清净的本心，即某种"反本复性论"。但，人心昏惑于何，李翱没有细言；心田有何不净，白玉蟾亦未明说。倒是胡寅说得很明白："累名则悲权势之不尤，贪利则忧货财之不多，溺于嗜欲，屈于威武，则荒乎其求，慄乎其居。一者为病，方寸外驰，灵台虽存而神者不守之人也，于复远矣。"[6] 这即是指出，造成人心不能"复"的原因，就是有名利之心。陆游说得则更全面：

> 人生斯世无别巧，要在遇物心不竞。[7]
> 去来尽向无心得，痴黠相除到处闲。[8]

即是说，从客体来说，遮蔽人心的是"物"，它造成了主体的"痴黠"之心。若能"无心"而去"痴黠"，则到处可得安闲。因此，陆游的工夫就是除去"痴黠"的"无心"工夫。他以自己的体验向人们加以倡导：

> 心安已到无心处，病去浑如未病前。[9]
> 古今共戒玉自献，卷舒要似云无心。[10]

其他南宋诸人亦多同此论。如宏智禅师云："云无心而自闲，天无际而能宽。道无像而普应，神无虑而常安。"[11] 杨简也指出："心无所求则乐生。"[12]"苟未及安逸，则知贪求心未尽。"[13] 方岳认为："无心自是长生药，莫误丹炉觅大还。"[14]"有意及时常辗轲，无心于物莫惊猜。"[15] 从现实情况看，杨无咎自称"事事无心闲散惯，有时独坐溪桥畔"[16]。刘子翚称朋友翁殿撰"物智时机，无心而应。……得意忘年，怡然处顺"[17]。故而，"无心"可视为整个南宋"反本复性"的休闲工夫。这种"无心"，不是要人心冷漠、麻木不仁，而是要将受到名利、事功、机巧遮蔽的心加以解蔽，使人获得安逸休闲。以下具体阐述。

第一节 "胡为名利之萦留"：去名利心

南宋诸人要我们看到人心受到蒙蔽的事实。俗人痴迷于世间浮华而短暂的假象，营营奔走追逐虚假之物而本性丧尽，不能得闲。正如胡寅所言："惑则心移志易，气耗而形敝，不得尽其天年必矣。"[18] 故而朱敦儒警告世人：

> 堪笑一场颠倒梦，元来恰似浮云。[19]
> 浮世事，能有几多长。……不用苦思量。[20]
> 人生虚假。昨日梅花今日谢。[21]
> 虚空无碍。你自痴迷不自在。[22]

朱敦儒在晚年自得地认为，自己之所以能达到休闲境地，就是因为看透了人间之事的虚幻，能将各种愁恨一一消解："老来可喜，是历遍人间，谙知物外。看透虚空，将恨海愁山，一时按碎。"[23]

那么，何为常人看不透的"虚空"？如浮云一般的"颠倒梦"究竟为何物？朱敦儒云："名姓是虚假。"[24] 胡寅云："湛情怀于止水，阅富贵于浮云。"[25] 此已点到了要害之处。具体分析一下，此"颠倒梦"就是求"名""利"与"功"之心。

一、"缨尘濯尽百神闲，飘然襟袖思轻举"

在南宋文士们看来，"名"是休闲的障碍，它将人牵缚，使人憔悴衰老，更使人不得自由。所以，他们提醒世人，要洗净虚名的尘土，才能气定神闲：

> 携手云庄风月，不践利名区。（曾协）[26]
> 名不恋，利都忘。心闲日自长。（张抡）[27]
> 缨尘濯尽百神闲，飘然襟袖思轻举。（张抡）[28]
> 身世浮沤，利名缰锁。省来万事都齐可。（张抡）[29]
> 虚名将底用，真意在鸥夷。（向滈）[30]
> 虚空看透，摆脱利名缰……（熊良翰）[31]
> 利鞅名缰成底事，空把此身缠缚。（华岳）[32]

南宋文士中，任过一定官位，有过一定名声之人，更能体会到

"名"对休闲的障碍。例如，范成大把"名"称为"蜗角虚名"[33]，认为求名如画饼充饥，因此他主张弃名而取休闲：

> 镂冰琢雪战毛牦，画饼声名骨朽时。[34]
> 手板头衔意已慵，墨池书枕兴无穷。[35]
> 名高岂是孤臣愿，身退聊开壮士颜。[36]

辛弃疾也较为充分地指出"名"是休闲的障碍。在他眼里，"名"是"身后之物"：

> 一杯酒，问何似，身后名。[37]
> 人生行乐耳，身后虚名，何似生前一杯酒。[38]

因此，求名是虚假的，所谓"简册写虚名，蝼蚁侵枯骨"[39]；求名者是愚蠢的，所谓"江左沉酣求名者，岂识浊醪妙理"[40]，只有扫除求名之心，才能成为巢父、许由、严君平那样享受休闲的高人：

> 古来如许高人少。细平章、两翁似与，巢由同调。已被尧知方洗耳，毕竟尘污人了。要名字、人间如扫。我爱蜀庄沉冥者，解门前、不使征书到。君为我，画三老。[41]

同样，张镃也看透了名之虚假："杜门安塞拙，何急谋虚名？"[42]他认为世人多为其所迷惑："足怜名相惑愚顽。"[43]而他自称"姓名绝念公侯前，草野耕夫略相比"[44]。他的一则诗题《时贤有爵高名重而不自由者，再念闲居之可乐，为赋长句》，可谓明确指出名爵之心是休闲的障碍。诗云：

> 多幸因愚得养恬，林扃风变陡寒天。杯传蕉叶温成酒，袄织梅花软入绵。经室炉添羊胫炭，道床屏护鸭斑烟。遥思病叟头如雪，冒冷趋征想自怜。[45]

前三联描绘了自己因不好名爵而获得的美好休闲享乐，而末联表达了对因好名而受苦者的嘲讽。此外，据李石记载，乐才认为，与其为了俗名困于场屋而遭受科举考试之累，不如休闲度日："诚得挟卷山间水涯，以乐吾年，不犹愈于得失荣辱以自累一试乎！"[46]这是针对当时人事制度而发出的感慨，体现了南宋士人不愿束缚于体制，为自己的快乐而活的观念。

二、"堪笑痴人营富贵，百年赢得冢前麟"

除了名，利也是使人心受蒙蔽之物。杨无咎词云："减绿鬓，损朱颜。利名牵役几时闲。"[47]这分明是将名利二者均视为休闲障碍。陆游指出，求利会使人忙碌驱走而不得休闲："利欲驱人万火牛。"[48]因此在他看来，营利之人的心态是与休闲对立的，陆游对他们加以嘲讽："堪笑痴人营富贵，百年赢得冢前麟。"[49]此即是指出，贪财营利最终的结果，只能是赤条条撒手人寰，故而不必为钱财而自我束缚。

其他南宋诸人对求利之心也多持否定态度。朱敦儒云："问君何苦，长抱冰炭利名心。"[50]冯楫称："人生如梦，能得几时。胡为名利之萦留？此一报看尽分将为之！浮世皆幻境……"[51]范成大感慨："江上连樯叠鼓行，不争微利即争名。"[52]刘学箕也感慨："浮利虚名，算来何用，蜗角蝇头。"[53]辛弃疾指出名利带来的苦："名利处，战争多，门前蛮触日干戈。"[54]他暗示，自己年轻时亦曾有名利之心，但终于醒悟："名利奔驰。宠辱惊疑。旧家时、都有些儿。而今老矣、识破关机。"[55]因此，他对身边喜谈名利之客非常厌恶，视其为休闲的障碍：

> 几个相知可喜。才厮见、说山说水。颠倒烂熟只这是。怎奈向，一回说，一回美。有个尖新底。说底话、非名即利。说得口干罪过你。且不罪，俺略起，去洗耳。[56]

此外，王十朋的父亲教导他："彼有汲汲于富贵，戚戚于贫贱，奔走于势利之门，老死于忧乐之途者，吾不为也。"[57]王十朋还发现，世人求利，而佛门亦有求利者："佛之徒本逃名晦身，若无意于世者，然世之善知识，其道学有余，可以淑诸人，应缘而出，有不能自已者。其间好进之徒怵于利欲，往往赂以求进，老而不休，讼而不去者，盖纷如也。"[58]而昌寿净慧法师能做到"未尝一日不以退居养老为怀……获遂其退老之志"[59]，故而值得敬仰。另一位处岩法师因为学识超逸，常有寺院以"座首"的名誉和待遇延请之。但他说："吾宅心名利外，冀逍遥自适，拒能为人役耶？"[60]他的心态同样得到王十朋的尊崇。

袁燮指出："不治生营利，而此心得以自逸。"[61]此乃是明确指出了去除求利之心，方可得休闲。方岳讽刺营利者："不知天下人，面有三寸尘。政使书痴传癖犹可憎，而况无风无味之钱神。"[62]释文珦也嘲笑他们："鸡鸣逐声利，夜分未遑眠。"[63]故而警告世人："藏蓄危机是利名"[64]，"利欲沈厥身，其本已先蹶"[65]。他主张将利与名同时涤除："洗除名利迹"[66]，并指出二者不易战胜。能自觉解脱的乃是"达者"，而以名利为荣的乃是"贪夫"："利禄与名称，拘囚岂易胜。由来立仗马，有愧脱韝鹰。达者知求解，贪夫反自矜。"[67]

孔子云："富与贵，是人之所欲也，不以其道得之，不处也。"（《论语·里仁》）而南宋士人对此不论有道与否，只是一律教人不欲求之。这大概是因为他们都看到了名利带来的苦及其对休闲造成的障碍。

三、"君看王谢墩边地，今古功名一窖尘"

除名、利而外，"功"也是诱人追逐而使人不得休闲之物。虽也有一些人或许并不重视个人名利，但"事功之心"却不能舍弃。为求功效、建功业而操劳奔走，导致不得休闲，甚至英年早逝者代不乏人，古有颜回、诸葛亮、雍正帝，今有蒋筑英、于娟。道家休闲哲学在反对名的同时，对求功之心也同样否定，例如庄子言"神人无功，圣人无名"（《庄子·逍遥游》）。南宋人士并非否定事功，但他们也看到了兀兀求功效、汲汲于事功带来的弊端，故而重视休闲的价值，提倡无功利之心。

吕渭老云："逼人来，功业事，不教闲"[68]，明确将功视为休闲障碍。胡寅则认为，孔子赞赏曾点之乐，乃是赞赏其无营求功效之心与子路、冉有的绝不相类。这种心态并不是迂阔，而是极富价值与智慧的：

彼曾点之言志，异此（按，指由、求二人）之撰，乃特在乎莫春之游咏歌之乐而已。此与抚时玩景，朋群嬉游者亦何辨？其视由、求功效之及物者绝不侔矣，夫子乃喟然叹而许与之，陋彼二子者无称道焉。圣人生于周衰列国并争之时，其教人取才，固将以有用为急也，而不适时务乃如此，无亦迂阔为世笑耶？然仲尼所去取，万世信之，求其说而不得，今举以问。[69]

而对于希求名利的人来说，"功"是获得名利的手段。故而"功""名"二字常被连用。南宋文人对"功名"的虚假有普遍的认识，一致视功名心为休闲的障碍，主张加以扫除。吕渭老主张："百年间，无个事，且安闲。功名两字，茫然都堕有无间。"[70]

范成大认为追求功名的人是痴笨的，因为功名虚假，它注定如梦如尘，不能长久：

山中缘法如今熟，世上功名自古痴。[71]

君看王谢墩边地，今古功名一窖尘。[72]

几多蝼蚁与王侯，往古来今共一丘。遮莫功名掀宇宙，百年两角寄蜗牛。[73]

辛弃疾的"身后虚名，古来不换生前醉"[74]同样指出了功名的虚假。对于功名，他主张要视为"余事"，乃至弃如敝屣，如果还要劳心去求取，就大错特错了：

唱彻阳关泪未干，功名余事且加餐。[75]

生涯蜡屐，功名破甑，交友抟沙。[76]

功名浑是错，更莫思量着。[77]

功名自误。谩教得陶朱，五湖西子，一舸弄烟雨。[78]

在辛弃疾的体验中，功名不但不能带来幸福，反而是忧苦的，所谓"功名良苦"[79]，"功名只道，无之不乐，那知有更堪忧"[80]，因而也是休闲的障碍。因此他对朋友约法三章，坚决杜绝有求功名心的俗人来败其雅兴：

> 听我三章约。有谈功、谈名者舞，谈经深酌。作赋相如亲涤器，识字子云投阁。算枉把、精神费却。此会不如公荣者，莫呼来、政尔妨人乐。医俗士，苦无药。[81]

在张镃眼中，"古来节士功名薄"[82]，不但个人的功名是虚假的，"画饼功名孤塞路，守株身世老江乡"[83]；帝王的功业同样是虚假的，"皇王帝霸果何事，醉眼一觑皆虚无"[84]。

在方岳看来，"功名成底事，何苦觅封侯"[85]。他认为，功名的价值甚低，而自适休闲的价值甚高。他人的功名，与自己无关，而自己也不需要功名：

> 功名不直一杯水，人世宁须万户侯。[86]
> 近闻谁直白玉堂，或传某佩黄金斗。与君何干，于我奚有。不如雨话耕夫，烟呼钓叟。问竹活无，看梅开否。天下事自有夔龙人，山中居只堪麋鹿友。[87]
> 人生短长屈伸肘，安用黄金印如斗。[88]

第二节 "洗尽机心随法喜"：去机谋心

名、利、功常要用计谋去争夺，有功利之心就会有机巧、计谋相伴而行。因此，"无心"的休闲工夫自然又包括反对机巧心、计谋心。如果用宏智的话来说，就是"亡机荡荡兮，清闲还与白鸥分"[89]；如果用张镃的话来说，就是"只缘心荡荡，自到境如如"[90]；如果用辛弃疾的话来说，就是"洗尽机心随法喜"[91]。

一、"有恨春将晚，无机性自闲"

古代汉语的"机"字释义之一是"机巧，智巧"[92]，语义色彩为中性；有时也可为褒义，如"天机""机警"；但当它与"心""事"搭配时，则极具贬义色彩。其原因可追溯到《庄子·天地》：

> 子贡南游于楚，反于晋，过汉阴，见一丈人方将为圃畦，凿隧而入井，抱瓮而出灌，滑滑然用力甚多而见功寡。子贡曰："有械于此，一日浸百畦，用力甚寡而见功多，夫子不欲乎？"
>
> 为圃者仰而视之曰："奈何？"曰："凿木为机，后重前轻，挈水若抽；数如泆汤，其名曰槔。"为圃者忿然作色而笑曰："吾闻之吾师，有机械者必有机事，有机事者必有机心。机心存于胸中，则纯白不备；纯白不备，则神生不定；神生不定者，道之所不载也。吾非不知，羞而不为也。"
>
> 子贡瞒而惭，俯而不对。

在庄子看来，"有机械者必有机事，有机事者必有机心"，使用机巧的工具就会损害人的自然本性，导致胸中"纯白不备"乃至"神生不定"。庄子"抱瓮老人"的故事，在南宋休闲哲学中得到纷然响应。他们纷纷以"抱瓮老人"为榜样，或者说，以之为自我定位。如张九成自称是"没转智底汉阴丈人，而无用处底楚狂接舆也欤！"[93]范成大赞赏"汉阴无械可容机"[94]，"瓮畦纯白无机械"[95]，自称"已甘搰搰勤为圃，休向滔滔苦问津"[96]，表示要"春风若借筋骸便，先渡南村学灌畦"[97]。张镃也表示要"但课浇畦园内叟，何心说剑里中人？"[98]

此外，《列子·黄帝》中还有一个表面不同但实质类似的故事：

> 海上之人有好沤鸟者，每旦之海上，从沤鸟游，沤鸟之至者百住而不止。其父曰："吾闻沤鸟皆从汝游，汝取来，吾玩之。"明日之海上，沤鸟舞而不下也。

之所以"沤鸟"不再亲近此海上之人，乃是因为他在其父亲的物欲下，有了"机心"。此故事对南宋文士的休闲思想亦有一定影响。例如方岳自称"自知机事浅，或可共鸥波"[99]，又云："溪居已息机心久，莫遣惊鸥去不还。"[100]

因而，南宋文士得出这样的结论："有恨春将晚，无机性自闲。"（释绍嵩）[101]他们倡导"无机"，抛弃"机智""机心"而自甘愚拙和迂阔，这也是他们的一种心志调节工夫，用以实现精神的休闲。朱敦儒指出："引我上烟霞，智力一时无用。"[102]范成大在诗歌中几乎是在把"拙"看成是人心的本然状态，他指出，"拙"对休闲具有重要意义：

> 拙是天资懒是真，本来何用戒香薰。[103]
> 懒拙已成三昧解，此生还证一圆通。[104]
> 荷锄日课都忘倦，抱瓮天机本不疏。[105]

辛弃疾也劝导人心要"随巧拙，任浮沉"[106]，因为"记取桔槔春雨后，短畦菊艾相连。拙于人处巧于天"[107]。用现代语言来说，就是看似笨拙，实际上是人性没有异化的表现，保持了庄子所谓的"天全"，这才是"大巧"和"天机"。张镃同样提出"拙""愚"的工夫：

> 杜门安塞拙，何急谋虚名。[108]
> 多幸因愚得养恬，林扃风变陡寒天。[109]
> 人间一事最幽奇，病醉皆非半睡时，经纸屏低心正惬，木绵衾暖足慵移。蘧蘧蝶梦萦孤枕，呃呃鸡声过短篱。无奈冲寒早朝客，不知疏拙是便宜。[110]

因此，他自嘲其拙愚，却不无自得："堪笑南湖愈疏拙"[111]，"坐上君但笑，人间我最愚"[112]，"旁人笑野拙，枉是家长安"[113]。

方岳也倡导"拙""迂"工夫。在他看来：迂阔是文士的常态，而这正是他们与俗世不同的地方。与其巧而藏心计，不如拙而无机心。他宁可做一只笨拙的鸠鸟，虽不善于营巢，却能随遇而安。他自称：

灯火贫如故，山林拙未除。[114]

书生与世例迂阔，山意向人殊寂寥。[115]

凡事无心从我拙，独诗有癖与君同。[116]

吾徒例迂疏，与世自少可。[117]

蛙为公乎缘底怒，鸠宁拙耳了无营。[118]

我辈宁迂阔，人皆斗小妍。[119]

此外，释绍嵩云："养拙甘沉默，萧条古寺间。中心无所愧，在世有余闲。"[120] 释文珦自称"还因万事拙，分得一生闲"[121]，同样也是明显地把"拙"作为一种休闲工夫。

南宋理学家从理论上阐述了"愚"（"拙"）、"智"之辨与"劳""逸"之辨。刘子翚云："拙鲁愚钝为道之资，智巧聪明为性之障。"[122] 范浚提出"聪明睿智守以愚"[123]。成都人黄环作《拙赋》，李石就此为其屋取名为"用拙堂"，并写下如下的铭文："百巧不如，一拙有余。天地之拙，寓有于无。……吾拙孰用，通天地儒。浑沌未死，妙朴谁模。……晚食当肉，安步当车。孔拙则默，颜拙则愚。不用之用，褐藏空虚。"[124] 据朱熹记载，熊世卿认为"拙"能带来闲逸，而"巧"只能带来劳累："彼巧者劳，智者忧，吾惟拙，故逸云尔。拙，非缪悠之谓也，物之自然，性之天也。蔽吾天，汨吾自然，穷年竟岁，方寸扰扰，随富且贵，求吾一日之逸，有终身不可得者矣。"[125] 陈造（长翁）也用自己的经验说明同样的道理："长翁贫且安，拙自慰。拙故不劳，贫故无累。"[126] 因此，便有了黄中辅晚岁屏居山园，名斋曰"转拙"的现象，也有了范浚的弟弟范茂清"筑便室而名之曰愚"[127]。此外，曾节夫建"拙斋"，张行父亦建"拙斋"，曾迪建"拙堂"，陈世昌建"守拙轩"。这些都透露出南宋人"守愚（拙）"的休闲工夫。

另外，我们还看到，在取名号上采用"愚""痴""拙"等字样者在南宋俯拾即是，如程瑀，号愚翁；郑伯英，号归愚翁；史铸，号愚斋；吕祖俭，号大愚叟；葛立方，号归愚老人；苏基先，号愚翁；胡梦昱，号竹林愚隐；叶李，号亦愚；田如鳌，号痴叟；余傅，号痴斋；赵烨、高颐、林之奇，均号拙斋；黎献，号拙翁；张侃，号拙轩；汪大昕，号养拙居士；徐枢年，号拙庵；程放，号拙庵居士；卫泾、郑思问，均号拙斋居士……甚至佛门也推崇愚拙工夫，如有释名智愚；释道冲，号痴绝；释绍嵩，字亚愚；释佛照德光，号拙庵，等等。以上均可见，在南宋，"避巧守拙"已经成为文士的一种群体性心态，乃至成为普遍的休闲工夫。

二、"但随岐路东西去，莫计光阴大小余"

"机心"的一个表现是善于"计"，即在小事上的计较和精打细算。吴潜认为"大都由命分，枉了劳心计"[128]。朱敦儒更是反对"计"给人带来的心累。在他看来，教人心计、算计的世俗先生，乃是一种祸害，千万不可理会，否则就会"机关算尽太聪明，反误了卿卿性命"：

> 不须计较苦劳心。万事原来有命。[129]
>
> 不须计较与安排。领取而今现在。[130]
>
> 天然美满，不用些儿心计算；莫听先生，引入深山百丈坑。[131]

南宋文士首先认为，休闲活动在时间上不要计较长短。既然选择休闲，心在江湖，就要舍得时间去自由消磨，不能还想着拿这些时间来获取利益，所谓"但随岐路东西去，莫计光阴大小余"（范成大）[132]，"会闲须是莫论年，直把浮生付且然"（张镃）[133]。释文珦也自称"出门信吾步，岂复计迟速"[134]，倡导一种休闲中的随性而为。

南宋文士其次主张，路程上不要计较远近，既然休闲，就要不避险远，做到忘情尽兴。例如范成大倡导"会心不惮远，乘兴恐失便"[135]，自称"桤塍芋垄意中行，浩荡薰风不计程"[136]。陈造自言："乘闲我亦无羁束，竹杖芒鞋信所如。"[137]张抡也自言："东来西往，随情任性，本自无机。"[138]释文珦更是主张任随幽兴，不计行程：

> 远近随吾意，芒鞋幽兴多。[139]
>
> 乘兴不拘程，悠悠任意行。[140]
>
> 了无一事可相拘，布袜青鞋信所如。[141]

叶适曾记载乐清文士叶士宁"山遨谷嬉，意到不择。每樵歌夜动，棹讴早发，水边林表，往往睹坠杯遗屐焉"[142]。这同样是南宋文士在休闲活动中不计较安排时间地点，任情休闲的典型代表。

顺带要指出的一个现象是，南宋诸人反对"计"，常自称疏于计划，但又屡屡说自己"得计""计未疏"，是"得计人"。此一现象，乃源于将无固定计划的休闲本身作为理想的计划，也从侧面说明南宋诸人对休闲价值的高度肯定：

> 半生名宦终何得？作个村翁计未疏。（陆游）[143]
> 虎头本欠功名相，归老林间计未疏。（陆游）[144]
> 摩挲便腹无忧责，我是人间得计人。（陆游）[145]
> 无事闭门非左计，饶渠屐齿上青苔。（范成大）[146]
> 林亭果幽赏，得计良自许。（张镃）[147]
> 习懒性已成，投闲计为长。（张镃）[148]

三、"随意上渔舟，幽寻不预谋"

从语义角度看，"谋"也是一种"计"，而且不限于小事，且贬义色彩更浓。南宋人士在休闲工夫上也反对谋划，主张不要预先谋定时间、地点、方式、对象，而是顺心而为，"乘兴而来，兴尽而返"。例如，赵师侠有如下一首词，反对谋划而倡导随缘处顺：

> 万事随缘，一身须正。功名富贵皆前定。多图广计要争强，如何人力将天胜。 枉费机谋，徒劳奔竞。到头毕竟由他命。安时处顺得心闲，饥餐困寝亏贤甚。[149]

还有释智朋提出："至尊至贵，无去无来。体若虚空，回绝安排。"[150] 显然，他反对生活中的计划安排，而倡导一种无分别心的虚空随意。此外，吴儆倡导"不须计较谩劳神，且恁随缘任运"[151]。胡寅曾告诫自己："只合杖藜葛巾，弗期而遇；东阡北陌，乘兴即行。"[152] 此亦为不谋而合之论。

而在现实生活中，南宋文士也的确能做到在休闲活动中随意而为，不做过多的计划和安排。例如陆游这样描绘自己的休闲活动：

> 随意上渔舟，幽寻不预谋。[153]
> 出户莽悠悠，东西本不谋。阻溪因小涉，逢店得中休。[154]
> 短棹飘然信所之，茶园渔市到无时。[155]
> 钓竿只待清秋近，一棹烟波信所之。[156]

张镃也指出，他乘船游览是不谋划目的地的："拏舟信所之，讵复防厉揭？……都缘迹不羁，彻老心自在。"[157]他和友人终日泛舟湖上，既不吝惜时间，也不拘于地点："乘闲结伴须数来，与往不烦拘定向。"[158]他去拜访友人，也并不事先约定，而是随意乘兴而往："与客策蹇驴，城东访幽人。幽人本非约，意往随清真。"[159]

的确，休闲活动不能有过于僵死不变的计划，而应轻松随意，随遇而安，也不能有过于明确的目标和方式，这样才能有惊喜。正如庄子所云："寥已吾志。吾无往焉而不知其所至，去而来而不知其所止。吾已往来焉而不知其所终。"（《庄子·知北游》）南宋诸人实得南华之旨。现代休闲学已证明："从本质上讲，有95%的休闲体验，都是在偶然的情形下发生的，也就是说，人们是在与他人打交道以及在与环境相接触的时候，在那种事先并没有列出计划，在自发的甚至或是随机的状态下产生休闲体验的。"[160]此可谓南宋反对"计谋"之休闲工夫的一种印证。而南宋诗题中大量出现的"偶成""偶作"字样，亦说明诗人们以写诗为休闲的活动同样是不期而至。

有时，南宋诸人的诗句中也常常流露出另外一种价值观，那就是，不以善于经营名利为谋生之成就，而把休闲本身作为自己的谋划目标。例如范成大的"身谋同斥鹦，政尔愿蒿莱"[161]，"虽无稻粱谋，扪腹有余饫"[162]和张镃的"长闲便是延年法，鹤不同谋更与谁"[163]都同样表达了"除却休闲无他谋"的心志。

第三节 "退步思量"：去计较、知见心

文人、士大夫具有的道家色彩的"无心"工夫要求扫除功名心、机巧心、计谋心，而佛门则更为彻底地提出放弃一切思量之心。大慧禅师指出，计较寻思，只能使人七颠八倒，永无休闲之时：

> 拟议寻思便落意识。永嘉云：损法财灭功德，莫不由兹心意识，故知心意识非独障道，亦使得人七颠八倒，作诸不善。……人世间尘劳中事无尽无穷，拨置了一重又一重来，如连环如钩锁相续不断。[164]

并且，士大夫尤其如此，因为他们"聪明灵利"，故思量多，欲求盛，得失之心强，容易为聪明所误、所累，不得"快活自在"，这也与佛法的本质精神相左：

> 士大夫，多以有所得心，求无所得法。何谓有所得心？聪明灵利，思量计较者是。何谓无所得法？思量不行，计较不到，聪明灵利无处安著者是。[165]
>
> （士大夫）为利根聪明所障，以有所得心在前顿放，故不能于古人直截径要处一刀两段，直下休歇。[166]
>
> （士大夫）不患不聪明，患太聪明耳；不患无知见，患知见太多耳。故常行识前一步，昧却脚跟下快活自在底消息。[167]

因此，人要立志解脱，不被颠倒的意识牵扯，就得虚下心来，"退步思量"：

> 无言可说，无理可伸，不起纤毫修学心。百不知百不会，不涉思惟不入理路，直是安乐。[168]
>
> 尔真个要参妙喜禅，尽将诸方学得底，扫向他方世界。百不知

百不会，虚却心来。[169]

　　既有究竟此道之心，须有决定之志，不到大休、大歇、大解脱处，誓毕此生不退不堕。……志意下劣者，往往甘心与伊作侣伴，不觉不知被伊牵挽将去，除是当人夙有愿力方肯退步思量。[170]

　　这种放弃思量之工夫，对于长期在俗世之中斤斤计较的人来说很难马上理解，宗杲对此早有预见，故而他强调说："盖平时只以思量卜度为窟宅，乍闻说著不得思量底话，便茫然无讨巴鼻处。殊不知，只这无讨巴鼻处，便是自家放身命底时节也。"[171]而既不思量，那么无论过去事、现在事、未来事都不需要思量："得息心且息心已。过去底事，或善或恶，或逆或顺，都莫思量。现在事得省便省，一刀两段不要迟疑，未来事自然不相续矣。释迦老子云：心不妄取过去法，亦不贪著未来事，不于现在有所住。"[172]

　　正如宗杲所预见的那样，士大夫（包括南宋著名士大夫吕本中在内）每当闻说宗杲要求他们"退步思量"时，便会疑心这样能否真能悟道，是否反而会招致事事落空："士大夫一生在思量计较中作活计，才闻善知识说无所得法，便心里疑惑，怕落空去。"[173]"今时士大夫，多以思量计较为窟宅，闻怎么说话，便道：莫落空否？喻似舟未翻先自跳下水去。此深可怜愍。近至江西见吕居仁，居仁留心此段因缘甚久，亦深有此病，渠岂不是聪明？"[174]

　　宗杲还指出，这不仅是士大夫的毛病，甚至佛门中也是如此："此病非独贤士大夫。久参衲子亦然。多不肯退步就省力处做工夫，只以聪明意识计较思量，向外驰求。"[175]为此，他强调"但将妄想颠倒底心，思量分别底心，好生恶死底心，知见解会底心，欣静厌闹底心，一时按下"[176]。"虚心"之后，无内外之扰，便能圆融万物，获得闲静：

　　日用中空豁豁地，无一物作对待。方知三界万法，一切元无，直是安乐快活放得下。[177]

　　不向外驰求，亦不于心内取证，则二六时中，随处解脱。何以故？既不向外驰求，则内心寂静；既不于心内取证，则外境幽闲。故祖师云：境缘无好丑，好丑起于心。心若不强名，妄情从何起？……当知内心外境，只是一事，切忌作两般看。[178]

宗杲的"退步思量"的实质，是在理论上要将人的一切精神意识减少到最低程度，虽然现实中不可能，但抛弃比较和驰求，放弃前见和分别，对于获得休闲是必要的工夫。大慧的得意弟子佛照德光，继承了乃师的思路。他引曹山的颂指出，疏离知见、识鉴，便是一种休闲工夫："觉性圆明无相身，莫将知见妄疏亲。……情分万法沉前境，识鉴多端丧本真。如是句中全晓会，了然无事昔时人。"[179]光宗皇帝闻后说："参禅到这里，方始得受用。"[180]这是对宗杲表示赞赏。

注释

[1]《泰和会语·论六艺统摄于一心》，见滕复编：《默然不说声如雷：马一浮新儒学论著辑要》，北京：中国广播电视出版社，1995 年版，第 23 页。

[2] 向世陵：《中国哲学"反本""复性"论研究》，载《中国人民大学学报》，2007 年第 5 期。

[3]《复斋记》，《五峰集》卷三，见曾枣庄等编：《全宋文》（第 198 册），上海：上海辞书出版社，合肥：安徽教育出版社，2006 年版，第 375 页。

[4]《华严念佛三昧无尽灯序》，《乐邦文类》卷二，见曾枣庄等编：《全宋文》（第 198 册），第 102 页。

[5]《水调歌头》，见（南宋）白玉蟾：《白玉蟾全集校注本》，朱逸辉校注，海口：海南出版社，2004 年版，第 439 页。

[6]《复斋记》，《斐然集》卷二一，见曾枣庄等编：《全宋文》（第 190 册），第 93 页。

[7]《短歌行》，《剑南诗稿》卷八十二，见钱仲联、马亚中主编：《陆游全集校注》（第 8 册），杭州：浙江教育出版社，2011 年版，第 199 页。

[8]《八月二十三夜梦中作》，《剑南诗稿》卷八十四，见钱仲联、马亚中主编：《陆游全集校注》（第 8 册），第 250 页。

[9]《晨起》，《剑南诗稿》卷三十，见钱仲联、马亚中主编：《陆游全集校注》（第 4 册），第 203 页。

[10]《杂言示子聿》，《剑南诗稿》卷五十五，见钱仲联、马亚中主编：《陆游全集校注》（第 6 册），第 221 页。

[11]《宏智广录》卷第一，见（日）高楠顺次郎等编：《大正新修大藏经》（第 48

卷），东京：大正一切经刊行会，1930 年版，第 14 页。

［12］《纪先训》一，《慈湖先生遗书》卷一七，见曾枣庄等编：《全宋文》（第 275
册），第 376 页。

［13］同上书，第 381 页。

［14］《山行》七首其三，《秋崖先生小稿》卷一九，见傅璇琮等主编：《全宋诗》
（第 61 册），北京：北京大学出版社，1998 年版，第 38382 页。

［15］《次韵》，《秋崖先生小稿》卷二一，见傅璇琮等主编：《全宋诗》（第 61 册），
第 38394 页。

［16］《渔家傲》，见唐圭璋编纂：《全宋词》（简体增订本第 2 册），北京：中华书
局，1965 年版，第 1548 页。

［17］《祭翁殿撰文》，《屏山集》卷九，见曾枣庄等编：《全宋文》（第 193 册），第
217 页。

［18］《无逸传》，《斐然集》卷二二，见曾枣庄等编：《全宋文》（第 190 册），第
9 页。

［19］《临江仙》八首其二，《樵歌》卷上，见（南宋）朱敦儒：《樵歌》，龙元亮校，
北京：文学古籍刊行社，1958 年版，第 17 页。

［20］《望江南》，《樵歌》卷中，见（南宋）朱敦儒：《樵歌》，龙元亮校，第 44 页。

［21］《减字木兰花》十七首第九，《樵歌》卷下，见（南宋）朱敦儒：《樵歌》，龙
元亮校，第 61 页。

［22］《减字木兰花》十七首第十三，《樵歌》卷下，见（南宋）朱敦儒：《樵歌》，
龙元亮校，第 62 页。

［23］《念奴娇》七首其四，《樵歌》卷上，见（南宋）朱敦儒：《樵歌》，龙元亮校，
第 7 页。

［24］《好事近》十四首其六，《樵歌》卷中，见（南宋）朱敦儒：《樵歌》，龙元亮
校，第 49 页。

［25］《答高参议启》，《斐然集》卷七，见曾枣庄等编：《全宋文》（第 189 册）第
256 页。

［26］《水调歌头·细君生日作》，见唐圭璋编纂：《全宋词》（简体增订本第 2 册），
第 1757 页。

［27］《阮郎归·咏夏》十首其八，见唐圭璋编纂：《全宋词》（简体增订本第 3
册），第 1830 页。

［28］《踏莎行·山居》十首其二，见唐圭璋编纂：《全宋词》（简体增订本第 3
册），第 1834 页。

［29］《踏莎行·山居》十首其十，见唐圭璋编纂：《全宋词》（简体增订本第 3
册），第 1836 页。

［30］《临江仙·再到桂林》，见唐圭璋编纂：《全宋词》(简体增订本第 3 册)，第 1966 页。

［31］《蓦山溪·寿熊尚友》，见唐圭璋编纂：《全宋词》(简体增订本第 3 册)，第 2656 页。

［32］《念奴娇》，见唐圭璋编纂：《全宋词》(简体增订本第 5 册)，第 5055—5056 页。

［33］《浣花戏题争标者》，《石湖居士诗集》卷一七，见傅璇琮等主编：《全宋诗》(第 41 册)，第 25915 页。

［34］《读史》三首其三，《石湖居士诗集》卷二，见傅璇琮等主编：《全宋诗》(第 41 册)，第 25758 页。

［35］《客中呈幼度》，《石湖居士诗集》卷八，见傅璇琮等主编：《全宋诗》(第 41 册)，第 25813 页。

［36］《送周子充左史奉祠归庐陵》，《石湖居士诗集》卷九，见傅璇琮等主编：《全宋诗》(第 41 册)，第 25822 页。

［37］《水调歌头·壬子三山被召，陈端仁给事饮饯席上作》，《稼轩词》卷三，见(南宋)辛弃疾：《辛弃疾全集》，王步高等辑校汇评，珠海：珠海出版社，2002 年版，第 35 页。

［38］《洞仙歌·访泉于期思，得周氏泉，为赋》，《稼轩词》卷六，见(南宋)辛弃疾：《辛弃疾全集》，王步高等辑校汇评，2002 年版，第 77 页。

［39］《卜算子·饮酒败德》，《稼轩词》卷十一，见(南宋)辛弃疾：《辛弃疾全集》，王步高等辑校汇评，2002 年版，第 163 页。

［40］《贺新郎·邑中园亭，仆皆为赋此词。一日独坐停云，水声山色，竞来相娱，意溪山欲援例者，遂作数语，庶几仿佛渊明思亲友之意云》，《稼轩词》卷一，见(南宋)辛弃疾：《辛弃疾全集》，王步高等辑校汇评，2002 年版，第 11 页。

［41］《贺新郎》，《稼轩词》卷一，见(南宋)辛弃疾：《辛弃疾全集》，王步高等辑校汇评，2002 年版，第 13 页。

［42］《移石种竹橘》，《南湖集》卷二，见(南宋)张镃：《南湖集》，吴晶、周膺点校，北京：当代中国出版社，2014 年版，第 45 页。

［43］《游南山普宁院。院中止有数僧。别立堂处村，仆几百人，号师翁、道友，分执薪水，负戴扫除、苴补之役。暇即乞米赡众。溪南二百许名"石口"，闻冬时梅花甚多》，《南湖集》卷六，见(南宋)张镃：《南湖集》，吴晶、周膺点校，第 181 页。

［44］《渭川猎》，《南湖集》卷二，见(南宋)张镃：《南湖集》，吴晶、周膺点校，第 57 页。

［45］《时贤有爵高名重而不自由者，再念闲居之可乐，为赋长句》，《南湖集》卷六，见（南宋）张镃：《南湖集》，吴晶、周膺点校，第 164 页。

［46］《乐先生墓志铭》，《方舟集》卷一六，见曾枣庄等编：《全宋文》（第 206 册），第 118—119 页。

［47］《双雁儿·除夕》，见唐圭璋编纂：《全宋词》（简体增订本第 2 册），第 1548 页。

［48］《秋思》，《剑南诗稿》卷四十七，见钱仲联、马亚中主编：《陆游全集校注》（第 5 册），第 388 页。

［49］《闲居书事》，《剑南诗稿》卷十六，见钱仲联、马亚中主编：《陆游全集校注》（第 3 册），第 85 页。

［50］《水调歌头》六首其二，《樵歌》卷上，见（南宋）朱敦儒：《樵歌》，龙元亮校，第 2 页。

［51］《和渊明归去来辞》，《乐邦文类》卷五，见曾枣庄等编：《全宋文》（第 181 册），第 134 页。

［52］《重送文处厚，因寄蜀父老三首》其一，《石湖居士诗集》卷三三，见傅璇琮等主编：《全宋诗》（第 41 册），第 26053 页。

［53］《沁园春·叹世》，见唐圭璋编纂：《全宋词》（简体增订本第 4 册），第 3125 页。

［54］《鹧鸪天·睡起即事》，《稼轩词》卷九，见（南宋）辛弃疾：《辛弃疾全集》，王步高等辑校汇评，2002 年版，第 127 页。

［55］《行香子》，《稼轩词》补遗，见（南宋）辛弃疾：《辛弃疾全集》，王步高等辑校汇评，2002 年版，第 201 页。

［56］《夜游宫·苦俗客》，《稼轩词》卷十二，见（南宋）辛弃疾：《辛弃疾全集》，王步高等辑校汇评，2002 年版，第 182 页。

［57］《四友堂记》，《梅溪先生文集》卷一七，见曾枣庄等编：《全宋文》（第 209 册），第 111 页。

［58］《舫斋记》，《梅溪先生文集》卷一七，见曾枣庄等编：《全宋文》（第 209 册），119 页。

［59］同上。

［60］《潜涧岩阁梨塔铭》，《梅溪先生文集》卷二〇，见曾枣庄等编：《全宋文》（第 209 册），第 165—166 页。

［61］《隐求堂记》，《永乐大典》卷七二三九，见曾枣庄等编：《全宋文》（第 281 册），第 250 页。

［62］《又和诸公作雪月歌》，《秋崖先生小稿》卷三二，见傅璇琮等主编：《全宋诗》（第 61 册），第 38460 页。

［63］《白日苦短行》，《潜山集》卷二，见傅璇琮等主编：《全宋诗》（第63册），第39523页。

［64］《登临写兴》，《潜山集》卷十，见傅璇琮等主编：《全宋诗》（第63册），第39640页。

［65］《古意》，《潜山集》卷二，见傅璇琮等主编：《全宋诗》（第63册），第39520页。

［66］《泛富春江》，《潜山集》卷七，傅璇琮等主编：《全宋诗》（第63册），第39585页。

［67］《三术》，《潜山集》卷六，见傅璇琮等主编：《全宋诗》（第63册），第39577页。

［68］《水调歌头·送季修同希文去秀》，见唐圭璋编纂：《全宋词》（简体增订本第2册），第1456页。

［69］《零陵郡学策问》三，《斐然集》卷二九，见曾枣庄等编：《全宋文》（第190册），第31页。

［70］《水调歌头》，见唐圭璋编纂：《全宋词》（简体增订本第2册），第1121页。

［71］《初入大峨》，《石湖居士诗集》卷一八，见傅璇琮等主编：《全宋诗》（第41册），第25923页。

［72］《元日钟山宝公塔》，《石湖居士诗集》卷二二，见傅璇琮等主编：《全宋诗》（第41册），第25963页。

［73］《次韵乐先生吴中见寄八首》其七，《石湖居士诗集》卷九，傅璇琮等主编：《全宋诗》（第41册），第25827页。

［74］《点绛唇》，《稼轩词》卷十二，见（南宋）辛弃疾：《辛弃疾全集》，王步高等辑校汇评，2002年版，第188页。

［75］《鹧鸪天》，《稼轩词》卷九，见（南宋）辛弃疾：《辛弃疾全集》，王步高等辑校汇评，2002年版，第120页。

［76］《玉蝴蝶·杜仲高书来戒酒，用韵》，《稼轩词》卷三，见（南宋）辛弃疾：《辛弃疾全集》，王步高等辑校汇评，2002年版，第40页。

［77］《菩萨蛮》，《稼轩词》补遗，见（南宋）辛弃疾：《辛弃疾全集》，王步高等辑校汇评，2002年版，第208页。

［78］《摸鱼儿·观潮上叶丞相》，《稼轩词》卷五，见（南宋）辛弃疾：《辛弃疾全集》，王步高等辑校汇评，2002年版，第61页。

［79］《水龙吟·盘园任子严安抚挂冠得请，客以高风名其堂，书来索词，为赋》，《稼轩词》卷五，见（南宋）辛弃疾：《辛弃疾全集》，王步高等辑校汇评，2002年版，第56页。

［80］《雨中花慢·登新楼有怀昌甫、徐斯远、韩仲止、吴子似、杨民瞻》，《稼轩

词》卷六，见（南宋）辛弃疾：《辛弃疾全集》，王步高等辑校汇评，2002 年版，第 70 页。

［81］《贺新郎》，《稼轩词》卷一，见（南宋）辛弃疾：《辛弃疾全集》，王步高等辑校汇评，2002 年版，第 10—11 页。

［82］《任道源转示＜玉艳亭探梅＞诗卷，未暇属和，闰月十一日，偶自北山塔院过亭下，枝间已花，因次原韵三首》其二，《南湖集》卷九，见（南宋）张镃：《南湖集》，吴晶、周膺点校，第 262 页。

［83］雨中忆昙少云，奉寄》，《南湖集》卷六，见（南宋）张镃：《南湖集》，吴晶、周膺点校，第 175 页。

［84］《王荆文公有＜客至当饮酒＞篇，姜邦杰广其意赋诗见示。有云：“有客固当饮，无客饮更歌，有客与无客，颓然同一科。”仆因和答一首》，《南湖集》卷二，见（南宋）张镃：《南湖集》，吴晶、周膺点校，第 62 页。

［85］《唐律十首》其四，《秋崖先生小稿》卷一二，见傅璇琮等主编：《全宋诗》（第 61 册），第 38329 页。

［86］《闰中秋》，《秋崖先生小稿》卷二一，见傅璇琮等主编：《全宋诗》（第 61 册），第 38395 页。

［87］《醉歌》，《秋崖先生小稿》卷三二，见傅璇琮等主编：《全宋诗》（第 61 册），第 38458 页。

［88］《月下大醉星侄作墨索书迅笔题为醉矣行》，《秋崖先生小稿》卷三四，见傅璇琮等主编：《全宋诗》（第 61 册），第 38471 页。

［89］《万寿晖长老写师像求赞》，《宏智广录》卷第九，见（日）高楠顺次郎等编：《大正新修大藏经》（第 48 卷），第 102 页。

［90］《巾车》，《南湖集》卷四，见（南宋）张镃：《南湖集》，吴晶、周膺点校，第 125 页。

［91］《蝶恋花》，《稼轩词》卷八，见（南宋）辛弃疾：《辛弃疾全集》，王步高等辑校汇评，2002 年版，第 114 页。

［92］王力等编：《王力古汉语字典》，北京：中华书局，2000 年版，第 524 页。

［93］《自画像赞》，民国《海宁州志稿》卷一八，见曾枣庄等编：《全宋文》（第 184 册），第 165 页。

［94］《题漫斋壁》，《石湖居士诗集》卷六，见傅璇琮等主编：《全宋诗》（第 41 册），第 25799 页。

［95］《再次韵述怀约子文见过》，《石湖居士诗集》卷二六，见傅璇琮等主编：《全宋诗》（第 41 册），第 25997 页。

［96］《偶书》，《石湖居士诗集》卷二八，见傅璇琮等主编：《全宋诗》（第 41 册），第 26019 页。

[97]《丙午新正书怀十首》其一,《石湖居士诗集》卷二六,见傅璇琮等主编:《全宋诗》(第 41 册),第 25994 页。

[98]《次韵周昭礼见寄,兼约观园梅》,《南湖集》卷五,见(南宋)张镃:《南湖集》,吴晶、周膺点校,第 135 页。

[99]《道中连雨》三首其三,《秋崖先生小稿》卷一二,见傅璇琮等主编:《全宋诗》(第 61 册),第 38333 页。

[100]《山行》三首其一,《秋崖先生小稿》卷三五,见傅璇琮等主编:《全宋诗》(第 61 册),第 38477 页。

[101]《酬敬上人》,《亚愚江浙纪行集句诗》卷二,见傅璇琮等主编:《全宋诗》(第 61 册),第 38612 页。

[102]《如梦令》八首其三,《樵歌》卷下,见(南宋)朱敦儒:《樵歌》,龙元亮校,第 84 页。

[103]《有会而作》,《石湖居士诗集》卷三一,见傅璇琮等主编:《全宋诗》(第 41 册),第 26038 页。

[104]《晚集南楼》,《石湖居士诗集》卷六,见傅璇琮等主编:《全宋诗》(第 41 册),第 25795 页。

[105]《府公录示和提干喜雨之作,辄次元韵》,《石湖居士诗集》卷三一,见傅璇琮等主编:《全宋诗》(第 41 册),第 26039 页。

[106]《鹧鸪天·不寐》,《稼轩词》卷九,见(南宋)辛弃疾:《辛弃疾全集》,王步高等辑校汇评,2002 年版,第 132 页。

[107]《临江仙》,《稼轩词》卷八,见(南宋)辛弃疾:《辛弃疾全集》,王步高等辑校汇评,2002 年版,第 109 页。

[108]《移石种竹橘》,《南湖集》卷二,见(南宋)张镃:《南湖集》,吴晶、周膺点校,第 45 页。

[109]《时贤有爵高名重而不自由者,再念闲居之可乐,为赋长句》,《南湖集》卷六,见(南宋)张镃:《南湖集》,吴晶、周膺点校,第 164 页。

[110]《晓寝喜成》,《南湖集》卷五,见(南宋)张镃:《南湖集》,吴晶、周膺点校,第 151—152 页。

[111]《简马庄父》,《南湖集》卷七,见(南宋)张镃:《南湖集》,吴晶、周膺点校,第 207 页。

[112]《湖南舟中赠日者》,《南湖集》卷四,见(南宋)张镃:《南湖集》,吴晶、周膺点校,第 114 页。

[113]《庄器之(贤良)居镜湖上作,〈吾亦爱吾庐〉六诗见寄。因次韵,述桂隐事报之,兼呈同志》其一,《南湖集》卷一,见(南宋)张镃:《南湖集》,吴晶、周膺点校,第 29 页。

[114]《寄曹云台》二首其二,《秋崖先生小稿》卷一三,见傅璇琮等主编:《全宋诗》(第61册),第38339页。

[115]《山居》,《秋崖先生小稿》卷一五,见傅璇琮等主编:《全宋诗》(第61册),第38348页。

[116]《次韵赵同年赠示进退格》二首其二,《秋崖先生小稿》卷一八,见傅璇琮等主编:《全宋诗》(第61册),第38368页。

[117]《南窗偶书》三首其一,《秋崖先生小稿》卷二五,见傅璇琮等主编:《全宋诗》(第61册),第38417页。

[118]《效演雅》,《秋崖先生小稿》卷三三,见傅璇琮等主编:《全宋诗》(第61册),第38463页。

[119]《式贤和杜夔府百韵过余秋崖下大篇春容笔力遒劲于其归也聊复效颦》,《秋崖先生小稿》卷三六,见傅璇琮等主编:《全宋诗》(第61册),第38489页。

[120]《写怀》,《亚愚江浙纪行集句诗》卷一,见傅璇琮等主编:《全宋诗》(第61册),第38612页。

[121]《地僻》,《潜山集》卷九,见傅璇琮等主编:《全宋诗》(第63册),第39623页。

[122]《圣传论十首·孟子》,《屏山集》卷一,见曾枣庄等编:《全宋文》(第193册),第174页。

[123]《拙懒轩记》,《范香溪文集》卷六,曾枣庄等编:《全宋文》(第194册),第150页。

[124]《用拙堂铭》,《方舟集》卷十四,见曾枣庄等编:《全宋文》(第206册),第60页。

[125]《拙逸子说》,雍正《江西通志》卷九一,见曾枣庄等编:《全宋文》(第251册),第394页。

[126]《偶吟》,《江湖长翁集》卷三〇,见曾枣庄等编:《全宋文》(第256册),第387页。

[127]《愚斋铭》,《范香溪文集》卷一,见曾枣庄等编:《全宋文》(第194册),第163页。

[128]《千秋岁》,《西江月》八首其五,见唐圭璋编纂:《全宋词》(简体增订本第4册),第3478页。

[129]《西江月》八首其五,见唐圭璋编纂:《全宋词》(简体增订本第2册),第1109页。

[130]《西江月》八首其六,见唐圭璋编纂:《全宋词》(简体增订本第2册),第1109页。

[131]《减字木兰花》十七首其十三,《樵歌》卷下,见(南宋)朱敦儒:《樵歌》,

龙元亮校，第 62 页。

[132]《与同僚游栖霞，洞极深远，中有数路，相传有通九疑者，烛将尽乃还饮碧虚上，陈仲思用二华君韵赋诗，即席和之》，《石湖居士诗集》卷一四，见傅璇琮等主编：《全宋诗》（第 41 册），第 25874 页。

[133]《即席次韵器之相赠》，《南湖集》卷五，见（南宋）张镃：《南湖集》，吴晶、周膺点校，第 153 页。

[134]《游兴》，《潜山集》卷三，见傅璇琮等主编：《全宋诗》（第 63 册），第 39530 页。

[135]《与吴兴薛士隆使君游弁山石林先生故居》，《石湖居士诗集》卷一三，见傅璇琮等主编：《全宋诗》（第 41 册），第 25857 页。

[136]《青城县何子方使君同年园池》，《石湖居士诗集》卷一八，见傅璇琮等主编：《全宋诗》（第 41 册），第 25918 页。

[137]《四月望再游西湖》十首其二，《江湖长翁集》卷一九，见傅璇琮等主编：《全宋诗》（第 45 册），第 28238 页。

[138]《朝中措•渔父》十首其一，见唐圭璋编纂：《全宋词》（简体增订本第 3 册），第 1836 页。

[139]《春日》，《潜山集》卷七，见傅璇琮等主编：《全宋诗》（第 63 册），第 39590 页。

[140]《乘兴》，《潜山集》卷九，见傅璇琮等主编：《全宋诗》（第 63 册），第 39621 页。

[141]《行窝吟》，《潜山集》卷十，见傅璇琮等主编：《全宋诗》（第 63 册），第 39634 页。

[142]《叶君宗儒墓志铭》，《水心文集》卷一八，见曾枣庄等编：《全宋文》（第 286 册），第 268 页。

[143]《村翁》，《剑南诗稿》卷七十三，见钱仲联、马亚中主编：《陆游全集校注》（第 7 册），第 364 页。

[144]《曝书偶见旧稿有感》，《剑南诗稿》卷十六，见钱仲联、马亚中主编：《陆游全集校注》（第 3 册），第 100 页。

[145]《雨中夕食戏作》，《剑南诗稿》卷二十七，见钱仲联、马亚中主编：《陆游全集校注》（第 4 册），第 107 页。

[146]《秋日》，《石湖居士诗集》卷一，见傅璇琮等主编：《全宋诗》（第 41 册），第 25750 页。

[147]《自安福过真珠园梅坡》，《南湖集》卷一，见（南宋）张镃：《南湖集》，吴晶、周膺点校，第 28 页。

[148]《不睡》，《南湖集》卷二，见（南宋）张镃：《南湖集》，吴晶、周膺点校，

第 38 页。

［149］《踏莎行》，见唐圭璋编纂：《全宋词》（简体增订本第 3 册），第 2693 页。

［150］《偈颂一百六十九首》，见傅璇琮等主编：《全宋诗》（第 61 册），第 38533 页。

［151］《西江月》，见唐圭璋编纂：《全宋词》（简体增订本第 3 册），第 2042 页。

［152］《答韩谏罢岁旦往来启》，《斐然集》卷七，见曾枣庄等编：《全宋文》（第 189 册），第 258 页。

［153］《随意》，《剑南诗稿》卷一，见钱仲联、马亚中主编：《陆游全集校注》（第 1 册），第 77 页。

［154］《闲行》，《剑南诗稿》卷七十七，见钱仲联、马亚中主编：《陆游全集校注》（第 8 册），第 6 页。

［155］《石帆夏日》二首其二，《剑南诗稿》卷六十二，见钱仲联、马亚中主编：《陆游全集校注》（第 6 册），第 445 页。

［156］《夏夜》四首其二，《剑南诗稿》卷三十七，见钱仲联、马亚中主编：《陆游全集校注》（第 5 册），第 10 页。

［157］《庄器之（贤良）居镜湖上作，<吾亦爱吾庐>六诗见寄。因次韵，述桂隐事报之，兼呈同志》其四，《南湖集》卷一，见（南宋）张镃：《南湖集》，吴晶、周膺点校，第 30 页。

［158］《同魏茂先、潘茂洪泛湖终日》，《南湖集》卷三，见（南宋）张镃：《南湖集》，吴晶、周膺点校，第 83 页。

［159］《同张以道出游近郊，成古诗十六韵》，《南湖集》卷二，见（南宋）张镃：《南湖集》，吴晶、周膺点校，第 38 页。

［160］（美）克里斯多夫·爱丁顿、陈彼得：《休闲：一种转变的力量》，李一译，杭州：浙江大学出版社，2009 年版，第 63 页。

［161］《除夜书怀》，《石湖居士诗集》卷四，见傅璇琮等主编：《全宋诗》（第 41 册），第 25776 页。

［162］《壬辰三月十八日石湖花下作》，《石湖居士诗集》卷一一，见傅璇琮等主编：《全宋诗》（第 41 册），第 25843 页。

［163］《入园闻鹤唳》，《南湖集》卷六，见（南宋）张镃：《南湖集》，吴晶、周膺点校，第 165 页。

［164］《示徐提刑》，《大慧语录》卷第二十三，见（日）高楠顺次郎等编：《大正新修大藏经》（第 47 卷），第 907—908 页。

［165］同上书，第 907 页。

［166］《答曾侍郎》，《大慧语录》卷第二十五，见（日）高楠顺次郎等编：《大正新修大藏经》（第 47 卷），第 917 页。

［167］《答李郎中》,《大慧语录》卷第二十九,见（日）高楠顺次郎等编:《大正新修大藏经》(第 47 卷),第 935 页。

［168］《大慧语录》卷第十四,见（日）高楠顺次郎等编:《大正新修大藏经》(第 47 卷),第 869 页。

［169］《大慧语录》卷第十六,见（日）高楠顺次郎等编:《大正新修大藏经》(第 47 卷),第 881 页。

［170］《示徐提刑》,《大慧语录》卷第二十三,见（日）高楠顺次郎等编:《大正新修大藏经》(第 47 卷),第 908 页。

［171］同上。

［172］《答汪内翰》,《大慧普觉禅师书》卷第二十七,见（日）高楠顺次郎等编:《大正新修大藏经》(第 47 卷),第 928 页。

［173］《示徐提刑》,《大慧语录》卷第二十三,见（日）高楠顺次郎等编:《大正新修大藏经》(第 47 卷),第 908 页。

［174］《答曾侍郎》,《大慧语录》卷第二十五,见（日）高楠顺次郎等编:《大正新修大藏经》(第 47 卷),第 917 页。

［175］同上。

［176］《答富枢密》,《大慧语录》卷第二十六,见（日）高楠顺次郎等编:《大正新修大藏经》(第 47 卷),第 921 页。

［177］《答严教授》,《大慧语录》卷第二十九,见（日）高楠顺次郎等编:《大正新修大藏经》(第 47 卷),第 937 页。

［178］《示妙净居士》,《大慧语录》卷第二十一,见（日）高楠顺次郎等编:《大正新修大藏经》(第 47 卷),第 901 页。

［179］《古尊宿语录》卷第四十八,见(南宋)赜藏编:《古尊宿语录》(下),萧萐父等点校,北京:中华书局,1994 年版,第 986 页。

［180］同上。

第十章　南宋心闲工夫的应事之道

上一章提到，"无心"可视为整个南宋"反本复性"的休闲工夫。南宋文士倡导去除名利心、机谋心、计较心、知见心，以获得心灵的休闲。而在修炼"无心"的过程中，人会遇到各种各样的事情，如何对其加以应对，这无疑是对"无心"工夫的一种检验。

南宋文士已经注意到了"心""事"的辩证关系。正如胡寅所记载的，胡安国说过"心者，事物之宗"[1]。因此，"无心"的休闲工夫必然是要在对"事"的态度上表现出来。一方面，事由心生，有心则有事；另一方面，心随事转，无事则无心。对此，庄子早已有所暗示和言说。在前一方面，庄子称子舆"其心闲而无事"（《庄子·大宗师》），在后一方面，庄子借孔子之口说：

> 孔子曰："鱼相造乎水，人相造乎道。相造乎水者，穿池而养给；相造乎道者，无事而生定。……"（《庄子·大宗师》）

南宋人士对"事"的心志调节之道，继承了庄子的"无事而生定"，强调心不可随事而转，一言以蔽之，就是"心不可汩一事"[2]。

南宋诸人普遍认为，世事纷繁复杂、变化多端，故陆游往往用"纷纷世事""世事纷纷"或"世事无常"来描绘。在他看来，世事不但纷杂，而且充满算计和陷阱："世事纷纷博局中"[3]，"世事无穷似弈棋"[4]，"君看浮世事，何处异棋枰？"[5] 于是，"世事如火煎油膏"[6]，心随事转，为事所牵累，乃是人们劳累不得休闲的主要原因。因此，南宋文士指出：

> 世事莫牵萦，乐取这闲时节。（吕渭老）[7]
> 安乐本因无事得，功名常忌有心求。（陆游）[8]
> 君子胸襟常无事，常悦乐。（杨简）[9]

即是说，休闲是"无事"的结果。对"事"，要采取"无事"的休闲工夫。而由"心""事"的辩证关系来看，可以说，"无事"工夫是"无心"工夫的一种现实补充和后续深化。

当然，南宋文士倡导"无事"工夫，并非是说要完全无所事事，而是要避免庄子所说的"机事"，不追求事功名利，以去除目的性、功利性、工具性的戕害，避免人性的异化。

第一节　"若无闲事挂心头"：无事之道

南宋文人持"无事"之道，且以"无事"为自得。朱敦儒认为，他比其他人更休闲，更能得人间乐趣的原因是：

> 都为自家，胸中无事。风景争来趁游戏。[10]
>
> 乃翁心里，没许多般事。也不蕲仙不佞佛，不学栖栖孔子。懒共贤争，从教他笑，如此只如此。[11]

陆游暗示，正因为"无事"，才为他的"闲事"创造了可能："睡起西窗澹无事，一枰闲看客争棋"[12]，"剩喜今朝寂无事，焚香闲看《玉溪诗》"[13]。范成大亦云："归田赢得多无事，输与诸公汗简青"[14]，"闲居日出都无事，惟有开门扫地声"[15]。张镃自称"修竹有风处，道人无事时"[16]。辛弃疾更夸耀自己是"七十五年无事客"[17]，"此身已觉浑无事"[18]。

南宋宗教界也讲究"无事"的休闲工夫。佛门的慧开有一个著名的偈子："春有百花秋有月，夏有凉风冬有雪。若无闲事挂心头，便是人间好时节。"[19]道教的白玉蟾也自称"一个清闲客，无事挂心头"[20]。显然，"无事"是造成"好时节"和"清闲"的原因。

南宋各家的"无事"工夫，具体表现在"小事""拒事"和"省事"三个方面。

一、"游戏，游戏，到了元无一事"

怎样才能如张镃所言的那样"更无尘事恼闲心"[21]呢？一般来说，常人对大事会"如承大祭"（《论语·颜渊》），对小事则通常能较少萦心。故而南宋诸人意在表达：要使人心中无事，就有必要看破世事。范成大指出，万事皆虚空、虚假："谁言万事转头空，未转头时亦梦中"[22]，"窗外尘尘事，窗中梦梦身。既知身是梦，一任事如尘"[23]。张镃亦认为要把人生当作梦境来看："万事从教若梦过"[24]，这样自然就不会执着，无须思量，俗事就自然减少了："一官甘寂寞，万事绝思量。"[25]范、张主张把万事看破。而朱敦儒倡导把大事看小，主张无须太过认真，应当以一种游戏的心态来应事，所谓"游戏，游戏，到了元无一事"[26]。到底看穿就会发现，所谓"大事"多半不过是小题大做的俗事。

与之类似地，蔡戡提出"人生几何，聚散儿戏"[27]。陈元晋提出"万事付小儿之戏，分安此以终身"[28]。佛门也教导众生对事事物物不要过于牵挂，而应以游戏的态度轻松对待：

> 不下禅床，一喝耳聋，不妨游戏人事海中。（释智朋）[29]
> 别离从阙下，游戏且人间。（释绍嵩）[30]
> 回视人间世，何如戏一棚。（释文珦）[31]
> 未死聊游戏，才亡即罢休。应知皆是幻，尽底付悠悠。（释文珦）[32]

而陆游的"天下本无事，庸人实扰之"[33]，亦为类似的精警之论，即教人从认识上要看破世事的虚幻细小、不足挂齿，所以不值得认真计较：

> 世事纷纷不足论，流年去似海涛翻。[34]
> 世事元堪笑，吾生固有涯。[35]

陆游自称，他已经达到了看破世事的境界："狂心那复缴鸿鹄，世事已如风马牛"[36]，"如今归来曲肱卧，世事无穷俱看破"[37]。因此，他已经成了无事可忙的闲人："非关爱疏懒，无事可成忙"[38]，"闲人了无事……何物可关心"[39]。故而，看不破世事在他眼中就显得俗陋：

> 俗心浪自作棼丝，世事元知似弈棋。[40]

世事元看等一毫，纷纷宠辱陋儿曹。[41]

总之，无论是朱敦儒等人的"游戏说"，还是陆游的"庸人自扰"说，都是教人不要小题大做，自乱心怀。

二、"闭门万事不相关，饱受人间一味闲"

在心中对"事"的大小有了分辨后，在实践中就要有意识地对世俗小事加以回避。很多人"活得很累"，就是因为世事难舍，牵挂太多。对此，张镃主张"世事益知推去好"[42]，这实际上也就是现在所说的"学会拒绝"，对于身陷俗事之人不乏借鉴意义。陆游也劝导说：

要当弃百事，言从老聃役。[43]
耳边闲事有何极，正可付之风马牛。[44]

陆九渊的心学理论也指出，人在立得本心后，还要涵养此心，使其长期保持无蔽的状态，不可再轻易复归机心，落入机事。因此对"事"要采取不理会的拒绝态度：

既知自立，此心无事时，须要涵养，不可便去理会事。[45]

从南宋文人来看，"拒事"的休闲工夫有两条路向，第一条路向是心态的拒绝，即对万事保持一种慵懒的态度，避免让其成为休闲的障碍。陆游的诗颇能代表此种思路：

放翁年来百事惰，唯见梅花愁欲破。[46]
老客人间百事慵，乐哉闭户过今冬。[47]
老子年来百事慵，不妨诗课尚能供。[48]
我老卧丘园，百事习慵惰。[49]
穷居谙世故……万事慵挂眼……[50]

第二条路向是付之于行动的拒绝方式，一种是"闭目"，另一种是"闭门"。"闭目"就是睡眠，正如范成大所自称的"闲客那知如许事，东斋听雨烂熳睡"[51]。陆游也指出，用睡眠的方式，可以忘却繁杂的世事，避免各类信息的干扰：

> 但当寻熟睡，万事不须思。[52]
> 残年已觉衰难强，万事无如睡不知。[53]
> 苦爱幽窗午梦长，此中与世暂相忘。[54]

而他的"容我睡半日，两忘主与宾"[55]，"相对蒲团睡味长，主人与客两相忘"[56]则更含有以睡忘物我、主客无分别的禅宗觉悟意味。

"闭门"即裹足不出，自得其乐。范成大明确指出，闭门而回归私人领域，才能避开俗人机事，自求清静，这是获得休闲的一条很好的可行途径："无事闭门非左计，饶渠屦齿上青苔"[57]，"休问满城骑马滑，不妨长日闭门闲"[58]。南宋文士们的现实表现则是：朱敦儒自称"闭著门儿，不管人闲事"[59]。范成大自述："闭门幽僻断经过，静极兼无雀可罗。林下故人知几个，就中老子得闲多。"[60]释文珦则"闭户日无事"[61]，并自得地宣称："衡门未尝启，声利讵能迫。"[62]曾惜称檀倬"优游闾里，杜门不交接人事"[63]。刘克庄称刘弥邵"终岁杜门，罕与人接"[64]。林德遇，号"闭门居士"。陆游的自我描绘最能体现因闭门而得闲的境地：

> 闭门无事不胜闲，心境超然一室宽。[65]
> 闭门万事不相关，饱受人间一味闲。[66]
> 日永东斋淡无事，闭门扫地独焚香。[67]
> 与世不谐元有命，闭门自适差可喜。[68]

三、"嗜眠为至乐，省事是奇方"

"拒事"往往是对强加的世俗之事予以拒绝，而"省事"是对习以为常的生活琐事进行主动减省。老子崇尚原始的简单省事：

小国寡民。使有什伯之器而不用，使人重死而不远徙。虽有舟舆，无所乘之；虽有甲兵，无所陈之。使民复结绳而用之。(《老子·八十章》)

南宋各家也均倡导省事的休闲工夫。张镃赞赏老子所言的那种生活方式："结绳可息争，书契计已痴。"[69] 范成大主张"只将今日事，随分了今生"[70]，反对为明天思虑太多："百年何处用三窟，万事信缘安一枝。"[71] 他还暗示，为避免多事，有时需要"健忘"，甚至可以装聋作哑："僚旧姓名多健忘，家人长短总佯聋。"[72] 宏智禅师认为每多一事就会产生连锁反应，反之亦然："本无如许多事，做来做去，便有如许多事。如今却从许多事中，减来减去，要到无许多事处。"[73] 赵长卿自称："居士年来懒散，凡事只从宽简。身外更无求，只要夏凉冬暖。"[74] 陆游也自称"心常厌多事"[75]，他尤其强调省事之道："嗜眠为至乐，省事是奇方。"[76] 其对生活琐事的减省表现为：

安贫炊麦饭，省事嚼茶芽。[77]
薄饭惟羹芋，闲游不借驴。[78]
书收鼠啮犹堪读，柿拾鸦残亦自甜。动念不如姑省事，智谋老健恐难兼。[79]
老去终年卧草庐，事皆省尽略无余。尘留鼠迹犹嗔拂，风作飘声固不除。兴发旧醅何害醉，诗成拙笔亦堪书。投床睡美悠然觉，作计今知本不疏。[80]

简单粗糙的饭食，可以省时；步行而不骑驴，可以安步当车；甘于贫困，可以省去钻营谋利的时间；物品破敝皆可凑合使用，可以省时省钱；睡眠可以忘怀世事之荣辱得失——这些省事之道，都为享受休闲创造了条件。

富贵的生活是讲究的，也往往是复杂、耗时的。而简朴的生活，则可以保障充分的休闲时间。因此，要省事、省时就要安贫，过简单的生活。儒家向来崇尚简单生活，孔子的"饭疏食饮水，曲肱而枕之"(《论语·述而》），颜回的"一箪食，一瓢饮"（《论语·雍也》），皆可谓简单省事矣，也成为安贫乐道的典范。因此，南宋张浚的"俭则心逸"[81]便是对孔颜乐处的很好概括。胡寅更代学子放言曰："邹鲁垂训，固不使我觅举干禄之用，贫贱富贵命不可易者，又何暇商得丧，较厉害，戚戚而不欣欣也？盖饭疏饮水，敝褐缊袍，曳履而歌商颂，鼓琴而思文王，优哉游哉，聊以卒岁而已矣。"[82]

陆游也主张儒家的这种简朴生活，倡导"一瓢陋巷师颜回"[83]，"布襦可以度雪夕，麦饭可以支朝餐"[84]。他称自己的住处"陋屋略如营窟世，淳风不减结绳时"[85]，也称赞北方农民的生活简单省事，所谓"妇汲惟陶器，民居半草庵"[86]。

而李之彦则用亲身感受并借佛家教义劝诫世人，要多念及人生短暂，从而减少贪欲，这样可以享受省事休闲之乐：

> 五十不造宅，六十不制衣。纵绕得受用，能有几多时？余年近七旬，尽宜省事乐闲，息心退步，何必贪欲于受用无几之日？《圆觉经》云："诸苦所因，贪欲为本。"余庶几免乎矣。……卧病垂死，术数未休，几年劳役一场春梦。[87]

如今，许多人盲目追求物质的炫耀，对于眼前的事物不是根据实际需要来安排设计，而是一味求大求奢。于是，人们在不惜耗费大量时间金钱购买豪宅和过度装修的同时，也使自己身心疲惫，更不用说入住后还需要花费更多时间、精力于每日的清洁、打理、保养之上，使人无法休闲。我们并不需要真正回到陆诗所言及的那种简陋生活，但陆诗"自愿简单"的精神主旨，对我们无疑大有借鉴价值。

自愿简单，就是在意识里满足于简朴的生活方式，摆脱物质奴役。在这一点上，中外先贤所见略同。古代雅典人也自觉地限制物质产品的消费。在他们看来，摆脱物质的束缚是一个基本的要求——如果一个人整日围着一大堆东西储存、修护、投保并使用的话，那么，他将无法从这些东西中摆脱出来。通过摆脱物质与尘事纷扰的束缚来达到个人的完美，是古希腊的美学理想。杰弗瑞·戈比指出休闲的条件是"满足于简朴的生活方式"[88]，又说："在某种程度上，要实现清静就需要尝试着简化生活。"[89]美国向来是物质崇拜的天堂，而今天，在不少有识之士的引领下也产生了"自愿简单（voluntary simplicity）"的趋势和潮流。如此看来，陆游早就提出了类似的休闲工夫。我们当从陆游的思想里得到启发和借鉴——捐弃世事，降低物欲，简化生活，走向休闲的美好家园。

此外，佛家亦有其省事之道。佛教传入中国后，修行方式日趋烦琐复杂。浩如烟海的佛经公案，尤其使学佛者心力穷劳。禅宗兴起后，其日益重视修行的简化。南宋宏智正觉禅师的"默照禅"，使这种省事工夫得到进一步发展。其后的天童如净禅师，更省事到了某种极致。他提出"夫参禅者，身心脱落，只管打睡"[90]，又提出"我个里不用烧香、礼拜、念佛、修忏、看经，只管打坐始得"[91]。此恰如曹勋所言的"万行不修无事也，随缘放旷任逍遥"[92]，意在省事而获休闲。

第二节 "将从其简且易者"：简事之道

我国民间有这样的俗语："无事不惹事，有事不怕事。"我们可以做出这样的理解：惹事是休闲的障碍，无事是获得休闲的方法。对此，南宋文士已经有所言说。晁公遡曾对人说："仄闻学道之至，清心宴坐，事来则应。"[93]在他看来，学道的最高境界，就是无事而得闲，有事再加以应对，而不要无事想事、无事生事，杞人忧天。张即之云："多知多事，不如息意。多虑多失，不如守一。虑多志散，知多心乱。"[94]此则是从另一侧面指出，多知多虑也是造成事多心乱的原因。要"无事"，就要"息意""守一"。

不过，尽管以"无事"作为休闲工夫非常正确，但人一生中不可能无所事事，也不可能万事不理，有些事是必须理会的，也有些事会自己找上门来。在"应事"，即必要之事的处理上，南宋诸人亦有充满智慧的工夫。其主要方法之一，就是"简事"，即将事情简化而获得休闲。

政治家卫博指出，圣人的治国之道是简易而致休闲的："圣人之治简而易知，优游伴奂，视天下若无可为，初不若后世之扰扰多事者，一本于人情而已。"[95]故而他主张"临轻剽浮靡之俗而服以安静不扰之治"[96]，则能"上下晏然"[97]。胡铨亦曾提出过"崇简"思想："孔子曰子桑伯子'可也简'。夫简者，清净无为之道也。"[98]晁公遡这样希望某些官员以"简"处事：

> 共惟大府政条清简，登临红白楼，神相步武，台候动止万福。[99]
>
> 伏惟主公询仰，事就清简，台候胜常。[100]

而当他询问杨知县"今当事简，亦足自适否？"[101]的时候，显然也是把"简事"当作休闲工夫来看待的。此外，陈长方也有类似言说："恭惟某官士类冠绅……政成事简，吏畏民怀。"[102]而薛元鼎曾云："惟简则乐，此理不易。"[103]这显然是明确将"简事"作为休闲工夫来对待。

心学家陆九渊的"易简工夫"，是南宋文士"应事"之道的典型代表。虽然它主要是针对格物致知而不是专门就休闲而发，但从其愿景来看，无疑有着使人获得休闲体验的效果，有助于当代休闲实践的借鉴。

"易简工夫"是陆九渊心学思想体系的重要支点，也是陆九渊休闲思想的一条重要路向，而其思路实来自《周易》。"简易"是《周易》的主要哲学思想之一。东汉郑玄云"易一名而含三义：易简，一也；变易，二也；不易，三也"[104]，即是认为"易简"是"易"字的首要之义。《周易·系辞上传》这样论天地自然的易简之道：

> 乾以易知，坤以简能。易则易知，简则易从。易知则有亲，易从则有功。有亲则可久，有功则可大。可久则贤人之德，可大则贤人之业。易简则天下之理得矣。

陆九渊极为推崇《周易》的"乾坤易简"之道，常引之为经典依据，如：

> 《易》赞乾坤之简易，曰："易知易从，有亲有功，可久可大。"……所谓可久可大者，不出简易而已。[105]

因此，他终身倡导"易而易知，简而易从"[106]，探索一种"易简工夫"，把它作为自己心学外化的实践手段，其对休闲也具有高度启发意义。在他看来，主体若能"万物森然于方寸之间"[107]，以"吾心即是宇宙"[108]的心智做工夫，将会何等简易！"乾坤易简"的原理性观点，贯穿于陆九渊的《易》说中，也渗透到陆九渊言行的诸多方面。据《周易程氏传》，程颐注解周易艮卦的卦辞总共用了143字，而陆九渊仅用"无物无我"四字作结，要言不烦，其"易简工夫"可谓深矣。

同样地，陆九渊的"易简工夫"也使学习成为快乐。对于为学之道，他也同样主张简易：

> 天下之理，将从其简且易者而学之乎？将欲其繁且难者而学之乎？若繁且难果足以为道，劳苦而为之可也，其实本不足以为道，学者何苦于繁难之说？简且易者，又易知易从，又信足以为道，学者何惮而不为简易之从乎？[109]

学习之累是现代人的顽症。"吾生也有涯，而知也无涯。以有涯随无涯。殆已！"（《庄子·养生主》）这句庄子的名言分明说出了自古及今求知的苦累。而在陆九渊那里，为学成了充满乐趣、轻松简易的某种休闲活动。以心学体系阐述休闲工夫，陆九渊可谓独出机杼。针对以朱熹为代表的理学家博览群书、皓首穷经的积累式教学法，陆九渊主张不必淹没在书山学海之中：

> 读书不必穷索，平易读之，识其可识者，久将自明，毋耻不知。子亦见今之读书谈经者乎？历叙数十家之旨而以己见终之。开辟反复，自谓究竟精微，然试探其实，固未之得也，则何益哉？[110]

陆九渊的这种心学教法，不重多读，而重精读，是一种建立在发明本心基础上的"易简工夫"，从而与朱熹的理学教法形成迥异的趣味。陆九渊把这种减负式的学习方法视为真正的"格物"：

学者疲精神于此，是以担子越重。到某这里，只是与他减担，只此便是格物。[111]

可见，陆九渊的格物不是知识的积累，而是减轻学习负担，放下思想包袱，解放主体精神，获得休闲快乐——他不取程朱格物之说，但求之心，心明则无所不照。如果能澄澈此心，辨清本末，就能如古人那样得求学之乐。读书就不再是一种劳作，而是一种休闲，否则求知越多，越迷惑、劳苦和负累：

《孟子》之尽心，尽此心也，故能知性知天。学者诚知所先后，则如木有根，如水有源。……若迷其端绪，易物之本末，谬事之终始，杂施而不逊，是谓异端，是谓邪说，非以致明，祗以累明，非以去蔽，祗以为蔽。后世之士，有志于古，不肯甘心流俗，然而苦心劳身，穷年卒岁，不为之日休，而为之日拙者，非学之罪也。……迷其端绪，操末为本，其所从事者非古人之学也。古人之学，其时习必悦，其朋来必乐，其理易知，其事易从。[112]

陆九渊之后的理学家黄干也倡导"易简工夫"。他在玩味《易经》时说："易则理明故易知，简则事直故易从。理易知则可信，故有亲；事易从则可成，故有功。行之而信故可久，为之而成故可大。……贤人体乾坤之易简，故德业可久可大。"[113]

南宋理学家"易简工夫"的真谛在于明心去弊，它能将必要之事在明心的基础上转化为休闲，为将求知的苦转化为乐提供了可能性，应当引起人们对现代灌输式教育进行反思，并对简易的为学之道予以借鉴。

简易是休闲的必要条件，烦琐复杂无法使人获得休闲的状态。杰弗瑞·戈比指出："日趋复杂的社会结构和日益加速的社会变化使我们疲于应付，在很大程度上弱化了我们的休闲潜力。……做任何决定都变得越来越复杂，越来越费时间。"[114]"易简工夫"从明心着手，以简驭繁，既是一种认识论，也是一种方法论、实践论、生存论，对现代休闲学具有高度的启示。

第三节 "微吟缓节归来晚"：缓事之道

曾几何时，事事追求效率成为现代社会所崇尚的目标。遗憾的是，这也成为现代人终日忙碌心乱，不能休闲的原因所在。古德尔指出："在涉及人的时候，我们不应该太迷信效率。……就休闲和娱乐而言，'有效地利用时间'可能仅仅意味着我们遭受了更多的困扰……如果你用一个晚上快速阅读完马克·吐温的小说，那么你可能根本不能体会到那些诙谐幽默的精华。"[115]

南宋理学家从立志、养习的角度来推崇"慢"的工夫。高闶有言："学《春秋》者，必优游涵泳。"[116]刘子翚云："真志立于懦，真习养于徐。……轩轩之志久必堕，皦皦之习久必疏。"[117]此虽非针对休闲而发，但对当代休闲工夫论仍不无启发意义。

刘子翚的学生朱熹之论与乃师颇有吻合之处，并且直接指向了休闲活动。他反对急功近利，反对"效率"："才责效，便见有忧愁底意思。只管如此，胸中结聚一饼子不散，须是胸中宽闲始得。"[118]在游赏等休闲活动中，他提倡慢节奏。其《曾点》一诗，即是在想象中倾慕曾点"浴乎沂，风乎舞雩，咏而归"的从容之态：

> 春服初成丽景迟，步随流水玩晴漪。微吟缓节归来晚，一任轻风拂面吹。[119]

仰慕之余，他对自己也提出要求，盼望自己也能像曾点一样，以从容之态，得舞雩之乐：

> 年来年去为谁忙？三伏炎蒸忽变凉。阅世谩劳心悄悄，怀人空得鬓苍苍。诗篇眼界何终极，道学心期未遽央。安得追寻二三子，舞雩风月共徜徉。[120]

更进一步地，朱熹指出，日用生活都要有宽心、从容的工夫。例如读书，只有慢才能心态和悦，否则"气象急迫"，欲速则不达。通过慢慢反复涵泳，则能在"浃洽"即透彻熟练中玩味出真知。所以，读书要"从容咀嚼""缓缓温寻"：

> 看书与日用工夫，皆要放开心胸……徐徐旋看道理……切忌合下便立己意，把捉得太紧了，即气象急迫，田地狭隘，无处著工夫也。[121]
>
> （读书）譬如饮食，从容咀嚼，其味必长；大嚼大咽，终不知味也。[122]
>
> 看得一两段，却且放心胸宽闲，不可贪多。[123]
>
> 大凡读书，且要读，不可只管思。口中读，则心中闲，而义理自出。[124]
>
> 看文字伤太快，恐不子细。[125]
>
> 读书如炼丹……后来却须缓缓温寻，反复玩味，道理自出。又不得贪多欲速，直须要熟……[126]

以上论述，对于时时处处争效率，却反而迷失生命的真义的现代人，尤其是学生与学者，来说是极好的教训。更进一步的是，朱熹指出，快乐与美感就来自由这种休闲节奏所产生的贯通与和谐之中：

> 若熟看，待浃洽则悦矣。[127]
>
> 曰："学而时习，何以说也？"曰："……如鸟之习飞然，则其所学者熟，而中心悦怿也。……从容于朝夕俯仰之中……是其中心油然悦怿之味，虽刍豢之甘于口，亦不足以喻其美矣，此学之始也。"[128]

从容的工夫可以使读书变成愉悦身心，享受休闲的过程。类似朱熹，其他理学家也强调学习中"优游"状态的重要性。例如张栻劝导胡季随"要当平心易气，优游涵泳"[129]，又对刘宰说："学者存任重道远之思，切戒欲速也。"[130] 陆九渊也认为：

学固不可以不思，然思之为道，贵切近而优游。切近则不失己，优游则不滞于物。……开卷读书时，整冠肃容，平心定气。诂训章句，苟能从容勿迫而讽咏之，其理当自有彰彰者。[131]

且如读史……优游涵泳，久自得力。[132]

铁剑利，则倡优拙。[133]

这即是说，优游休闲的状态可以避免人心滞于物欲，有利于发明本心，以心解经。此外陈淳也讲究慢读书："须是和平其气，雍容和缓，自然而得之，乃能默契。"[134]

其他南宋文人也赞赏或践履着休闲的徐缓工夫。陆游提醒世人欲速则不达："炷香火要深，作墨手当缓。浅士务成速，所以多后患。"[135]而释绍昙倡导张弛有道，快慢相间："忙时直是闲，缓处非常急。"[136]而从以下诗句，我们不难得出这样的结论：缓慢的节奏才能使人从容欣赏生活、享受生活，才能使人发现美，也才称得上是休闲。

远寻花。正风亭霁雨，烟浦移沙。缓提金勒，路拥桃叶香车。（朱敦儒）[137]

尊前好，缓歌低笑。醉向花间倒。（朱敦儒）[138]

晚菊花前敛翠蛾。挼花传酒缓声歌。（朱敦儒）[139]

涉秋以来，伏惟缓带宴居，威自及速，台候胜常。（晁公溯）[140]

日长绣倦酒红潮，闲束罗巾理六么。新样筑球花十八，丁宁小玉慢吹萧。（范成大）[141]

金粟枝头一夜开，故应全得小诗催。篮舆缓缓随儿女，引入天香洞里来。（范成大）[142]

急读何如徐读妙，共看更胜独看渠。（杨万里）[143]

龙友相逢，洼樽缓举，议论敲冰雪。（辛弃疾）[144]

卷怀无与适，着冠试徐行。廊西小堂幽，丛筤杂荷声。（张镃）[145]

蔬饭有余饱，徐行纵闲逸。邻庵亦窈深，绿杉间疏密。（张镃）[146]

饥创塞罢忘贪欲，气定徐行手摩腹。（张镃）[147]

藤杖徐穿竹径凉，地宽那更水云乡。（张镃）[148]

规模浑是野人居，剪结苍松荫屋除。闲把欹眠酬懒架，静便徐步当安舆。（张镃）[149]

…………

总之，正如白玉蟾所倡导的："事各各付事物，无心于事，无事于心。"[150]也正如杨枋所言："每见吾友衮衮俗事……天地间纷纶杂揉，日复一日，只要心不累着，接物而不为物所物，应事而不为事所事，如斯而已。"[151]正是南宋文士的"去名利心""去机谋心""去计较、知见心"和"无事之道""简事之道""缓事之道"，使他们得以"心闲"，而在此过程中，也体现了他们的一种反功利的人格诉求，即不与世俗政治同流合污，保持高尚操守的道德人格。

──
注释

[1]《先公行状》上，《斐然集》卷二五，见曾枣庄等编：《全宋文》（第190册），上海：上海辞书出版社，合肥：安徽教育出版社，2006年版，第151页。

[2]《语录下》，《陆九渊集》卷三十五，见（南宋）陆九渊：《陆九渊集》，钟哲点校，北京：中华书局，1980年版，第456页。

[3]《秋晚衰疾稍平聊识喜怀》，《剑南诗稿》卷五十四，见钱仲联、马亚中主编：《陆游全集校注》（第6册），杭州：浙江教育出版社，2011年版，第183页。

[4]《秋晚》，《剑南诗稿》卷五十三，见钱仲联、马亚中主编：《陆游全集校注》（第6册），第119页。

[5]《东岭》，《剑南诗稿》卷七十四，见钱仲联、马亚中主编：《陆游全集校注》（第7册），第396页。

[6]《神山歌》，《剑南诗稿》卷五，见钱仲联、马亚中主编：《陆游全集校注》（第1册），第329页。

[7]《好事近》，见唐圭璋编纂：《全宋词》（简体增订本第2册），北京：中华书局，1965年版，第1471页。

[8]《闭户》，《剑南诗稿》卷二十四，见钱仲联、马亚中主编：《陆游全集校注》（第3册），第450页。

[9]《纪先训》一，《慈湖先生遗书》卷一七，见曾枣庄等编：《全宋文》（第275

册），第 381 页。

［10］《感皇恩》三首其三，《樵歌》卷中，见（南宋）朱敦儒：《樵歌》，龙元亮校，北京：文学古籍刊行社，1958 年版，第 37 页。

［11］《念奴娇》七首其四，《樵歌》卷上，见（南宋）朱敦儒：《樵歌》，龙元亮校，第 7 页。

［12］《次韵范参政书怀》十首其八，《剑南诗稿》卷二十四，见钱仲联、马亚中主编：《陆游全集校注》（第 3 册），第 465 页。

［13］《假中闭户终日偶得绝句》三首其三，《剑南诗稿》卷十九，见钱仲联、马亚中主编：《陆游全集校注》（第 3 册），第 279 页。

［14］《信笔》，《石湖居士诗集》卷二五，见傅璇琮等主编：《全宋诗》（第 41 册），北京：北京大学出版社，1998 年版，第 25988 页。

［15］《自晨至午起居饮食皆以墙外人物之声为节戏书四绝》其二，《石湖居士诗集》卷二七，见傅璇琮等主编：《全宋诗》（第 41 册），第 26006 页。

［16］《安乐泉亭上午憩》，《南湖集》卷四，见（南宋）张镃：《南湖集》，吴晶、周膺点校，北京：当代中国出版社，2014 年版，第 116 页。

［17］《临江仙·戏为期思詹老寿》，《稼轩词》卷八，见（南宋）辛弃疾：《辛弃疾全集》，王步高等辑校汇评，珠海：珠海出版社，2002 年版，第 107 页。

［18］《鹧鸪天·三山道中》，《稼轩词》卷九，见（南宋）辛弃疾：《辛弃疾全集》，王步高等辑校汇评，第 129 页。

［19］《禅宗无门关》，见（日）高楠顺次郎等编：《大正新修大藏经》（第 48 卷），东京：大正一切经刊行会，1930 年版，第 295 页。

［20］《水调歌头·自述》，见（南宋）白玉蟾：《白玉蟾全集校注本》，朱逸辉校注，海口：海南出版社，2004 年版，第 439 页。

［21］《曲廊》，《南湖集》卷五，见（南宋）张镃：《南湖集》，吴晶、周膺点校，第 145 页。

［22］《题日记》，《石湖居士诗集》卷四，见傅璇琮等主编：《全宋诗》（第 41 册），第 25777 页。

［23］《十月二十六日三偈》其三，《石湖居士诗集》卷二五，见傅璇琮等主编：《全宋诗》（第 41 册），第 25992 页。

［24］《秋夜》，《南湖集》卷五，见（南宋）张镃：《南湖集》，吴晶、周膺点校，第 132 页。

［25］《简陈监仓》二首其一，《南湖集》卷四，见（南宋）张镃：《南湖集》，吴晶、周膺点校，第 98 页。

［26］《如梦令》八首其四，《樵歌》卷下，见（南宋）朱敦儒：《樵歌》，龙元亮校，第 84 页。

［27］《祭胡端约文》，《定斋集》卷一三，见曾枣庄等编：《全宋文》（第 276 册），第 338 页。

［28］《见郑参政启》，《渔墅类稿》卷二，见曾枣庄等编：《全宋文》（第 325 册），第 29 页。

［29］《偈颂一百六十九首》，见傅璇琮等主编：《全宋诗》（第 61 册），第 38533 页。

［30］《送别一西堂》，《亚愚江浙纪行集句诗》卷三，见傅璇琮等主编：《全宋诗》（第 61 册），第 38622 页。

［31］《隐居》，《潜山集》卷八，见傅璇琮等主编：《全宋诗》（第 63 册），第 39614—39615 页。

［32］《九日吟》，《潜山集》卷九，见傅璇琮等主编：《全宋诗》（第 63 册），第 39631 页。

［33］《铭座》，《剑南诗稿》卷三十九，见钱仲联、马亚中主编：《陆游全集校注》（第 5 册），第 108 页。

［34］《晚春》，《剑南诗稿》卷七十五，见钱仲联、马亚中主编：《陆游全集校注》（第 7 册），第 455 页。

［35］《舍北摇落景物殊佳偶作》五首其二，《剑南诗稿》卷三十五，见钱仲联、马亚中主编：《陆游全集校注》（第 4 册），第 399 页。

［36］《连日有雪意，戏书》，《剑南诗稿》卷二十四，见钱仲联、马亚中主编：《陆游全集校注》（第 3 册），第 445 页。

［37］《寄题周丞相平园》，《剑南诗稿》卷三十七，见钱仲联、马亚中主编：《陆游全集校注》（第 5 册），第 30 页。

［38］《村舍》，《剑南诗稿》卷二十九，见钱仲联、马亚中主编：《陆游全集校注》（第 4 册），第 191 页。

［39］《与野人散策门外》，《剑南诗稿》卷七十三，见钱仲联、马亚中主编：《陆游全集校注》（第 7 册），第 384 页。

［40］《寓叹》，《剑南诗稿》卷五十三，见钱仲联、马亚中主编：《陆游全集校注》（第 6 册），第 119 页。

［41］《秋兴》二首其二，《剑南诗稿》卷五十九，见钱仲联、马亚中主编：《陆游全集校注》（第 6 册），第 337 页。

［42］《次韵酬杜材卿》，《南湖集》卷六，见（南宋）张镃：《南湖集》，吴晶、周膺点校，第 163 页。

［43］《读渊明诗》，《剑南诗稿》卷四十四，见钱仲联、马亚中主编：《陆游全集校注》（第 5 册），第 305 页。

［44］《短歌行》，《剑南诗稿》卷八十二，见钱仲联、马亚中主编：《陆游全集校注》（第 8 册），第 199 页。

［45］《语录下》，《陆九渊集》卷三十五，见（南宋）陆九渊：《陆九渊集》，钟哲点校，第454页。

［46］《芳华楼赏梅》，《剑南诗稿》卷九，见钱仲联、马亚中主编：《陆游全集校注》（第2册），第153页。

［47］《初冬》，《剑南诗稿》卷三十一，见钱仲联、马亚中主编：《陆游全集校注》（第4册），第240页。

［48］《春雨中偶赋》，《剑南诗稿》卷五十三，见钱仲联、马亚中主编：《陆游全集校注》（第6册），第129页。

［49］《航海》，《剑南诗稿》卷五十四，见钱仲联、马亚中主编：《陆游全集校注》（第6册），第174页。

［50］《寓叹》，《剑南诗稿》卷八十四，见钱仲联、马亚中主编：《陆游全集校注》（第8册），第242页。

［51］《天童三阁》，《石湖居士诗集》卷二一，见傅璇琮等主编：《全宋诗》（第41册），第25958页。

［52］《耕桑》，《剑南诗稿》卷七十五，见钱仲联、马亚中主编：《陆游全集校注》（第7册），第452页。

［53］《明日午睡至暮复次前韵》，《剑南诗稿》卷六，见钱仲联、马亚中主编：《陆游全集校注》（第1册），第412页。

［54］《午梦》，《剑南诗稿》卷七，见钱仲联、马亚中主编：《陆游全集校注》（第2册），第33页。

［55］《开元寺小阁十四韵》，《剑南诗稿》卷二十三，见钱仲联、马亚中主编：《陆游全集校注》（第3册），第410页。

［56］《客去》，《剑南诗稿》卷四十九，见钱仲联、马亚中主编：《陆游全集校注》（第5册），第468页。

［57］《秋日二绝》其二，《石湖居士诗集》卷一，见傅璇琮等主编：《全宋诗》（第41册），第25750页。

［58］《次韵朋元久雨》，《石湖居士诗集》卷九，见傅璇琮等主编：《全宋诗》（第41册），第25826页。

［59］《苏幕遮》二首其一，《樵歌》卷中，见（南宋）朱敦儒：《樵歌》，龙元亮校，第39页。

［60］《放下庵即事三绝》其三，《石湖居士诗集》卷三一，见傅璇琮等主编：《全宋诗》（第41册），第26039页。

［61］《闭户》，《潜山集》卷四，见傅璇琮等主编：《全宋诗》（第63册），第39546页。

［62］《有适》，《潜山集》卷二，见傅璇琮等主编：《全宋诗》（第63册），第

39523 页。

[63]《宋给事中檀倬墓志铭》，宣统《(安徽)建德县志》卷一九，见曾枣庄等编：《全宋文》(第 192 册)，第 94 页。

[64]《习静叔父墓志铭》，《后村先生大全集》卷一五一，见曾枣庄等：《全宋文》(第 331 册)，第 234 页。

[65]《题斋壁》二首其一，《剑南诗稿》卷三十，见钱仲联、马亚中主编：《陆游全集校注》(第 4 册)，第 215 页。

[66]《闲适》，《剑南诗稿》卷七十一，见钱仲联、马亚中主编：《陆游全集校注》(第 7 册)，第 305 页。

[67]《晚春感事》四首其四，《剑南诗稿》卷二十二，见钱仲联、马亚中主编：《陆游全集校注》(第 3 册)，第 391 页。

[68]《秋雨》，《剑南诗稿》卷八十三，见钱仲联、马亚中主编：《陆游全集校注》(第 8 册)，第 231 页。

[69]《杂兴》三十九首其十一，《南湖集》卷一，见(南宋)张镃：《南湖集》，吴晶、周膺点校，第 11 页。

[70]《十月二十六日三偈》其二，《石湖居士诗集》卷二五，见傅璇琮等主编：《全宋诗》(第 41 册)，第 25992 页。

[71]《殊不恶斋秋晚闲吟五绝》其三，《石湖居士诗集》卷二五，见傅璇琮等主编：《全宋诗》(第 41 册)，第 25990 页。

[72]《早衰》，《石湖居士诗集》卷二九，见傅璇琮等主编：《全宋诗》(第 41 册)，第 26027 页。

[73]《宏智广录》卷第五，见(日)高楠顺次郎等编：《大正新修大藏经》(第 48 卷)，第 59 页。

[74]《如梦令》，见唐圭璋编纂：《全宋词》(简体增订本第 3 册)，第 2349 页。

[75]《农家》六首其四，《剑南诗稿》卷七十八，见钱仲联、马亚中主编：《陆游全集校注》(第 8 册)，第 52 页。

[76]《即事》六首其四，《剑南诗稿》卷六十四，见钱仲联、马亚中主编：《陆游全集校注》(第 7 册)，第 57 页。

[77]《即事》，《剑南诗稿》卷三十四，见钱仲联、马亚中主编：《陆游全集校注》(第 4 册)，第 377 页。

[78]《省事》，《剑南诗稿》卷四十七，见钱仲联、马亚中主编：《陆游全集校注》(第 5 册)，第 385 页。

[79]《村居书事》六首其四，《剑南诗稿》卷六十四，见钱仲联、马亚中主编：《陆游全集校注》(第 7 册)，第 59 页。

[80]《省事》，《剑南诗稿》卷四十九，见钱仲联、马亚中主编：《陆游全集校注》

（第 5 册），第 477 页。

［81］《四德铭》，《张魏公集》卷一，见曾枣庄等编：《全宋文》（第 188 册），第 138 页。

［82］《永州重修学记》，《斐然集》卷二一，见曾枣庄等编：《全宋文》（第 190 册），第 81 页。

［83］《戏咏乡里食物示邻曲》，《剑南诗稿》卷四十四，见钱仲联、马亚中主编：《陆游全集校注》（第 5 册），第 307 页。

［84］《寒夜吟》，《剑南诗稿》卷七十三，见钱仲联、马亚中主编：《陆游全集校注》（第 7 册），第 382 页。

［85］《即事》六首其一，《剑南诗稿》卷六十九，见钱仲联、马亚中主编：《陆游全集校注》（第 7 册），第 246 页。

［86］《顷岁从戎南郑，屡往来兴凤间，暇日追怀旧游有赋》，《剑南诗稿》卷七十六，见钱仲联、马亚中主编：《陆游全集校注》（第 7 册），第 487 页。

［87］《东谷所见·贪欲》，《说郛》卷七十三，见陶宗仪等编：《说郛三种》（六），上海：上海古籍出版社，1988 年版，第 3428 页。

［88］Geoffrey Godbey, *Leisure in Your Life: An Exploration*. Philadelphia: Venture Publishing, Inc., 1985, p.16.

［89］（美）杰弗瑞·戈比：《21 世纪的休闲与休闲服务》，张春波等译，云南：云南人民出版社，2000 年版，第 72 页。

［90］《天童如净禅师续语录跋》，见（日）前田慧云等编：《卍续藏》（第 124 册）台北：新文丰出版公司，1996 年版，第 990 页。

［91］《永平元和尚颂古》，见（日）高楠顺次郎等编：《大正新修大藏经》（第 82 卷），第 318 页。

［92］《戏妙德二偈》，《松隐文集》卷二八，见曾枣庄等编：《全宋文》（第 191 册），第 100 页。

［93］《上罗参议札子》一，《嵩山集》卷三八，见曾枣庄等编：《全宋文》（第 211 册），第 352 页。

［94］《息心铭》，乾隆《曹州府志》卷二〇，见曾枣庄等编：《全宋文》（第 325 册），第 191 页。

［95］《上陈平江论治道书》，《定庵类稿》卷四，见曾枣庄等编：《全宋文》（第 192 册），第 214 页。

［96］同上书，第 215 页。

［97］同上。

［98］《庄列祠记》，《胡澹庵先生文集》卷一七，见曾枣庄等编：《全宋文》（第 195 册），第 375 页。

[99]《上费宝文行之札子》四,《嵩山集》卷三四，见曾枣庄等编:《全宋文》(第211册)，第313页。

[100]《与史主管札子》四,《嵩山集》卷四一，见曾枣庄等编:《全宋文》(第211册)，第402页。

[101]《答杨知县柬》三,《嵩山集》卷三一，见曾枣庄等编:《全宋文》(第211册)，第266页。

[102]《贺太守启》,《唯室集》卷一，见曾枣庄等编:《全宋文》(第206册)，第165页。

[103]《简乐堂记》,《咸淳临安志》卷五二，见曾枣庄等编:《全宋文》(第242册)，第196页。

[104]《易论》，见(唐)孔颖达等注疏:《名家批注周易》，沈阳:万卷出版公司，2008年版，第343页。

[105]《与高应朝》,《陆九渊集》卷五，见(南宋)陆九渊:《陆九渊集》，钟哲点校，第64页。

[106]《与李宰》,《陆九渊集》卷十一，见(南宋)陆九渊:《陆九渊集》，钟哲点校，第150页。

[107]《语录上》,《陆九渊集》卷三十四，见(南宋)陆九渊:《陆九渊集》，钟哲点校，第423页。

[108]《杂说》,《陆九渊集》卷二十二，见(南宋)陆九渊:《陆九渊集》，钟哲点校，第273页。

[109]《语录上》,《陆九渊集》卷三十四，见(南宋)陆九渊:《陆九渊集》，钟哲点校，第423页。

[110]《语录下》,《陆九渊集》卷三十五，见(南宋)陆九渊:《陆九渊集》，钟哲点校，第471页。

[111]同上书，第441页。

[112]《武陵县学记》,《陆九渊集》卷十九，见(南宋)陆九渊:《陆九渊集》，钟哲点校，第238—239页。

[113]《系辞传解二章》,《勉斋先生黄文肃公文集》卷二六，见曾枣庄等编:《全宋文》(第288册)，第344页。

[114] Geoffrey Godbey, *Leisure in Your Life: An Exploration*. P.14.

[115] Thomas Goodale & Geoffrey Godbey, *The Evolution of Leisure: Historical and Philosophical Perspectives*, Philadelphia: Venture Publishing, Inc., 1988. p.95.

[116]《春秋集注序》,《春秋集注》卷首，见曾枣庄等编:《全宋文》(第188册)，第161页。

[117]《圣传论十首·孟子》,《屏山集》卷一，见曾枣庄等编:《全宋文》(第193

册），第 174 页。

［118］《朱子十二·训门人三》，《朱子语类》卷第一百一十五，见朱杰人等编：《朱子全书》（第 18 册），上海：上海古籍出版社，合肥：安徽教育出版社，2002 年版，第 3640—3641 页。

［119］《曾点》，《晦庵先生朱文公文集》卷二，见朱杰人等编：《朱子全书》（第 20 册），第 285 页。

［120］《择之寄示深卿唱和乌石南湖佳句辄次元韵三首》其三，《晦庵先生朱文公文集》卷第六，见朱杰人等编：《朱子全书》（第 20 册），第 416 页。

［121］《晦翁学案》上，《宋元学案》卷四十八，见（清）黄宗羲原著，全祖望补修：《宋元学案》（第 2 册），陈金生、梁运华点校，北京：中华书局，1986 年版，第 1550 页。

［122］《学四·读书法上》，《朱子语类》卷第十，见朱杰人等编：《朱子全书》（第 14 册），第 323 页。

［123］《学五·读书法下》，《朱子语类》卷第十一，见朱杰人等编：《朱子全书》（第 14 册），第 333 页。

［124］同上书，第 334 页。

［125］《朱子十·训门人一》，《朱子语类》卷第一百一十三，见朱杰人等编：《朱子全书》（第 18 册），第 3595 页。

［126］《朱子十一·训门人二》，《朱子语类》卷第一百一十四，见朱杰人等编：《朱子全书》（第 18 册），第 3623 页。

［127］《朱子十二·训门人三》，《朱子语类》卷第一百一十五，见朱杰人等编：《朱子全书》（第 18 册），第 3640 页。

［128］《学而第一》，《四书或问·论语或问》卷一，见朱杰人等编：《朱子全书》（第 6 册），第 607—608 页。

［129］《答胡季随》一，《南轩集》卷二五，见曾枣庄等编：《全宋文》（第 255 册），第 133 页。

［130］《答刘宰》，《南轩集》卷二六，见曾枣庄等编：《全宋文》（第 255 册），第 148 页。

［131］《与刘深父》，《陆九渊集》卷三，见（南宋）陆九渊：《陆九渊集》，钟哲点校，第 34 页。

［132］《语录下》，《陆九渊集》卷三十五，见（南宋）陆九渊：《陆九渊集》，钟哲点校，第 442 页。

［133］同上书，第 451 页。

［134］《答陈遂父书》二，《北溪大全集》卷三四，见曾枣庄等编：《全宋文》（第 295 册），第 129 页。

［135］《杂兴》四首其二，《剑南诗稿》卷八十，见钱仲联、马亚中主编：《陆游全集校注》(第 8 册)，第 131 页。

［136］《偈颂一百零二首》，《希叟绍昙禅师广录》卷一，见傅璇琮等主编：《全宋诗》(第 65 册)，第 40753 页。

［137］《芰荷香·金陵》，《樵歌》卷上，见(南宋)朱敦儒：《樵歌》，龙元亮校，第 14 页。

［138］《点绛唇》五首其四，《樵歌》卷下，见(南宋)朱敦儒：《樵歌》，龙元亮校，第 63 页。

［139］《浣溪沙·赠贲大夫歌者，其人尝在大家》，《樵歌》卷下，见(南宋)朱敦儒：《樵歌》，龙元亮校，第 75 页。

［140］《与叙州知郡札子》一，《嵩山集》卷三九，见曾枣庄等编：《全宋文》(第 211 册)，第 372—373 页。

［141］《酒边二绝》其二，《石湖居士诗集》卷一四，见傅璇琮等主编：《全宋诗》(第 41 册)，第 25871 页。

［142］《中秋后两日自上沙回闻千岩观下岩桂盛开复橇石湖留赏一日赋两绝》其一，《石湖居士诗集》卷三一，见傅璇琮等主编：《全宋诗》(第 41 册)，第 26037 页。

［143］《与长孺共读东坡诗前用唐律后用进退格》二首其二，《诚斋集》卷二七《朝天续集》，见傅璇琮等主编：《全宋诗》(第 42 册)，第 26440 页。

［144］《念奴娇·三友同饮，借赤壁韵》，《稼轩词》补遗，见(南宋)辛弃疾：《辛弃疾全集》，王步高等辑校汇评，第 197 页。

［145］《小疾，书兴》，《南湖集》卷一，见(南宋)张镃：《南湖集》，吴晶、周膺点校，第 25 页。

［146］《自广岩避暑西庵》，《南湖集》卷一，见(南宋)张镃：《南湖集》，吴晶、周膺点校，第 27 页。

［147］《蔬饭》，《南湖集》卷三，见(南宋)张镃：《南湖集》，吴晶、周膺点校，第 89 页。

［148］《晚步池上》，《南湖集》卷五，见(南宋)张镃：《南湖集》，吴晶、周膺点校，第 144 页。

［149］《次韵陈秀才》，《南湖集》卷五，见(南宋)张镃：《南湖集》，吴晶、周膺点校，第 154 页。

［150］《懒翁斋赋》，《修真十书·上清集》卷四二，见曾枣庄等编：《全宋文》(第 296 册)，第 149 页。

［151］《与黎世英书》，《字溪集》卷三，见曾枣庄等编：《全宋文》(第 325 册)，第 352 页。

第十一章　南宋身闲工夫之境域取舍

从心理学角度来说，休闲可分为"心闲"和"身闲"两个层次，其中"心闲"是主导，它决定着"身闲"。很难想象，一个心不闲的人能享受身闲。因此，对于休闲工夫来说，养心之道是最为首要和关键的。胡伟希这样指出："中国休闲哲学固然重视修养工夫，但这种修养工夫与其说是一种外部学习，不如说是一种内心的证悟。……为此，中国休闲哲学的一个重要特征，是重视'养心'。"[1]前三章中所展示的南宋休闲工夫，无论是"顺性之道""复性之道"，还是"应事之道"，其实都可以看作一种心志调节的"养心"之道。

不过，休闲毕竟是一个体验性极强的实践，它不可能只停留在内心层面的修炼上而既不落实在客观之境上，也不表现在客观之事上。正如陆庆祥所言："休闲不仅仅是人的自然化，还是生命自由自在的现实体验。既然是现实体验，便不能停留于观念上的高蹈。"[2]休闲实践应当是在"闲境"中发生的"闲事"。对于休闲之境的选择和休闲之具体行动的落实，同样是需要修炼、习得、体认的工夫。南宋休闲工夫在落实于实践中时，对"境"有着导向性选择。那就是：逸出尘俗之境、步入山水之境、徜徉园林之境、融入人伦之境。

胡伟希又曾指出：

> 中国休闲理论认为，个体生命的自我实现，离不开个体生命与自然的关系，离不开个体生命与其他人类个体生命的关系，离不开个体肉体生命与其精神生命的关系。[3]

南宋文士休闲工夫的境域取舍恰恰圆满地证明了这三个结论：重个体生命与自然的关系，故而主张逸出尘世而步入山林之境，力图在山水中实现与大自然的直接交融，又尝试在园林的"壶中天地"里开辟"第二自然"；重个体生命与其他人类个体生命的关系，故而倡导在人伦之境中"与人乐"，以紧密联系其他人类个体生命；重个体肉体生命与其精神生命的关系，故而提出在山水中寻觅"天理"，在园林营造中体验"天人合一"与"三教合一"思想，以使其肉体生命向其精神生命不断升华。以下分四节来具体展开。

第一节 "摇首出红尘"：逸出尘俗之境

南宋文士在休闲空间的境域取舍上，首先主张要逸出尘俗之境，走向"物外"和"方外"。尘俗之境，简称俗境，朱敦儒将其称之为"尘世"或"红尘"，赋予道德伦理层面上的贬义。朱敦儒认为，它使人们沾染了恶欲，失去了幸福："今古红尘，愁了人多少。"[4] 对自己身处红尘之事实，他在反省时常深感悔恨：

> 惊尘世，悔平生。[5]
> 我是卧云人，悔到红尘深处。[6]
> 但恨未能与世隔，时闻丧乱空伤神。[7]

朱敦儒认为，只有离开尘世，才可以忘记那些颠倒梦想："洗尽凡心，相忘尘世，梦想都销歇。"[8] 的确，尘俗之境自古便充满着名利之思与俗人俗事，使人遭受极大的羁绊而无法休闲。逸出尘世，很久以前便成为道家的休闲理想。庄子称圣人"游乎尘垢之外"(《庄子·齐物论》)，称至人"芒然彷徨乎尘垢之外"(《庄子·达生》)。作为道教徒的朱敦儒，其出红尘的勾画，显然受到道家思想的影响。

细究起来，朱敦儒的"尘世""红尘"，主要是指政治环境与官场。古代士人多有"出"与"处"的纠结。他们常感于圣贤道义、国家兴亡而参与政治，但官场常无自由，导致人性的异化，这又使他们考虑脱离官场之缚。这种内心的矛盾与斗争，在南宋士人中普遍地存在着，有时甚至是困扰终身。

在出处之间首先做出明确而义无反顾之抉择的，恐非庄子莫属。他深刻地看到了自由的可贵，痛恨政治对人性的戕害，并因而坚决地要以顺遂自性为人生目标。庄子言："我宁游戏污渎之中自快，无为有国者所羁，终身不仕，以快吾志焉。"[9] 因此，当楚王派人请他为官时，便产生这样一段闻名千古的对答：

庄子钓于濮水，楚王使大夫二人往先焉，曰："愿以境内累矣！"庄子持竿不顾，曰："吾闻楚有神龟，死已三千岁矣，王以巾笥而藏之庙堂之上。此龟者，宁其死为留骨而贵乎？宁其生而曳尾于涂中乎？"二大夫曰："宁生而曳尾涂中。"庄子曰："往矣！吾将曳尾于涂中。"（《庄子·秋水》）

庄子之所以拒绝延聘，是因为他清醒地看到，为官参政的生活状态乃是一种"为有国者所羁"的不自由状态。为快己志，他对官名、官禄奋然不顾。不少南宋士人在涉足官场之后，便对庄子的话有了深刻的体会。朱敦儒、范成大、杨万里、张镃、方岳等乃是典型。我们知道，朱敦儒早年曾多次拒绝为官，后来友人以国家中兴之义相感召，他才终于被说服，于 52 岁出仕。不过，经过 10 多年的官场生活，朱敦儒深感官场之黑暗与束缚，因此他借梅花之口自问："何苦红尘久客？"[10] 他认为，要获得清闲的心情，就要像渔夫那样"摇首出红尘"[11]，于是决定"拂袖青山归去"[12]。因此，当他在 66 岁又遭弹劾时便彻底去官归隐。

的确，官场无休闲。南宋文士曾屡屡指出为官给休闲带来的障碍。应该说，这代表了南宋士大夫的普遍心声：

仆守官临安，抗尘走俗……虽有湖山，公冗见驱，不能极旷览之适，常慊然于怀。（曹勋）[13]

俯首微官真自缚，高飞远举羡冥鸿。何时一艇大江东。（吴儆）[14]

官路驱驰易折肱，官曹随处是愁城。（范成大）[15]

苦恨簿书尘，刚把闲身缚。（郭应祥）[16]

在封建社会求取名利的俗事之中，做官是名利双收之举，曾使无数人趋之若鹜。但南宋士人却从顺应己心的角度出发，开始质疑、否定这种生活方式。熊彦诗记载，他的从兄熊季和在饶州筑堂隐居，称自己"吾向者从举子较一日工拙，欲以求官，甚痴而极愚"[17]。熊季和为何以求官为"甚痴而极愚"？熊彦诗的回信中道出了答案：

刘季骂辱儒生，烹醢壮士，晚而绮黄之徒出，而与之定适。庞德公与妻躬耕，诸葛孔明何如人，独拜之床下。……昔吾夫子在齐、宋、鲁、卫之郊，意小不称，则脱然去之如传舍。至于楚狂接舆、长沮、桀溺、荷蓧丈人，皆下车式之，遣弟子问焉而殷勤。……何夫子分庭抗礼于国君，而不能忘情于数子？其出处之意，可以见矣。兄今自处于沮溺之间，悟世而顺情，逃名而得实者也。[18]

在他看来，为官取辱，不能顺情，不如弃官"逃名而得实"。诸葛亮、孔子也都尊崇脱离官场之人，出处之意不言自明。与之类似地，范成大也极力贬低为官的价值，而赞赏耕桑之乐、丘壑之闲：

身谋已落园丁后，满帽京尘日正中。[19]
岁晚角巾思芋栗，年来手版愧耕桑。[20]
万境何如一丘壑，几时定解冠裳缚。[21]

与范成大同时的杨万里对主动离开官场的人同样表示敬意。他赞赏赵平仲"嗜读书，喜赋诗，而不肯一试于有司，有官而终不就一列……"[22]又称赞徐公"早弃场屋，为诗千百，自号散翁……"[23]

另一位对官场表达了强烈拒斥态度的是张镃。他重视人生的自我实现，认为一旦选择做官，便是陷入了尘埃之中："百岁可堪轻日月，一官才得便尘埃。"[24]事实上，他家世显赫，是南宋名将张俊之曾孙，刘光世之外孙。但他却不以之为进一步求官的资本，自称"姓名绝念公侯前，草野耕夫略相比"[25]，拒绝因家庭背景之便利而走向官场：

南湖老子太汗漫，第一生来懒做官。钱物用多常是解，权门路便不曾钻。[26]

因此，为官者束缚于点卯之时，却是他逍遥于园林之日："人皆束缚卯申时，我独园居不必归。"[27]因此，他呼吁没有必要去计较官场的得失："谁能摆脱热官与铜臭，肯学花底真闲人？"[28]对于对做官有兴趣之友，他予以讽刺："山林有分吾当去，簪绂方兴子未慵。"[29] 与张镃大致同时代的袁燮也指出："无官守言责，而此身得以自由。"[30] 这明确道出了离官场而可得休闲之意。

此外，方岳的诗歌也充分表达出：官场是休闲的障碍，它使人落入尘网，不能自在。要享受生活，要欣赏山水，就得离开这种境域。从这个角度来看，颜回没有走"学而优则仕"的道路，是一种聪明智慧的抉择：

> 书册依官屋，何如自在身。[31]
> 野人久有烟霞癖，官屋何如天地宽。[32]
> 能官不如归，能诗不如睡。[33]
> 一官落世网，耳目皆非吾。以此裁量之，回也终不愚。[34]

"物外"一词当出自唐代佛典"禅师（神秀）迹远俗尘，神游物外"（释净觉）[35]，指神秀禅师超越世间事物，而达到某种绝对之境界。南宋诸人颇喜谈"物外"，从中可以看出，游于物外之境是获得自适的具体工夫，如：

> 恰似□云出岫，岂拘宇内形骸。超然物外远尘埃。到此方为自在。（张抡）[36]
> 识破嚣尘，作个逍遥物外人。（张孝祥）[37]
> 做一个、物外闲人，省山重担擎，天大烦恼。（刘克庄）[38]
> 胸次绝疑碍，物外自超遥。（冯取洽）[39]
> 物外乾坤自在，壶里无尘日月，千岁傲羲皇。（王罙高）[40]

曹勋曾提出"物外之性"的说法，他称杨延宗"物外之性，尤超然自得，殆将与造物者游于无何有之乡"[41]。有此性，必然走向此境。故而"无何有之乡"即物外之境，它当来自庄子，是庄子理想中高人所游之境：

> 小夫之知，不离苞苴竿牍，敝精神乎蹇浅，而欲兼济道物，太

一形虚。若是者，迷惑于宇宙，形累不知太初。彼至人者，归精神乎无始而甘暝乎无何有之乡。(《庄子·列御寇》)

（无名人）以出六极之外，而游无何有之乡，以处圹埌之野。(《庄子·应帝王》)

入"无何有之乡"，则与"迷惑""形累"对立，显然是走向物外之境，也即休闲工夫无疑。此外，朱熹还提出"物外之情"：

忆昔诛茅日，山房我自名。风埃犹俗累，烟雨负岩耕。多谢空门侣，能同物外情。肯来分半塌，聊尔度平生。少待清秋日，闲寻远岳盟。不知谁是客，一笑绝尘缨。[42]

显然，走向物外之境，获得休闲（"闲寻远岳盟"），是有"物外之情"的表现。以物外之情（性），走向物外之境，得自适之趣，这就是南宋休闲工夫的环境选择层面的思路。

此外，南宋诸人还用"清都"一词来与人间尘俗之境相对立。"清都、紫微、钧天、广乐，帝之所居"（《列子·周穆王》），显然这更非人间的居所，而成为道教的仙境。正如范成大云："可望不可攀，清都与尘隔。"[43] 张镃称赞玉虚观的道士"拔宅清都去不还"[44]。故而，笃信道教的朱敦儒才以"清都"自诩：

我是清都山水郎，天教分付与疏狂。[45]

谁知素心未已，望清都绛阙有无中。寂寞归来隐几，梦听帝乐冲融。[46]

不过，仔细分析可以发现：所谓"物外""清都"之境，其实是相当模糊的概念。无论是庄子还是朱敦儒，都没有对其予以确定性的描绘。它似乎是属于"至人""高人""仙人"的理想境域，对于人间来说，此休闲理想是可望而不可即的。对此，宋代人士提出了更易操作的工夫，那就是步入山水之境，徜徉园林之境，融入人伦之境。

第二节 "山水敦凤好"：步入山水之境

苏轼云："惟江上之清风，与山间之明月，耳得之而为声，目遇之而成色，取之无禁，用之不竭，是造物主之无尽藏也，而吾与子之所共适。"(《前赤壁赋》)[47]这无疑就是把山水旅游作为休闲自适的手段。南宋文士也有类似说法，并且更简洁明确：

> 山光苍苍，溪水泱泱，是用适性。（张元干）[48]
> 烟霞横眼界，天地醉心胸。（释绍嵩）[49]
> 郭外溪山明秀，红尘里、自拘缚。（吕胜己）[50]
> 润色茶经，评量山水，如此闲方好。（张炎）[51]

因此，漫游山水是南宋人所推崇的休闲方式。山水之境中的休闲，可以在放松身心的同时，实现与大自然的直接交融，休闲因此便具有了品位和乐趣。正如韩淲所言："杖藜蹑屦，往来穷谷大川，听流水，看激湍，鉴澄潭，陟危峤，坐茂树，探幽壑，升高峰，顾不乐而死乎！"[52]

山水旅游之休闲，在南宋开始时，便得到了从上至下的倡导。南渡后的宋高宗在确定行在时，曾比较了所幸之楚、吴、越诸地，最终选择了临安，就是因为其湖山之胜：

> 高宗六龙未知所驻，尝幸楚，幸吴，幸越，俱不契圣虑。暨观钱唐表里江湖之胜，则叹曰："吾舍此何适？"[53]

上行下效，南宋无论是文士、武官，还是理学家，乃至道士、僧人，都普遍地倡导把游赏山水作为休闲工夫。首先从诗词中举例。赵令畤自称"少日怀山老住山，一官休务得身闲，几年食息白云间"[54]。著名的休闲人物朱敦儒，自号"清都山水郎"，主张"把住都无憎爱，放行总是烟霞"[55]。范成大自称"山水敦凤好，烟霞痼奇怀"[56]。杨万里自夸"烟霞平日真成癖"[57]，"我本山水客，澹无轩冕情"[58]，乃至于为了步入山水而不惜绕路："闻道常山水壮哉，问途何惜小纡回。"[59]辛弃疾主张"别有人间，只消山水光中，无事过这一夏"[60]。沈瀛倡导"登山玩水且闲行，来主他、风花雪月盟"[61]。韩淲自称"日日山迷水癖，年年书恼诗痴"[62]。张炎自称"云山水竹闲踪迹。任醉筇、游屐过平生，千年客"[63]。此外，道士葛长庚自夸"饱饫闽中风月，又爱浙间山水，杖屦且逍遥"[64]。释绍昙自叙"酷将嗜好片闲心，散作千岩万壑春"[65]，以及"我从山水窟中来，自谓一生看不足。看不足，眨得眼来，云归幽谷"[66]。

再从散文中举例。曹勋在德清下渚湖闲隐，为的是这里"每梅雨霁空，断霞照晚，清风拂水，白月在波。樵歌渔唱，递发于烟云之中；轻帆短棹，往来于菰蒲之末。至若中宵月好，微澜不兴，湛若琉璃，碧浸百里，不知身世在尘埃间也"[67]。曹勋还记载董仲永"名山胜地，命驾亟行，千里之远，裹粮不惮"[68]。朱熹记载张公予"晚岁屏居山田水竹之间，专用诗酒自娱，以忘其老"[69]，还记载吴芾"卜居其乡石井之西，负山临湖……日与宾客浮舟倚杖，徜徉其间，酌酒赋诗，竟日夕不倦"[70]。林宪卿"生平交游皆已致身贵显，君独翛然大山长谷中，坐幽亭，俯清池，吟风弄月，不知穷通荣辱之变也"[71]。黄干记载处士林仁泽"放怀山水之间……翛然有遗世独立之意"[72]。卫泾记载曾耆年"俄以言者去，君喜于归，道逢佳山水，必登眺把酒，兴尽乃行"[73]。黄之望自称"余性嗜山水，经行胜处，往往心融意会，自得于中，有不可以语人者"[74]。姚勉称辛居安在酿溪附近"仰青山，俯碧湾，傲古木，荫丛竹，坐怪石，钓清流，饮酒赋诗"，显然是将山水之境作为其休闲活动的展开空间。[75]章祖义自号"爱山"，自称"风日佳时，登览南溪山川之胜"[76]。此外，王十朋认为，雁荡山寿圣院一带的环境是："峰耸而奇，水清而驶，松竹蓊然而深，盖诺矩罗驻锡、王子晋飞仙、谢康乐登临啸咏之所，宜幽人逸士、逃名晦身、修真学道者徜徉乎其间也。"[77]这就更明显地指出了山水是休闲境域之意。

以上均为文士，而武官中对山水之境也不乏爱好者。例如张浚自称在夏日"挹巾山之耸秀，玩湟川之清波"[78]。俞德邻称韩世忠"晚解将印，自号清凉居士，一驴二僮，徜徉于湖山空翠间，见者莫知其为王也"[79]。而南宋人群中，理学家对步入山水之境尤多予以倡导和实践。例如吕贵克建博见楼，主要是为得山水之胜："山川景物，尽收千里之奇；雪月风花，俱得四时之胜。"[80]刘子翚自称其休闲生活是"载笑载言，有临水登山之乐"[81]。他选择的终老之地，对山水有着直接要求："姑选林泉之胜，吾将老焉"[82]，"一丘一壑吾愿得"[83]。而朱熹记载黄铢中年以后常"曳杖行吟田野间，望山临水以自适"[84]。陈藻自称"日嗜啜茶饮酒，逍遥行坐，缔玩溪山之胜耳"[85]。陆九渊第一次到应天山，便"登而乐之，乃建精舍居焉"[86]，还这样描写山水之间的休闲生活："我家应天山，山高数万丈。上开园池美，林壑千万状。山西偶龙虎，烟霞耿相望。寒清漾微波，暖翠团层嶂。天光入行舟，野色随支杖。吾党二三子，幽赏穷清旷。引兴谷云边，题名岩石上。碧桃吹晓笙，白鹤惊春涨。一笑咏而归，千载应可尚。"[87]而最值得一提的理学家恐怕要数朱熹。潘立勇先生指出：

> 朱熹自称"平生山水心"，尤好远游名山大川。[88]
> 只要一有闲暇，便携友去观光踏青，游山历水……其游历兴致之高，赏察之深，足履之勤，重游之频，真可谓与生命相伴，成为其生命活动中一个极为重要的内容。[89]

事实上，朱熹不但自己有山水之好，还鼓励、赞赏别人旅游。听说朋友陈亮去了绍兴，朱熹便问他游玩了没有：

> 知君便有刀头意，莫忘仙洲涧底泉！[90]
> 闻曾到会稽，曾游山否？[91]

对友人丘子服远离尘俗的出游，他表示出羡慕："羡君拄杖年年去，饱看人间万顷秋。"[92]当他听说巩仲至操劳而不忘山水休闲，则感到欣喜："获闻于役之暇，不废山水之娱，赋咏从容，曲尽佳致，尤以为喜。"[93]他还赞赏朱卿子："簿书期会之余日，盖无一日不命宾友、从子侄，登山临水，弦歌赋诗，放浪于尘埃之外……"[94]

南宋文士的山水休闲工夫直接激发了当时旅游的繁荣，"驴友""霞客"比比皆是。至于他们旅行的细节，则属于休闲旅游史、休闲文化史研究的范畴，此处不拟展开。而本书所关注之处在于，南宋文士在山水之境中如何思考个体肉体生命与其精神生命的关系。

一般认为，儒家的理想人格由"圣王人格"和"君子人格"组成。前者源于孔孟，发展于荀子和《礼记·大学》，最终完备于宋明理学，具体包括"格物、致知、诚意、正心、修身、齐家、治国、平天下"之所谓"八条目"。在理学高度发展、成熟的南宋，理学家们甚至认为在山水游赏之中，也要玩味其中的"义理"。例如黄震在谈论赏景时曾有言：

> 然使终于风月之清而已，则拈花弄叶，饮酒赋诗，殆亦不过流连光景之乐，视沈酣富贵者虽有等差，视潜心义理者尚犹有间也。[95]

此即是表示，单纯地欣赏山水境界还不够高，还要玩味其中的"义理"。在"赏景而玩理"方面，朱熹是最为典型的。他认为，山水游赏不仅仅是为了获取外在感官愉悦，而同时也是体证"天理"、发现"道体"，即格物致知的手段。朱熹云：

> 鸢飞鱼跃，道体随处发见。……恰似禅家云"青青绿竹，莫匪真如；粲粲黄花，无非般若"之语。[96]
> 那个满山青黄碧绿，无非是这太极。[97]
> 那个满山青黄碧绿，无非天地之化流行发见。[98]

按此思路，"天理""道体"正在山水之间。在朱熹看来，自然山水本身就是最佳的哲学课堂："天有四时，春秋冬夏，风雨霜露，无非教也。地载神气，神气风霆，风霆流行，庶物露生，无非教也。"[99] 在优游林泉、登山临水的过程中，接触各种自然事物与景象，从而能察天地之理，知造化之机。因此，户外出游并不与道相碍，登山临水、吟风弄月也并非闲散虚乐，而是领悟天理流行、道体发见的一种必要手段。

故而，朱熹的出游，就不仅仅是简单的休闲或观赏，而是带有对"理"的体悟之使命。朱熹自问："大化本无言，此心谁与晤？"[100] 他自答："洗心咏太素，泛景窥灵诠。"[101] 也就是说，在自然之景中人方能窥得真谛。笔者认为，他的《春日》诗最能验证他在旅游中"心与理会"的境界：

> 胜日寻芳泗水滨，无边光景一时新。等闲识得东风面，万紫千红总是春。[102]

按照程朱理学分析，"万紫千红"是林林总总的山水殊相，而它们都统摄于"春"这个本原之"理"的共相之中。这不正是对理学"理一分殊"之论的感性领悟吗？

第三节 "园林胜事殊"：徜徉园林之境

漫游山水固然是极佳的休闲工夫，但毕竟不是人人都有条件去做旅行家，且一直居住在山水佳境中的人毕竟也是少数。因此南宋人士所倡导的一个可行办法，就是在身边创造"第二自然"。说得直白一点，就是主张徜徉园林，实现居游一体化。正如张镃所言："园林岂乏清闲乐，鸥鹭须寻浩荡盟。"[103]

中国古典园林萌芽于商周之时，经过数千年的发展，到宋代步入鼎盛时期。徜徉园林随之亦成为休闲工夫。正如吴小龙所指出的："中国的园林艺术，它就是中国文化传统中的士人们给自己营造出来的最休闲的小天地：这里有自然天趣，也有人文蕴涵；有返璞归真的境界，也有孤芳自赏的幽情；在这个精神小天地里，士人们既可以遁世避俗，也可以休闲和思考——隐逸传统和高雅文化都在这儿得到了成全和延续。还有哪一种人工环境，能比中国的园林艺术更给人轻松优雅的休闲生活的享受呢？"[104]

南宋文士往往对建造、玩赏园林乐而不疲，使其成为玩赏、游乐的重要场所。见诸散文的，如张布记载，郑余庆"治圃于屋西偏，列莳名葩异卉，日奉板舆虞乐于中"[105]。袁燮称袁文"中年益务沈晦，徜徉里闾，无歆羡富贵之心。有园数亩，稍植花竹，日涉成趣"[106]。还有王子俊自称"乐琴书以消忧，自适园林之趣"[107]。孙德之称乔见山

"左右花木迷合，小园陂塘，作亭榭，四时佳致，辄载壶觞，携杖屦，啸咏为乐"[108]，又称郭櫄"葺为北冶，修庑曲榭，槛花畦菊，宾客至辄以诗酒自娱，畅然怡适"[109]。又有见诸诗歌的，如陆游诗云：

> 乌桕赤于枫，园林九月中。……身闲足幽事，归卧莫匆匆。[110]
> 小筑园林浅凿池，身闲随事得游嬉。[111]
> 倚栏风月黄昏后，携杖园林绿润中。[112]

可见，他正是在园林之中落实其"身闲"的。故而，徜徉园林之境，成为一种"身闲"工夫。陆游还称赞范成大的园林之胜："签帙新藏富，园林胜事殊。"[113]而事实上，范成大也将园林视为休闲之境："园林随分有清凉，走遍人间梦几场。……受用切身如此尔，莫于身外更乾忙。"[114]其他文士将园林视为休闲之境者，见诸诗余的还有：

> 拈筇杖、闲绕园池。（洪适）[115]
> 同事多才饶我懒，乘闲纵饮郊园，鬓花敧侧醉巾偏。（侯寘）[116]
> 飞盖南园，游赏赋闲情。（曹冠）[117]
> 随分赏、闲亭别圃，好天良夕。（吕胜己）[118]
> 松竹园林，柳梧庭院，自有人间乐。（赵长卿）[119]
> 归欤幸有园林胜，次第花开可自娱。（赵师侠）[120]
> 寻春闲过小园东。春在乱花深处、鸟声中。（陈亮）[121]
> 闲向园林点检，又见小桃开遍。（吴潜）[122]
> 锦绣底园林。行乐事，都付与闲人。（吴潜）[123]
> 歌燕簧莺，语花舞柳，园林好处谁知。（陈德武）[124]

如此等等，不胜枚举。此外，甚至南宋僧人也喜爱园林之境。例如释绍嵩喜爱"有水园林活，无风溪树闲"[125]的景象，并自称"园林春婉娩，云水日相伴"[126]。

从理论上说，唐宋时期"中隐"理论的实质是在保持精神境界的基础上，在世俗生活中努力过一种顺任己性而又安闲自适的休闲生活。南宋不少文士对中隐颇为认同，如陆游为朋友贾元放所作的《半隐斋记》等等。而园林休闲正是对中隐的现实响应和落实，正如王十朋所言：

> 伏以名利区区，何足为乐；园林小小，聊以自娱。[127]

周膺指出："南宋园林既具有实用性，又具有审美性；既具有工作性，又具有休闲性。"[128] 更为重要的是，南宋文士在建造与玩赏园林的过程中展现出的独特哲学思想与人生态度，使南宋园林成为深具文化内涵与精神价值的重要载体。因此，南宋园林，无论是皇家的还是私人的，绝非仅仅为了追求形式感之愉悦，而是具有高度的哲学思想内涵，即"天人合一"。

尹菲认为："'天人合一'问题，就其理论实质而言，是关于人与自然的统一问题，其最基本的含义，就是充分肯定自然界和精神的统一，关注人类行为与自然界的协调。作为一种亚文化形态的'休闲'文化，自然也蕴含着这样一种价值取向。"[129] 的确，老子就曾指出"人法地，地法天"（《老子·二十五章》），庄子具有"山林与！皋壤与！使我欣欣然而乐与！"（《庄子·知北游》）的情结，向往"天地与我并生，而万物与我为一"（《庄子·齐物论》）的境界，宋代理学家更提出"仁者，浑然与物同体"[130] 的命题。

作为南宋休闲设施的园林，由于在营造上注重秉承了"天人合一"的价值取向，因此在形式外观上有着"虽由人作，宛自天开"的自然之趣，体现了人与自然的和谐与协调。它使人在相对狭小、封闭的私人空间内，足不出户就可以与自然实现交流。具体说来，周膺指出，南宋时期园林的形式构造特征之一是"系统地将植物不同的季相景观收纳于园林空间中，在园林空间融入了时间因素。……并流行以植物的不同观赏特征作为庭院空间设计的主题"[131]。

我们看到，西湖园林的营造，就是此思路的一个典型例证，因此它们才有了吴自牧所谓的审美效果："春则花柳争妍，夏则荷榴竞放，秋则桂子飘香，冬则梅花破玉，瑞雪飞瑶。四时之景不同，而赏心乐事者亦与之无穷矣。"[132] 张镃的"桂隐林泉"，也同样很好地展现了南宋园林的这种形式构造特征："余扫轨林扃，不知衰老，节物变迁，花鸟泉石，领会无余。每适意时，相羊小园，殆觉风景与人为一。"[133]

这种悟宇宙盈虚，体四时变化，按时序欣赏自然之节奏，正高度表现了"天人合一"的理想。如果说登山临水的"天人合一"是以外向型而原生态的形式实现的，那么园林中的"天人合一"是人为构思、营造出来的休闲之境。这种内向型的"第二自然"虽缺少原生态的林莽之趣，但具有形态丰富多样、时空高度集中的特点，体现了南宋文士日常生活理性化、精致化的思想旨趣。

张岱年说："中国哲学家认为肯定天人合一才能达到人的自觉，这可谓高一级的自觉。把人与自然界区别开，是人的初步自觉；认识到人与自然界既有区别也有统一的关系，才是高度的自觉。"[134]南宋休闲工夫在园林玩赏上，无疑体现了"天人合一"的高度自觉。

园林也反映园主的人格、气质和精神。周膺认为南宋园林"兼取儒、道、释，构成精神寓所。它是一种理想的儒家式家国象征物，皇家园林为国，私家园林为家。儒家重视个人修养，园林是修身的好地方，或也是释家冥想开智的菩提园。园林也是最好的退隐去所，因此又有一番道家天地。道家崇尚自然，园林虽然只是一种半自然，但也是人类可居住的最自然处。园林具有自然而然的特性，虽是人作，宛自天成。从儒家的审美趣味来说，园林宜雅，雅而脱俗；从道家或释家的审美趣味来说，园林宜清宜隐，清而出尘，隐而通幽"[135]。这就指出了南宋园林具有某种三教兼容的人格形态，而实际上也就反映了园主的人格诉求。

张镃建于临安城北的"桂隐林泉"是体现"三教合一"人格形态最典型的私人园林。由于张镃本人受儒、道、释综合影响，他的性格也呈现出三教合一的复杂面貌，于是其园林营造与园林休闲也呈现了同样的思想形态。例如，他将祖庙命名为"德勋堂"，又建有"儒闻堂"，并广植"四君子"——梅、兰、竹、菊——以供时时观赏，颇能体现儒家重道德修养的人格精神。同时，他又修建有"读易轩""恬虚庵""餐霞轩""咏老轩""黄宁洞天""藏丹谷"等场馆或景点，亦充分体现了其对道家恬淡空虚、潇洒飘逸人格的追求。此外，他还筑有"界华精舍""味空亭""诗禅堂""施无畏洞"等，反映了其对佛家明心见性、无畏自在人格的诉求与仰慕。

第四节 "酒熟闲相过"：融入人伦之境

梁漱溟先生曾指出："中国人缺乏集团生活。"[136] 林语堂也说过："中国是一个个人主义的民族，他们系心于各自的家庭而不知有社会……吾们可以很容易举出许多例子显示缺乏公共精神……"[137] 从休闲哲学的儒释道源头来看，道家就比较赞赏一种独来独往的生活方式。例如，《庄子》中常出现"独行""独乐"之类的字眼。庄子赞赏"独与天地精神往来"（《庄子·天下》）的生活方式，高度赞赏所谓"独有之人"："出入六合，游乎九州，独往独来，是谓独有。独有之人，是谓至贵。"（《庄子·在宥》）

而马克思在《关于费尔巴哈的提纲》中认为人在本质上是社会的动物："人的本质并不是单个人所固有的抽象物，实际上，它是一切社会关系的总和。"[138] 缺乏社会性的休闲工夫或许可以起到放松身心的效果，但是不能帮助人在同他人的交流中认识自我的本质，以全面发展自我。"闭门""杜门"之类回归私人领域的休闲方式，避免了尘俗之扰，但同时也显得缺乏社会性，在人的本质之自我实现方面仍有着很大的瓶颈。而南宋的宗教休闲工夫（最典型的是佛家禅宗），通常选择的就是一种完全离群之境。这种方式喜静好独，有鼓吹休闲个体化的倾向。例如禅门的默照禅、看话禅，都是一个人独自进行的工夫，缺乏与他人的交流。休闲主体没有社会角色可言，因而在如何寻求自我并成为自我方面受到很大制约。

约翰·凯利指出："从发展的角度看，休闲是人们在积累和渐进的过程中寻求自我并成为自我的地方。在社会角色中，我们学会了在一般的社会情境中应当怎么做，以及如何在扮演角色的同时也为自己提供一些发展与表达的机会。"[139] 对此，相当大的一部分南宋士人倡导"远不离群，清而容物"（胡寅）[140]，"人生不能无群"（崔敦礼）[141] 之论，即融入人伦之境的思想。

如果说"隐"是某种"独乐"的休闲，那么相当大的一部分南宋文士也很重视"与人乐"的休闲。他们隐而不孤,显示出一种融入人伦之境的取向。首先,他们重视休闲中的天伦之乐,即来自亲人之间的亲情之乐。张镃在送别同胞兄弟时说:"孤生只合群居乐,半岁那禁两别离。"[142] 此显然是看重亲人群居之乐。王十朋直接指出了亲戚之情的宝贵:"情之所钟,正在我辈,况于亲戚,又情之最。亲戚之话苟不情,将乌乎用其情?"[143]

故而,我们看到,朱敦儒很看重与亲人的休闲活动,如:"携酒提篮,儿女相随到"[144],"纱帽篮舆青织盖,儿孙从我嬉游"[145],"仙翁笑酌金杯,庆儿女、团圆喜悦"[146],等等。约翰·凯利指出:"在参与环境上,休闲与家庭和社区的关系最为紧密。"[147] "家庭活动本身就是重要的休闲形式。……亲密关系不仅是休闲的环境,也是休闲的目的。基本关系(家庭及其他关系)的表达与发展是人们在休闲中寻求的主要结果。"[148] 据此,笔者曾撰文指出:"朱敦儒重视家庭的亲密关系,而不像北宋隐士林逋那样放弃家庭,独来独往地休闲,这更符合儒家重视人伦之情的伦理观。"[149]

杨万里也在休息日带儿女赏花:"休日稀公事,炎天废故书。……闲携小儿女,桥上看芙蕖。"[150] 从陆游的很多诗篇中可以看出,他也是主张和家庭成员一起休闲的。限于篇幅,仅举数例:

> 夜窗父子共煎茶,一点青灯冷结花。[151]
> 闻道埭西梅半吐,携儿闲上钓鱼船。[152]
> 余习可怜除未尽,移花引水伴儿嬉。[153]

《全宋文》中亦有不少南宋时期家庭休闲活动的记载。例如,据洪咨夔记载,钟子明、钟子寿兄弟"暇时相携娱娭,华发交映,儿侄迭起奉觞为寿,雍如也"[154]。据王柏记载,苏基先"暇则抱弄诸孙,怡然自得"[155]。此外,还偶有南宋女性重视人伦休闲的记载。据林亦之记载,林氏夫人常举办整个家族的休闲聚会:"夫人以耆年,每遇良夕,即呼子若孙、若曾孙、若外孙,持杯团栾,老稚欢合,里巷所喜道。"[156]

其次,南宋文士重视与朋友、宾客的亲密关系。通常,他们与宾友的休闲方式多为宴乐饮酒,且殷勤备至。例如,王之望称冯籽"浮沉里闾，日与宾客谈笑把酒"[157]。楼钥记载周模"居闲好客，觞豆终日不倦"[158]。他还记载楼锱"尤好宾客，至则谈笑，款洽小酌，亦有恩义"[159]。蔡戡记载朱朝宗"尤喜宾客，客至，则具杯酒，笑语从容，唯恐其去"[160]。黄干称林仁泽"乐宾客，喜施予，处乡间以和，遇童稚如成人，田夫野叟如敌己"[161]。陈耆卿称林师蔵"好客如馋，耽士如醉"[162]。刘辰翁称萧寿甫"嗜酒好客，力有不足，而性尝有余"[163]。

不过，南宋文士同宾友的休闲活动不限于酒食，还伴有歌舞、聊天、弹琴、弈棋、吟诗、饮茶、焚香等等，相当丰富多彩：

（李孝先）公尤喜宾客，第之东有堂曰仁寿，为公燕集之地。每与所过从觞咏歌舞，继日不厌。（王之道）[164]

邝仲询与其弟朝直之暇，招董德之、赵安国、杨子正、李功遂、王与善及三茅高士张达道、桐柏王虚中洎刘景文、曹功显，会于枇杷洞之晚翠庵。一觞一咏，载笑载言，坐间万景，视侧百趣，客皆自得，坐立裕如。或弹琴围棋，或操觚赋咏，或与方外之交谈经味道，或与券内之士瀹茗焚香。……屡以高韵幽旷之士，遂极一时之胜。（曹勋）[165]

（曹勋姑父）燕居申申，亲旧愉愉。日以棋酒，宾客充闾。（曹勋）[166]

（张吉甫）好宾客，客至饮酒弈棋，阅月不视家事。（冯时行）[167]

嘉时暇日，（赵不沴）与里中好事者以诗酒相娱乐。客至，则击鲜酾酒，尽醉而后已。（杨兴宗）[168]

公（魏杞）风神秀整，暇时把酒赋诗，谈论倾座，听者忘倦。（朱熹）[169]

（赵蕃）岁时宾友聚会，尊酒从容，浩歌长吟，心融意释，见者又以为有浴沂咏归气象。（刘宰）[170]

（方应龙）家衡日，买姬妾数十人，吹笙鼓琴，歌舞以娱宾客……（王迈）[171]

南宋文士所结交的宾客人群广泛，例如唐廷瑞称康晔"县南五里……结屋其中……屋成，无日不徜徉泉石间，樵夫、耕叟、渔人、牧竖皆能与之接殷勤，见者指为神仙人"[172]。不过，"物以类聚，人以群分"的因素也明显存在。南宋文士尤喜结交儒者韵士，其休闲活动也因此明显呈现高雅的特点：

> （傅自得）暇日延礼邦人士大夫之贤者，相与从容赋诗饮酒为乐，而郡以大治。……客至，觞酒论文，道说古今，唱酬诗什，以相娱乐。（朱熹）[173]
>
> （方士端）归家日治具，召宾友饮酒赋诗以相娱乐。（朱熹）[174]
>
> （刘强学）尤喜宾接士，尊酒流行，娓娓皆文字语。[175]
>
> （邹一龙）及儒士至，则爱之如父母，倒屣迎御，挽留继日，燕觞娱乐，去则馈之赆。他人之门可罗雀，而君门外，日有长者车辙。（姚勉）[176]
>
> （贾孝樾）喜宾友，岸帻迎笑，商确古今，竟日无倦容。（刘黻）[177]
>
> （曾朝俊）时而斗酒自乐，吟韵立就；时而高朋雅集，谈笑风生。（邓光荐）[178]
>
> （毛鼎新）四方名士过门，即相与樽酒共论，穷日夜不休……（黄震）[179]

此外，南宋文士与宾朋的休闲活动不局限于在家中，而是常选择在山水之境、园林之境展开，这正好可以同本章第二节、第三节相互印证：

> （董仲永）日与宾客炷香瀹茗，佳时觞咏，放怀杯酒。……静寄山房，放意林丘，忘怀觞咏，莫间朋俦。（曹勋）[180]
>
> （周承奉）劳于治生，而能自佚于溪山杖屦，宾客游从，壶觞博奕间。（王十朋）[181]
>
> （叶尧咨）佳时胜日，领客来游，杯酒流行，语笑欢洽，徘徊

盘礴，竟日忘倦，此公所谓爱山者也。（陈文蔚）[182]

园池靓深，（詹廷坚）日与高人胜士觞咏为乐……（程珌）[183]

环所居皆佳山水，每花开鸟啼，有会于心，（王木）即命宾友从童冠杖屦出游。（刘宰）[184]

（吕芾）晚益喜东陵之阿空阔殊胜，因卜筑其间，轩亭池榭翚飞照映，日杖履婆娑；宾至，载酒登临讽咏，欣然无忤，盖得隐居之操者。（吕午）[185]

邑多佳山水，（黄虎）暇日与亲朋盘食榼酒游适其间……（吴泳）[186]

（林友仁）舍后花木分行，列亭榭，合位置。风月佳时，命群从友朋觞咏其间。饮酣，君辄横篴，拊《渔阳挝》，嵬峨起舞。（刘克庄）[187]

（徐普）时往东湖山，与宾客赋诗饮酒为乐，尽忘世故。（孙德之）[188]

（林鹗翁）筑楼于其居，面挹西南诸峰，梅荔列墙左右……时引接宾友，壶觞其间。（林希逸）[189]

南宋诗文中亦偶有南宋女性重视宾客休闲的记载。如朱熹称徐氏"喜宾客。……朋旧过门，辄饬庖具馔，相与乐饮如故时"[190]。徐经孙称其族叔母揭氏夫人"于时宾友狎至，笑语竟日，觞豆楚楚，不戒而具"[191]。

再次，南宋文士还重视发展与乡曲近邻的亲密关系，所谓"远亲不如近邻"是也。例如，朱敦儒自述："邻家相唤，酒熟闲相过。竹径引篮舆，会乡老、吾曹几个。"[192]蔡戡记载朱朝宗"里社燕集，必先至后归，强之饮，必醨"[193]。陆游也同样重视里仁之美，与邻居各色人等打成一片：

儿童草草杯盘喜，邻曲纷纷笑语同。[194]
萧然便觉浑无事，谈笑时时过近邻。[195]
诵诗有樵童，乞字到俚妪。[196]

与邻曲共乐休闲而见诸诗词的还有范成大诗云："好住邻翁各安健，归来相访说情真"[197]，"幸邻诗酒社，金薤对玉友"[198]。辛弃疾词云："晚岁躬耕不怨贫，只鸡斗酒聚比邻。"[199]方岳诗云："雨须小住为佳耳，已约邻翁话太平"[200]，"春风期集几年梦，夜醉比邻一笑同"[201]。张炎词云："笑铭崖笔倦，访雪舟寒，觅里寻邻。"[202]……诸如此类，随处可见。其中，以张镃的一首最为细致，也最有代表性：

> 田翁出荆扉，笑揖似所亲。坐对俱不疑，一榻三乌巾。……青旗正飘摇，小店恰与邻。相邀开缥瓮，橙梨共珍醇。悠然会陶然，此适属隐沦。我家幸匪远，要办来常频。平桥指归途，野啸依丛筠。[203]

南宋休闲融入人伦之境工夫，反映了南宋文士"乐群"的观念。"群"是儒家传统伦理观念，它讲究"群乐"而反对"独乐"。例如孟子曾赞赏"与人乐乐""与众乐乐"（《孟子·梁惠王下》）。南宋休闲工夫与此可谓一脉相承。徐春林认为"角色履行"是儒家休闲的具体展开：

> 在人的生命的具体展开上，儒家提倡角色意识……从休闲哲学的"成为"理论看，角色履行的主张使儒家的"成为"观念既高远，又实在；既抽象，又具体；既有理想的召唤，又有行动的渠道。[204]

南宋"乐群"的休闲工夫颇能体现传统儒家的休闲观念。

注释

［1］胡伟希、陈盈盈：《追求生命的超越与融通：儒道禅与休闲》，昆明：云南人民出版社，2004年版，第21页。

［2］陆庆祥：《苏轼休闲审美思想研究》，浙江大学博士论文，2010年，第160页。

［3］胡伟希：《论中国休闲哲学的当代价值及其未来发展》，载《学习论坛》，2004年第9期。

[4]《点绛唇》,《樵歌》卷下,见(南宋)朱敦儒:《樵歌》, 龙元亮校, 北京: 文学古籍刊行社, 1958 年版, 第 65 页。

[5]《聒龙谣》,《樵歌》卷上, 见(南宋)朱敦儒:《樵歌》, 龙元亮校, 第 1 页。

[6]《如梦令》八首其一,《樵歌》卷下, 见(南宋)朱敦儒:《樵歌》, 龙元亮校, 第 83 页。

[7]《小尽行》, 宋周紫芝《竹坡诗话》, 见傅璇琮等主编:《全宋诗》(第 25 册), 北京: 北京大学出版社, 1998 年版, 第 16880 页。

[8]《念奴娇•垂虹亭》,《樵歌》卷上, 见(南宋)朱敦儒:《樵歌》, 龙元亮校, 第 9 页。

[9]《史记•老子韩非列传第三》, 见(汉)司马迁:《史记》, 易行、孙嘉镇校订, 北京: 线装书局, 2006 年版, 第 284 页。

[10]《念奴娇•梅词》,《樵歌》卷上, 见(南宋)朱敦儒:《樵歌》, 龙元亮校, 第 6 页。

[11]《好事近•渔父词》,《樵歌》卷中, 见(南宋)朱敦儒:《樵歌》, 龙元亮校, 第 48 页。

[12]《如梦令》八首其一,《樵歌》卷下, 见(南宋)朱敦儒:《樵歌》, 龙元亮校, 第 83 页。

[13]《清隐庵记》,《松隐文集》卷三一, 见曾枣庄等编:《全宋文》(第 191 册), 上海: 上海辞书出版社, 合肥: 安徽教育出版社, 2006 年版, 第 87 页。

[14]《浣溪沙•和前镇远楼韵》, 见唐圭璋编纂:《全宋词》(简体增订本第 3 册), 北京: 中华书局, 1965 年版, 第 2040 页。

[15]《次韵温伯谋归》, 见《石湖居士诗集》卷六, 见傅璇琮等主编:《全宋诗》(第 41 册), 第 25792 页。

[16]《卜算子•二月二十六日夜大雷雨, 枕上作》, 见唐圭璋编纂:《全宋词》(简体增订本第 4 册), 第 2875 页。

[17]《耦耕堂记》,《国朝二百家名贤文粹》卷一四〇, 见曾枣庄等编:《全宋文》(第 185 册), 第 394 页。

[18]同上书, 第 394—395 页。

[19]《次韵马少伊、郁舜举寄示同游石湖诗卷七首》, 见《石湖居士诗集》卷十一, 见傅璇琮等主编:《全宋诗》(第 41 册), 第 25839 页。

[20]《怀归寄题小艇》, 见《石湖居士诗集》卷二一, 见傅璇琮等主编:《全宋诗》(第 41 册), 第 25956 页。

[21]《胡宗伟罢官改秩举将不及格往谒金陵丹阳诸使者遂朝行在颇有倦游之叹作诗送之》, 见《石湖居士诗集》卷六, 见傅璇琮等主编:《全宋诗》(第 41 册), 第 25797 页。

［22］《淡然居士赵公平仲墓表》,《诚斋集》卷一二二,见曾枣庄等编:《全宋文》（第240册），第144页。

［23］《朝议大夫直徽猷阁江东运判徐公墓志铭》,《诚斋集》卷一二五,见曾枣庄等编:《全宋文》（第240册），第223页。

［24］《灵源精舍小憩,旧名龙泉,有古井,极甘冽》,《南湖集》卷六,见（南宋）张镃:《南湖集》,吴晶、周膺点校,北京:当代中国出版社,2014年版,第183页。

［25］《渭川猎》,《南湖集》卷二,见（南宋）张镃:《南湖集》,吴晶、周膺点校,第57页。

［26］《自咏》,《南湖集》卷五,见（南宋）张镃:《南湖集》,吴晶、周膺点校,第139页。

［27］《晚步松下》,《南湖集》卷八,见（南宋）张镃:《南湖集》,吴晶、周膺点校,第233页。

［28］《<千叶黄梅歌>呈王梦得、张以道》,《南湖集》卷二,见（南宋）张镃:《南湖集》,吴晶、周膺点校,第50页。

［29］《次韵酬郑唐老见寄》,《南湖集》卷六,见（南宋）张镃:《南湖集》,吴晶、周膺点校,第162页。

［30］《隐求堂记》,《永乐大典》卷七二三九,见曾枣庄等编:《全宋文》（第281册），第250页。

［31］《寄汤卿》,《秋崖先生小稿》卷一一,见傅璇琮等主编:《全宋诗》（第61册），第38326页。

［32］《郡宅旧有飞泉湮废不治予接竹重理之》,《秋崖先生小稿》卷一八,见傅璇琮等主编:《全宋诗》（第61册），第38369页。

［33］《五用韵》,《秋崖先生小稿》卷二七,见傅璇琮等主编:《全宋诗》（第61册），第38425页。

［34］《郑金判取苏黄门图史园圃文章鼓吹之语为韵见贻辄复赓载》八首其一,《秋崖先生小稿》卷二七,见傅璇琮等主编:《全宋诗》（第61册），第38431页。

［35］《楞伽师资记》,见（日）高楠顺次郎等编:《大正新修大藏经》（第85卷），东京:大正一切经刊行会,1930年版,第1290页。

［36］《西江月·咏冬》十首其五,见唐圭璋编纂:《全宋词》（简体增订本第3册），第1833页。

［37］《减字木兰花·赠尼师,旧角奴也》,见唐圭璋编纂:《全宋词》（简体增订本第3册），第2211页。

［38］《解连环·乙丑生日》,见唐圭璋编纂:《全宋词》（简体增订本第4册），第3326页。

［39］《水调歌头·四月四日自寿，用玉林韵，兼效其体》，见唐圭璋编纂：《全宋词》（简体增订本第 4 册），第 3386 页。

［40］《水调歌头》，见唐圭璋编纂：《全宋词》（简体增订本第 5 册），第 5054 页。

［41］《干办内东门司杨公墓志铭》，《松隐文集》卷三六，见曾枣庄等编：《全宋文》（第 191 册），第 140—141 页。

［42］《寄云谷瑞泉庵主》，《晦庵先生朱文公文集》卷七，见朱杰人等编：《朱子全书》（第 20 册），第 465 页。

［43］《送李徽州赴湖北漕》，《石湖居士诗集》卷六，见傅璇琮等主编：《全宋诗》（第 41 册），第 25798 页。

［44］《题临川道中玉虚观》，《南湖集》卷六，见（南宋）张镃：《南湖集》，吴晶、周膺点校，第 178 页。

［45］《鹧鸪天·西都作》，《樵歌》卷上，见（南宋）朱敦儒：《樵歌》，龙元亮校，第 20 页。

［46］《木兰花慢》二首其一，《樵歌》卷上，见（南宋）朱敦儒：《樵歌》，龙元亮校，第 9 页。

［47］崔承运选注：《苏轼散文选集》，天津：百华文艺出版社，2003 年版，第 154 页。

［48］《山桂庵铭》，《芦川归来集》卷一〇，见曾枣庄等编：《全宋文》（第 182 册），第 434 页。

［49］《独步》，《亚愚江浙纪行集句诗》卷三，见傅璇琮等主编：《全宋诗》（第 61 册），第 38631 页。

［50］《霜天晓角·题九里驿》，见唐圭璋编纂：《全宋词》（简体增订本第 3 册），第 2280 页。

［51］《壶中天·陆性斋筑葫芦庵，结茅于上，植桃于外，扁曰小蓬壶》，见唐圭璋编纂：《全宋词》（简体增订本第 5 册），第 4417 页。

［52］《隐趣》，《游志续编》卷上，见曾枣庄等编：《全宋文》（第 294 册），第 199 页。

［53］《高宗驻跸》，《四朝闻见录》乙集，见（南宋）叶绍翁：《四朝闻见录》，沈锡麟、冯惠民点校，北京：中华书局，1989 年版，第 45 页。

［54］《浣溪沙·王晋卿筵上作》，见唐圭璋编纂：《全宋词》（简体增订本第 1 册），第 641 页。

［55］《朝中措》十一首其二，《樵歌》卷中，见（南宋）朱敦儒：《樵歌》，龙元亮校，第 32 页。

［56］《兴安乳洞有上中下三岩妙绝南州率同僚饯别者二十一人游之》，《石湖居士诗集》卷一五，见傅璇琮等主编：《全宋诗》（第 41 册），第 25877 页。

[57]《和周元吉左司梦归之韵》,《诚斋集》卷二〇《朝天集》,见傅璇琮等主编:《全宋诗》(第 42 册),第 26328 页。

[58]《明发陈公径过摩舍那滩石峰下》十首其六,《诚斋集》卷一六《南海集》,见傅璇琮等主编:《全宋诗》(第 42 册),第 26287 页。

[59]《晨炊江山悬驿》,《诚斋集》卷一二《西归集》,见傅璇琮等主编:《全宋诗》(第 42 册),第 26246 页。

[60]《丑奴儿·博山道中效李易安体》,《稼轩词》卷六,见(南宋)辛弃疾:《辛弃疾全集》,王步高等辑校汇评,珠海:珠海出版社,2002 年版,第 76 页。

[61]《风入松》,见唐圭璋编纂:《全宋词》(简体增订本第 3 册),第 2152 页。

[62]《西江月·十一月初六日夜偶成》,唐圭璋编纂:《全宋词》(简体增订本第 4 册),第 2901 页。

[63]《满江红·己酉春日》,见唐圭璋编纂:《全宋词》(简体增订本第 5 册),第 4440 页。

[64]《水调歌头》,见唐圭璋编纂:《全宋词》(简体增订本第 4 册),第 3304 页。

[65]《爱山》,《希叟绍昙禅师广录》卷六,见傅璇琮等主编:《全宋诗》(第 65 册),第 40809 页。

[66]《偈颂一百零二首》,《希叟绍昙禅师广录》卷一,见傅璇琮等主编:《全宋诗》(第 65 册),第 40759 页。

[67]《清隐庵记》,《松隐文集》卷三一,见曾枣庄等编:《全宋文》(第 191 册),第 87—88 页。

[68]《董太尉墓志》,《松隐文集》卷三六,见曾枣庄等编:《全宋文》(第 191 册),第 135 页。

[69]《跋张公予竹溪诗》,《晦庵先生朱文公文集》卷八一,见曾枣庄等编:《全宋文》(第 250 册),第 382 页。

[70]《龙图阁直学士吴公神道碑》,《晦庵先生朱文公文集》卷八八,见曾枣庄等编:《全宋文》(第 253 册),第 13 页。

[71]《林存斋墓志铭》,《勉斋先生黄文肃公文集》卷三五,见曾枣庄等编:《全宋文》(第 288 册),第 479 页。

[72]《林处士墓志铭》,《勉斋先生黄文肃公文集》卷三五,见曾枣庄等编:《全宋文》(第 288 册),第 487 页。

[73]《故朝散大夫主管华州云台观曾公墓志铭》,《后乐集》卷一八,见曾枣庄等编:《全宋文》(第 292 册),第 66 页。

[74]《黄山图经序》,《黄山志定本》卷三,见曾枣庄等编:《全宋文》(第 293 册),第 255 页。

[75]《幸居安水阁记》,《雪坡舍人集》卷三四,见曾枣庄等编:《全宋文》(第 352

册），第 90 页。

[76]《自撰墓志铭》，民国《昌化县志》卷一七，见曾枣庄等编：《全宋文》（第356 册），第 153 页。

[77]《雁荡山寿圣白岩院记》，《梅溪先生后集》卷二六，见曾枣庄等编：《全宋文》（第 209 册），第 123 页。

[78]《濯缨堂记》，道光《广东通志》卷二二五，见曾枣庄等编：《全宋文》（第188 册），第 133 页。

[79]《清凉居士赞》，《佩韦斋文集》卷八，见曾枣庄等编：《全宋文》（第 357册），第 386 页。

[80]《博见楼上梁文》，《五百家播芳大全文粹》卷九二，见曾枣庄等编：《全宋文》（第 192 册），第 119—120 页。

[81]《修祖居上梁文》，《屏山集》卷六，见曾枣庄等编：《全宋文》（第 193 册），第 220 页。

[82]《屏山新居上梁文》，《屏山集》卷六，见曾枣庄等编：《全宋文》（第 193册），第 220 页。

[83]同上书，第 221 页。

[84]《黄子厚诗序》，《晦庵先生朱文公文集》卷七十六，见朱杰人等编：《朱子全书》（第 24 册），上海：上海古籍出版社，合肥：安徽教育出版社，2002 年版，第 3684 页。

[85]《惜别赋》，《乐轩集》卷四，见曾枣庄等编：《全宋文》（第 287 册），第90 页。

[86]（南宋）陆九渊：《陆九渊集》，钟哲点校，北京：中华书局，1980 年版，第500 页。

[87]《应天山》，见傅璇琮等主编：《全宋诗》（第 48 册），第 29843 页。

[88]潘立勇：《朱子理学美学》，北京：东方出版社，1999 年版，第 344 页。

[89]同上书，第 355 页。

[90]《次清湍亭韵两首》其二，《晦庵先生朱文公文集》卷六，见朱杰人等编：《朱子全书》（第 20 册），第 425 页。

[91]《答陈同甫》，《晦庵先生朱文公文集》卷三十六，见朱杰人等编：《朱子全书》（第 21 册），第 1584 页。

[92]《奉和子服老弟黄杨游岩二诗》，《晦庵先生朱文公文集》卷九，见朱杰人等编：《朱子全书》（第 20 册），第 538 页。

[93]《答巩仲至》，《晦庵先生朱文公文集》卷六十四，见朱杰人等编：《朱子全书》（第 23 册），第 3091 页。

[94]《归乐堂记》，《晦庵先生朱文公文集》卷七十七，见朱杰人等编：《朱子全

书》(第 24 册), 第 3701 页。

[95]《赵提干宝善堂记》,《黄氏日钞》卷八八, 见曾枣庄等编:《全宋文》(第 348 册), 第 324 页。

[96]《中庸二·第十二章》,《朱子语类》卷六十三, 见朱杰人等编:《朱子全书》(第 16 册), 第 2070—2071 页。

[97]《周子之书·太极图》,《朱子语类》卷九十四, 见朱杰人等编:《朱子全书》(第 17 册), 第 3142 页。

[98]《朱子十三·训门人四》,《朱子语类》卷一百一十六, 见朱杰人等编:《朱子全书》(第 18 册), 第 3661 页。

[99]《中庸二·第十二章》,《朱子语类》卷六十三, 见朱杰人等编:《朱子全书》(第 16 册), 第 2072 页。

[100]《题择之欣木亭》,《晦庵先生朱文公文集》卷六, 见朱杰人等编:《朱子全书》(第 20 册), 第 415 页。

[101]《借王嘉叟所藏赵祖文画孙兴公天台赋凝思幽岩朗咏长川一幅有契于心因作此诗二首》其一,《晦庵先生朱文公文集》卷一, 见朱杰人等编:《朱子全书》(第 20 册), 第 260 页。

[102]《春日》,《晦庵先生朱文公文集》卷二, 见朱杰人等编:《朱子全书》(第 20 册), 第 285 页。

[103]《暂往吴兴出城》,《南湖集》卷, 见 (南宋) 张镃:《南湖集》, 吴晶、周膺点校, 第 182 页。

[104] 吴小龙:《试论中国隐逸传统对现代休闲文化的启示》, 载《浙江社会科学》, 2005 年第 6 期。

[105]《宋故迪功郎郑公墓志铭》,《台州金石录》卷八, 见曾枣庄等编:《全宋文》(第 277 册), 第 104 页。

[106]《先公行状》,《絜斋集》卷一六, 见曾枣庄等编:《全宋文》(第 281 册), 第 352 页。

[107]《谢安大资举充岁荐启》一,《格斋四六》, 见曾枣庄等编:《全宋文》(第 283 册), 第 223 页。

[108]《乔见山墓铭》,《太白山斋遗稿》卷下, 见曾枣庄等编:《全宋文》(第 334 册), 第 224 页。

[109]《宋故宝应军签判郭公贡父墓志铭》,《太白山斋遗稿》卷下, 见曾枣庄等编:《全宋文》(第 334 册), 第 234 页。

[110]《明日又来天微阴再赋》二首其一,《剑南诗稿》卷四十八, 见钱仲联、马亚中主编:《陆游全集校注》(第 5 册), 杭州:浙江教育出版社, 2011 年版, 第 427 页。

［111］《初春幽居》二首其二，《剑南诗稿》卷七十，见钱仲联、马亚中主编：《陆游全集校注》（第 7 册），第 255 页。

［112］《初夏幽居偶题》四首其一，《剑南诗稿》卷三十二，见钱仲联、马亚中主编：《陆游全集校注》（第 4 册），第 287 页。

［113］《范参政挽词》二首其一，《剑南诗稿》卷三十三，见钱仲联、马亚中主编：《陆游全集校注》（第 4 册），第 321 页。

［114］《园林》，《石湖居士诗集》卷三〇，见傅璇琮等主编：《全宋诗》（第 41 册），第 26034 页。

［115］《满庭芳·辛丑春日作》，见唐圭璋编纂：《全宋词》（简体增订本第 2 册），第 1794 页。

［116］《临江仙·约同官出郊》，见唐圭璋编纂：《全宋词》（简体增订本第 3 册），第 1863 页。

［117］《江神子·南园》，见唐圭璋编纂：《全宋词》（简体增订本第 3 册），第 1991 页。

［118］《满江红·中秋日》，见唐圭璋编纂：《全宋词》（简体增订本第 3 册），第 2272 页。

［119］《念奴娇·小饮江亭有作》，见唐圭璋编纂：《全宋词》（简体增订本第 3 册），第 2334 页。

［120］《鹧鸪天·丁巳除夕》，见唐圭璋编纂：《全宋词》（简体增订本第 3 册），第 2682 页。

［121］《南歌子》，见唐圭璋编纂：《全宋词》（简体增订本第 3 册），第 2711 页。

［122］《如梦令》，见唐圭璋编纂：《全宋词》（简体增订本第 4 册），第 3485 页。

［123］《望江南》，见唐圭璋编纂：《全宋词》（简体增订本第 4 册），第 3485 页。

［124］《望海潮·清明咏怀》，见唐圭璋编纂：《全宋词》（简体增订本第 5 册），第 4369 页。

［125］《题白莲园亭》，《亚愚江浙纪行集句诗》卷二，见傅璇琮等主编：《全宋诗》（第 61 册），第 38616 页。

［126］《凤口寺》，《亚愚江浙纪行集句诗》卷三，见傅璇琮等主编：《全宋诗》（第 61 册），第 38626 页。

［127］《小小园觅花疏》，《梅溪先生文集》卷一八，见曾枣庄等编：《全宋文》（第 209 册），第 223 页。

［128］周膺、吴晶：《南宋美学思想研究》，上海：上海古籍出版社，2012 年版，第 200 页。

［129］尹菲：《中国传统休闲价值观》，载《安徽文学》，2009 年第 1 期。

［130］《二先生语二上》，《河南程氏遗书》卷第二上，见（北宋）程颢、程颐：《二

程集》(第 1 册)，王孝鱼点校，北京：中华书局，1981 年版，第 16 页。

[131] 周膺、吴晶：《南宋美学思想研究》，第 197 页。

[132]《西湖》，《梦粱录》卷一二，见 (南宋) 吴自牧：《梦粱录》，杭州：浙江人
民出版社，1984 年版，第 106 页。

[133]《张约斋赏心乐事》，《武林旧事》卷第十，见 (南宋) 周密：《武林旧事》，
杭州：浙江人民出版社，1984 年版，第 159 页。

[134] 张岱年：《文化与哲学》，北京：教育科学出版社，1988 年版，第 15 页。

[135] 周膺、吴晶：《南宋美学思想研究》，第 200 页。

[136] 梁漱溟：《中国文化要义》，上海：学林出版社，1987 年版，第 69 页。

[137] 林语堂:《吾国与吾民》，北京：中国戏剧出版社，1990 年版，第 157—
159 页。

[138] (德) 马克思、恩格斯：《马克思恩格斯全集》(第 3 卷)，中央编译局译，
北京：人民出版社，1956 年版，第 5 页。

[139] John R. Kelly, *Freedom to be: A New Sociology of Leisure*, New York:
Macmillan Publishing Company, 1987, p.205.

[140]《答孙判监启》，《斐然集》卷七，见曾枣庄等编：《全宋文》(第 189 册)，
第 258 页。

[141]《礼论》，《宫教集》卷七，见曾枣庄等编:《全宋文》(第 269 册)，第
114 页。

[142]《余家兄弟未尝久别，今夏送平父之官山口，冬仲朔又送深父为四明船官，
因成长句》，《南湖集》卷六，见 (南宋) 张镃：《南湖集》，吴晶、周膺点校，第
160 页。

[143]《止堂情话室铭》，《梅溪先生文集》卷一一，见曾枣庄等编：《全宋文》(第
209 册)，第 144 页。

[144]《点绛唇》五首其五，《樵歌》卷下，见 (南宋) 朱敦儒：《樵歌》，龙元亮
校，第 65 页。

[145]《临江仙》八首其六，《樵歌》卷上，见 (南宋) 朱敦儒：《樵歌》，龙元亮
校，第 9 页。

[146]《柳梢青·季女生日》，《樵歌》卷下，见 (南宋) 朱敦儒：《樵歌》，龙元亮
校，第 66 页。

[147] John R. Kelly, *Freedom to be: A New Sociology of Leisure*, p.197.

[148] 胡伟希、陈盈盈：《追求生命的超越与融通：儒道禅与休闲》，第 21 页。

[149] 章辉：《朱敦儒诗词中的休闲美学》，载《河北科技师范学院学报》(社会科
学版)，2012 年第 2 期。

[150]《休日》，《诚斋集》卷一五《南海集》，见傅璇琮等主编：《全宋诗》(第 42

册），第 26275 页。

［151］《初冬杂咏》八首其七，《剑南诗稿》卷七十九，见钱仲联、马亚中主编：《陆游全集校注》（第 8 册），第 77 页。

［152］《北园杂咏》十首其八，《剑南诗稿》卷三十五，见钱仲联、马亚中主编：《陆游全集校注》（第 4 册），第 403 页。

［153］《幽事》，《剑南诗稿》卷三十三，见钱仲联、马亚中主编：《陆游全集校注》（第 4 册），第 316 页。

［154］《二钟君墓记》，《平斋集》卷三一，见曾枣庄等编：《全宋文》（第 307 册），第 272 页。

［155］《宋金华令苏公墓志铭》，《鲁斋集》卷二〇，见曾枣庄等编：《全宋文》（第 338 册），第 384 页。

［156］《陈氏母林氏埋铭》，《网山集》卷四，见曾枣庄等编：《全宋文》（第 259 册），第 370 页。

［157］《遂宁冯君墓志铭》，《汉滨集》卷一五，见曾枣庄等编：《全宋文》（第 198 册），第 10 页。

［158］《周伯范墓志铭》，《攻愧集》卷一一〇，见曾枣庄等编：《全宋文》（第 266 册），第 162 页。

［159］《从兄楼府君墓志铭》，《攻愧集》卷一〇九，见曾枣庄等编：《全宋文》（第 266 册），第 175 页。

［160］《中大夫致仕朱公墓志铭》，《定斋集》卷一五，见曾枣庄等编：《全宋文》（第 276 册），第 337 页。

［161］《林处士墓志铭》，《勉斋先生黄文肃公文集》卷三五，见曾枣庄等编：《全宋文》（第 288 册），第 487 页。

［162］《竹村居士林君墓碑》，《赤城集》卷一六，见曾枣庄等编：《全宋文》（第 319 册），第 144 页。

［163］《萧寿甫墓志铭》，《须溪集》卷七，见曾枣庄等编：《全宋文》（第 357 册），第 261 页。

［164］《故李公孝先墓志》，《相山集》卷二九，见曾枣庄等编：《全宋文》（第 185 册），第 130 页。

［165］《题邝太尉枇杷洞》，《松隐文集》卷三三，见曾枣庄等编：《全宋文》（第 191 册），第 58 页。

［166］《祭李姑夫文》，《松隐文集》卷三四，见曾枣庄等编：《全宋文》（第 191 册），第 145 页。

［167］《张吉甫墓铭》，《缙云文集》卷四，见曾枣庄等编：《全宋文》（第 193 册），第 356 页。

[168]《有宋宗室平江府都监墓志铭》,民国《江苏通志稿》金石一三,见曾枣庄等编:《全宋文》(第242册),第449页。

[169]《魏丞相行状》,《魏文节遗书》附录引《魏氏宗谱》,见曾枣庄等编:《全宋文》(第252册),第381页。

[170]《章泉赵先生墓表》,《漫塘集》卷三二,见曾枣庄等编:《全宋文》(第300册),第320页。

[171]《莆阳方梅叔墓志铭》,《瞿轩集》卷一一,见曾枣庄等编:《全宋文》(第324册),第415页。

[172]《康范先生行状》,《康范诗集》附录,见曾枣庄等编:《全宋文》(第346册),第243页。

[173]《朝奉大夫直秘阁主管建宁府武夷山冲佑观傅公行状》,《晦庵先生朱文公文集》卷九八,见曾枣庄等编:《全宋文》(第252册),第352—357页。

[174]《宣教郎方君墓志铭》,《晦庵先生朱文公文集》卷九二,见曾枣庄等编:《全宋文》(第253册),第146页。

[175]《湖南运判刘公墓志铭》,《西山文集》卷六四,见曾枣庄等编:《全宋文》(第314册),第183页。

[176]《丰城邹君墓志铭》,《雪坡舍人集》卷五〇,见曾枣庄等编:《全宋文》(第352册),第146页。

[177]《贾镕境墓志铭》,《蒙川遗稿》卷四,见曾枣庄等编:《全宋文》(第352册),第415页。

[178]《宋朝奉郎曾栖闲公像赞》,万历《武城曾氏族谱》,见曾枣庄等编:《全宋文》(第356册),第417页。

[179]《史馆校勘奉议毛君墓志铭》,《黄氏日钞》卷九七,见曾枣庄等编:《全宋文》(第348册),第379页。

[180]《董太尉墓志》,《松隐文集》卷三六,见曾枣庄等编:《全宋文》(第191册),第135—136页。

[181]《周承奉墓志铭》,《梅溪先生后集》卷二九,见曾枣庄等编:《全宋文》(第209册),第168页。

[182]《苏坡记》,《克斋集》卷一〇,见曾枣庄等编:《全宋文》(第290册),第399页。

[183]《静胜居士承务致仕詹君墓志铭》,《洺水集》卷一四,见曾枣庄等编:《全宋文》(第298册),第171页。

[184]《桂山君墓表》,《漫塘集》卷三二,见曾枣庄等编:《全宋文》(第300册),第333页。

[185]《吕德章墓志铭》,《竹坡类稿》卷四,见曾枣庄等编:《全宋文》(第315

册），第 152 页。

［186］《黄虎墓志铭》，《鹤林集》卷三五，见曾枣庄等编：《全宋文》（第 316 册），第 396 页。

［187］《林公辅墓志铭》，《后村先生大全集》卷一五三，见曾枣庄等编：《全宋文》（第 331 册），第 283 页。

［188］《临浦徐通判墓铭》，《太白山斋遗稿》卷下，见曾枣庄等编：《全宋文》（第 334 册），第 208 页。

［189］《将仕林君父子墓志铭》，《臞斋续集》卷二一，见曾枣庄等编：《全宋文》（第 336 册），第 59 页。

［190］《夫人徐氏墓志铭》，《晦庵先生朱文公文集》卷九一，见曾枣庄等编：《全宋文》（第 253 册），第 107 页。

［191］《徐夫人揭氏墓志铭》，《徐文惠公存稿》卷五，见曾枣庄等编：《全宋文》（第 334 册），第 147 页。

［192］《蓦山溪》七首其一，《樵歌》卷中，见（南宋）朱敦儒：《樵歌》，龙元亮校，第 29 页。

［193］《中大夫致仕朱公墓志铭》，《定斋集》卷一五，见曾枣庄等编：《全宋文》（第 276 册），第 337 页。

［194］《十五日》，《剑南诗稿》卷五十，见钱仲联、马亚中主编：《陆游全集校注》（第 6 册），第 9 页。

［195］《闭门》二首其一，《剑南诗稿》卷六十一，见钱仲联、马亚中主编：《陆游全集校注》（第 6 册），第 415 页。

［196］《会稽行》，《剑南诗稿》卷七十五，见钱仲联、马亚中主编：《陆游全集校注》（第 7 册），第 425 页。

［197］《天平先陇道中，时将赴新安掾》，《石湖居士诗集》卷五，见傅璇琮等主编：《全宋诗》（第 41 册），第 25786 页。

［198］《再次韵呈宗伟、温伯》，《石湖居士诗集》卷五，见傅璇琮等主编：《全宋诗》（第 41 册），第 25790 页。

［199］《鹧鸪天·读渊明诗不能去手，戏作小词以送之》，《稼轩词》卷九，见（南宋）辛弃疾：《辛弃疾全集》，王步高等辑校汇评，第 130 页。

［200］《苦雨》二首其一，《秋崖先生小稿》卷一〇，见傅璇琮等主编：《全宋诗》（第 61 册），第 38318 页。

［201］《次韵赵同年赠示进退格》二首其一，《秋崖先生小稿》卷一八，见傅璇琮等主编：《全宋诗》（第 61 册），第 38368 页。

［202］《忆旧游·寓毗陵有怀澄江旧友》，见唐圭璋编纂：《全宋词》（简体增订本第 5 册），第 4445 页。

［203］《同张以道出游近郊，成古诗十六韵》,《南湖集》卷二，见 (南宋) 张镃:
《南湖集》，吴晶、周膺点校，第 39 页。

［204］徐春林:《儒家休闲哲学初探》，载《江西师范大学学报》(哲学社会科学
版)，2006 年第 3 期。

第十二章　南宋身闲工夫之幽事逸情

前文提到，休闲实践应当是在"闲境"中发生的"闲事"。对于休闲之境的选择和休闲之具体行动的落实，同样是需要修炼、习得、体认的工夫。南宋休闲工夫在落实于实践时，对"境"有着导向性选择。那就是：逸出尘俗之境、步入山水之境、徜徉园林之境、融入人伦之境。那么，接下来的工夫就是：在闲境中做何事？朱熹早就提出了这个问题："闲中不能无为"[1]，"闲中何以阅日？"[2]也即："羹饭罢，怎消闲？"（无名氏）[3]如果没有富于趣味之事可做，则会出现"玄都昼永闲难度"（王千秋）[4]的情况。

南宋文士主张"幽事逸情"，正如卢祖皋诗云："偷闲著便寻幽事。"[5]此即主张通过高雅之事来获得闲逸之情。

"便觉闲中多胜事"（卓田）[6]——细数古人休闲之幽事，如赏花、垂钓、博戏、斗草、养鱼、观鸟等，是颇为丰富的，亦不能一一列举。不过，南宋文士所倡导的，多半不同于民间普及性休闲活动，而皆为高雅的、蕴含一定思想内涵的"闲事"，它们在适情、适性的同时，能够很好地启发人生观、提高人生境界。

第一节 "余事尽堪茶酒"：品茶、饮酒

唐朝刘禹锡云："诗情茶助爽，药力酒能宣。"[7]魏晋曹操云："何以解忧？唯有杜康。"[8]南宋文士同样倡导在品茶、饮酒中忘记烦恼忧愁，获得休闲放松之乐："油幕文书谈笑了，余事尽堪茶酒。"（方岳）[9]

一、品茶："闲中一盏建溪茶"

张抡词云："闲中一盏建溪茶，香嫩雨前芽。砖炉最宜石铫，装点野人家。三昧手，不须夸。满瓯花。睡魔何处，两腋清风，兴满烟霞。"[10]这是明显是把品茶作为休闲功夫。

从功能上说，茶有待客和自适两种效用。南宋文士在诗文中所反映的多为后者，张镃所言"樵径有苔休扫叶，茅庵无客亦煎茶"[11]即指此。事实上，饮茶是南宋文士所普遍倡导的休闲工夫。这在《全宋词》

里反映甚多，例如：

邦人讼少文移省，闲院自煎茶。（陆游）[12]

才饭了、一枕茶香美。（沈瀛）[13]

唤客烹茶闲话了，呼童取枕佳眠足。（吴潜）[14]

办得闲民一饱，余事笑谈间。……有茶炉丹灶，更有钓鱼船。
（陆叡）[15]

偷闲来此徘徊。……俯仰溪山，婆娑松桧，两腋清风茶一杯。
（陈人杰）[16]

功名了，却茶烟琴月，慢慢东山。（詹玉）[17]

门当竹径，鹭管苔矶，烟波自有闲人。……欸乃一声归去，对
笔床茶灶，寄傲幽情。（张炎）[18]

但阶移花影，闲寻棋局，风斜竹径，缓起茶烟。（李慧之）[19]

此外，张镃诗云"茶铛闲试砌莎晴"[20]，陈藻自称"余世事已懒，
笔耕亦倦，日嗜茶饮酒，逍遥行坐"[21]，等等，亦皆为例证。李正民
还具体指出茶具有"涤烦疗热气味长……荡涤肺腑无纷华"[22]的休闲功
能。而陆游自称"晴窗细乳戏分茶"[23]，张镃《赏心乐事》三月的条目
中的"经寮斗茶"，更是倡导把品茶作为游戏娱乐活动。

富有趣味的是，通过相关诗文我们可以发现，南宋文士在倡导"幽
事逸情"的过程中，还暗示出将品茶与焚香两种活动同时进行的主张：

睡觉有忙事，煮茶翻续香。（范成大）[24]

熏炉花气朝醒解，茶鼎松风午梦回。（范成大）[25]

革带频移纱帽宽，茶铛欲熟篆香残。（陆游）[26]

茶味森森留齿颊，香烟郁郁著图书。（陆游）[27]

老去逢春如病酒，唯有，茶瓯香篆小帘栊。（辛弃疾）[28]

梢影细从茶碗入，叶声轻逐篆烟来。（张镃）[29]

丹房火鼎频添水，衣柜香炉就焙茶。（张镃）[30]

森森竹里闲庭院。一炉香烬一瓯茶，隔墙听得黄鹂啭。（吴
潜）[31]

此外，在南宋文士这里，品茶还具有弘扬道德人格的意味。且看诗人张扩的这首诗：

> 何意苍龙解碎身，岂知幻相等微尘。莫言椎钝如幽冀，碎璧相如竟负秦。[32]

诗中前两句写龙团茶被碾成茶末，粉身碎骨之后就像一粒粒微尘，后两句写茶饼的粉身碎骨就像先秦的蔺相如是为伸张正义、不畏强权而自我牺牲一样，表现出崇高的精神。我们从诗人将碾碎茶饼这样一桩茶事中的细节写得如此轰轰烈烈上，可以十分清晰地看到诗人眼中茶所具有的德行内涵。

二、饮酒："闲中一盏瓮头春"

俗话说："茶酒不分家。"倡导品茶的南宋文士，亦倡导饮酒。饮酒作为休闲工夫由来已久，但其休闲功能从未被言说得如此清晰、明确。南宋词人中，朱敦儒对酒可消愁的功能言说颇多：

> 天上人间酒最尊。非甘非苦味通神。一杯能变愁山色，三笑全迥冷谷春。 欢后笑，怒时瞋。醒来不记有何因。古时有个陶元亮，解道君当恕醉人。[33]

除了消释忧愁之外，朱敦儒还认为，酒与"道"相合："酒美三杯真合道。"[34]故而，饮酒可以洗去尘俗，打开求道之门："开道域，洗尘机，融融天乐醉瑶池。"[35]因此，朱敦儒明确将饮酒作为获得休闲的重要方法：

> 芦花开落任浮生，长醉是良策。[36]
> 太平时，向花前，不醉如何休得？[37]

张抡也有词云:"闲中一盏瓮头春。养气又颐神。莫教大段沈醉,只好带微醺。心自适,体还淳。乐吾真。此怀何似,兀兀陶陶,太古天民。"[38]这明显是把饮酒作为休闲功夫。南宋其他各家词人也多有言说:

> 同事多才饶我懒,乘闲纵饮郊园。(侯寘)[39]
>
> 人生如意享欢荣,得酒娱情。……相逢道友,握手闲语百事真,得酒忘情。(沈瀛)[40]
>
> 梁燕已争春,折花闲伴酒,试濡唇。(韩淲)[41]
>
> 识破尘劳扰扰,何如乐取清闲?流霞细酌咏诗篇。(龚大明)[42]
>
> 闲情须与酒商量。(方千里)[43]
>
> 闲中多把酒杯传。长生无别诀,放下是神仙。(赵文)[44]
>
> 闲里好,有故书盈箧,新酒盈缸。(仇远)[45]

南宋诗人中,陆游诗云:"闲愁如飞雪,入酒即消融。"[46]他又自称"羁愁醉后减,睡思雨中深"[47],乃至于直接劝导他人:"劝君莫辞酒,酒能解君愁。"[48]杨万里也自称"平生万事轻,惟以酒自娱"[49]。陈造则直接声称"酒可销闲时得醉"[50]。方岳亦有诗云:"杜曲无边风露秋,瓮头酒熟了无忧。"[51]他还说:"何以消忧惟酒可,无能为役以诗鸣"[52],并自夸"静处亦忙诗意思,贫中之乐酒因缘"[53]。以上都是在言说饮酒的休闲功能。

《全宋文》里也不乏相关内容。李石"一竿之渔,足以自娱于盘谷;一杯之酒,足以自适于彭泽"[54]。王十朋记载,其父亲王辅自称"清者圣,浊者贤,寄笑傲于一尊之中,而逍遥乎无何有之乡者,此吾之友于酒也"[55]。楼钥称李才翁"俗务一丝不挂,得酒则酣畅自适"[56]。刘宰称吴子隆"在官公余……或招胜友命驾出游,饮酒赋诗以为乐"[57]。他又称王木"觞至而饮,饮而醉,醉而濯清泉,倚茂树,情与万化俱释"[58],还称陈文莹"杯酒间任情逸又仿佛晋、宋间人物"[59]。江朝宗称王浍"暇日,饮酒舒畅,吟咏联篇"[60]。文天祥称刘定伯"饮酒可一二斗,酒酣浩歌,声振林木"[61]如此等等。

以上都明确道出了饮酒是一种休闲工夫。而现代医学表明,酒精可以使人的自我保护意识降低，人们喝酒后，理性思考能力减弱，更有可能够忘记世事，打开心胸，感觉天地的广阔。其实南宋文士已经感受到了这一点。如陈三聘诗云："醉里乾坤广大，人间宠辱兼忘。"[62] 范成大有诗云："酒缸幸有乾坤大，丹鼎何忧日月迟。"[63] 杨万里也有诗云："偶然举一杯，事至我不知。岂独忘万事，此身亦如遗。"[64] 方岳在此方面的议论更多：

> 见说醉乡天地阔，此生聊向此中逃。[65]
> 醉中眇万物，拄颊歌沧浪。[66]
> 旋笃薄薄酒，美如步兵厨。醉中天地宽，渺视骄侏儒。[67]

此外，在范成大眼中，饮酒还是作诗的触媒，故而对文士来说必不可少：

> 愁眼逢欢春水明，诗情得酒春云生。[68]
> 酒杯触拨诗情动，书卷招邀病眼开。[69]

第二节　"蒲团坐暖看香篆"：焚香、参禅

由于南宋文士禅悦之风大盛，焚香和参禅又自然而然地联系在了一起，所以，在南宋，焚香对于文士来说成为一种休闲活动，而非敬神之举。

一、焚香："扫地焚香乐有余"

从历史来看，焚香的作用最早是祭祖、敬神。后来，焚香的功用逐渐从崇拜走向休闲、养生。焚香一直是贵族生活奢侈的标志，在民间并不普遍。在宋代，尤其是南宋，由于整体经济发达，文化昌盛，焚香开始成为文人、士大夫所倡导的业余爱好。且看南宋诗文所展现的情况：

闲中一篆百花香。袅袅翠□□。……清心默坐，燕寝无风，永日芬芳。（张抡）[70]

花转影，篆凝烟。意悠然。（张抡）[71]

老去逢春如病酒，唯有，茶瓯香篆小帘栊。（辛弃疾）[72]

丹房火鼎频添水，衣柜香炉就焙茶。（张镃）[73]

手披周易，消磨世虑坐焚香。（林正大）[74]

公务之余，焚香默坐，间翻书数叶。（张栻）[75]

张镃的《赏心乐事》里，十月列有"禅堂试香"条目，十二月列有"绮互亭檀香"条目。范成大更是高度提倡焚香，声称"琴书稍觉浮生误，香火惟知此事真"[76]，甚至把焚香当作日常功课，终日不绝：

香暖香寒功课，窗明窗暗光阴。[77]

山川屏里画，时刻篆中香。[78]

轩窗深窈似禅房，竟日虚明袅断香。[79]

南宋文士为何喜爱焚香？他们在诗文中暗示出，焚香具有以下休闲功效。首先，焚香通过嗅觉使人快乐，使人觉得时间过得很快：

衡茅随力葺幽居，扫地焚香乐有余。（陆游）[80]

煮茗烧香了岁时，静中光景笑中嬉。（范成大）[81]

其次，焚香使人消除思虑、忧虑，获得心绪的宁静和精神的放松。正如释宝昙所云："香有益于人多矣。方事物胶扰，万虑纷薄，能于静室以菽焚之，则翛然如凭虚御风，澡心浴德者。故昔人以香降神，释氏有闻沉水香而悟道，诚不欺也。"[82]对于终日在高位上工作，思想压力较大者来说，尤其适宜：

幽香馥蕙帐，清梦安且吉。（范成大）[83]

吏退焚香百虑空，静闻虫响度帘栊。（范成大）[84]

此外，辛弃疾也自称"焚香度日尽从容"[85]，可见，焚香具有不小的养生作用。难怪张镃甚至有"一日不炷香，已若神不清"[86]之语，可见嗜好之深，亦可见他十分推崇焚香的休闲养生作用。

南宋文士还通过其诗文暗示，焚香可以作为各种其他休闲活动的背景，起到"催化剂"的功能，以之营造一种安静、美好的氛围，能为其他休闲活动的展开增添趣味和美的意境。

首先看焚香与参禅。杨万里称张镃"香火斋被，伊蒲文物，一何佛也！"[87]正说明了焚香与参禅的相宜。而通过下列诗句，我们可以发现焚香对领悟佛理所起到的一些作用：

> 蒲团坐暖看香篆，作止任灭如顽空。（范成大）[88]
>
> 声闻与色尘，普以妙香薰。昔汝来迷我，今吾却戏君。（范成大）[89]
>
> 斜斜策杖随棕屦，寂寂闻香对瓦炉。若昧那伽常在定，结跏徒费钝工夫。（张镃）[90]
>
> 焚香赋诗罢，顿悟众缘空。（释绍嵩）[91]

南宋文士还暗示了焚香与其他众多活动的相宜。焚香与饮茶之相宜，在本章第一节中已经有所叙述，此处不再重复。此外焚香与静坐、睡眠、弹琴、诵读、赋诗等活动的相宜，南宋文士也叙述颇多。例如：

> （陈知丞）欣审官舍多暇，焚香静默，坐进此道，何乐如之！（释道谦）[92]
>
> （秦丞相）退而燕私，绝声色货利之欲，熏香静坐，玩味简素，如山泽癯儒。（冯时行）[93]
>
> 爱静窗明几，焚香宴坐，闲调绿绮，默诵黄庭。（朱敦儒）[94]
>
> 箫鼓远，篆香迟，卷帘低。半床花影，一枕松风，午醉醒时。（朱敦儒）[95]
>
> （处岩法师）静夜孤坐，焚香暗诵，琅琅之声出于林表。（王十朋）[96]
>
> 隐几焚香，对酒一壶书一床。（李曾伯）[97]

默坐焚香尽自在，莫随俗眼乱空花。（方岳）[98]

（黄自信）暇则焚香鼓瑟，有萧然自得之趣。（林希逸）[99]

二、参禅："赢得安禅心似水"

约翰·凯利指出："在一个世俗化的社会里，宗教也可以被认作是休闲。"[100]吴树波进一步认为：

> 宗教休闲是一种偏重内心精神境界的境界性休闲，因而能在更大程度上实现对日常生活的审美超越。通过宗教休闲，人们能在俗世间的平凡事物中发现'道'的光辉，并因之而产生惊喜，获得诗意般的审美感受。又由于宗教体现着人对自身有限性的挑战与超越，宗教休闲也能激起人的崇高性情感。[101]

吴树波还提出，祈祷、忏悔、礼拜、上香、诵经、打坐、内斋等都是中国传统宗教休闲的常见方式。[102]笔者赞同以上观点，并认为以上活动也是南宋宗教界休闲活动的主要方式。此外笔者还认为，参禅也是一种休闲方式。

作为一种宗教性的活动，参禅是佛教禅宗用以求证真心实相的一种法门。参禅的目的，在于明心见性，就是要去掉自心的污染，实见自性的面目。众生沉沦于世俗欲望，染污久了，不能当下顿脱妄想，实见本性，所以要参禅。去除妄想之后，自然感到压力减轻，身心愉悦，实现休闲的效果。在南宋，参禅成为一种主导性的宗教活动。它演化出"默照禅"和"看话禅"两种独特的修行方式，二者都是宗教休闲的活动方式：

> 禅宗是南宋最盛行的佛教宗派。默照禅和看话禅是南宋最盛行的两种主要禅法。二者的理论都以解除束缚，获得解脱为目标，崇尚自在生命的自由、自在、自得之体验，与现代休闲美学思想多有契合之处。前者在形式上主要以打坐为工夫，倡导合守默静坐与般若观照为一，以获得圆通自在的休闲与审美体验。后者反对僵死

的静坐方式，主张从公案中参悟"活句"，明生死大事而后得解脱；又反对避世的态度，主张佛儒教义不悖，更显心态的圆融通脱。在禅法实践上，二者都摒弃理性思维，反对责求速效，重视从容闲雅之美，对当代人的休闲生活不无启示。……

现代休闲学将阻止人们去体验休闲的障碍分为三类，第一类是心理障碍，第二类是人际交往的障碍，第三类是结构性障碍。显然，第一类是最为重要的障碍。佛教将摆脱束缚，获得解脱而达自在作为根本目的，这实际上就关涉到解除休闲障碍的问题。禅宗对于解脱之道发明有多种禅法。南宋的默照禅和看话禅，二者在实质上都为解除休闲的心理障碍提供了智慧，对于当代人如何获得休闲审美体验具有积极意义。[103]

在整个南宋一代，修行、体悟"默照禅"和"看话禅"的僧众极多，并且俗家信仰者加以修行的亦不在少数。例如，陆游、范成大、张镃等人，都倡导参禅的休闲工夫，并在家中设置禅室、禅堂，时时实践。

陆游晚年颇为向佛，他的诗集中数十次地提到"禅"字。他的诗句"美睡三竿日，安禅半篆香"[104]中的"安禅"即学禅、参禅之意。此外，他还有诗云："经龛禅版殊当勉"[105]，"早夸剧饮无劲敌，晚觉安禅有宿因"[106]，"老翁扫尽儿童事，却学禅床入定僧"[107]。可见这都是将参禅作为一种重要的休闲工夫。

范成大虽然有时自称"逃禅"，但从下列的诗句来看，他并未真正逃禅，而是将参禅作为一种休闲工夫：

> 余生雪鬓禅榻，昨梦云帆涨江。[108]
> 闲门冷落车辙，空室团栾话头。[109]
> 但愁添眼花，暝坐聊参禅。[110]
> 禅床初著小山屏，夜久秋凉枕席清。[111]

事实上，范成大不但喜欢参禅，而且喜欢在诗词中用佛典，谈佛理。此处不展开。此外，张镃也是喜欢参禅的代表人物。"萦纡遥指道场路，挂席径造寻幽禅"[112]是他日常功课的写照。他甚至自言，即便在万事都懒的情况下，仍然要参禅，并且到了昼夜不停的程度：

> 谁信心情都懒？但禅龛道室、黄卷僧床。[113]
> 痴禅昼夜蒲团上，贪睡犹胜学宰予。[114]

此外，方岳也爱参禅，曾自称："闭门老去着幽禅，趺坐时参柏子烟。"[115]而从下列诗句看，参禅确实使南宋文士达到了放松、休闲的身心效果：

> 赫赫心光谁障碍，绵绵鼻息自轻匀。蒲龛纸帐藏身稳，香碗灯笼作梦新。（陆游）[116]
> 禅龛也有新勋业，百万魔军一战收。（陆游）[117]
> 赢得安禅心似水，碧琉璃照佛龛旁。（张镃）[118]
> 二六时辰真快乐，坐禅才罢即行吟。（张镃）[119]
> （陈文叟）闲居宴坐，焚香诵经，深于性理，无所滞碍。于所舍之西偏，名其堂曰随缘，自号随缘居士。（王之道）[120]

第三节 "拈弄诗章非俗事"：读诗、写诗

中国自古以来就是"诗的国度"，文士们读诗、写诗，向来就是一种休闲活动。唐代以诗独冠各朝，但实际上，宋朝文士读诗的人数和写诗的数量，都远远超过唐代。而释文珦的"拈弄诗章非俗事"[121]一句，又恰恰说明南宋文士将诗作为一种逸情的幽事。

一、读诗："焚香清坐读唐诗"

读诗对于封建文士来说是一项必备的基本功。但对南宋文士来说，"识破尘劳扰扰，何如乐取清闲。流霞细酌咏诗篇"（龚大明）[122]，即是说，与其将其视为一种自我训练，不如说是一种自我适情，即把读诗

作为自适之手段，也就是休闲工夫。下面看一些具体的事例。

先从南宋诗词中举例。曹勋在宴乐休闲时读诗："已闻水部神仙语，更诵骑鲸短李诗。"[123]杨万里在炎炎夏日读诗，以作休闲："小圃追凉还得热，焚香清坐读唐诗。"[124]他在乘舟途中，每天读诗一首以解闷："舟中一日诵一首，诵得遍时应得归。"[125]他所读的，乃是唐宋诗歌，快乐得甚至连早餐都忘了："船中活计只诗编，读了唐诗读半山。不是老夫朝不食，半山绝句当朝餐。"[126]他甚至把读白居易的诗看作治愁除病的药方："偶然一读香山集，不但无愁病亦无。"[127]僧人释文珦也在休闲时读诗："口诵寒山诗，头枕麻衣易"[128]，"悠然发清偿，朗诵渊明诗"[129]。

再从南宋散文中举例。黄彻自称"平居无事，得以文章为娱，时阅古今诗集以自遣适"[130]。楼钥称周楫"耽玩书史，以诗自娱。好读杜工部、韦苏州诗，至忘寝食，故下笔有二公之风"[131]。刘宰称陈武龄"环所居植花木，暇则挟册咏歌其中，或徘徊竟日"[132]。张实甫自称"平生最爱读洪文敏所编唐绝句，手之辄不忍置"[133]。这显然均是将读诗当作休闲工夫。

辛弃疾亦酷爱读诗，并且最为激赏的乃是屈原的《离骚》。他在休闲时刻，常常诵读《离骚》：

> 手把《离骚》读遍，自扫落英餐罢，杖屦晓霜浓。[134]
> 未堪收拾付薰炉，窗前且把《离骚》读。[135]
> 细读《离骚》还痛饮，饱看修竹何妨肉。[136]
> 夜夜入清溪，听读《离骚》去。[137]

事实上，以读《离骚》为休闲的南宋文士还有很多。例如张元干倡导"洗尽人间尘土，扫去胸中冰炭，痛饮读《离骚》"[138]。范成大自言"松风漱罢读离骚，翰墨仙翁百代豪"[139]，又说："休问扬荷涉江曲，只堪聊诵楚词听。"[140]刘过自称"读罢离骚，酒香犹在，觉人间小"[141]。方岳自称"秋风吹裂旧荷衣，自读离骚倚落晖"[142]，又称"吹灯读离骚，佳处时一逢"[143]。而马廷鸾自称"排闷篇诗，浇愁盏酒，自读《离骚》自劝"[144]，更是明显指出了读离骚对排遣情绪的功能和效果。

甚至南宋僧人也偏爱《离骚》：

> 幽闲无个事，痛饮读离骚。（释绍嵩）[145]
> 樵童更闲静，听我读离骚。（释文珦）[146]
> 手把离骚经，闲倚阑干读。（释文珦）[147]

二、写诗："宁为宇宙闲吟客"

　　而对于满腹经纶、才华横溢的南宋文士们来说，仅仅读诗还不能满足他们抒发才情的需要。于是，写诗便进一步成为南宋文士自适之方式。史达祖的"我是有诗渔父，一梦秦天古"[148]一句，尤其值得玩味。一方面他要过渔隐的休闲生活，一方面又特意声称自己是"有诗渔父"，与乡野渔夫的不同在于具有文化创造力。由此可见写诗在南宋文士的自我身份界定上的重要性。正如林语堂所总结的："平心而论，诗歌对我们生活结构的渗透要比西方深得多，而不是像西方人似乎普遍认为的那样是既对之感兴趣却又无所谓的东西。如上所述，所有的中国学者都是诗人，或者装出一副诗人的模样，而且一个学者的选集中有一半内容是诗歌。"[149]

　　事实上，南宋文士几乎没有不把写诗作为无事时的休闲方式的，只是程度轻重不同而已。先看诗词中的描述，均有同调之处：卢祖皋自称"向闲中时有，奚囊背锦"[150]。吕渭老词云："夜迢迢，灯烛下，几心闲。平生得处，不在内外及中间。点检春风欢计，惟有诗情宛转，余事尽疏残。"[151]陈造自言"诗凭写意不求工"[152]，还有张镃甚至称"一日不觅句，更觉身不轻"[153]，更是将吟诗的休闲功能夸张到无以复加的地步。

　　南宋文士中，方岳是一位把写诗当作休闲活动的典型代表。对于他来说，吟诗是他山居时最好的活动，也是他与他人交往的非功利性纽带。他非常爱吟诗，并且已经到了成"癖"的程度：

> 与君共有吟诗癖，月下柴门不厌敲。[154]
> 我爱山居好，闲吟树倚身。[155]

向来多说剑，老去只耽诗。[156]

喜有吟诗癖，吾侪得往还。[157]

性野回书懒，诗痴易稿频。[158]

书生得句如得官，无以藉之眉为蹙。[159]

从方岳的诗里我们还可以发现，他身边的陈汤卿、王尉，和他一样都是有"吟诗癖"的文士。此外，和方岳差不多同时的释绍嵩，也是一位吟诗有"癖"的人。他称自己的活动是"闲吟"，称自己为"闲吟客"，可见他是将吟诗作为休闲活动来加以倡导的：

感多聊自遣，时复一闲吟。[160]

自笑从来癖，平生断在诗。[161]

近来唯此乐，高韵寄闲情。[162]

老罢休无赖，吟诗报答闲。[163]

宁为宇宙闲吟客，岂是江湖把钓翁。[164]

再看散文中的相关内容。朱熹称王十朋"平居无所嗜好，顾喜为诗"[165]。楼钥称自己的伯兄"举业之外，哦诗结字，遇其得意，警拔清新，无不称叹。登览胜地，好风佳月，必倡率侪辈，觞咏酬适，未始虚度"[166]。许及之称洪适"目其地曰盘洲，一卉一椽皆有题咏，杂亲朋酬倡为一帙，曰《盘洲集》"[167]。刘淮称刘学箕"饮酒赋诗，自其家风。……日与佳客饮，饮醉吟诗，诗成更酌，或至达旦，明日复然"[168]。方立称刘学箕"平居暇日，酬唱吟咏，联篇累轴，积而成集者富甚"[169]。赵希迈称叶适"水心叶先生负天下重名……暇时赋诗超然堂上"[170]。刘克庄记载，天台通上人自称"平生有吟癖"[171]。戴昺自称"余效官秋浦，公余弗暇他问，独未能忘情于吟。凡得诸山川之登览、景物之感触、宾友之应酬，率于五七字寄之"[172]。孙德之称陈竹溪"才甚爽，气甚锐，嗜诗如嗜炙"[173]，又称胡楚材"既以逸民自号，复有取于司空图，即其所居之东预为寿藏，庵其上曰息轩，其前曰养浩，赋诗酌酒，尚羊其中"[174]。林希逸称同安林丞"于蓝田公事之暇，不废吟哦"[175]。释绍嵩自称"嘉定壬申，予年十九。其秋自穆湖买船由鄱阳九江之巴河，往来凡数月，每遇景感怀，因集句作《渔父词》以自适"[176]。高吉自称"今老矣，习懒成真，耽吟成癖"[177]。史唐卿称汪莘"终身高蹈，而日以咏歌自娱"[178]。

和唐代不同的是，南宋文人作诗已经很少有那种"苦吟"的状态，而更多休闲意味。一个明显的证据就是，他们将作诗视为一种游戏。释绍嵩明确指出："诗应是游戏，吟啸不须工。"[179]他又自称"余以禅诵之暇，畅其性情，无出于诗。但每吟咏，信口而成，不工句法，故自作者随得随失"[180]。俞德邻称"独东坡大老以命世之才，游戏乐府"[181]。宇文十朋称吴儆的诗集是"游戏翰墨，如夏玉铿金"[182]。张镃自称"或拟香山或拟陶，有时无句只虫号，作诗蟊苴犹之可，字写不成方是高"[183]。范成大、陆游、杨万里等人的诗题中频繁地出现"戏题""戏咏""戏作""戏书""戏赠""戏嘲""戏简""戏跋""戏笔""戏答""戏呈""戏拟""戏成""戏为"等字样，也显然是在倡导把作诗当作游戏活动。而从辛弃疾的《永遇乐·戏赋辛字，送茂嘉十二弟赴调》《沁园春·将止酒，戒酒杯使勿近》，刘过的《沁园春·寄辛承旨。时承旨招，不赴》等诗词实践来看，我们更能感觉出南宋文士以游戏心态为诗的作风。

顺带指出，词在南宋是一种成熟的文学体裁。南宋文士固然爱作诗，然而和前代相比，爱作词者日益增多。并且，南宋诸人多是将其作为一种休闲方式来对待的。例如汪莘云："余平昔好作诗，未尝作词。今五十四岁……乃知作词之乐过于作诗……每水阁闲吟，山亭静唱，甚自适也……"[184]沈义甫云："余自幼好吟诗。壬寅秋，始识静翁于泽滨。癸卯，识梦窗。暇日相与唱酬，率多填词。"[185]还有万俟咏自号"词隐"，也是在把作词当作一种休闲工夫。诗、词之外，"赋"也是古代常用文体。据《全宋文》显示，南宋文士亦常将作赋作为休闲方式。例如《全宋文》（第 256 册）显示，陈造在暇日登楼作赋甚多。

第四节　"适意乎黄卷之中"：读书、著书

自古有"书山有路勤为径，学海无涯苦作舟"之说。然而，在南宋

文士这里，书已经成为一种让人快乐之物。"速化非吾事，偷闲只古书"（杨万里）[186]——南宋文士们倡导以读书、著书为乐，达到了"学而时习之不亦说乎"（《论语·学而》）的境界。

一、读书："闲中读书却有味"

南宋文士将读书作为一种休闲工夫。黄干教导他人："山居闲静，若不至大段窘束，且宜闭门读书。"[187] 仇远词云："闲里好，有故书盈箧，新酒盈缸。"[188] 这些都是以读书为乐的典型写照。

关于本朝文士以读书作为赋闲、隐逸中的活动的，南宋散文中所记载的具体事例极多，并常常出现在传记或墓志铭中，这显然是对此类休闲工夫的一种高度肯定和倡导：

> （罗无竞）免丧，不复仕，号遁翁，蓄书万卷，大搜其间，故人清风，觞咏竟日。（胡铨）[189]
>
> （赵子潚）终更归隐……惟嗜观书。把卷田间，扁舟自在。（胡铨）[190]
>
> （王昌龄）于耕稼之余，手不废卷，日与竹先生、毛颖、陶泓诸子从游于是亭，而深得书林艺圃之趣。（王十朋）[191]
>
> （傅自得）至是居闲，益无事，唯读书不辍。（朱熹）[192]
>
> （潘景宪）晚再悼亡，因葬金华之叶山……暇日往而游焉，复取旧书读之，悠然自得……（朱熹）[193]
>
> （赵廉州）寓居东嘉，避远嚣尘……拥书数千卷，沈酣其间……（楼钥）[194]
>
> （赵景明）平生淡泊无他嗜，常以书自娱，手不释卷。（蔡戡）[195]
>
> （俞公明）杜门绝客，菽水之外，惟以书史自娱，同志或为快快，公无闷焉。（方逢辰）[196]

更进一步地，南宋文士倡导在做官时也偷闲读书。例如朱熹主张"官闲读书，益进德业，所可勉者惟在此耳"[197]。事实上，不少官员在任期间也和隐士一样嗜书如命，如范浚称龙丘宰吴彦周"当官犹嗜学，决事得小间，即取插架书，吟玩自娱。休暇对客于便坐，即之退然如韦布士，虽剧谈终暑，不出文字间"[198]。边惇德记载："提举荥阳郑公将命东浙，莅事未几，百废具举。暇日裒集群书，晓析涵咏，以为退食之娱。"[199] 林光朝称赞范成大："退之一生辛苦，故有'寻思百计不如闲'之语。舍人于应酬纷拏中乃如无事，书卷且不废，恐石湖一境不为徒然耳。"[200] 刘宰称孔元忠"以世赏入仕，监东阳县酒税。善于其职，课以裕闻。暇即束书泉石胜处，咏歌古人，识者知其有远度"[201]。方澄孙自称"官闲幸可以读书"[202]。

南宋文士不但自己以读书自娱，还带领周围的人一起进行，例如李焘记载尤袤"于书靡不观，观书靡不记，每公退则闭户谢客，日记手抄若干古书。其子弟及诸女亦抄书"[203]。陆九渊记载吴渐"日率诸子读书，以自娱乐。其声洋洋，躐门者未及见，已为之起"[204]。而时人所读之书，应当说是非常广泛的，例如朱熹记载傅自得："盘谷傅公客于泉州城东之佛寺……左右图史，自六经而下，百家诸子、史氏之记籍与夫骚人墨客之文章，外至浮屠老子之书，荒虚谲诡，诙谐小说，种植方药、卜相博弈之数，皆以列置，无外求者。公于是日俯仰盘礴于其间，翻群书而诵之，蚤夜不厌。"[205] 不过由于宋代理学大盛，故而文士们才会倡导在闲中阅读儒学（理学）经典。例如朱熹就曾对方耒说过："暇日读何书？《易传》恐宜熟观。"[206] 以下是南宋文士玩味涵泳儒学（理学）著作的实践，这也形成了一个鲜明的时代特点：

（陈旉由）暇则益取濂溪《太极》、《通书》及两程子、张子遗书读之，沉思玩味……（度正）[207]

（胡谊）自以不与时偶，益读古圣哲书，深求旨趣，以自畅适。晚岁建聚书楼，扁曰观省，自号观省佚翁，且作记曰："青嶂当前，翠竿在侧，展卷与圣贤对语，优哉游哉！"（袁甫）[208]

（罗必元）暇日惟玩周、程、朱、陆之书……（刘克庄）[209]

（叶开）取伊洛诸书，优游涵泳以自适。（周应合）[210]

（刘翔甫）故一无他好而惟书是耽。于其藏修之所，扁以"味书"，则夫朝吟暮诵，手披目玩，《易》之为广大幽深，《诗》之为

温纯敦厚，百篇之雅奥，二记之损益，《六典》之事赅制备，《四
书》之义精理融，《春秋》之所以谨严，三传之所以富而艳，裁而
辩，清而婉，研精覃思，哜嚅涵泳，若太羹玄酒，淡乎自有正味。
（卫宗武）[211]

谁向唐诗参句律，只将周易对炉熏。（方岳）[212]

自脱唐衫寻輦路，只将周易对炉薫。（方岳）[213]

此外，不但南宋文士爱看书，甚至连僧人、皇帝也手不释卷（在此
角度上，这些僧人、皇帝在某种程度上亦可归入文士之列）。例如释绍
嵩诗云："销愁何用酒，娱意莫如文。"[214]释文珦自称"虚室冷云边，消
闲读太玄"[215]。释道璨称痴绝禅师"闲居于书无所不观"[216]。袁燮记
载，罗点劝导皇帝在休闲时读书："自古贤君，闲暇之时，未尝废学，讲
求古今得失之理，所以杜绝淫佚匪僻之好。陛下诚能于退朝之隙，日御
经史，以蓄其德，日接贤俊，以究其义，造次不忘，精一不杂，运天下
于掌中，将无难者，岂非天下之真乐哉！"[217]而事实上，南宋皇帝休闲
阅读的现象甚为普遍。萧兴宗提到了宋朝历代皇帝均在休闲之际读书的
现象，并尤其提到南宋的高宗皇帝读书甚广："仰惟国家列圣相承，万
机之暇，游心经籍，挥洒宸章，倬如云汉，昭如日星，龙图天章，列
阁集储，不一而足。肆我高宗皇帝，遍阅九经，下至名臣列传，注释赞
咏，著为琬琰，下赐万国，龙图凤篆，奎璧灿然。自古帝王，未必有
此。"[218]宋孝宗也曾自称"朕万几余暇，绅绎诗书"[219]，并且尤爱苏
轼之书，到了终日忘倦的程度："他人之文，或得或失，多所取舍。至于
轼所著，读之终日，亹亹忘倦。"[220]以上都说明了南宋诸人在退回私人
领域后，并非一味饮酒酣眠、虚度光阴，而是普遍看重成就个体高尚人
格的精神追求。

不过，南宋文士并非悬梁刺股般地苦读，而是将书作为适情与娱乐
之物。倪思之所以认为休闲的价值与做官相等，乃是将读书作为闲居的
主要"事业"，并从中获得了充分的乐趣：

闲居事业与达官无异，观圣贤书如对君父，观史如观公案，观
小说如观优伶，观诗如听歌曲，此其乐与达者何异？[221]

赵叔向自称"野人闲居多暇，饮酒读书，足以自娱"[222]，林光朝自称"每一开书卷，便觉眼明，此为一如意事也"[223]。朱熹自称"闲中读书奉亲，足以自乐"[224]，又说"闲中读书却有味"[225]，还称张维"纵观古书以自娱"[226]。真德秀记载傅枢密"自少至老，澹忘他嗜好，独矻矻文字间。居常诵书，日以寸为程，当沉酣痛快时，至不知饥渴寒暑"[227]。叶学古将其书室命名为"至乐"（朱熹为之作铭）。无独有偶，傅自得在客居泉州时也将其书室命名为"至乐之斋"，朱熹记载他："日俯仰盘礴于其间，翻群书而诵之，蚤夜不厌。人盖莫窥其所用心，而公自以为天下之乐无易此者。"[228]此外，王十朋也将自己的书斋命名为"至乐斋"，并写下了这样一篇富有哲理的散文：

> 予与客坐于书斋之内，客仰而顾，俯而笑，曰："子知天下之乐乎？散于事物之万端，会于穷达之两途，然皆有穷焉，吾言而子听诸！高车驷马，腰金曳组，前者呵，后者卫，士之得志于当时者之乐也，然有时而厌焉。前日朝廷之士，扁舟去而烟浪深也。枕流漱石，吟风啸月。采于山，缗于泉，士之无求于世者之乐也，然有时而改焉。前日山林之士，蕙帐空而猿鹤惊也。"予曰："子之言皆外物之乐也，乐故有穷，乌知天下有所谓无穷之至乐哉！一箪食，一瓢饮，颜回之乐也；宅一区，田一廛，扬雄之乐也。是固无心于轩冕，亦不放志于山林，得乎内而乐乎道也。吾今游心于一斋之内，适意乎黄卷之中，师颜回，友扬雄，游于斯，息于斯，天下之至乐也。又乌得而能穷？"[229]

此外，王十朋还有一则短语："是惟王子之几，至哉之乐在乎是。"[230]可见，在王十朋看来，官场得意也好，逍遥林泉也好，都是外物之乐。而看书得到的快乐，正如颜回、扬雄所体验到的，是一种内在的精神愉悦，是最高层次的快乐。故而，南宋文士的读书绝非简单的消遣或猎奇，而是一种能够充分获得趣味而有所得的。

为何在南宋文士这里，读书有休闲功能？李侗曾对朱熹说："闻不辍留意于经书中，纵未深自得，亦可以驱遣俗累，气象自安闲也。"[231]

此语颇有启发意义。在李侗眼里，读书可以去除世俗之累，故而使得一个人具有安闲的气质。此外，范浚称虞唐佐"平居定省余暇，立屋贮书以学，名之曰'养正'"[232]。范浚认为，这种做法"与放心不求，而徒休其身者大异"。[233]可见在范浚看来，读书是通过"养正"来实现"休心"的一种手段。

总之，南宋文士倡导在读书中会心自得，得乐、得意。读书的精神收获，使他们的休闲能够呈现出超越的境界。同时，作为南宋休闲工夫的读书所带来的乐趣，不仅是一种情绪的放松消遣，更多的是一种人格与精神境界上的淡泊、安闲。

二、著书："笺注离骚到兰菊"

南宋文士普遍倡导将读书作为有益的休闲活动，此外还有少数富于文史才华的文士，更将著书（含原创和编著）作为休闲。和读书相比，著书是更具有挑战性、创造性的活动，一般人以之为苦累，而一些南宋文士却乐为之，甚至将其作为唯一的嗜好。且看以下材料：

胡仔在自述其写作《渔隐丛话》时说："终日明窗净几，目披手钞，诚心好之，遂忘其劳。"[234]陈俊卿记载，黄彻自称其写作《巩溪诗话》的成因是："时取古人诗卷聊以自娱，因笔论其当否，且疏用事之隐晦者，以备遗忘。日往月来，不觉成编……"[235]楼钥称季观国"无他嗜好，惟以论著自娱"[236]。李如箎自称："仆顷年僻居语儿之东乡，既无进取之望，又不能营治资产，日与樵渔农圃者处，羹藜饭糗，安分循理，亦足以自乐。时时披阅文集，省记旧闻，随手笔之，遂成卷帙。"[237]袁燮称袁文"晚岁泊然……自经史子集下至稗官小说，奥编隐帙，多所记览。好观历朝故事，既录其大者，又掇拾其小者，为《名贤碎事余》三十卷，字百余万，皆手所自抄也，无惰笔。杂著一编，目曰《瓮牖闲评》……"[238]赵必愿称"方是闲居士，乃独隐约，游戏翰墨间"[239]。刘克庄称方汝一"考古著书自娱"[240]。郑霖称王翊善"鼓琴著书以自娱，焚香读《骚》而有味"[241]。方岳自称"夜窗赓载有余暇，笺注离骚到兰菊"[242]。欧阳守道称王得之"四有者其堂名也……（王得之）宴坐其中，以著作自娱"[243]。贾似道自称"予老来观书，辄多遗忘。暇日随所披阅，约而笔之，浸盈编帙，因厘为百卷，题曰《悦生随抄》"[244]。

值得注意的是，南宋文士在居官任上，也多有在暇日著述不辍者，这颇难能可贵。例如黄玠称其父黄裳"由布衣取巍科，历显要，享高寿。自少年已慕清修之道，其他一无所嗜好。居官之暇日，必以文墨自娱。每有著述，必高卧腹稿，既而走笔成章"[245]。方灿称"国录吴先生以淹该之学，从政之暇训释诸书，警引后进，不为不多。比以《离骚草木疏》见属，刊于罗田县庠"[246]。薛师旦自称"师旦自外府丞出守临汝，至既数月，事稍闲，因令师石第从其家发箧中书，诠次得三十有五卷而锓诸梓"[247]。

南宋文士在休闲之际著书最勤者，恐莫过于陆游、朱熹二人。他们均将著书当作休闲活动，并且终身不辍。先看陆游的自我写照：

> 六十衰翁适得闲，一秋无事掩柴关。雁来惨淡沙场外，月出苍茫云海间。饮酒已衰犹爱客，著书初毕可藏山。此生终羡渔家乐，小艇常冲夕霭还。[248]

此外，细观陆游诗歌，我们对陆游著书休闲的想法还可以有更多发现。例如，他写书纯粹是为了自己的娱乐，而非为了邀名逐利。因此，即使他到了"著书满屋身愈穷"[249]的地步，他仍然骄傲地宣称："著书充栋宇，一字不肯卖。"[250]他写书不仅仅是像当时一些文士那样简单地记录文史现象，而且有深层次的哲学批判意味："著书笑蒙庄，茗苄物自齐。"[251]他高度重视自己的著述活动，甚至到了"著书殊未成，即死目不瞑"[252]的程度。当他看到儿子也能够写书时，他感到非常欣慰和骄傲："老子粗全节，小儿能著书。"[253]此外，从陆游诗集中还可以发现，他周围的人如方伯谟、杜府君、张缜等也都以著书为乐，并且著述颇丰。

作为著名理学家，朱熹在暇日的著述以阐扬儒家先贤学说为主。他自称"年来自甘退藏，以求己志。所愿欲者，不过修身守道，以终余年，因其暇日，讽诵遗经，参考旧闻，以求圣贤立言本意之所在，既以自乐，间亦笔之于书，以与学者共之，且以待后世之君子而已"[254]，又曾自称"某在家应接，随分扰扰。偷闲修得《中庸》及《孟子》下册"[255]。朱熹著书之勤在当时已闻名于世，时人孙应时称他"数年来闲居无他出，宾客书疏之及门者，计省其旧十八九，免于应酬之烦，而可一意绪成诸经文字，以贻后之学者"[256]。王佖称他"退居燕闲，姑自祭录，分吉、凶、军、宾、嘉五礼，而条目灿然"[257]。而王佖也在暇日继续朱熹的事业："《文公朱先生语类》一百三十八卷……佖幽居无事，盖尝潜心而观之，审订其复重，参绎其端绪，用子洪巳定门月，祭为《续类》，凡四十卷。"[258]

南宋文士所著之书，门类甚为广泛。除了诗集、诗话、文集外，还有佛书、史书、医书、艺术研究著作等。例如，释居简称"太常丞严公十八登科，官居余暇，取《传灯》千七百则，佛祖机缘言句之切于日用者，搜英猎华，手抄巨编，老不释此书"[259]。真德秀自称"余端忧多暇，因疏古今兴亡事数十条于《读书记》，将与儿侄辈讲论其所以然"[260]。祝穆自称"考欧阳询、徐坚所著类书……暇日仿其遗意，诠次旧稿，自羲农以至我宋，各循世代之次，纪事而必提其要，纂文而必拔其尤。编成，辄以《古今事文类聚》名之"[261]。严用和自称"偶因暇闲，慨念世变有古今之殊，风土有燥湿之异，故人禀亦有厚薄之不齐。若概执古方，以疗今之病，往往枘凿之不相入者。辄因臆见，乃度时宜，采古人可用之方，哀所学已试之效，疏其论治，犁为条类，名曰《济生方》"[262]。他还自称"比因暇日，论治凡八十，制方凡四百，总为十卷，号《济生方》"[263]。许及之称洪适"治越之暇，训释考证，博极古书，为《隶释》一书廿七卷。嗣有附益，为《隶续》廿一卷。其后时有删润，合《释》《续》为一而是正之，以属越帅刊行"[264]。此外，连南宋的和尚也在闲暇时著述，例如释晓莹将其著作《云卧纪谈》的成因归于"遇宾朋过访，无可借口，则以畴昔所见所闻，公卿宿衲遗言逸迹，举而资乎物外谈笑之乐"[265]。

不过，和读诗、写诗、读书相比，著书的难度要高得多，能以之为休闲活动的人即使在南宋文士之中，比例也并不是很高。尽管如此，作为休闲活动的著书代表了南宋休闲工夫所能达到的一种现实高度，具有十分重要的文化意义。

注释

[1]《与方伯谟》，《晦庵先生朱文公续集》卷七，见曾枣庄等编：《全宋文》（第250册），上海：上海古籍出版社，合肥：安徽教育出版社，2002年版，第30页。

[2]《与林井伯》，《晦庵先生朱文公别集》卷四，见曾枣庄等编：《全宋文》（第250册），第168页。

[3]《更漏子》，唐圭璋编纂：《全宋词》（简体增订本第5册），第4662页。

[4]《虞美人·代简督伯和借战国策》，见唐圭璋编纂：《全宋词》（简体增订本第3册），北京：中华书局，1965年版，第1912页。

[5]《渔家傲》，见唐圭璋编纂：《全宋词》（简体增订本第4册），第3102页。

[6]《醉江月》，见唐圭璋编纂：《全宋词》（简体增订本第4册），第3176页。

[7]《酬乐天闲卧见寄》，见白高来、白永彤编：《白居易、元稹、刘禹锡唱和诗编年集》，沈阳：白山出版社，2009年版，第233页。

[8]（明）张溥辑评：《三曹集》，宋校永校点，长沙：岳麓书社，1992年版，第66页。

[9]《醉江月·万花园用朱行父韵呈制帅赵端明》，见唐圭璋编纂：《全宋词》（简体增订本第4册），第3608页。

[10]《诉衷情·咏闲》十首其六，见唐圭璋编纂：《全宋词》（简体增订本第3册），第1841页。

[11]《春分后一日山堂述事》四首其三，《南湖集》卷五，见（南宋）张镃：《南湖集》，吴晶、周膺点校，北京：当代中国出版社，2014年版，第138页。

[12]《乌夜啼》，见唐圭璋编纂：《全宋词》（简体增订本第3册），第2055页。

[13]《野庵曲》，见唐圭璋编纂：《全宋词》（简体增订本第3册），第2151页。

[14]《满江红·和吕居仁侍郎东里先生韵》，见唐圭璋编纂：《全宋词》（简体增订本第4册），第3467页。

[15]《甘州·寿贾师宪》，见唐圭璋编纂：《全宋词》（简体增订本第4册），第3630页。

[16]《沁园春·同林义倩游惠觉寺，衲子差可与语，因作葛藤语示之》，见唐圭璋编纂：《全宋词》（简体增订本第5册），第3906页。

[17]《八声甘州·寿张尚书》，见唐圭璋编纂：《全宋词》（简体增订本第5册），第4239页。

[18]《声声慢·赋渔隐》，见唐圭璋编纂：《全宋词》（简体增订本第5册），第

4397 页。

［19］《沁园春·寿韦轩八十一岁》，见唐圭璋编纂：《全宋词》(简体增订本第 5 册)，第 4533 页。

［20］《书事》，《南湖集》卷六，见 (南宋) 张镃：《南湖集》，吴晶、周膺点校，第 187 页。

［21］《惜别赋》，《乐轩集》卷四，见曾枣庄等编：《全宋文》(第 287 册)，第 90 页。

［22］《余君赠我以茶仆答以酒》，见傅璇琮等主编：《全宋诗》(第 27 册)，北京：北京大学出版社，1998 年版，第 17459 页。

［23］《临安春雨初霁》，《剑南诗稿》卷十七，见钱仲联、马亚中主编：《陆游全集校注》(第 3 册)，杭州：浙江教育出版社，2011 年版，第 142 页。

［24］《王园官舍睡起》，《石湖居士诗集》卷一〇，见傅璇琮等主编：《全宋诗》(第 41 册)，第 25833 页。

［25］《午窗遣兴家人谋过石湖》，《石湖居士诗集》卷二八，见傅璇琮等主编：《全宋诗》(第 41 册)，第 26013 页。

［26］《成都岁暮始微寒小酌遣兴》，《剑南诗稿》卷三，见钱仲联、马亚中主编：《陆游全集校注》(第 1 册)，第 221 页。

［27］《饭罢忽邻父来过戏作》，《剑南诗稿》卷二十，见钱仲联、马亚中主编：《陆游全集校注》(第 2 册)，第 294 页。

［28］《定风波》，《稼轩词》卷八，见 (南宋) 辛弃疾：《辛弃疾全集》，王步高等辑校汇评，珠海：珠海出版社，2002 年版，第 99 页。

［29］《竹轩诗兴》，《南湖集》卷五，见 (南宋) 张镃：《南湖集》，吴晶、周膺点校，第 140 页。

［30］《次张以道韵》，《南湖集》卷五，见 (南宋) 张镃：《南湖集》，吴晶、周膺点校，第 154 页。

［31］《踏莎行》，见唐圭璋编纂：《全宋词》(简体增订本第 4 册)，第 3479 页。

［32］《碾茶》，见傅璇琮等主编：《全宋诗》(第 24 册)，第 16092 页。

［33］《鹧鸪天》十四首其十一，《樵歌》卷上，见 (南宋) 朱敦儒：《樵歌》，龙元亮校，北京：文学古籍刊行社，1958 年版，第 22 页。

［34］《西湖曲》，《樵歌》卷下，见 (南宋) 朱敦儒：《樵歌》，龙元亮校，第 80 页。

［35］《鹧鸪天》十四首其十二，《樵歌》卷上，见 (南宋) 朱敦儒：《樵歌》，龙元亮校，第 23 页。

［36］《好事近》十四首其七，《樵歌》卷中，见 (南宋) 朱敦儒：《樵歌》，龙元亮校，第 49 页。

［37］《梦玉人引·和祝圣俞》，《樵歌》卷中，见 (南宋) 朱敦儒：《樵歌》，龙元亮

校，第 42 页。

[38]《诉衷情•咏闲》十首其五，见唐圭璋编纂:《全宋词》(简体增订本第 3 册)，第 1840 页。

[39]《临江仙•约同官出郊》，见唐圭璋编纂:《全宋词》(简体增订本第 3 册)，第 1863 页。

[40]《风入松》，见唐圭璋编纂:《全宋词》(简体增订本第 3 册)，第 2152 页。

[41]《小重山•柳色新》，见唐圭璋编纂:《全宋词》(简体增订本第 4 册)，第 2895 页。

[42]《西江月•书怀》，见唐圭璋编纂:《全宋词》(简体增订本第 4 册)，第 2974 页。

[43]《浣沙溪》，见唐圭璋编纂:《全宋词》(简体增订本第 4 册)，第 3194 页。

[44]《临江仙•寿前人》，见唐圭璋编纂:《全宋词》(简体增订本第 5 册)，第 4209 页。

[45]《声声慢》，唐圭璋编纂:《全宋词》(简体增订本第 5 册)，第 4309 页。

[46]《对酒》，《剑南诗稿》卷七，见钱仲联、马亚中主编:《陆游全集校注》(第 1 册)，第 215 页。

[47]《新春》，《剑南诗稿》卷四十二，见钱仲联、马亚中主编:《陆游全集校注》(第 5 册)，第 215 页。

[48]《莫辞酒》，《剑南诗稿》卷八十一，见钱仲联、马亚中主编:《陆游全集校注》(第 8 册)，第 164 页。

[49]《病中止酒》，《诚斋集》卷四二《退休集》，见傅璇琮等主编:《全宋诗》(第 42 册)，第 26662 页。

[50]《自适》三首其二，《江湖长翁集》卷一四，见傅璇琮等主编:《全宋诗》(第 45 册)，第 28153 页。

[51]《次韵杜监簿》，《秋崖先生小稿》卷二，见傅璇琮等主编:《全宋诗》(第 61 册)，第 38270 页。

[52]《雨中有感》，《秋崖先生小稿》卷一九，见傅璇琮等主编:《全宋诗》(第 61 册)，第 38377 页。

[53]《山中》二首其二，《秋崖先生小稿》卷一六，见傅璇琮等主编:《全宋诗》(第 61 册)，第 38357 页。

[54]《张氏雪岩记》，《方舟集》卷一一，见曾枣庄等编:《全宋文》(第 206 册)，第 20 页。

[55]《四友堂记》，《梅溪先生文集》卷一七，见曾枣庄等编:《全宋文》(第 209 册)，第 110 页。

[56]《静斋迁论序》，《攻愧集》卷五二，见曾枣庄等编:《全宋文》(第 264 册)，

第 120 页。

[57]《送吴兄入京序》，《漫塘集》卷一九，见曾枣庄等编：《全宋文》（第 300 册），第 7 页。

[58]《桂山君墓表》，《漫塘集》卷三二，见曾枣庄等编：《全宋文》（第 300 册），第 333 页。

[59]《陈文莹哀辞》，《漫塘集》卷三六，见曾枣庄等编：《全宋文》（第 300 册），第 377 页。

[60]《宋永州通判王公朝奉墓志铭》，《古志石华》卷三〇，见曾枣庄等编：《全宋文》（第 333 册），第 422 页。

[61]《刘定伯墓志铭》，《文山全集》卷一一，见曾枣庄等编：《全宋文》（第 359 册），第 224 页。

[62]《朝中措》，见唐圭璋编纂：《全宋词》（简体增订本第 3 册），第 2608 页。

[63]《元日》，《石湖居士诗集》卷二二，见傅璇琮等主编：《全宋诗》（第 41 册），第 25959 页。

[64]《饮酒》，《诚斋集》卷三七《退休集》，见傅璇琮等主编：《全宋诗》（第 42 册），第 26581 页。

[65]《次韵汪宰见寄》二首其一，《秋崖先生小稿》卷一三，见傅璇琮等主编：《全宋诗》（第 61 册），第 38345 页。

[66]《南窗偶书》三首其二，《秋崖先生小稿》卷二五，见傅璇琮等主编：《全宋诗》（第 61 册），第 38417 页。

[67]《郑金判取苏黄门图史园囿文章鼓吹之语为韵见贻辄复赓载》八首其一，《秋崖先生小稿》卷二七，见傅璇琮等主编：《全宋诗》（第 61 册），第 38431 页。

[68]《陈侍御园坐上》，《石湖居士诗集》卷三，见傅璇琮等主编：《全宋诗》（第 41 册），第 25765 页。

[69]《秋前风雨顿凉》，《石湖居士诗集》卷二〇，见傅璇琮等主编：《全宋诗》（第 41 册），第 25944 页。

[70]《诉衷情·咏闲》十首其四，见唐圭璋编纂：《全宋词》（简体增订本第 3 册），第 1840 页。

[71] 同上书，第 1841 页。

[72]《定风波》，《稼轩词》卷八，见（南宋）辛弃疾：《辛弃疾全集》，王步高等辑校汇评，第 99 页。

[73]《次张以道韵》，《南湖集》卷五，见（南宋）张镃：《南湖集》，吴晶、周膺点校，第 154 页。

[74]《括水调歌》，见唐圭璋编纂：《全宋词》（简体增订本第 4 册），第 3142 页。

[75]《与曾节夫抚干》八，《南轩集》卷二八，见曾枣庄等编：《全宋文》（第 255

册），第 178 页。

［76］《寄赠致远并呈现老》，《石湖居士诗集》卷四，见傅璇琮等主编：《全宋诗》（第 41 册），第 25780 页。

［77］《久病或劝勉强游适吟四绝答之》其三，《石湖居士诗集》卷二四，见傅璇琮等主编：《全宋诗》（第 41 册），第 25976 页。

［78］《藻侄比课五言诗已有意趣老怀甚喜因吟病中十二首示之可率昆季赓和胜终日饱闲也》十二首其一，《石湖居士诗集》卷二四，见傅璇琮等主编：《全宋诗》（第 41 册），第 25978 页。

［79］《春晚卧病故事都废闻西门种柳已成而燕宫海棠亦烂漫矣》，《石湖居士诗集》卷一七，见傅璇琮等主编：《全宋诗》（第 41 册），第 25914 页。

［80］《北窗即事》二首其一，《剑南诗稿》卷七十六，见钱仲联、马亚中主编：《陆游全集校注》（第 7 册），第 472 页。

［81］《丙午新正书怀十首》其三，《石湖居士诗集》卷二六，见傅璇琮等主编：《全宋诗》（第 41 册），第 25994 页。

［82］《香说》，《橘洲文集》卷七，见曾枣庄等编：《全宋文》（第 241 册），第 157 页。

［83］《与周子充侍郎同宿石湖》，《石湖居士诗集》卷一一，见傅璇琮等主编：《全宋诗》（第 41 册），第 25843 页。

［84］《新凉夜坐》，《石湖居士诗集》卷一七，见傅璇琮等主编：《全宋诗》（第 41 册），第 25909 页。

［85］《朝中措》，《稼轩词》卷十，见（南宋）辛弃疾：《辛弃疾全集》，王步高等辑校汇评，第 151 页。

［86］《一日》，《南湖集》卷三，见（南宋）张镃：《南湖集》，吴晶、周膺点校，第 85 页。

［87］《张镃》，《宋诗纪事》卷五十七，见（清）厉鹗：《宋诗纪事》（下），上海：上海古籍出版社，1981 年版，第 1438 页。

［88］《钓池口阻风迷失港道》，《石湖居士诗集》卷一五，见傅璇琮等主编：《全宋诗》（第 41 册），第 25884 页。

［89］《十月二十六日三偈》其一，《石湖居士诗集》卷二五，见傅璇琮等主编：《全宋诗》（第 41 册），第 25992 页。

［90］《蒲龛》，《南湖集》卷五，见（南宋）张镃：《南湖集》，吴晶、周膺点校，第 148 页。

［91］《游雪窦遣兴》，《亚愚江浙纪行集句诗》卷一，见傅璇琮等主编：《全宋诗》（第 61 册），第 38610 页。

［92］《答陈知丞书》，《嘉泰普灯录》卷三〇，见曾枣庄等编：《全宋文》（第 191

册），第 164 页。

［93］《谢秦丞相小简》二，《五百家播芳大全文粹》卷五六，见曾枣庄等编：《全宋文》(第 193 册），第 322 页。

［94］《沁园春》，《樵歌》卷上，见 (南宋) 朱敦儒：《樵歌》，龙元亮校，第 14 页。

［95］《诉衷情》四首其一，《樵歌》卷下，见 (南宋) 朱敦儒：《樵歌》，龙元亮校，第 77 页。

［96］《潜涧岩阇梨塔铭》，《梅溪先生文集》卷二〇，见曾枣庄等编：《全宋文》(第 209 册），第 165—166 页。

［97］《减字木兰花·再和》，见唐圭璋编纂：《全宋词》(简体增订本第 4 册），第 3567 页。

［98］《次韵方教采芹亭》十首其七，《秋崖先生小稿》卷九，见傅璇琮等主编：《全宋诗》(第 61 册），第 38311 页。

［99］《适轩黄君墓志铭》，《鹤斋续集》卷二一，见曾枣庄等编：《全宋文》(第 336 册)，第 61 页。

［100］John R. Kelly, *Freedom to be: A New Sociology of Leisure*, New York: Macmillan Publishing Company, 1987, p.138.

［101］吴树波：《宗教休闲的审美分析》，载《社会科学辑刊》，2011 年第 4 期。

［102］吴树波：《中国传统宗教的休闲学研究：以佛道二教为例》，浙江大学博士论文，2012 年，第 99—106 页。

［103］章辉：《南宋禅法的休闲美学》，载《邯郸学院学报》(哲学社会科学版)，2012 年第 2 期。

［104］《病退》，《剑南诗稿》卷二十九，见钱仲联、马亚中主编：《陆游全集校注》(第 4 册)，第 156 页。

［105］《病中偶书》，《剑南诗稿》卷十八，见钱仲联、马亚中主编：《陆游全集校注》(第 3 册)，第 202 页。

［106］《禅室》，《剑南诗稿》卷十四，见钱仲联、马亚中主编：《陆游全集校注》(第 2 册)，第 431 页。

［107］《初春》，《剑南诗稿》卷八十，见钱仲联、马亚中主编：《陆游全集校注》(第 8 册)，第 126 页。

［108］《积雨作寒》五首其三，《石湖居士诗集》卷二三，见傅璇琮等主编：《全宋诗》(第 41 册)，第 25974 页。

［109］《题请息斋六言》十首其七，《石湖居士诗集》卷二四，见傅璇琮等主编：《全宋诗》(第 41 册)，第 25975 页。

［110］《舫斋信笔》，《石湖居士诗集》卷二七，见傅璇琮等主编：《全宋诗》(第 41 册)，第 26006 页。

［111］《寿栎堂枕上》，《石湖居士诗集》卷二九，见傅璇琮等主编:《全宋诗》(第41 册)，第 26022 页。

［112］《出山追述所见》，《南湖集》卷二，见 (南宋) 张镃:《南湖集》，吴晶、周膺点校，第 60 页。

［113］《八声甘州·九月末南湖对菊》，《南湖集》卷十，见 (南宋) 张镃:《南湖集》，吴晶、周膺点校，第 284 页。

［114］《次韵京口叔祖见寄》四首其四，《南湖集》卷八，见 (南宋) 张镃:《南湖集》，吴晶、周膺点校，第 216 页。

［115］《叶秘书致白龙涎》，《秋崖先生小稿》卷二〇，见傅璇琮等主编:《全宋诗》(第 61 册)，第 38384 页。

［116］《禅室》，《剑南诗稿》卷十四，见钱仲联、马亚中主编:《陆游全集校注》(第 2 册)，第 431 页。

［117］《寄成汉卿将军》，《剑南诗稿》卷二十五，见钱仲联、马亚中主编:《陆游全集校注》(第 4 册)，第 13 页。

［118］《灯夕》，《南湖集》卷五，见 (南宋) 张镃:《南湖集》，吴晶、周膺点校，第 128 页。

［119］《曲廊》，《南湖集》卷五，见 (南宋) 张镃:《南湖集》，吴晶、周膺点校，第 145 页。

［120］《故武节大夫陈文叟墓志》，《相山集》卷二九，见曾枣庄等编:《全宋文》(第 185 册)，第 132 页。

［121］《野寺》，《潜山集》卷十，见傅璇琮等主编:《全宋诗》(第 63 册)，第 39641 页。

［122］《西江月·书怀》，见唐圭璋编纂:《全宋词》(简体增订本第 4 册)，第 2974 页。

［123］《鹧鸪天·席上作，期子忝、季相之酒》，见唐圭璋编纂:《全宋词》(简体增订本第 2 册)，第 1600 页。

［124］《中元日午》，《诚斋集》卷三一《江东集》，见傅璇琮等主编:《全宋诗》(第 42 册)，第 26500 页。

［125］《舟中排闷》，《诚斋集》卷三三《江东集》，见傅璇琮等主编:《全宋诗》(第 42 册)，第 26517 页。

［126］《读诗》，《诚斋集》卷三一《江东集》，见傅璇琮等主编:《全宋诗》(第 42 册)，第 26489 页。

［127］《端午病中止酒》，《诚斋集》卷四二，见傅璇琮等主编:《全宋诗》(第 42 册)，第 26665 页。

［128］《有适》，《潜山集》卷二，见傅璇琮等主编:《全宋诗》(第 63 册)，第

39524 页。

[129]《夜兴》，《潜山集》卷二，见傅璇琮等主编:《全宋诗》(第 63 册)，第 39527 页。

[130]《巩溪诗话自序》，见曾枣庄等编:《全宋文》(第 185 册)，第 237 页。

[131]《周伯济墓志铭》，《攻愧集》卷一〇三，见曾枣庄等编:《全宋文》(第 266 册)，第 77 页。

[132]《西园陈居士墓志铭》，《漫塘集》卷三一，见曾枣庄等编:《全宋文》(第 300 册)，第 301 页。

[133]《题武衍藏拙余稿》，《江湖小集》卷九三，见曾枣庄等编:《全宋文》(第 341 册)，第 297 页。

[134]《水调歌头·赋松菊堂》，《稼轩词》卷三，见 (南宋) 辛弃疾:《辛弃疾全集》，王步高等辑校汇评，第 38 页。

[135]《踏莎行·赋木犀》，《稼轩词》卷七，见 (南宋) 辛弃疾:《辛弃疾全集》，王步高等辑校汇评，第 97 页。

[136]《满江红·山居即事》，《稼轩词》卷四，见 (南宋) 辛弃疾:《辛弃疾全集》，王步高等辑校汇评，第 51 页。

[137]《生查子》，《稼轩词》卷十二，见 (南宋) 辛弃疾:《辛弃疾全集》，王步高等辑校汇评，第 189 页。

[138]《水调歌头·丁丑春与钟离少翁、张元鉴登垂虹》，见唐圭璋编纂:《全宋词》(简体增订本第 2 册)，第 1400 页。

[139]《松醪》，《石湖居士诗集》卷十二，见傅璇琮等主编:《全宋诗》(第 41 册)，第 25853 页。

[140]《采菱户》，《石湖居士诗集》卷二〇，见傅璇琮等主编:《全宋诗》(第 41 册)，第 25945 页。

[141]《水龙吟·寄陆放翁》，见唐圭璋编纂:《全宋词》(简体增订本第 3 册)，第 2768 页。

[142]《次韵陈帐管秋思》，《秋崖先生小稿》卷六，见傅璇琮等主编:《全宋诗》(第 61 册)，第 38295 页。

[143]《次韵酬季兄》，《秋崖先生小稿》卷二七，见傅璇琮等主编:《全宋诗》(第 61 册)，第 38428 页。

[144]《齐天乐·和张龙山寿词》，见唐圭璋编纂:《全宋词》(简体增订本第 5 册)，第 3975 页。

[145]《代颜圣闻次韵即事》，《亚愚江浙纪行集句诗》卷一，见傅璇琮等主编:《全宋诗》(第 61 册)，第 38613 页。

[146]《荒径》，《潜山集》卷九，见傅璇琮等主编:《全宋诗》(第 63 册)，第

39625 页。

[147]《江楼写望》,《诗渊》册一,见傅璇琮等主编:《全宋诗》(第 63 册),第 39694 页。

[148]《桃源忆故人·赋桃花》,见唐圭璋编纂:《全宋词》(简体增订本第 4 册),第 3001 页。

[149] 林语堂:《中国人》,上海:学林出版社,1994 年版,第 239—240 页。

[150]《水龙吟》,见唐圭璋编纂:《全宋词》(简体增订本第 4 册),第 3094 页。

[151]《水调歌头》,见唐圭璋编纂:《全宋词》(简体增订本第 2 册),第 1470 页。

[152]《自适》三首其二,《江湖长翁集》卷一四,见傅璇琮等主编:《全宋诗》(第 45 册),第 28153 页。

[153]《一日》,《南湖集》卷三,(南宋)张镃:《南湖集》,吴晶、周膺点校,第 85 页。

[154]《过陈汤卿溪堂》,《秋崖先生小稿》卷七,见傅璇琮等主编:《全宋诗》(第 61 册),第 38297 页。

[155]《山居十首》其三,《秋崖先生小稿》卷一一,见傅璇琮等主编:《全宋诗》(第 61 册),第 38321 页。

[156]《简杜子昕节邠》,《秋崖先生小稿》卷一二,见傅璇琮等主编:《全宋诗》(第 61 册),第 38331 页。

[157]《送王尉归觐》二首其一,《秋崖先生小稿》卷一三,见傅璇琮等主编:《全宋诗》(第 61 册),第 38337 页。

[158]《寄汤卿》,《秋崖先生小稿》卷一一,傅璇琮等主编:《全宋诗》(第 61 册),第 38326 页。

[159]《再次韵因索纸笔》,《秋崖先生小稿》卷三三,见傅璇琮等主编:《全宋诗》(第 61 册),第 38466 页。

[160]《山居遣兴》,《亚愚江浙纪行集句诗》卷一,见傅璇琮等主编:《全宋诗》(第 61 册),第 38611 页。

[161]《自笑》,《亚愚江浙纪行集句诗》卷二,见傅璇琮等主编:《全宋诗》(第 61 册),第 38617 页。

[162]《和崇上人》,《亚愚江浙纪行集句诗》卷三,见傅璇琮等主编:《全宋诗》(第 61 册),第 38628 页。

[163]《山居即事》二十首其十,《亚愚江浙纪行集句诗》卷三,见傅璇琮等主编:《全宋诗》(第 61 册),第 38632 页。

[164]《和蒋自然》,《亚愚江浙纪行集句诗》卷四,见傅璇琮等主编:《全宋诗》(第 61 册),第 38638 页。

[165]《王梅溪文集序》,《晦庵先生朱文公文集》卷七五,见曾枣庄等编:《全宋

文》（第 250 册），第 317 页。

［166］《绩溪县尉楼君墓志铭》，《攻愧集》卷一〇五，见曾枣庄等编：《全宋文》（第 266 册），第 113—114 页。

［167］《宋尚书右仆射观文殿学士正议大夫赠特进洪公行状》，《盘洲文集》附，见曾枣庄等编：《全宋文》（第 280 册），第 319 页。

［168］《方是闲居士小稿序》，《方是闲居士小稿》卷首，见曾枣庄等编：《全宋文》（第 299 册），第 137—138 页。

［169］《方是闲居士小稿跋》，《方是闲居士小稿》卷末，见曾枣庄等编：《全宋文》（第 304 册），第 22 页。

［170］《提干厅重建苏州超然堂记》，《吴都文粹》续集卷八，见曾枣庄等编：《全宋文》（第 325 册），第 222 页。

［171］《跋通上人诗卷》，《后村先生大全集》卷一〇八，见曾枣庄等编：《全宋文》（第 330 册），第 17 页。

［172］《东野农歌集自序》，《东野农歌集》卷首，见曾枣庄等编：《全宋文》（第 333 册），第 341 页。

［173］《陈竹溪诗集序》，《太白山斋遗稿》卷上，见曾枣庄等编：《全宋文》（第 334 册），第 164 页。

［174］《西岘逸民胡叔章墓铭》，《太白山斋遗稿》卷下，见曾枣庄等编：《全宋文》（第 334 册），第 220 页。

［175］《回同安林丞生日启》，《鹤斋续集》卷一五，见曾枣庄等编：《全宋文》（第 335 册），第 289 页。

［176］《渔父词集句自序》，《四库全书总目》卷一七四，见曾枣庄等编：《全宋文》（第 336 册），第 384 页。

［177］《懒真小集自序》，《江湖后集》卷一五，见曾枣庄等编：《全宋文》（第 341 册），第 297 页。

［178］《方壶存稿跋》，《皕宋楼藏书志》卷九〇，见曾枣庄等编：《全宋文》（第 359 册，第 263 页。

［179］《戏笔》，《亚愚江浙纪行集句诗》卷三，见傅璇琮等主编：《全宋诗》（第 61 册），第 38630 页。

［180］《江浙纪行集句诗序》，《江湖小集》卷三，见曾枣庄等编：《全宋文》（第 336 册），第 384 页。

［181］《奥屯提刑乐府序》，《佩韦斋文集》卷一〇，见曾枣庄等编：《全宋文》（第 357 册），第 349 页。

［182］《兰皋集跋》，《兰皋集》卷末，见曾枣庄等编：《全宋文》（第 357 册），第 425 页。

[183]《湖南午坐，雨作归山堂，共成四绝句》其二，《南湖集》卷八，见(南宋)张镃:《南湖集》，吴晶、周膺点校，第229页。

[184]《诗余序》，《方壶先生集》卷三，见曾枣庄等编:《全宋文》(第292册)，第136页。

[185]《乐府指迷自序》，《乐府指迷笺释》卷首，见曾枣庄等编:《全宋文》(第344册)，第398页。

[186]《周子及监簿挽诗》二首其一，《诚斋集》卷二二《朝天集》，见傅璇琮等主编:《全宋诗》(第42册)，第26374页。

[187]《与曾文仲鲁仲》一，《勉斋先生黄文肃公文集》卷一六，见曾枣庄等编:《全宋文》(第288册)，第224页。

[188]《声声慢》，见唐圭璋编纂:《全宋词》(简体增订本第5册)，第4309页。

[189]《孝逸先生传》，《胡澹庵先生文集》卷三一，见曾枣庄等编:《全宋文》(第196册)，第20页。

[190]《龙图阁学士赠少傅赵公墓志铭》，《胡澹庵先生文集》卷二四，见曾枣庄等编:《全宋文》(第196册)，第64页。

[191]《代笠亭记》，《梅溪先生文集》卷一七，见曾枣庄等编:《全宋文》(第209册)，第114页。

[192]《朝奉大夫直秘阁主管建宁府武夷山冲佑观傅公行状》，《晦庵先生朱文公文集》卷九八，见曾枣庄等编:《全宋文》(第252册)，第357页。

[193]《承事郎致仕潘公墓志铭》，《晦庵先生朱文公文集》卷九三，见曾枣庄等编:《全宋文》(第253册)，第161页。

[194]《送赵廉州序》，《攻愧集》卷五三，见曾枣庄等编:《全宋文》(第264册)，第82页。

[195]《朝奉郎提点江南东路刑狱赵公墓志铭》，《定斋集》卷一五，见曾枣庄等编:《全宋文》(第276册)，第333—334页。

[196]《宋知郡寺丞俞公行状》，《蛟峰文集》卷七，见曾枣庄等编:《全宋文》(第353册)，第273页。

[197]《与刘智夫》，《晦庵先生朱文公文别集》卷二，见曾枣庄等编:《全宋文》(第250册)，第116页。

[198]《衢州龙游县学田记》，《范香溪文集》卷六，见曾枣庄等编:《全宋文》(第194册)，第157页。

[199]《事类赋序》，《事类赋》卷首，见曾枣庄等编:《全宋文》(第206册)，第359页。

[200]《与范帅至能》，《艾轩先生文集》卷六，见曾枣庄等编:《全宋文》(第210册)，第15页。

[201]《故长洲开国寺丞孔公行述》,《漫塘集》卷三五，见曾枣庄等编:《全宋文》(第300册)，第216页。
[202]《谢方秋崖举关升启》,《翰苑新书》续集卷三〇，见曾枣庄等编:《全宋文》(第350册)，第102页。
[203]《遂初堂书目跋》,《遂初堂书目》卷末，见曾枣庄等编:《全宋文》(第210册)，第244页。
[204]《宋故吴公行状》,《象山集》卷二七，见曾枣庄等编:《全宋文》(第272册)，第234页。
[205]《至乐斋记》,《晦庵先生朱文公文别集》卷七，见曾枣庄等编:《全宋文》(第252册)，第149页。
[206]《与方耕道》,《晦庵先生朱文公文别集》卷五，见曾枣庄等编:《全宋文》(第250册)，第172页。
[207]《涪州教授陈孚由墓志铭》,《性善堂稿》卷一三，见曾枣庄等编:《全宋文》(第301册)，第180页。
[208]《胡君墓志铭》,《蒙斋集》卷一七，见曾枣庄等编:《全宋文》(第324册)，第106页。
[209]《直宝章阁罗公墓志铭》,《后村先生大全集》卷一六二，见曾枣庄等编:《全宋文》(第332册)，第91页。
[210]《叶处士墓志》，同治《武宁县志》卷三六，见曾枣庄等编:《全宋文》(第349册)，第89页。
[211]《味书斋说》,《秋声集》卷六，见曾枣庄等编:《全宋文》(第352册)，第254页。
[212]《次韵费司法》三首其三,《秋崖先生小稿》卷一四，见傅璇琮等主编:《全宋诗》(第61册)，第38345页。
[213]《次韵黎倅》,《秋崖先生小稿》卷二四，见傅璇琮等主编:《全宋诗》(第61册)，第38413页。
[214]《山居即事》二十首其三,《亚愚江浙纪行集句诗》卷三，见傅璇琮等主编:《全宋诗》(第61册)，第38631页。
[215]《夜读太玄》,《潜山集》卷九，见傅璇琮等主编:《全宋诗》(第63册)，第29622页。
[216]《径山痴绝禅师行状》,《无文印》卷四，见曾枣庄等编:《全宋文》(第349册)，第398页。
[217]《端明殿学士通议大夫签书枢密院事崇仁县开国伯食邑七百户食实封一百户累赠太保罗公行状》,《挈斋集》卷一二，见曾枣庄等编:《全宋文》(第281册)，第286页。

［218］《庆远府御书阁记》，《粤西文载》卷二五，见曾枣庄等编：《全宋文》（第322册），第390页。

［219］《苏轼文集赞》，《经进东坡文集事略》卷首，见曾枣庄等编：《全宋文》（第236册），第299页。

［220］同上。

［221］《闲居事业》，《经锄堂杂志》卷四，见（南宋）倪思：《经锄堂杂志》，邓子勉校点，沈阳：辽宁教育出版社，2001年版，第49—50页。

［222］《肯綮录小引》，《肯綮录》，见曾枣庄等编：《全宋文》（第182册），第306页。

［223］《与王舍人宣子》二，《艾轩先生文集》卷六，见曾枣庄等编：《全宋文》（第210册），第12页。

［224］《答储行之》，《晦庵先生朱文公续集》卷六，见曾枣庄等编：《全宋文》（第250册），第21页。

［225］《与彭子寿》，《晦庵先生朱文公文别集》卷三，见曾枣庄等编：《全宋文》（第250册），第133页。

［226］《右司张公墓志铭》，《晦庵先生朱文公文集》卷九三，见曾枣庄等编：《全宋文》（第253册），第167页。

［227］《傅枢密文集序》，《西山文集》卷二七，见曾枣庄等编：《全宋文》（第313册），第147页。

［228］《至乐斋记》，《晦庵先生朱文公文别集》卷七，见曾枣庄等编：《全宋文》（第252册），第149页。

［229］《至乐斋赋》，《梅溪先生文集》卷一一，见曾枣庄等编：《全宋文》（第208册），第146—147页。

［230］《书几铭》，《梅溪先生文集》卷一一，见曾枣庄等编：《全宋文》（第209册），第144页。

［231］《与朱元晦书》五，《李延平先生文集》卷二，见曾枣庄等编：《全宋文》（第185册），第152页。

［232］《养正斋记》，《范香溪文集》卷六，见曾枣庄等编：《全宋文》（第194册），第145页。

［233］同上。

［234］《渔隐丛话后集序》，见曾枣庄等编：《全宋文》（第206册），第328页。

［235］《巩溪诗话序》，见曾枣庄等编：《全宋文》（第209册），第346页。

［236］《知嵊县季君墓志铭》，《攻愧集》卷一〇〇，见曾枣庄等编：《全宋文》（第266册），第29页。

［237］《东园丛说序》，《东园丛说》卷首，见曾枣庄等编：《全宋文》（第280册），

第 293 页。

［238］《先公行状》,《絜斋集》卷一六, 见曾枣庄等编:《全宋文》(第 281 册),第 353 页。

［239］《方是闲居士小稿序》,《方是闲居士小稿序》卷首, 见曾枣庄等编:《全宋文》(第 325 册), 第 153 页。

［240］《方清卿墓志铭》,《后村先生大全集》卷一五八, 见曾枣庄等编:《全宋文》(第 331 册), 第 398 页。

［241］《通王府曾翊善启》,《秘笈新书》卷六, 见曾枣庄等编:《全宋文》(第 341 册), 第 130 页。

［242］《再次韵因索纸笔》,《秋崖先生小稿》卷三三, 见傅璇琮等主编:《全宋诗》(第 61 册), 第 38466 页。

［243］《四有堂赞》,《巽斋文集》卷二七, 见曾枣庄等编:《全宋文》(第 347 册), 第 148 页。

［244］《悦生随抄序》,《说郛》卷二, 见曾枣庄等编:《全宋文》(第 349 册), 第 60 页。

［245］《演山先生文集跋》,《皕宋楼藏书志》卷七八, 见曾枣庄等编:《全宋文》(第 206 册), 第 353 页。

［246］《离骚草木疏跋》,《离骚草木疏》跋, 见曾枣庄等编:《全宋文》(第 294 册), 第 221 页。

［247］《浪语集跋》,《浪语集》卷三五, 见曾枣庄等编:《全宋文》(第 325 册), 第 184 页。

［248］《秋夜出门观月》,《剑南诗稿》卷十六, 见钱仲联、马亚中主编:《陆游全集校注》(第 3 册), 第 92 页。

［249］《两翁歌》,《剑南诗稿》卷三十九, 见钱仲联、马亚中主编:《陆游全集校注》(第 5 册), 第 106 页。

［250］《东斋杂书》十二首其二,《剑南诗稿》卷六十六, 见钱仲联、马亚中主编:《陆游全集校注》(第 7 册), 第 139 页。

［251］《初秋梦故山觉而有作》四首其二,《剑南诗稿》卷十一, 见钱仲联、马亚中主编:《陆游全集校注》(第 2 册), 第 273 页。

［252］《七月下旬得疾不能出户者十有八日病起有赋》,《剑南诗稿》卷三十三, 见钱仲联、马亚中主编:《陆游全集校注》(第 4 册), 第 314 页。

［253］《晨起至参倚斋示子聿》,《剑南诗稿》卷四十六, 见钱仲联、马亚中主编:《陆游全集校注》(第 5 册), 第 360 页。

［254］《答韩尚书书》,《晦庵先生朱文公文集》卷二五, 见曾枣庄等编:《全宋文》(第 244 册), 第 278 页。

［255］《与刘子澄》，《晦庵先生朱文公文别集》卷三，见曾枣庄等编：《全宋文》（第250册），第142页。

［256］《上晦翁朱先生书》一一，《烛湖集》卷五，见曾枣庄等编：《全宋文》（第289册），第465页。

［257］《仪礼经传通解续序》，《爱日精庐藏书志》卷四，见曾枣庄等编：《全宋文》（第325册），第204页。

［258］《刊朱子语续类序》，《朱子语类》卷首，见曾枣庄等编：《全宋文》（第325册），第202页。

［259］《跋严太常编传灯》，《北磵集》卷七，见曾枣庄等编：《全宋文》（第298册），第265页。

［260］《跋吴仲坚史论》，《西山文集》卷三四，见曾枣庄等编：《全宋文》（第313册），第180页。

［261］《古今事文类聚序》，《古今事文类聚》卷首，见曾枣庄等编：《全宋文》（第325册），第161页。

［262］《济生方序》，《济生方》卷首，见曾枣庄等编：《全宋文》（第343册），第246页。

［263］《严氏济生续方序》，《严氏济生续方》卷首，见曾枣庄等编：《全宋文》（第343册），第247页。

［264］《宋尚书右仆射观文殿学士正议大夫赠特进洪公行状》，《盘洲文集》附，见曾枣庄等编：《全宋文》（第280册），第319页。

［265］《云卧纪谈自叙》，《云卧纪谈》卷首，见曾枣庄等编：《全宋文》（第206册），第352页。

第十三章　南宗身闲工夫之玩物适情

由前两章可知，南宋文士没有将休闲观念停留在口头，而是既落实在具体的现实环境中，又通过具体的"幽事"反映了出来，从而体现了对"身闲"工夫的倡导。故而，在山水、园林之中，于茶酒、诗书之事，南宋文士展现了丰富、高雅的生活情趣：

> 娑娑丘林，始适于愿。疏泉成沼，种树著行。馆宇连延，洞壑青苍。秾春素秋，风朝月夕。把酒哦诗，情高意适，流光荏苒，素发星鲜。人为君屈，君独超然。恨山不高，惜水不广。胜日篮舆，翩然独往。……胡不百年，享此休逸？（朱熹）[1]
>
> （游元英）亨塞既有命矣，于是自适其适，莳花植竹，饮酒赋诗，台□月波，园绕绿水。遇佳天气胜时，日与宾友相羊其间，无复身世之忧。（陈文蔚）[2]

不过，南宋文士尚未仅止于此。在他们看来，"身闲"还要在客体赏玩之物上反映出来。于是，他们提出"假物乃乐"（陈造）[3]，而这一个"假"字就点出了对客体玩物的凭借和依赖（明代李渔所谓的"闲情偶寄"，其"寄"亦指以玩物来寄托闲情，可与此互相印证）。

而对于"玩物"，古人有两种截然对立的观念。《尚书·旅獒》所言的"玩物丧志"，强调了社会事功价值，但也容易忽略个人的存在与个性自由的发挥。相反地，南宋朱熹对此加以纠正，提出了"玩物适情"的观念，可谓一种观念上的重大转向：

> 游者，玩物适情之谓。[4]
>
> 礼云乐云，御射数书。俯仰自得，心安体舒。是之谓游，以游以居。[5]

这样的说法明显肯定了游艺的休闲、审美功能，更注重满足主体的自然天性，体现了对休闲活动作为一种生活方式的认同，为南宋文士的物之玩赏提供了理论依据。

由于"玩物"的结果是"适情"，则"玩物"也就成为一种休闲工夫。尤其对于隐居不仕的文人来说，"玩物"更是消遣之所必需。正如陈傅良所指出的：

> 古之人有不仕者，非避地以为高，则玩物以为适……[6]

而南宋文士所倡导的这种作为休闲工夫的"玩物"，有一种高雅化、艺术化的倾向。文士多以游戏的态度从事艺术活动，即把艺术作为休闲，因此他们的"玩物"，多半是审美性、创造性的文化活动，是高层次的休闲，从而某种程度上避免了"丧志"之讥，具有一种自我实现的高度。同时，它又有注重主体内心体味的特点。南宋文士注重内心所得。如李侗云："玩味久，必自有会心处。"[7] 晁公遡云："人未有无所好者，然必有得于其中而后好焉。"[8] 具体来看，南宋文士所倡导的"玩物"，主要是对琴、棋、书、画等载体的玩赏。正如葛长庚词云："游戏琴棋书画，人间世、别有方瀛。"[9] 从这些高雅的休闲方式中，他们获得了别样的趣味，也玩味出了深厚的哲理与文化内涵。

第一节　琴："闲中一弄七弦琴"

晋代陶渊明有"乐琴书以消忧"（《归去来兮辞》）之语，南宋文士将其进一步发扬。例如杨万里认为："人有幽忧而不乐者，散之以啸歌；有所郁结而不平者，销之以管弦。声之入人心易也。"[10] 这正是指出了音乐有散愁休闲的功效。故而，南宋文士玩琴自适颇为普遍。例如，朱敦儒颇为倡导以奏琴为休闲的工夫，无论是在家焚香或看书，还是外出饮酒或享受水云之乐，他本人都离不开琴：

> 爱静窗明几，焚香宴坐，闲调绿绮，默诵黄庭。[11]
> 山翁散发，披衣松下，琴奏瑶池三弄。[12]
> 携琴寄鹤，辞山别水，乘兴随云做客。[13]
> 日长几案琴书静，地僻池塘鸥鹭闲。[14]
> 自调弦管自开尊，笑把花枝花下醉。[15]
> 一曲广陵弹遍，目送飞鸿远。[16]

作为曾位居高官的士大夫，范成大也是将玩琴作为一种休闲工夫的。他喜欢听琴，"霁月钻窗看，鸣琴侧枕听"[17]；也喜欢自己弹奏，"拂我膝上琴，当客清风襟"[18]，"只好岸巾披鹤氅，风清月白坐弹琴"[19]。其他文士在闲暇中援琴自适的，举隅如下：

> 师友多闲，抱琴沽酒度曲，笑采华芝。（曹勋）[20]
>
> 暇日琴书，暂闲蚕馆见贤志。（曹勋）[21]
>
> 闲倚东风。叠叠层云欲荡胸。弄琴细写清江引，一洗愁容。（胡铨）[22]
>
> 琴尊左右，宾主风流。且偷闲，不妨身在南州。（黄公度）[23]
>
> 闲中一弄七弦琴。……松院静，竹林深。夜沈沈。清风拂轸，明月当轩，谁会幽心。（张抡）[24]
>
> 珠箔高钩，瑶琴闲弄，移樽邀取蝉娟共。（赵长卿）[25]
>
> 停云老子，有酒盈尊，琴书端可消忧。（辛弃疾）[26]
>
> 断肠沈水重熏，瑶琴闲理，奈依旧、夜寒人远。（程垓）[27]
>
> 梦回时，天淡星稀，闲弄一曲瑶琴。（赵以夫）[28]
>
> 看帘垂、清昼一张琴，中闲著。（徐元杰）[29]

以上的例子均来自南宋诗词。《全宋文》中对南宋文士休闲时弹琴之事亦多有记载，且描写更为细致：

> 友人屠君天叙讳道者，以进士拜侍御史，辞疾归隐。素善琴，乃作轩于暨阳山麓，萧爽绝尘。入夜燕息，援琴鼓之，明月当户，光彩映发，神闲意寂，其资之者深矣。（朱熹）[30]
>
> 陶翁作《归来引》，有"琴书销忧"之语，携李张公（张仲思）取以名所居之楼，置二物于中，日与之周旋。……公澹乎脩然……居是楼，则挹圣贤与之偶，论世尚友，千古在目，拊弦拂徽，自奏而自领之。想当得意，唾为玉雪，吟绎陶写，芥视轩冕。心与手忘，手与弦冥，楼外万象，怡愉畅适，有偕其乐，公之心得所寓矣。（陈造）[31]

（董陵）君定省之暇，读书鼓琴其间，萧然若无意于世者。（程洵）[32]

（陈晔）公余燕坐松竹林，读书弹琴，俯仰终日。（胡一之）[33]

（楼钥）雅好琴弈，达其妙趣，得闲之后，方将携以自随，往来于锦照、东楼之间，极燕衎之适，以遂其初志……（袁燮）[34]

（袁坰）清虚寡欲，惟以观书赋诗鼓琴自娱……夫人先卒，鳏居晏如，五夜不能复寐，披衣暗坐，琴声清越，发于衽席，脩然有出尘绝俗之趣。（袁燮）[35]

（丁明）或族聚少长，朋来戚疏，鸟吟花笑，风和日舒。素琴在御，渌酒盈壶。相与写遗韵于南风，想咏归于舞雩。（刘宰）[36]

伯大于是竹之间，探囊而吟，拊琴而歌，伸佔毕而乐，举天下声色荣利，不与易也。（姚勉）[37]

此外，还有王子俊自称"乐琴书以消忧，自适园林之趣"[38]，卫泾称赵善恭"居闲十年，以琴书自娱"[39]。白玉蟾赞王仲章弹琴之美，王自称"余家葛峰，少小畜琴，今子所云，政余乐也。余有小轩，榜以琴乐"[40]。金盈之自称"因山之麓，倚竹为庐。每驻屦而少留，必横琴而独乐"[41]。王迈称林似之"有美一人，幅巾道服，弹琴著书兮，友五者以相羊"[42]。许棐记载，张南窗自称"与琴相好江湖二十年，程山行水，不外一日弃。月驿凉宵，雪店寒晓，手不释弦，弦亦不释手"[43]。章祖义自称"暇则琴书香茗，与宾朋游处清谈而已"[44]。僧人也有善于弹琴的，例如杨冠卿称"妙能大师善鼓琴……倾耳至音，襟尘消涤"[45]。

由《全宋文》还可见，理学家们多半也爱闲中弹琴，这是南宋休闲文化的一大特点。例如，朱熹称潘時"归自江东，环堵萧然，弹琴读书，有以自适"[46]。阳少箕称阳枋"鹤氅角巾，编《易》张琴，水边林下，行吟坐啸，乐其自乐"[47]。从朱熹的《刘屏山复斋蒙斋二琴铭》和《黄子厚琴铭》来看，朱熹的老师刘屏山、朱熹的同门黄铢，均会弹琴。而从朱熹的《紫阳琴铭》来看，他本人也能弹奏。朱熹还写有《琴律说》一文，洋洋数万言，内及定律、调弦等诸多专业性问题，可见其精通琴乐，令人叹服。

不过，南宋理学家弹琴一方面是为了休闲，另一方面则是为了修养道德操守。例如罗颂指出："行有玉，居有琴。散埋郁之积，防非僻之侵。"[48]他既指出了琴的休闲功能（"散埋郁之积"），也赋予了弹琴教化功能（"防非僻之侵"）。理学家、朱熹弟子程洵也有类似说法："予谓琴，乐之大者，禁邪心，养德性。君子无故不去其侧，堂以居之，非无谓也。"[49]他看到了琴的娱乐性（"乐"），更强调其"禁邪心，养德性"的道德性。正是站在此角度和立场上，南宋理学家才乐琴不疲的。

第二节　棋："牧猪奴戏未妨为"

在传统观念中，下棋很早就作为休闲方式而得到肯定。孔子曰："饱食终日，无所用心，难矣哉！不有博弈者乎？为之犹贤乎已。"（《论语·阳货》）可见孔子是将弈棋作为健康娱乐休闲活动的。而到了魏晋时代，弈棋被赋予了更多肯定性意味。《世说新语·巧艺》云："王中郎以围棋是坐隐，支公以围棋为手谈。"[50]在王中郎眼里，围棋者具有了隐者的闲雅风格；而在支遁看来，下围棋具有聊天的休闲功效。但弈棋时需要长时间全神贯注，所以追求事功者往往反对弈棋，视之为"玩物丧志"的典型。如唐宣宗曾因李远爱下棋而对他是否适合出任杭州刺史表示强烈的质疑。而到了南宋，这种思路受到了有力的反驳。如赵令畤这样发表评论：

> 唐杭州缺刺使，欲除李远为守。宣宗曰："远诗云：'青山不厌千杯酒，白日唯消一局棋。'如此安能治民！"此缪陋之甚也。使才臣治郡有余暇，铃阁弈棋，未害为政，岂特一诗中言棋便谓不通治民，有以见宣宗之度未宏远耳。[51]

可见，余暇之时弈棋为乐，不害于政事，已成为评论政治的一种新型见解。故而，南宋文士对下棋通常持积极肯定之态度，下棋也成为他们所倡导的，在其日常生活中颇为流行的休闲娱乐方式。范成大、辛弃疾对弈棋都颇为趋尚，将其作为一种休闲的寄托来对待：

闲里事忙晴晒药，静中机动夜争棋。（范成大）[52]

一窗暖日棋声里，四壁寒灯药气中。（范成大）[53]

光阴画纸为棋局，事业看题检药囊。（范成大）[54]

儿辈功名都付与，长日惟消棋局。（辛弃疾）[55]

点检歌舞了，琴罢更围棋。（辛弃疾）[56]

溪上枕，竹间棋。怕寻酒伴懒吟诗。（辛弃疾）[57]

此外，从相关诗文中可以看出，其他南宋文士也都对下棋有兴趣，将其作为隐居、消闲时的寄托与乐趣：

谢绝往来缘事尽，争论胜负为棋喧。（方岳）[58]

但得秫田供醉梦，世情付与烂柯棋。（方岳）[59]

屏除人事，闭却门儿。于其中、别有儿戏。几般骨董，衮过年时。待参些禅，弹些曲，学些棋。（沈瀛）[60]

迟迟日长，觅伴相对围棋。（沈瀛）[61]

如今却向尘寰，棋中寄个清闲。（韩玉）[62]

高独。虚心共许，淡节相期，几人闲棋局。（陈允平）[63]

闲寻棋局，风斜竹径，缓起茶烟。（李慧之）[64]

《全宋文》的不少墓志铭、行状等中，也都记载了南宋文士在休闲之时以弈棋为乐的现象，从字里行间流露出对它的肯定与倡导，描写也更为详细：

（赵不独）群居燕闲，黄帽野服，投壶弈棋，一觞一咏，市书充栋，用训子弟，风流文雅，翩翩佳公子也。（杨万里）[65]

（谭吉先）暇则从宾客，投壶弈棋，酾酒赋诗，萧然有出尘之想。（杨万里）[66]

（斛僖）暇则读书，或鸣琴弈棋，虽家人子莫见喜怒。（杨万里）[67]

予友许君献忠尝于所居之侧，构堂轩各一，而分置琴棋于其

中，因颜其堂曰琴堂，轩曰棋轩。客至，或焚香而琴，或对床而棋，古调新局，惟意所之，盖陶然不知日之既夕也。（程洵）[68]

（陈戭）魁岸豁落，质直无隐情，与僧棋终日，谈笑欢洽。（唐仲友）[69]

（钱忱）暇日幅巾野服，与方外之士徜徉笑傲，觞咏琴弈，甚自适。（楼钥）[70]

（曹粹中）客至则讨论古今，觞咏弈棋，意殊不倦。（楼钥）[71]

（徐处士）晚岁……由是不复问家事，幅巾杖屦，徜徉里闬，时围棋以自娱。（刘宰）[72]

（童棐）栽花莳竹，水流其门，客至，棋酒徜徉，竟日忘去。（陈耆卿）[73]

（吴文瑞）与族人之言若德相似者五人，更为菜羹之集，或诗或棋，以自陶写，竟登寿考，亦无憾矣。（陈元晋）[74]

（赵都丞）亲授青冥之钺，闲围别墅之棋。（杨至质）[75]

（刘定伯）嗜奕，最入幽眇，兔起鹘落，目不停瞬，解剥摧击，其势如风雨不可御，胜败不落一笑。（文天祥）[76]

此外，陈造自称"棋甚拙，借以适意，胜负初不计"[77]。楼钥自称"鼓琴足以自娱，弈棋可以遣日，此外一不以经意"[78]。楼钥又自称"钥投闲十三年，时时步屧相过，山肴野蔌，听琴观弈，酒酣而归，甚适也"[79]。陈元晋自称"元晋兄弟涉场屋，即日弃去笔研，日以奕棋自娱乐"[80]。卫宗武自称"予自假守归，与师交契几二年，谈议赓酬，听琴玩弈，情好笃密，询遁之交不啻也"[81]。还有文士以下棋打赌，这就更加增添了几分趣味："景物撩人，悠然得句，深杯戏把纹楸赌。"（曹冠）[82]

不但普通南宋文士爱下棋休闲，甚至连当时的出家人也是如此。例如，释绍嵩自称："静阅王维画，闲围李远棋"[83]，"半局残棋消白昼，十年归梦满青山"[84]。卫宗武称悟悦大师："时娱闲于徽弦，寄逸于枰楸，而运轸发机，俱造其奥。"[85]

而更为深刻的是，南宋文士还发现了下棋的某种理趣。仔细分析起来，弈棋具有多层面的哲理意味。例如，下棋寓意着二元矛盾的对立与冲突；它的获胜需要计谋和宏观把握，并体现了祸福、得失的转化和"当局者迷，旁观者清"的辩证；棋局完毕后如云烟散尽，一切重新开始，此前的机关算尽，可谓枉费心机。葛立方曾与其幼女下象棋，终局时谈到自己的领悟："敛子收局，孰亏盈兮。因悟世间，枯与荣兮。"[86]而陆游在这方面的领悟就更多了，表达得也更细致入微。他认为，争斗不休的社会正犹如弈棋，充满机关陷阱：

> 万事似棋聊尔耳，年来著数不胜低。[87]
> 人间万事如弈棋，我亦曾经少壮时。[88]
> 俗心浪自作棼丝，世事元知似弈棋。[89]
> 君看浮世事，何处异棋枰？[90]

所以陆游认为，人生要像高明的棋手一样，不可执着于一时一地的得失："一枰翻覆战枯棋，庆吊相寻喜复悲。失马翁言良可信，牧猪奴戏未妨大。"[91]历史犹如棋局，当事者常做出错误的决定，后世读史者却往往有理性的评判："酌酒浅深须自度，围棋成败有傍观。"[92]各种煊赫一时的王霸之业，如同棋局一样，都最终进入历史的虚无："万里关河归梦想，千年王霸等棋枰。"[93]因此，要看淡人生成败。假如对胜负斤斤计较，就如同执着于游戏的胜负一样显得不够洒脱："山中一枰棋，尘世底事无！若复计胜负，与彼亦何殊？"[94]应当说，陆游的棋论深刻、宏远，极具人生启发意义，是"玩物"之过程中的精神收获。陆游之外，释宝昙对下棋亦有一番休闲哲学的解读，同样不乏深刻：

> 弈数也，有消息盈虚之理，而仙者志之。仙家日长，亦足以自适……后世不本其学，以胜败从事，虽小得丧，而利害存乎胸中，隐然如深仇，如大敌，面热汗下，不知其为凉轩燠馆，清风白日，亦几于博也，岂不悖哉！雪堂云胜固欣然，败亦可喜，其道盖是也。苏弈士世于弈，气象不迫，无敢婴其锋。……[95]

在释宝昙看来，弈棋是休闲自适之物，因此重在得乐，而不可过于功利。倘过分计较输赢，则丧失了游戏的趣味，而近乎于赌博。但也有与之相反的见解。例如陈造认为，下棋就是要争才有意思："长翁之棋，则以争为乐。争故痴，痴故真，真乃乐。彼辞胜而就负，晦巧而为拙，中能而示人以不能，噫，侮我且愚我孰甚！二三子结社不厌，盖相角相傲，小利则欣然，大挫犹未诚服，一得其意，几绕床大呼。方其时，世无可比其快。"[96]

第三节　书："矮纸斜行闲作草"

书法是我国一种独特的传统艺术。自书法走向成熟的魏晋时代开始，它便得到整个社会的普遍推崇。人们自习字始，便谨慎而严肃地对待书法。它发挥着重要的社交、文化功能，更是科举考试、政治生涯中必不可少的技能。而到了宋朝时期，对待书法的观念发生了明显的变化。人们开始逐渐将其休闲化，即重视其休闲方面的功能，更愿意把它当作一种游戏来娱情自适。程大昌的"看经写字，且做闲中气象。闭门人阒静，心清旷"[97]正是这方面的典型写照。

书法的这种从实用到休闲的转变，从统治阶层就已经开始。例如吕祖谦说："太宗皇帝万机之暇，储神翰墨，镂文之管，白龙之笺，天光分曜，森若飞霞。"[98]刘克庄称仁宗皇帝的飞帛书法是"游戏翰墨"[99]。曹勋称宋徽宗"万机余闲，不以声色为娱、珍玩为好，惟留神翰墨，怡养天和"[100]，又称其"性鄙珍异。机暇惟亲翰墨，述制宝章"[101]。洪咨夔称宋徽宗"万几余闲，游戏翰墨，元气淋漓，不择地而施"[102]。这就可见南宋文士明显将书法视为一种休闲工夫。此外，宋孝宗赞美宋高宗："高蹈羲皇之上，游戏翰墨之间，初若无意，而笔力所到，自得之妙，集乎大成。如春云行空，千状万态，远视前古，有不足述。……帝王余事，犹能至此，顾不休哉！"[103]袁拱辰也称宋高宗"以上圣之姿，应中兴之运，万机之暇，亲洒宸翰，书九经及名臣列传，颁赐郡国，恢崇文教，辉灿为日星，昭回为云汉"[104]。可见在他们眼中，宋高宗也是把书法作为休闲活动的。顺带指出，也有南宋皇后以书法为休闲的记载。例如，谢深甫称某皇后"游戏翰墨则妙夺《兰亭》之迹，玩味经史则尤精《通鉴》之书"[105]。何澹也称某皇后"游戏翰墨，则妙夺兰亭之靖；玩味经史，则尤精通鉴之书"[106]。

一般南宋文士更是将欣赏和实践书法作为日常余暇的一种休闲工夫。对此，《全宋文》中记载甚多，举隅如下。首先看观赏书法之例。杨简称当时文士对王羲之的书法之嗜好是："翰墨潇洒骏逸之态，争睹欣玩，袂相属，肩相摩。"[107] 从张栻的跋帖来看，他欣赏过很多名家书法，包括欧阳修、程颐、王安石、苏轼、蔡襄、司马朴等人的。还有一些记载是：

> 家故多书，缙云公复笃好古法书，聚汉魏以降金石刻，埒欧阳氏《集古录》，筑室藏之，榜曰博古。（程洵）[108]
>
> （袁文）前辈诸公遗墨，尤所珍爱，时时展玩，想见其人。（袁燮）[109]

有些文士在赏玩名人书帖的同时，会在其卷面上题写跋语。如赵孟坚有《题褚遂良书倪宽赞卷》《又题褚遂良书倪宽赞卷》等等。为书法作品题跋最多的，恐怕非朱熹莫属。从《晦庵先生朱文公文集》来看，朱熹写有《观上蓝贤老所藏张魏公手帖次王嘉叟韵》《跋方伯谟家藏胡文定公帖》《跋刘平甫家藏胡文定公帖》《跋伊川与方道辅帖》《跋欧阳文忠公帖》《跋张巨山帖》《跋苏聘君庠帖》《跋张魏公与刘氏帖》《跋东坡与林子中帖》《题荆公帖》《题力命帖》《题兰亭序》《题钟繇帖》《题曹操帖》《题右军帖》《跋朱喻二公法帖》《跋米元章帖》《跋周元翁帖》《跋李寿翁遗墨》《跋任伯起家藏二苏遗迹》《书伊川先生帖后》《跋东坡与赵德麟字说帖》《书杨龟山先生帖后》《题方氏家藏绍兴诸贤帖后》《书伊川先生与方道辅帖后》《跋刘子澄与朱鲁叔帖》《跋黄山谷帖》《跋蔡端明帖》《跋曾文昭公与朱给事帖》《跋蔡端明献寿仪》《跋李忠州家诸帖》《跋高彦先家诸帖》《跋杨深父家藏东坡帖》《跋蔡神与绝笔》《书横渠康节帖后》《书先吏部手泽后》《跋吕舍人与薛元亮帖》《跋曾裘父刘子澄帖》《跋郑宣抚帖》《跋曾南丰帖》《题吕舍人帖》《跋赵清献公家问及文富帖跋语后》《书邵康节诫子孙真迹后》《跋曾裘父艇斋师友尺牍》《跋鲁直书践阼篇》《跋赵清献公遗帖》《跋司马忠洁公帖》《跋司马文正公通鉴纲要真迹》《跋王枢密答司马忠洁公帖》《跋司马文正公荐贤帖》《跋吕仁甫诸公帖》《跋赵忠简公帖》《再跋赵忠简公帖》《书张魏公与谢参政帖》《跋刘杂端奏议及司马文正公帖》《跋吕范二公帖》《跋度正家藏伊川先生帖后》《跋张敬夫与冯公帖》《跋东坡书李杜诸公诗》《跋杜祁公与欧阳文忠公帖》《跋蔡端明写老杜前出塞诗》《跋欧阳文忠公与刘侍读帖》《跋富文忠公与洛尹帖》《跋韩魏公与欧阳文忠公帖》《跋朱希真所书道德经》《跋赵清献公家书》《跋程沙随帖》《书钓台壁间何人所题后》《跋张安国帖》《跋山谷宜州帖》《跋蔡端明帖》《跋欧阳文忠公帖》《跋东坡帖》《跋曾南丰帖》《跋家藏刘病翁遗帖》《书先吏部韦斋记铭并刘范二公帖后》《跋山谷草书千文》《跋周司令所藏东坡帖》《跋兰亭序》《跋泰山秦篆谱》《跋蔡藻笔》，等等。可见他玩赏书法之勤和爱好之深。

至于实践书法作为娱乐者，相关记载更多。例如张栻称其父张浚："甲申孟秋朔，先公次余干，暑甚，憩赵氏养正堂。每闲暇亲翰墨，多写经书要言，置缣囊中，累十百纸。"[110] 许及之记载："（洪适）晚岁……尤好汉隶，略去笔墨畦径，而落纸典刑，深得东京用笔意。"[111] 徐鹿卿自称"每因暇日，游戏于法书"[112]，陆游自称"矮纸斜行闲作草"[113]，等等。

尤其在南宋文士的宴集等场合，书法也成为重要的休闲娱乐方式，这从陆游、范成大、方岳的下列诗词中可以看出来：

> 华堂却来弄笔砚，新诗醉草夸坐中。（陆游）[114]
> 锵金绝世诗情妙，倚剑凌空隶墨鲜。（范成大）[115]
> 风生翰墨留连看，月入笙歌次第催。（范成大）[116]
> 但索笑梅花，酒消新雪，纵情诗草，笔卷春潮。（方岳）[117]

此外，从陆游的"矮纸斜行闲作草"[118]，"判牒不妨闲作草"[119]，"笔墨有时闲作戏"[120] 数句来看，显然他将书法当作一种休闲，这也是南宋书法观念转变的典型例证。在这种对翰墨的玩弄之中，陆游实现了一种高度的自我满足：

> 倾家酿酒三千石，闲愁万斛酒不敌。今朝醉眼烂岩电，提笔四

顾天地窄。忽然挥扫不自知，风云入怀天借力。神龙战野昏雾腥，奇鬼摧山太阴黑。此时驱尽胸中愁，槌床大叫狂堕帻。吴笺蜀素不快人，付与高堂三丈壁。[121]

病怀正待君湔被，墨妙时须寄数行。[122]

如果把驱除疾病和闲愁而获得畅快作为一种"适情"，那么让人潜在的才华与创造力得到施展就也是一种"适情"，而且是更高层次的自我顺适和满足。通过书法，陆游便获得了此种"适情"：

胸中磊落藏五兵，欲试无路空峥嵘。酒为旗鼓笔刀槊，势从天落银河倾。端溪石池浓作墨，烛光相射飞纵横。须臾收卷复把酒，如见万里烟尘清。[123]

有时寓意笔砚间，跌宕奔腾作诙诡。徂徕松尽玉池墨，云梦泽乾蟾滴水。心空万象提寸毫，睥睨醉僧窥长史。联翩昏鸦斜著壁，郁屈瘦蛟蟠入纸。神驰意造起雷雨，坐觉乾坤真一洗。[124]

与琴、棋有所不同的是，书法具有更多的创造性发挥余地。援琴者纵然可以自己谱曲，但能自谱曲者毕竟是少数。援琴必须严格按曲谱演奏，哪怕改变一个音符都会被视为缺憾。下棋更是必须按照规则进行，走法很难有明显的创新。而书法尤其是草书，具有发挥创造性的巨大空间，个性、学养、气质、审美观等等，都能在作者独特的创造中得到反映。通过豪迈酣畅的书法创作，陆游那奔驰的神思、峥嵘的才华得到了雷雨般的宣泄，"坐觉乾坤真一洗"，"如见万里烟尘清"是书法作为休闲活动带给他的高层次享受。这种享受既是生理的又是心理的，既是人格的又是审美的。在这里，书法呈现为一种高级的休闲工夫。此外，从陆游的"妙墨双勾帖，奇声百衲琴。古人端未远，一笑会吾心"[125]和"寄怀楚水吴山外，得意唐诗晋帖间"[126]来看，他还从书法中玩味出了古人的精神境界。

第四节　画:"聊对丹青作卧游"

卫宗武在赏过夏珪之画后发了一通议论,很好地指出了绘画的价值。在他看来,绘画独特之处在于,以笔墨之游戏,能使远方的大千世界呈现在眼前的方寸之间:

> 画虽小技,而宇宙间事事物物皆错综于胸次,牢笼于笔端,远可使近,大可使小,毫芒肤寸,可使之广博崇深,凡雄特秀丽,天下之奇观,目所不接,足所不及者,皆掇拾于冰纨茧素中,前辈谓无声之诗是也。诗画本一律,必灵秀者后能之。故昔之缙绅游于艺,多以此名世。近来能士绝少,夏大夫珪,画院之应诏者耳,而驰声于时。今观方尺之楮,幻无涯之胜,扶桑之出日,蜀岭之挐云,层波浩淼,犹具区彭蠡之广,飞瀑激湍,有瞿塘谷帘之势,与夫柳岸花坞、雪境晴林,揽之皆若近在几席。少陵所谓咫尺万里,殆不是过,亦奇笔也。以其游戏之作,姑集为稿云尔。使大放所蕴,淋漓毫素,必又有可观者矣。使君袭藏此帙,每一展玩,则天地形色之妙尽得于目睫。[127]

而和援琴、弈棋、书法有所不同的是,作为休闲活动的绘画专业性较强,并非人人皆可从事。故而对于历代文士来说,他们更多地是以赏画来玩物适情。南宋文士亦以赏画为休闲工夫。

一方面,中国传统绘画,尤其是山水画,其画面上曲折的山路水脉,颇能造成一种"人在画中游"的感觉。另一方面,清幽淡逸的山水画,符合传统文人隐士的心态与审美追求。正如有人所言:"山水画中所追求的'逸'——高远、深远、空灵、超脱、飘逸,几乎直接就是隐士们心理的外化和体现。"[128]六朝的宗炳考虑到年老后将不能登山临水,便称自己可以将山水画作为"卧游"审美之资。这种思路在南宋文士那里得到有力的继承。例如苏籀云:

林端水次，莽苍绵幂。倾岑阻径，岩豁谷回。岚光素云，自相蒨绚。鹪鹩之赋，菟裘之茔，真趣蕴钟乎此矣。主人既以斯画见贻，置之坐右，朝夕寓目，抑流竞、养怡素，为幸岂细也耶！金穴雕堂之家，玉麈象床之靡，无施于丘壑矣。[129]

对苏籀来说，欣赏画中的山水和登临真实的山水一样富有"真趣"。在朝夕闲暇之时赏玩画作，可以减少功利之心，获得愉悦幸福之感，并起到涵养之显著效果。因此，这种"卧游"成为一种极佳的休闲工夫。类似地，陆游对赏画也有"岂惟息烦心，亦足养病目"[130]的评价。事实上，他在年老之时，也和宗炳同样的思路：体衰难行，便以观山水画为"卧游"：

古北安西志未酬，人间随处送悠悠。骑驴白帝城边雨，挂席黄陵庙外秋。大网截江鱼可脍，高楼临路酒如油。老来无复当年快，聊对丹青作卧游。[131]

喜爱"卧游"的还有范成大。他晚年长期卧游，体悟"澄怀观道"的美学境界："十年境落卧游梦，摩挲壁画双鬓凋"[132]，"我今卧游长掩关，却寓此石充灊山"[133]，"两山父老如相问，一席三椽正卧游"[134]。此外，张炎有词云："居廛。闭门隐几，好林泉。都在卧游边。"[135]这也和陆游、范成大有异曲同工之意。古人卧室内的屏风常绘制为山水长卷，故而常有以屏风为闲来卧游之资的情况。例如下列诗词云：

燕梁寂寂篆烟残，偷得劳生数刻闲。三叠秋屏护琴枕，卧游忽到灊西山。（陆游）[136]
病退身初健，时清吏更休。……棋局每坐隐，屏山时卧游。（陆游）[137]
纸帐屏山浑不俗，写出江南烟水。（赵长卿）[138]
丹青闲展小屏山，香炉一丝寒。（方千里）[139]

而南宋经济发达，故而文士常常是既赏画，又藏画，并且在收藏古画的时候，时常不惜高价，可见嗜好之深：

> （杨樗年）好古书名画及它雅玩，愿售者争归之，酬之必过其
> 直。（刘宰）[140]
> （刘无竞）惟嗜法书名画、奇砚古物，不吝高价，爱玩至忘寝
> 食。（刘克庄）[141]
> （袁文）颇喜古图画器玩，环列左右。（袁燮）[142]

南宋文士全才者甚多，故而闲中善画者亦不乏其人。例如楼钥记载："三山郭君登晦庵之门，而游戏丹青，挟写照以示予。若郑公尚书、晦庵数公，展卷对之，如欲笑语。"[143]他还称自己的伯兄"寓处室……而燕居其中，闲作墨戏，小山丛筱，雅有思致"[144]。叶隆礼称赵孟坚"少游戏翰墨，爱作蕙兰"[145]。从白玉蟾的《戏作墨竹二本赠鹤林因为之赞》一诗来看，他也是能画的，且以之为乐。

南宋文士在藏画、赏画之余，还喜欢就画题跋或题诗，例如范成大题画的诗作有《题山水横看》二首、《题画卷》五首、《题汤致远运使所藏隆师四图》、《题立雪图》、《李次山自画两图其一泛舟湖山之下小女奴坐船头吹笛其一跨驴渡小桥入深谷各题一绝》、《题醉道士图》、《题李云叟画轴兼寄江安杨简卿明府二绝》、《题徐熙风牡丹》二首、《题黄居寀雀竹图》二首、《题张晞颜两花图》二首、《题范道士二牛图》、《题徐熙杏花》、《题赵昌木瓜花》、《题易元吉獐猿两图》二首、《题张希贤纸本花》四首、《题张戡蕃马射猎图》、《题赵昌四季花图》、《题秋鹭图》、《题赵希远案鹰图》、《题米元晖吴兴山水横卷》、《题蜀果图》四首、《题毕少董翻经图》、《戏题赵从善两画轴》三首，等等。朱熹题画的诗作有《题画》、《题可老所藏徐明叔画卷》二首、《题画卷》、《题祝生画》、《题米元晖画》、《观刘氏山馆壁画六言五言》、《观祝孝友画六言五言》、《壁间古画精绝未闻有赏音者》、《题谢安石东山图》、《江月图》、《题蕃骑图》、《题尤溪宗室所藏二妃图》、《题洛神赋图》、《跋冰解图》、《题画卷后》、《跋唐人暮雨牧牛图》，等等。他还有跋画的散文如《跋武侯像赞》《跋李伯时马》《跋东方朔画赞》《跋吴道子画》《跋汤叔雅墨梅》《跋米元章下蜀江山图》《跋张以道家藏东坡枯木怪石》《跋陈光泽家藏东坡竹

石》，等等。其对赏画之爱好，亦可见一斑。此外，《全宋文》中存有赵孟坚的《跋徐禹功梅花画卷》《再跋徐禹功梅花画卷》《题兰花图》《题兰花轴》《题兰花图卷》，等等。方岳的诗集中则有不少这样的诗题：《记画》《合纸屏为小阁画卧袁访戴其上名之曰听雪各与长句》《题董一之花木抄》《题八士图》《题刊匠图书册》《题高皇过沛图》《题司理采芙蓉图》，等等。从以上种种，更可见赏画亦是一种创造性的活动。

除了文人和隐士之外，宋朝皇帝也喜爱将作画和赏画作为休闲活动。李曾伯曾称"大观盛时，天子临御多暇，游戏翰墨，一羽毛，一卉木，皆精妙过人"[146]。对于钦宗皇帝的《十八学士图》，楼钥称"钦宗游戏翰墨而为此"[147]。潘立勇先生等指出："宫廷休闲活动中最有两宋皇帝个人色彩的便是御画的欣赏与创作。……可以说，在整个宋代，大多数皇帝都是绘画好手，其绘画的兴趣与天分都是一流的。如宋仁宗、宋神宗、宋徽宗、宋高宗、宋宁宗等。……宋代御画终因其鲜明的玩赏性以及皇帝的亲身参与，成为宋朝宫廷休闲文化中重要的内容之一。"[148] 这其中的宋高宗、宋宁宗皆为南宋皇帝。

南宋文士们多才多艺，琴棋书画皆通者亦甚多。加之山水园林、茶酒诗书，无所不好，故而南宋文士们的身闲工夫可谓丰富多彩。有一次，白廷玉访问俞德邻，说他参加了一次文人雅集。其中的休闲工夫之盛，品位之高，让人歆羡不已："越翼日，白廷玉来访，盛夸兹集，以为地虚旷，堂宇峻洁，修竹丛杉，葱翠交荫，芙蓉濯濯清泚，香气袭人，虽绅珮簪锡，环列杂坐，凉飔时至，不知门外之红尘赤日也。顷焉炷薰瀹茗，设伊蒲净供，楚徐鸣琴，温老飞洒醉墨，皆极天机之妙。坐客霑怴，投壶对弈，各适其趣，则又析少陵《巳上人茅斋》诗，探韵以赋。"（俞德邻）[149] 事实上，此类"大玩家"在南宋绝不是个别的。本书再列举若干，从中亦可想见南宋文化之发达，以供读者参考：

（王月）游艺多能，为士林第一。医卜星历动皆精诣，琴奕雅郑入手辄工。仪表瑰伟，神情洒落。……至于考辨鼎彝古物，游戏翰墨丹青，一一造妙。（楼钥）[150]

（白玉蟾）真草篆隶，心匠妙明，琴棋书画，间或玩世。（留元

长）[151]

（胡景颜）揸筇而观于山，放棹而游于水，丛溪以竹，阴径以松，根石以梅，畹兰沼莲，亭桂藩菊，人见胡君取乎在地之清者然也。匣有琴，棚有鹤，架有书，壁有剑，屏有画，几有棋，樽有酒，门有佳客，人见胡君取乎人物之清者然也。（姚勉）[152]

（姚伯武）既命弗偶，则翻然舍去，以诗书燕娱其身心，稼云于田，花组于圃，诗歌棋酒，日与宾客乐之，盖不羡名缰之絷，宦辙之骛也。（姚勉）[153]

注释

［1］《祭刘平父文》，《晦庵先生朱文公文集》卷八七，见曾枣庄等编：《全宋文》（第253册），上海：上海辞书出版社，合肥：安徽教育出版社，2006年版，第238页。

［2］《西轩居士志铭》，《克斋集》卷一二，见曾枣庄等编：《全宋文》（第290册），第411页。

［3］《棋序》，《江湖长翁集》卷二三，见曾枣庄等编：《全宋文》（第256册），第344页。

［4］《论语集注》第七，见（南宋）朱熹：《论语集注》，济南：齐鲁书社，1992年版，第63页。

［5］《四斋铭·游艺》，《晦庵先生朱文公文集》卷八十五，见朱杰人等编：《朱子全书》第24册，上海：上海古籍出版社，合肥：安徽教育出版社，2002年版，第3988—3989页。

［6］《高光中墓志铭》，《止斋先生文集》卷五〇，见曾枣庄等编：《全宋文》（第268册），第303页。

［7］《与朱元晦书》二，《李延平先生文集》卷二，见曾枣庄等编：《全宋文》（第185册），第150页。

［8］《与李仁甫结父书》，《嵩山集》卷四五，见曾枣庄等编：《全宋文》（第212册），第1页。

［9］《满庭芳·和陈隐芝韵》，见唐圭璋编纂：《全宋词》（简体增订本第4册），北京：中华书局，1965年版，第3287页。

［10］《乐论》，《诚斋集》卷八四，见曾枣庄等编：《全宋文》（第238册），第304页。

[11]《沁园春·辞会》,《樵歌》卷上,见(南宋)朱敦儒:《樵歌》,龙元亮校,北京:文学古籍刊行社,1958年版,第14页。

[12]《鹊桥仙》六首其三,《樵歌》卷上,见(南宋)朱敦儒:《樵歌》,龙元亮校,第16页。

[13]《鹊桥仙》六首其四,《樵歌》卷上,见(南宋)朱敦儒:《樵歌》,龙元亮校,第16页。

[14]《鹧鸪天》十四首其七,《樵歌》卷上,见(南宋)朱敦儒:《樵歌》,龙元亮校,第21页。

[15]《木兰花》二首其二,《樵歌》卷中,见(南宋)朱敦儒:《樵歌》,龙元亮校,第29页。

[16]《桃源忆故人》六首其二,《樵歌》卷中,见(南宋)朱敦儒:《樵歌》,龙元亮校,第46页。

[17]《藻侄比课五言诗已有意趣老怀甚喜因吟病中十二首示之可率昆季赓和胜终日饱闲也》其十,《石湖居士诗集》卷二四,见傅璇琮等主编:《全宋诗》(第41册),北京:北京大学出版社,1998年版,第25979页。

[18]《古风酬胡元之》,《石湖居士诗集》卷十,见傅璇琮等主编:《全宋诗》(第41册),第25833页。

[19]《虎丘六绝句》,《石湖居士诗集》卷三二,傅璇琮等主编:《全宋诗》(第41册),第26047页。

[20]《法曲·遍第二》,见唐圭璋编纂:《全宋词》(简体增订本第2册),第1566页。

[21]《齐天乐·中宫生辰》,见唐圭璋编纂:《全宋词》(简体增订本第2册),第1570页。

[22]《采桑子·甲戌和陈景卫韵》,见唐圭璋编纂:《全宋词》(简体增订本第2册),第1613页。

[23]《满庭芳》,见唐圭璋编纂:《全宋词》(简体增订本第2册),第1722页。

[24]《诉衷情·咏闲》十首其七,见唐圭璋编纂:《全宋词》(简体增订本第3册),第1841页。

[25]《踏莎行·夜凉》,见唐圭璋编纂:《全宋词》(简体增订本第3册),第2311页。

[26]《雨中花慢·吴子似见和,再用韵为别》,见唐圭璋编纂:《全宋词》(简体增订本第3册),第2498页。

[27]《祝英台·晚春》,见唐圭璋编纂:《全宋词》(简体增订本第3册),第2585页。

[28]《夜飞鹊·七夕和方时父韵》,见唐圭璋编纂:《全宋词》(简体增订本第4册),第3392页。

［29］《满江红·以梅花束铅山宰》，见唐圭璋编纂：《全宋词》（简体增订本第 4 册），第 3628 页。

［30］《琴坞记》，光绪《诸暨县志》卷四二，见曾枣庄等编：《全宋文》（第 252 册），第 152 页。

［31］《琴书楼记》，《江湖长翁集》卷二一，见曾枣庄等编：《全宋文》（第 256 册），第 361 页。

［32］《董府君墓表》，《尊德性斋小集》卷三，见曾枣庄等编：《全宋文》（第 259 册），第 250 页。

［33］《陈删定塑像记》，嘉靖《淳安县志》卷一四，见曾枣庄等编：《全宋文》（第 271 册），第 21 页。

［34］《资政殿大学士赠少师楼公行状》，《絜斋集》卷一一，见曾枣庄等编：《全宋文》（第 281 册），第 274 页。

［35］《先祖墓表》，《絜斋集》卷一七，见曾枣庄等编：《全宋文》（第 281 册），第 374 页。

［36］《丁博雅诔》，《漫塘集》卷三六，见曾枣庄等编：《全宋文》（第 300 册），第 381 页。

［37］《竹溪记》，《雪坡舍人集》卷三五，见曾枣庄等编：《全宋文》（第 352 册），第 94 页。

［38］《谢安大资举充岁荐启》一，《格斋四六》，见曾枣庄等编：《全宋文》（第 283 册），第 223 页。

［39］《故中大夫提举武夷山冲佑观祥符县开国男赵公墓志铭》，《后乐集》卷一八，见曾枣庄等编：《全宋文》（第 292 册），第 61 页。

［40］《琴乐序》，《琼琯白真人集》，见曾枣庄等编：《全宋文》（第 296 册），第 179 页。

［41］《容膝斋致语》《新编醉翁谈录》卷一，见曾枣庄等编：《全宋文》（第 302 册），第 51 页。

［42］《六野堂赋》，《矔轩集》卷一〇，见曾枣庄等编：《全宋文》（第 324 册），第 138 页。

［43］《送张南窗序》，《献丑集》，见曾枣庄等编：《全宋文》（第 333 册），第 366 页。

［44］《自撰墓志铭》，民国《昌化县志》卷一七，见曾枣庄等编：《全宋文》（第 356 册），第 153 页。

［45］《悼琴僧》，《客亭类稿》卷七，见曾枣庄等编：《全宋文》（第 271 册），第 194—195 页。

［46］《直显谟阁潘公墓志铭》，《晦庵先生朱文公文集》卷九四，见曾枣庄等编：

《全宋文》（第253册），第186页。

［47］《有宋朝散大夫字溪先生阳公行状》下，《字溪集》卷一二，见曾枣庄等编：《全宋文》（第352册），第372页。

［48］《淳安县学斋堂六铭·养心斋》，《罗郢州遗文》，见曾枣庄等编：《全宋文》（第254册），第357页。

［49］《琴堂棋轩记》，《尊德性斋集补遗》，见曾枣庄等编：《全宋文》（第259册），第240页。

［50］（南朝宋）刘义庆：《世说新语》，黄征、柳军晔注释，杭州：浙江古籍出版社，1998年版，第305页。

［51］《侯鲭录》卷七，见（南宋）赵令畤：《侯鲭录》，北京：中华书局，1985年版，第63页。

［52］《睡起》，《石湖居士诗集》卷二八，见傅璇琮等主编：《全宋诗》（第41册），第26013页。

［53］《早衰》，《石湖居士诗集》卷二九，见傅璇琮等主编：《全宋诗》（第41册），第26027页。

［54］《园林》，《石湖居士诗集》卷三〇，见傅璇琮等主编：《全宋诗》（第41册），第26034页。

［55］《念奴娇》，《稼轩词》卷二，见（南宋）辛弃疾：《辛弃疾全集》，王步高等辑校汇评，珠海：珠海出版社，2002年版，第14页。

［56］《水调歌头》，《稼轩词》卷三，见（南宋）辛弃疾：《辛弃疾全集》，王步高等辑校汇评，第37页。

［57］《鹧鸪天》，《稼轩词》卷九，见（南宋）辛弃疾：《辛弃疾全集》，王步高等辑校汇评，第123页。

［58］《四用韵答才老》，《秋崖先生小稿》卷十五，见傅璇琮等主编：《全宋诗》（第61册），第38350页。

［59］《次韵王尉赠别》，《秋崖先生小稿》卷十八，见傅璇琮等主编：《全宋诗》（第61册），第38372页。

［60］《行香子》，见唐圭璋编纂：《全宋词》（简体增订本第3册），第2139页。

［61］《野庵曲》，见唐圭璋编纂：《全宋词》（简体增订本第3册），第2151页。

［62］《清平乐》，见唐圭璋编纂：《全宋词》（简体增订本第3册），第2653页。

［63］《三犯渡江云·旧平声，今改入声，为竹友谢少保寿》，见唐圭璋编纂：《全宋词》（简体增订本第5册），第3936—3937页。

［64］《沁园春·寿韦轩八十一岁》，见唐圭璋编纂：《全宋词》（简体增订本第5册），第4533页。

［65］《铃辖赵公墓志铭》，《诚斋集》卷一二八，见曾枣庄等编：《全宋文》（第240

册），第 253 页。

［66］《夫人左氏墓志铭》，《诚斋集》卷一三一，见曾枣庄等编：《全宋文》（第 240 册），第 316 页。

［67］《宋故朝请郎贺州斛使君墓铭》，《诚斋集》卷一三二，见曾枣庄等编：《全宋文》（第 240 册），第 341 页。

［68］《琴堂棋轩记》，《尊德性斋集补遗》，见曾枣庄等编：《全宋文》（第 259 册），第 240 页。

［69］《陈君墓志铭》，《永乐大典》卷三一五五，见曾枣庄等编：《全宋文》（第 260 册），第 368 页。

［70］《观文殿学士钱公行状》，《攻愧集》卷九二，见曾枣庄等编：《全宋文》（第 265 册），第 257 页。

［71］《朝请大夫曹君墓志铭》，《攻愧集》卷一○六，见曾枣庄等编：《全宋文》（第 266 册），第 123 页。

［72］《徐处士墓志铭》，《漫塘集》卷三一，见曾枣庄等编：《全宋文》（第 300 册），第 304 页。

［73］《童府君墓志铭》，《筼窗集》卷八，见曾枣庄等编：《全宋文》（第 319 册），第 151 页。

［74］《吴文瑞墓志铭》，《渔墅类稿》卷六，见曾枣庄等编：《全宋文》（第 325 册），第 84 页。

［75］《代回沿海制置赵都承启》，《勿斋先生文集》卷下，见曾枣庄等编：《全宋文》（第 344 册），第 283 页。

［76］《刘定伯墓志铭》，《文山全集》卷一一，见曾枣庄等编：《全宋文》（第 359 册），第 224 页。

［77］《江湖长翁自序》，万历本《江湖长翁集》卷首，见曾枣庄等编：《全宋文》（第 256 册），第 388 页。

［78］《答杜仲高游书》，《攻愧集》卷六六，见曾枣庄等编：《全宋文》（第 263 册），第 344 页。

［79］《从兄楼府君墓志铭》，《攻愧集》卷一○九，见曾枣庄等编：《全宋文》（第 266 册），第 174 页。

［80］《文溪先生致仕人夫人陈公大人黄氏墓碣》，《渔墅类稿》卷六，见曾枣庄等编：《全宋文》（第 325 册），第 75 页。

［81］《慧辩圆明悟悦大师塔铭》，《秋声集》卷五，见曾枣庄等编：《全宋文》（第 352 册），第 270 页。

［82］《喜朝天·绮霞阁》，见唐圭璋编纂：《全宋词》（简体增订本第 3 册），第 1986 页。

[83]《遣怀》四首其一,《亚愚江浙纪行集句诗》卷二,见傅璇琮等主编:《全宋诗》(第 61 册),第 38621 页。

[84]《横翠亭书怀》,《亚愚江浙纪行集句诗》卷四,见傅璇琮等主编:《全宋诗》(第 61 册),第 38638 页。

[85]《慧辩圆明悟悦大师塔铭》,《秋声集》卷五,见曾枣庄等编:《全宋文》(第 352 册),第 269 页。

[86]《象戏铭》,《归愚集》卷六,见曾枣庄等编:《全宋文》(第 201 册),第 83 页。

[87]《出省》,《剑南诗稿》卷二十一,见钱仲联、马亚中主编:《陆游全集校注》(第 3 册),杭州:浙江教育出版社,2011 年版,第 333 页。

[88]《放歌行》,《剑南诗稿》卷四十六,见钱仲联、马亚中主编:《陆游全集校注》(第 5 册),第 359 页。

[89]《寓叹》,《剑南诗稿》卷五十三,见钱仲联、马亚中主编:《陆游全集校注》(第 6 册),第 119 页。

[90]《东岭》,《剑南诗稿》卷七十四,见钱仲联、马亚中主编:《陆游全集校注》(第 7 册),第 396 页。

[91]《观棋》,《剑南诗稿》卷三十一,见钱仲联、马亚中主编:《陆游全集校注》(第 4 册),第 271 页。

[92]《冬夜读史有感》,《剑南诗稿》卷四十九,见钱仲联、马亚中主编:《陆游全集校注》(第 5 册),第 479 页。

[93]《读史》,《剑南诗稿》卷四十九,见钱仲联、马亚中主编:《陆游全集校注》(第 5 册),第 476 页。

[94]《郭氏山林十六咏》,《剑南诗稿·逸稿补遗》,见钱仲联、马亚中主编:《陆游全集校注》(第 8 册),第 326 页。

[95]《棋说》,《橘洲文集》卷七,见曾枣庄等编:《全宋文》(第 241 册),第 157 页。

[96]《棋序》,《江湖长翁集》卷二三,见曾枣庄等编:《全宋文》(第 256 册),第 344 页。

[97]《感皇恩·娄通判生日词》,见唐圭璋编纂:《全宋词》(简体增订本第 3 册),第 1979 页。

[98]《宝奎殿太宗御书赞》,《古今事文类聚》别集卷一二,见曾枣庄等编:《全宋文》(第 262 册),第 33 页。

[99]《恭跋昭陵飞帛书》,《后村先生大全集》卷一一〇,见曾枣庄等编:《全宋文》(第 330 册),第 73 页。

[100]《恭题今上皇帝赐御书阿房宫赋》,《松隐文集》卷三二,见曾枣庄等编:

《全宋文》（第 191 册），第 46 页。

［101］《恭题今上皇帝赐御书和韵》，《松隐文集》卷三二，见曾枣庄等编：《全宋文》（第 191 册），第 46 页。

［102］《徽庙草书千文跋》，《平斋集》卷一〇，见曾枣庄等编：《全宋文》（第 307 册），第 127 页。

［103］《光尧太上皇帝真行草书跋》，《咸淳临安志》卷七，见曾枣庄等编：《全宋文》（第 236 册），第 292—293 页。

［104］《重修御书楼记》，万历《重庆府志》卷一三，见曾枣庄等编：《全宋文》（第 322 册），第 410 页。

［105］《宪圣慈烈皇后谥册文》，《宋会要辑稿》礼四九之九二，见曾枣庄等编：《全宋文》（第 277 册），第 42 页。

［106］《宪慈圣烈皇后谥册文》，《宋会要辑稿》礼三四之三七，见曾枣庄等编：《全宋文》（第 282 册），第 168 页。

［107］《晋王右军祠祝文》，《慈湖先生遗书续集》卷一，见曾枣庄等编：《全宋文》（第 276 册），第 78 页。

［108］《董府君墓表》，《尊德性斋小集》卷三，见曾枣庄等编：《全宋文》（第 259 册），第 250 页。

［109］《先公行状》，《絜斋集》卷一六，见曾枣庄等编：《全宋文》（第 281 册），第 353 页。

［110］《书相公亲翰》，《南轩集》卷三五，见曾枣庄等编：《全宋文》（第 255 册），第 302 页。

［111］《宋尚书右仆射观文殿学士正议大夫赠特进洪公行状》，《盘洲文集》附，见曾枣庄等编：《全宋文》（第 280 册），第 319 页。

［112］《戊午赐御书味书阁遗安堂六大字谢表》，《清正存稿》卷三，见曾枣庄等编：《全宋文》（第 333 册），第 208 页。

［113］《临安春雨初霁》，《剑南诗稿》卷十七，见钱仲联、马亚中主编：《陆游全集校注》（第 3 册），第 142 页。

［114］《春感》，《剑南诗稿》卷六，见钱仲联、马亚中主编：《陆游全集校注》（第 1 册），第 416 页。

［115］《次韵知郡安抚九日南楼宴集三首》其三，《石湖居士诗集》卷六，见傅璇琮等主编：《全宋诗》（第 41 册），第 25795 页。

［116］《次韵知郡安抚元夕赏倅厅红梅三首》其三，《石湖居士诗集》卷六，见傅璇琮等主编：《全宋诗》（第 41 册），第 25797 页。

［117］《风流子•和楚客维扬灯夕》，见唐圭璋编纂：《全宋词》（简体增订本第 4 册），第 3610 页。

[118]《临安春雨初霁》,《剑南诗稿》卷十七,见钱仲联、马亚中主编:《陆游全集校注》(第 3 册),第 142 页。

[119]《焚香作墨渖决讼吏皆退立一丈外戏作此诗》,《剑南诗稿》卷十八,见钱仲联、马亚中主编:《陆游全集校注》(第 3 册),第 179 页。

[120]《初到行在》,《剑南诗稿》卷二十,见钱仲联、马亚中主编:《陆游全集校注》(第 3 册),第 315 页。

[121]《草书歌》,《剑南诗稿》卷十四,见钱仲联、马亚中主编:《陆游全集校注》(第 2 册),第 460 页。

[122]《次吕子益韵》,《剑南诗稿》卷三十六,见钱仲联、马亚中主编:《陆游全集校注》(第 4 册),第 445 页。

[123]《题醉中所作草书卷后》,《剑南诗稿》卷七,见钱仲联、马亚中主编:《陆游全集校注》(第 2 册),第 19 页。

[124]《草书歌》,《剑南诗稿》卷五十八,见钱仲联、马亚中主编:《陆游全集校注》(第 6 册),第 321 页。

[125]《秋阴》,《剑南诗稿》卷四十,见钱仲联、马亚中主编:《陆游全集校注》(第 5 册),第 145 页。

[126]《出游归鞍上口占》,《剑南诗稿》卷六十六,见钱仲联、马亚中主编:《陆游全集校注》(第 7 册),第 129 页。

[127]《题画册后》,《秋声集》卷六,见曾枣庄等编:《全宋文》(第 352 册),第 252 页。

[128] 尹菲:《中国传统休闲价值观》,载《安徽文学》,2009 年第 1 期。

[129]《书辋川图后》,《双溪集》卷一一,见曾枣庄等编:《全宋文》(第 183 册),第 337 页。

[130]《发书画还故山戏书》,《剑南诗稿》卷十一,见钱仲联、马亚中主编:《陆游全集校注》(第 2 册),第 246 页。

[131]《观画山水》,《剑南诗稿》卷四十三,见钱仲联、马亚中主编:《陆游全集校注》(第 5 册),第 267 页。

[132]《小峨眉》,《石湖居士诗集》卷二五,见傅璇琮等主编:《全宋诗》(第 41 册),第 25984 页。

[133]《天柱峰》,《石湖居士诗集》卷二五,见傅璇琮等主编:《全宋诗》(第 41 册),第 25985 页。

[134]《送刘唐卿户曹擢第西归》,《石湖居士诗集》卷二四,见傅璇琮等主编:《全宋诗》(第 41 册),第 25976 页。

[135]《木兰花慢·书邓牧心东游诗卷后》,见唐圭璋编纂:《全宋词》(简体增订本第 5 册),第 4395 页。

［136］《焚香昼睡比觉香犹未散戏作二首》其二，《剑南诗稿》卷十二，见钱仲联、马亚中主编：《陆游全集校注》（第 2 册），第 331—332 页。

［137］《夏日》，《剑南诗稿》卷十二，见钱仲联、马亚中主编：《陆游全集校注》（第 2 册），第 335 页。

［138］《念奴娇·夜寒有感》，见唐圭璋编纂：《全宋词》（简体增订本第 3 册），第 2327 页。

［139］《少年游》，见唐圭璋编纂：《全宋词》（简体增订本第 4 册），第 3189 页。

［140］《杨提举行述》，《漫塘集》卷三三，见曾枣庄等编：《全宋文》（第 300 册），第 193 页。

［141］《工部弟墓志铭》，《后村先生大全集》卷一五三，见曾枣庄等编：《全宋文》（第 331 册），第 276 页。

［142］《先公行状》，《絜斋集》卷一六，见曾枣庄等编：《全宋文》（第 281 册），第 352 页。

［143］《赠写照郭拱辰》，《攻愧集》卷七九，见曾枣庄等编：《全宋文》（第 264 册），第 86 页。

［144］《绩溪县尉楼君墓志铭》，《攻愧集》卷一〇五，见曾枣庄等编：《全宋文》（第 266 册），第 113—114 页。

［145］《跋皇甫君藏赵子固画》，《珊瑚木难》卷四，见曾枣庄等编：《全宋文》（第 352 册），第 329 页。

［146］《跋宣和浦禽图》，《可斋续稿前》卷五，见曾枣庄等编：《全宋文》（第 340 册），第 323 页。

［147］《恭题钦宗御画十八学士图》，《攻愧集》卷六九，见曾枣庄等编：《全宋文》（第 264 册），第 154 页。

［148］潘立勇、陆庆祥、章辉、吴树波：《中国美学通史·宋金元卷》，南京：江苏人民出版社，2014 年版，第 359 页。

［149］《龙兴祥符戒坛院分韵诗序》，《佩韦斋集》，见曾枣庄等编：《全宋文》（第 357 册），第 355 页。

［150］《太府卿王公墓志铭》，《攻愧集》卷一〇二，见曾枣庄等编：《全宋文》（第 266 册），第 51 页。

［151］《海琼问道集序》，《海琼问道集》卷首，见曾枣庄等编：《全宋文》（第 333 册），第 362 页。

［152］《胡氏双清堂记》，《雪坡舍人集》卷三四，见曾枣庄等编：《全宋文》（第 352 册），第 86 页。

［153］《运属姚公伯武墓志铭》，《雪坡舍人集》卷四九，见曾枣庄等编：《全宋文》（第 352 册），第 136 页。

第十四章 南宋休闲哲学的遁世境界

本章讨论南宋文士休闲的境界问题。这是因为"中国休闲哲学的一个重要特点，是重视人生境界的实现"[1]。而继本体、工夫之后讨论休闲境界问题，这种思路来自传统哲学将本体、工夫、境界视为不可分割之有机整体的独特思想体系。

中国传统哲学的重要特点是讲究知行合一、体用不二。这最终导致了宋明时期（尤其在陆王哲学那里）将本体论、工夫论和境界论圆融贯通的哲学架构的形成。在这样的形而上学体系影响下，不少现代学者在自觉与不自觉中，习惯于将本体、工夫、境界三个层面作为阐释传统思想与文化的切入点，这是颇有内在理据的。近来更有学者明确提出："融本体、工夫与境界为一体的体验式形而上学……是整个中国文化的一个重要特色。"[2]因此，以本体、工夫与境界三个层面来分析南宋休闲哲学，是符合传统文化实际的可行思路。

从三个层面的关系来看，本体思考是对事物的一种形而上的大致设定，它的合理性需要用一定的实践方式（即工夫）来检验，而一个人的思想、觉悟通过修养工夫所能达到的水准即是境界。由此可知，境界是工夫落实后在具体或现实层面的成就高度，它能验证本体的必然，更能反映出本体的应然，对本体的建构有着印证和指导作用。因而，休闲境界也就是通过休闲工夫所能达到的思想高度或现实高度，同时更是对休闲本体意识的验证。南宋文士在经验层面各具风姿的休闲境界，必将能验证他们关于闲与自由本性、闲与安乐心态、闲与私人领域、闲与宇宙状态等方面的本体性阐释，同时反映出其个体在身心调适、生命展开、自我实现、精神超越等休闲价值方面所达到的历史高度。

事实上，可以说休闲境界问题在南宋就已经得到了重视。例如朱辂认为，同样的休闲方式体现在不同的人身上也是千差万别的：

> 苟无见于是而惟卧之嗜，则甘昼寝者，夫子斥之以朽木粪墙；乐睡眼者，瞿昙斥之以蚌蛤螺蛳。不有以证之，则孔子曲肱之枕与触屏之寐奚辨，维摩诘示疾而卧与据槁之暝奚别？均受之形性，而同异之相去邈乎天壤之不侔矣。陶渊明，江左古逸民也，尝言五六月北窗下卧，遇凉风暂至，自谓是羲皇上人。诵其言，想见其风，如相将造于卧云之游。微斯人，吾谁与归？[3]

朱耷在这里流露出这样的意思：人的卧眠虽然都是"受之形性"（即发自人的自然需要）的，但由于境界不同，其价值就有了天壤之别。陶渊明的北窗之卧，是因为其展现了身心隐遁的高风亮节才值得钦慕，而不是睡眠本身值得效仿。可见，南宋人士早已意识到，离开境界的区分而谈工夫的修持是没有意义的。因此，境界论的阐释就更显得必要。

接下来的问题是，应按照怎样的理路来诠释休闲境界？休闲学诞生于西方，西方虽未在字面上谈"休闲境界"问题，但有所谓"休闲层次""休闲模式"问题，或许对我们有所启发。法国社会学家杜马泽迪耶（Joffre Dumazedier）对休闲做了"放松（relaxation）""娱乐（entertainment）"和"个性发展（personal development）"的层次划分。[4]美国的纳什（Jay B. Nash）也精心构建了"休闲参与等级序列"。纳什的休闲层次论显示，处于休闲最低层次的是娱乐消遣，打发时间。随着层次的升高，依次是感情型参与、主动参与，最后是创造性参与。[5]可见，杜马泽迪耶和纳什的"休闲层次"有其相通之处。他们都是在西方存在主义哲学影响下，按照人的需求层次和人的发展理论对现实休闲的层次做的划分。张立文言："休闲作为人的生命的自觉，经历了从生理体能的要求，到生存消费的需求，再到文化精神诉求的过程。即从物质的需要进入精神的需要。"[6]此语恰好可视为对以上休闲分层的很好总结。

不过，西方的理路并不完全适合中国传统哲学的实际。这是因为，西方的现代理论所谓的"层次"虽与"境界"有关，但内涵远不如后者丰富。中国传统哲学语境下的"境界"概念重视伦理道德内涵，这是西方"层次"理论或"模式"理论所不具备的。例如，陈来认为："境界是标志人的精神完美性的范畴，是包含人的道德水平在内的对宇宙人生全部理解水平的范畴。"[7]因此，休闲境界无疑属于哲学、伦理范畴，它必然以高尚的人格和精神超越的水准作为其判断的标杆，而不是西方理论的"个性""参与"等指标所能概括的。

既已发现西方休闲层次理论的缺失，当我们再回顾国内，同样发现学术界虽对"境界"的分析探讨甚多，但对"休闲境界"的理论研讨亦付之阙如。目前所见文献，仅有张玉勤的《试论中国古代休闲的"境界"》（2005）、潘立勇先生等的《中国传统休闲审美哲学的现代解读》（2011）等数篇而已。张氏把休闲境界分为"致用层""比德层"和"畅神层"，论述颇有可读之处。关于"致用层"的两个方面，作者说："一是只有拥有了足够的'致用'，才有资格论闲和用闲。……二是把休闲作为一己之用，即用作实现个人意图和目的的外在手段。"[8] 笔者认为值得商榷的是：拥有空闲和休闲的非功利性是休闲的必要条件，如果主体还处在作者所言的"致用层"，那么这根本就不是休闲，也就谈不上是休闲境界的一个层次。这就如同有作品问世是成为艺术家的必要条件，无创作之人根本无须去衡量其"艺术家境界"。还有一个问题在于，这种"三分层"似乎是套用人类认识自然美的三个不同阶段而来的，带有美学原理的痕迹。

本书认为，既然休闲的核心是"自由"，那么休闲境界必然要以人对自由的掌握、实现程度来作为分层标准。人生于世，从最宏观的角度说，其自由程度可以由人与世界的关系来评估。因而笔者倾向于像潘氏那样，将休闲境界总体分为"遁世境界""谐世境界"和"超越境界"。当然，限于篇幅，潘氏文中并未对每一种境界详细展开。本书力图结合具体翔实的南宋文献和事例，对这三种休闲境界进行详尽的阐释。

第一节 "巢山避世纷，身隐万重云"：身之遁

遁世境界是古代文士休闲的一般性状态。南宋文士尤其如此。事实上，他们字、号中的"隐""逸""佚""遁""息""歇""野""退"等字眼就已经透露了他们遁世的休闲境界。对此，本书在第四章第三节已有举例，此处不再重复。"遁世"使主体的自由时间和自由空间之获得成为可能，即保障了"身闲"，因此，"遁世境界"的休闲主要是一种"身之遁"的处世策略。

仔细分析之下，南宋人士的"身之遁"有三种情况。第一，"避祸之遁"。自古以来，休闲往往首先源于对险恶江湖和纷扰人世的退避。如抗金将领韩世忠见岳飞父子被秦桧害死，出于避祸的心理，便毅然辞去枢密使的高官要职，遁入山林，喜释老，自号清凉居士，休闲至死。

程瑀贵为龙图阁学士、广平郡侯，但投闲后"亲友相过，则酌酒赋诗、弹琴奕棋，绝口不谈时事"[9]，可见其对政治的回避、畏惧态度。在党争频仍、奸臣当道的南宋政治氛围下，很多文士也倡导并采取了"身之遁"的休闲哲学。例如张镃诗云："猿鹿骛幽旷，引遁终远害。"[10]方岳指出："从古幽闲在涧阿，不将齿发犯风波。"[11]此二人都是倡导以"身之遁"来避免政治祸端，以求生命的自保与生活的自得。

第二，"求志之遁"。南宋士人并非像某些人想象的那样全然沉醉于歌舞升平，轻视天下大事。事实上，他们大部分很有危机感，渴望建功立业，兼济天下。一部分渴望恢复中原的志士，如陆游、辛弃疾、陈亮等，尤其如此。然而由于国家的主和政策，他们无法施展抱负，最终只能无奈地选择"独善其身"的方式，"自以不能随俗俯仰，慨然愿就闲秩"（朱熹）[12]，栖居于隐逸之境而终老，以表示对当朝政治的厌恶和否定。这样便可以如胡铨所言："知时不可为而止，则又合乎高尚之义。"[13]

第三，"自适之遁"。此表现为在可以施展抱负、汲取功名之时却主动放弃。这是一种无论天下、国君有道与否，都弃之而去的自主选择。与其说它展现了一种拒绝与统治者合作，以保持人格自由的高尚情操，不如说它更是一种自得其乐的需要。胡宏曾这样谈论自己："性本迂疏，志与时左，自分逸于山林，望云消意，临水观心，以适己事而已。"[14]这段话的要点在于"适己事"三字，即做让自己快乐的事，这正是当时士人"自适之遁"心态的典型写照。

在这三种情况之中，最后一种（即自得其乐型的"自适之遁"）成为南宋较为普遍的现象。正如陆庆祥所指出：

> 宋代士人普遍具有"归隐"的倾向，而且这种甘于归隐的心理并不能完全用传统隐士那种为了名节、人格之独立等来解释了，更多的是源于一种形而上的人生之思，即对士人之人生终极意义的思考。也就是在对外在事功名利与内在生命享受两者之间的权衡上，宋人思考得更为深入了。前者通常被看得很虚幻、无意义，而后者通常被认为是生命的真实。……在这些隐士那里，隐而不仕已不再是宣泄某种与政治对抗的情绪，或者宣扬一种洁净的人格魅力，抑

或"高尚其事",独善其身。这些都不是。……隐士的生活毋宁说都是世俗的享乐,是对一种休闲生活模式、休闲人生观的铺张与回归。……总之……中国的隐士文化自宋代起就越来越休闲化了。就是说隐逸并不主要是达到一种政治的目的,而更是一种生活模式的选择,是从对劳形怵心到闲情逸致的转化。[15]

对于"身之遁"的休闲境界,南宋文士常有着明确的自我定位,如庄器之建"招隐楼",韩运盐筑"竹隐堂",张镃建"桂隐林泉",陆游造"遁庵""渔隐堂",李石亦造"遁庵",朱敦儒著《樵歌》,毛开著《樵隐词》,杨无咎著《逃禅词》……陆游的诗集中有很多"隐者""隐士""华山隐者""太湖隐者""湖中隐士"等字样。《全宋文》中"隐君"极多,仅《方舟集》中李石为之作墓志铭者,就有郑隐君、范隐君、蒲隐君、李隐君、程隐君……以上种种,亦可以证明南宋休闲哲学的遁世痕迹。

南宋文士"身之遁"的现实有一个明显的特征,即表现在他们对生活环境的自我封闭。《剑南诗稿》显示,陆游在描绘自己的生活时出现"闭门"98处、"闭户"64处、"杜门"31处、"掩扉"18处、"掩关"16处、"关门"4处。类似的情况还有范成大《石湖居士诗集》中有"闭户"12处、"闭门"10处、"掩关"7处、"关门"1处,杨万里《诚斋集》中有"闭门"9处、"关门"2处、"杜门"1处、"闭户"5处,张镃《南湖集》中有"闭门"4处、"关门"3处、"杜门"2处、"闭户"1处,等等。而李石、杨万里的描绘可谓南宋文士"身之遁"境界(自适之遁)的典型写照:

> 其出为扬,其入为伏。一出一入,谁绊凫足!……我食我薇,我饮我谷。佛则避佛,俗则避俗。……心游天关,脚峙山轴。庵中之人,以遁为卜。(李石)[16]
>
> 深闲荆扉,长往丘岳,不惟自弃于当世,不必息交而绝游,而世与我相遗,物与我相忘。(杨万里)[17]
>
> 自放于山颠水涯之外,麋鹿之与处,鸥鹭之与渚,逢者不识,过者不问。(杨万里)[18]

事实上，杨万里的"身之遁"已经到了这样的程度："予既退居，杜门避喧，邻曲有竟岁莫予觌者。"[19] 此外，释晓莹自称"杜门却扫，不与世接"[20]；朱熹自称"杜门省事，未必不佳"[21]，因为"只有山林是安乐处，别无可商量也"[22]；方岳自称"入林不厌深，避世不厌独"[23]，"柴门虽设不曾开"[24]；张镃自称"湖隐门连草"[25]，何恪称张湛自言"吾懒与事接，翛然一室，闭门却扫，颇自适也"[26]。如此等等，随处可见。

　　从积极的方面来说，"身之遁"是"为了使个体的性情得以率真自然，便主动地以自然山水作为摒隔公共事务的手段，通过隐遁于深山僻水中即'遁世'而回到人的自然状态，以山水自然作为屏障阻隔来自他人的奴役"[27]。我们看到，赵庆昇隐居山林之后，白麟称赞这位处士"世务如脱，浩其孤骞。虚灵精莹，乃复其天"[28]，可见恢复了人的自然状态。因此，南宋文士的"身之遁"境界中含有保持个体节操，拒绝与无良统治者合作的高尚人格。

　　不过，"身之遁"毕竟是一种消极避让的方式。对于文士们来说，这种休闲方式十分依赖于一个人迹罕至、安宁静谧的环境。正如当代学者所言：

> 遁世所营造的"空间隔绝"对于休闲生活的获得不失为一种有效的策略……然而人毕竟不是动物，他对空间的要求越高、依赖越高，其自身的脆弱性越是明显。故这一休闲境界最大的局限之处在于个体对自然的执着与依赖。[29]

　　举例来说，陆游的"巢山避世纷，身隐万重云。……不蹋溪桥路，仙凡自此分"[30] 正说明了一种"空间隔绝"的必要性。唯其如此，他才会有下列反复强调隔绝性环境的话语：

> 尚嫌城市近，更拟卜云根。[31]
> 暮闻鼓角犹人境，更欲移家入剡溪。[32]
> 懒心惟怕游城市，非向交亲故人疏。[33]

此外，方岳的"尚嫌山浅人知处，更与移床入薜萝"[34]亦与陆诗之意相类同。也正因为如此，这种休闲境界历来被称为"小隐"，如白居易有"小隐入樊丘"的著名诗句。这到南宋依然如此，例如张孝祥就有"小隐即居山"[35]的说法。陆游亦这样自称：

> 小隐谢城市，新寒寻褐袍。[36]
> 小隐轻华屋，深山自结茅。[37]

而我们从陆游富于意味的"小隐终非隐"[38]一句上，更能看出其对"遁世"休闲境界之局限性的自觉认识。

第二节　"舍物得法身，身中足富贵"：物之遁

除了对休闲主体采取"身之遁"而外，在对外在客体方面，很多南宋文士还倡导并采取了"物之遁"的休闲哲学，主张远离物欲，知足常乐，减少外物之累，以获得轻省与休闲，从而达到"物之遁"的休闲境界。

首先，从《全宋文》中，我们便可发现南宋文士这种对"物"的远离态度。对于一般人来说，没有"物"的保障，生活舒适度就会大大下降，使人不堪忍受。故而常人为了生活的舒适，必然首先追求物质。正如胡寅所描绘的那样："人必富而后志酬，必贵而后意惬，必据权怙势而后神肆体胖。"[39]然而胡寅认为，这样追逐名利所带来的结果，未必能使人得休闲，相反却常常带来提心吊胆、坐卧不宁："方诸衣中被甲，壁后置人，通夕娄徙床，一物不具则不敢出，怒虚舟而怨飘瓦，媚有技而违彦圣，方寸营营，不得须臾宁者，其裕不裕何如哉！"[40]陈宓也有颇为类似的观点。他指出：

> 乐根于心，不在于物，世之役物为乐者，惑也。夫高宫大厦，门戟厩马，人莫敢窥，号沈沈者，此其居之宜足乐也。然一言之

失，流弊四海，一息之误，千载不贷。且昼所为，虽不察之，昏晏而退，心愧面热，冰盘荐食，不足反汗，团扇四列，为暑益绊，此岂于物不足哉！若夫我之居室，则异于是矣……所职既简，门冷如冰，造请亦疏，心闲不营。鸡鸣而起，左书右诗，以寝以食，不萌一非，休休皞皞，将见轩羲。初不异于坐万间之下，乘千里之风者也。[41]

鉴于此，李石这样表达"物"与"身"的辩证思想：

> 外物与法身，二相随所择。……舍物得法身，身中足富贵。[42]

即是说，他愿意舍"物"而保持本真的自我，这种本真的自我，才是真正的价值所在。他还主张知足常乐，而不要因外物而自累，因为外物与我无关，它不是自适的决定因素：

> 士君子所居，卜筑环堵之室，凡以况其德之大小。大德况大，小德况小。穷达利害，宠辱得丧，何关于我，初不以是自累……一竿之渔，足以自娱于盘谷；一杯之酒，足以自适于彭泽。[43]

李焘更是直接断言：物不能养人，而常能害人，真正的快乐是不需要借助外物的，甚至必须远离外物："夫人之生资物以养者，惑也。物之能养人者几何，而贼夫人者多矣，故必违物而后可以养生。盖人未始无良心也。一为物所诱，辄遽失之，其养安在？……彼其胸中浩然至足也，而何假外物哉？"[44]无独有偶，陈造、杨简均有类似的话：

> 心得所乐，可与有为矣。在《易》，心为《离》。离，丽也。无所丽焉而乐，圣矣……声色纷华，势利愉快，世之所谓乐，失所乐者也。（陈造）[45]
> 人知逐物之乐，不知不逐之乐。（杨简）[46]

正是基于这样的思路，不少南宋文士倡导和实践不慕富贵、安贫乐道的境界。《全宋文》里这方面的事例颇为丰富。例如潘良贵记载王待制"布衣蔬食而乐夫晚岁"[47]，又自称"我居乡校，安贫自适"[48]。陈长方称赞林从事"何图造物，付与非丰，墨突不黔，饭甑屡空。茹蔬菽水，环堵之宫，笑傲游嬉，如享万钟"[49]。林之奇称赞尹淳"不动心于膺齐之富贵而甘乎贫贱"[50]，还称赞仲迁"吾寡交游，杜门养晦。惟汝及兄，从吾论议。伯埙仲篪，相继曡曡。以斯自乐，不慕荣贵"[51]。王十朋的父亲教导王十朋时自称"富贵有命，不可幸而致，甘心贫贱者，士之安于分而乐其生，吾之所当行也"[52]。白麟称赞处士赵庆昇"藐彼金玉，尘视冕轩。维此净慧，岑寂有年"[53]。王介称赞李国纪"父祖登科，饱闻诗礼，寓居吴兴之新市，力学不倦，操履益坚。虽处困穷，怡然自得，不为外物之所夺"[54]。陈造记载程平叔"居里闬，奉垂白之亲，周旋承意，旨甘粗给，欣欣然若日以五鼎养者"[55]。楼钥称袁章文"安贫乐道，随时卷舒"[56]。崔敦礼称龚养正"子龚子家于吴门，有室甚隘，促膝不容，举头则碍"[57]。王炎称留某"团蒲、曲几、诗编、酒壶，凡世间尤物一切无有，盖淡乎如逋客之舍、幽子之居"[58]。叶适称蔡幼学"赐第而归，犹未冠绅，甘节忘卑，乐志忘贫。疏食朗诵，八音递陈"[59]。吕午称汪晫"安于贫约，饭藿羹藜，一饱欣有余"[60]。诸如此类，不一而足。

相关记载中，尤以朱熹之笔录为多。这也颇可看出以朱熹为代表的南宋理学家们对安贫乐道之境界尤为推崇。兹举隅如下：

> 然钞法果不行。又明年，（陈俊卿）力请闲，遂以提举临安府洞霄宫归第。敝屋数楹，湫隘特甚，怡然不以屑意。[61]
>
> （江介）少时贫窭，短褐不完，而处之怡然，不妄以一毫取诸人也。[62]
>
> （潘景宪）家本富乐，躬率俭素，布衣蔬食，一室翛然。其枯槁淡薄，有人所不可堪者，而君处之甚安。[63]
>
> （李侗）一箪一瓢，凛然高风。[64]

富于趣味的是，朱熹的学生黄干也称朱熹"端居一室，世之玩好无所嗜；安贫自乐，世之富贵无所慕"[65]。

其次，从南宋文士们的诗词中，我们同样可以发现他们心不逐物、知足常乐的心态。例如范成大主张"浮生饱外莫求余"[66]，自称"定中久已安心竟，饱外何须食肉飞"[67]。杨万里也主张"微生一饱更何求"[68]，在没有肉吃的情况下，他也能这样自慰："万钱下箸今安在，一饭流匙饱即休。"[69] 在他看来，清风明月的休闲生活，比高官厚禄更好："无求不必位三公，一饱何须禄万钟。只有人生安乐好，享他明月与清风。"[70] 南宋文士们甚至认为，只有安贫乐道，才是真正的安闲；休闲必须在贫穷的境地中才能获得：

> 先生有道抗浮云，挂颊看山意最真。……官如斯立蓝田小，家似渊明栗里贫。俯仰别来冀莫换，祇今谁与话情亲？（范成大）[71]
> 草草家风节物新，从来忧病不忧贫。（范成大）[72]
> 晚岁躬耕不怨贫，只鸡斗酒聚比邻。都无晋宋之间事，自是羲皇以上人。（辛弃疾）[73]
> 四壁空空长物无，松风之外复何须。（方岳）[74]
> 休识字，莫嫌贫，方是安闲第一人。（王谌）[75]
> 万误曾因疏处起，一闲且向贫中觅。（蒋捷）[76]

第三节 "心欲其日休，道欲其日章"：心之遁

南宋文士"身之遁"与"物之遁"的休闲境界，在"心"的方面，即思想认识方面，根源于传统儒、道二家文化。或者说，他们的"身之遁"与"物之遁"，来源于传统哲学"心之遁"的观念。

一、遁世境界的儒家心源

从身之出处来看，儒家文化是南宋文士遁世境界的心源之一。一般认为，隐逸文化与道家思想有着密切联系，但不能说隐逸文化只属于道家。陈洪指出："很奇怪，极少有人把孔子视为隐士。其实，孔子大半生都在隐逸，只不过人们还不真正理解孔子的隐逸方式而已。"[77] 很多

人都只看到孔子为"道"而奔走呼号的一面，而忽视了其隐逸情怀。这当然不是说孔子在根本上是以隐逸为人生主旨，而是要提醒大家，孔子是把隐逸作为"求道"的一个重要方面的。对孔子而言，尽管他天天主张"士志于道"（《论语·里仁》），但又反复强调：

> 天下有道则见，无道则隐。（《论语·泰伯》）
> 隐居以求其志，行义以达其道。（《论语·季氏》）

可以认为，孔子亦将隐居作为"求道"之表现。在朝为官的目的是弘扬"道"，避世隐居也是为了维护"道"。因此，虽然孔子亟亟奔走一生，但对于隐士一直是怀有一种敬重之心的，称其为"贤者"，"贤者辟世，其次辟地"（《论语·宪问》）；对于避世的荷蓧丈人，孔子还敬称他"贤者也"（《论语·微子》）。在行"道"受挫时，孔子不时表示"欲居九夷"（《论语·子罕》），甚至发出"道不行，乘桴浮于海"（《论语·公冶长》）的话，即是其欲走向隐逸之境之流露。

孟子将孔子这种思想精到地概括为"穷则独善其身，达则兼善天下"（《孟子·尽心上》）。故而，陈洪认为："孔子是行义者，也是隐居者。……宜乎哉，兼济与独善的孔子；宜乎哉，天下真隐士同乐孔子师徒之乐！"[78]

孔子为代表的儒家隐逸情怀，对后世产生了巨大影响。不少南宋儒家文人选择"求志之遁"，趋尚隐逸之境，都是受到了孔子的影响。刘克庄明确指出，孔子是肯定隐逸之士的：

> 然孔子记古逸民，仅得七人，如沮溺、荷蓧之流，皆存其言论；于诸弟子中，说漆雕开与曾点，曷尝以隐居为非乎？[79]

而胡寅则表示："枕流漱石，平生已慕于子荆；为黍杀鸡，继此愿从于荷蓧。"[80]他所向往的这种隐逸，显然带有"求志"的儒家色彩，其目的是要在自保的同时，展现一种精神境界，为民众树立一种风向标。正如陆游所言："古人不轻出，出则尧舜其君民；古人不轻隐，隐则坐使风俗淳。"[81]林光朝称林晟为"隐居行义"[82]，也正是出于这种思路。

再从物之取舍来看，"俭以养德"向来是儒家哲学所崇尚的。作为高境界休闲的榜样，孔子的"曲肱之乐"，颜回的"箪食瓢饮"，使得后世儒家文士在隐遁时主动放弃物质享受，而在简陋的生活条件下自得其乐。南宋文士在此一方面所受影响极大。

杨万里将颜回与尧做了对比。他认为，颜回自有其乐，故而视陋巷为无物；尧不以帝王的物质条件为乐，故而视黄屋为无物。二者都是值得效仿的："所乐存焉，则陋巷在前而颜不见；所乐不存焉，则黄屋在上而尧不知。"[83]那么，颜回所乐焉存？其他文士给出了明确的答案，即颜回所乐在于"道"，而不在于"物"。先看李石所言：

> 天下之外物亦多矣，君子之道足以充乎物用。物虽多，君子不以为泰且累而以为宜者，己之道足以乐之也。或曰：文王之圉与颜子陋巷孰乐？曰：颜子之安佚愈于文王之忧患。何也？颜子虽陋巷，郭内外田仅八十亩，乃有孔子者为之依归，故乐之。文王百里之国，广圉至四十里者，以羑里之畏为乐也。[84]

李石的意思是说，颜回八十亩薄田的生活比周文王百里之国的生活更加安乐。这是因为，颜回有着孔子之道可以归依，内心有所安顿，故而可以安贫乐道，自适其适。和李石类似地，宋远孙也有一段议论：

> 士盖有知道之可乐者，而箪瓢之忧足以胜其乐。乐道而忘箪瓢者，惟颜子一人耳。士非无箪食瓢饮也，惟其忧而不乐也。箪食瓢饮等，而忧乐不同，则人之相去远矣。……道之所在，处贱犹贵，陋巷亦贵也；道之所去，处贵犹贱，琼台亦贱也。……虞舜之乐，不解其忧；颜子之忧，不改其乐。[85]

在他看米，颜回之所以能以苦为乐，乃是因为他有"道"作为心灵的安顿。"道"贵，故而处陋巷亦贵，这便使颜回的境界远高于他人。与以上二人观点异曲同工者在南宋颇多，举隅如下：

> 独颜子陋巷箪瓢，若固自有乐之，修身不厌，无它，有圣道为

之依归故也。（释宝昙）[86]

颜子不改其乐，是它功夫到后自有乐处，与贫富贵贱了不相关，自是改它不得。仁智寿乐，亦是功夫到此，自然有此效验。（朱熹）[87]

臣闻人之所以能休戚其心者，以有欲焉尔。夫欲者，志之所趋于此则乐于此，失所趋则乐者为忧矣，此常人之情也。是故有所欲，不得其所欲，则不乐；无所欲，未尝不安其欲，则无不乐。颜子之乐，乐此而已。何者？箪食瓢饮，其视食前方丈何如哉？居于陋巷，其视榱题数尺何如哉？天下之至美，生于吾心之至乐，众人以欲，而颜子以道耳。不以贫窭易其念，则视箪食瓢饮如食前方丈矣；不以富贵动其心，则视居于陋巷如榱题数尺矣。人之所忧，颜子之所乐也。此心不变，则此欲不作；此乐不改，则此忧不萌。人见其乐，而颜子亦不自知其为乐也。如是而后，谓之心斋坐忘焉，谓之庶乎屡空焉。求孔之门，固有愠见于绝粮矣，固有陋于九夷矣，而颜子独能以道为乐，可不谓贤乎哉？（袁说友）[88]

颜子在陋巷，一箪食，一瓢饮，人不堪其忧，而不改其乐，奚恤乎命之穷通。……惟是隐居以求其志，行义以达其道，此实颜、曾之所造，彼世之戚戚然于利害得丧者，果何足以窥斯人之胸中！（林之奇）[89]

此外，林之奇还议论说："一箪一瓢，本不盈掬。加之一毫，岂颜之福？"[90]即在他看来，颜回境界的成就恰恰来自物质的清贫，假如颜回物质充裕，反而会影响他对"道"的体悟，也就不会有"乐道"的佳话。故而，他认为"纡朱怀金而忧，不如箪食瓢饮而乐；衣纯以紫而贵，不若衣纯以青而贫"[91]。

在颜回"不以富贵动其心"的影响下，南宋文士普遍倡导其安贫乐道、悠然自适的心态。例如李石云：

大凡人之奉其四体，莫不唯其安佚便利，与夫鲜华甘美之择，以为耳目鼻口之适。一有不择，则为非所宜而有不适焉者，则命之曰陋，陋者不择之病也。故昔之君子出则愿为九夷之居，其处也虽颜巷之恶不以为忧者，凡以矫世之弃所陋而取所宜者，故能适，适则不陋矣。[92]

李石意在表明：文士不同于俗人，不应贪欲物质享受，而应当效法颜回，以"箪食瓢饮"来纠正世俗的价值观。而杨简、陈宓则明确表示，颜回的陋巷、箪瓢，本身就是一种高度的富足、快乐，胜过一切荣华富贵：

颜子箪瓢，人知其贫，谁知其富？此箪瓢中万事皆足。（杨简）[93]

颜子之巷，渊明之庐，极天下奇伟壮丽，不足与之较……（陈宓）[94]

在这样的观念指引下，不少南宋文士的休闲生活达到了颜回的遁世境界。例如邓肃称赞其弟志中"虽居陋巷而享箪瓢，泰如也"[95]。胡寅称父亲胡安国"人忧己乐，甘颜巷于一瓢"[96]，称孙某"卜陶庐之三径，甘颜巷于一瓢，耻同攘臂以受薪，宁自曲肱而饮水"[97]。他又称侯思孺"逍遥于岳趾。饭疏食而奚怨，衣缊袍而孰耻"[98]。他还称自己也已经"甘在巷之一箪，求其乐地"[99]。林之奇称赞刘丈"繄颜氏子，陋巷长贫。……万金之产，视若埃尘"[100]，又称赞陆丈"嗟嗟先生，仕则不达，寿则不永，亦有以是为先生之恨者，是皆浅浅之为丈夫也，先生之志，尚友古人于千载之上，盖已得夫颜、曾之遗风"[101]。杨简称舒元质"猗欤元质，道心悬蛰，诱也匪牵。乐怡箪瓢。隙庐萧萧，铿然诵弦"[102]。吴友闻赞美吕祖谦"涵泳道义，虽箪食陋巷不能改其乐；雍容进退，虽荣名贵势不以易其操"[103]。黄干称林仁泽"家故多赀，中更变故，箪瓢屡空，人不能堪，君处之裕如也"[104]。陈文蔚称徐子融"穷一瓢而自乐，独守道而行义。是以心优游而自得，身贫贱而无愧"[105]。度正自称"箪食豆羹，心已安于颜馁；抱关击柝，义亦由于孔贫"[106]。刘克庄称马正己"澹薄趣深，安箪瓢之乐而不改；荣华梦绝，视轩冕之物为傥来"[107]，又称林存之父"善积于身，得陋巷箪瓢之乐"[108]。辛弃疾自称"古人兮既往，嗟余之乐，乐箪瓢些"[109]。

最后尤其值得一提的典型是，朱熹的学生陈文蔚在入师门之后，从此讲读圣人之学，终身隐居不仕。他曾专门作赋一篇，表示立志要效法先哲，成为一个安贫乐道之人：

> 伟哲人之秉灵……虽素乎贫贱患难，尝日怵而心逸。……幸天诱其儒衷，就师门而学问。承教戒以非一，希遁世而无闷。虽志苦以筋劳，敢人尤而天怨？中既有以自信，外虽荣而不愿。誓将以此而终吾生，又何有乎遗恨。辞曰：富贵浮云，吾何求兮。从吾所好，圣门游兮。瓶储不继，亦忘忧兮。处困而亨，乐林丘兮。彼窘室庐，山为囚兮。此顺天命，心休休兮。[110]

从这里，我们可以清楚地看到孔子和颜回给南宋文士带来的巨大影响。因此可以说，南宋诸人的休闲境界中的"身之遁"和"物之遁"，始终与儒家之"道"的追求相联系，正是胡铨所谓的"古之君子……心欲其日休，道欲其日章"[111]。

二、遁世境界的道家心源

如果说"儒家之隐，是天下无道、仁义行不通的无奈选择"[112]，那么道家之隐则是一种无论天下、国君有道与否，都弃之而去的主动选择。这其中的原因，就是以庄子为代表的道家深刻地看到了自由的可贵，痛恨政治对人性的戕害，并因而坚决地要以顺遂自性为人生目标。所以首先主张"身之遁"的退隐哲学。

从消极自由方面来说，道家的"身之遁"哲学首先关注的是个体生命。在他们看来，人世间充满冲突和纷争，因此只有深藏自身，才能躲避各种危机（为实现这一点，他们不惜以放弃功名为代价）。故而庄子言："鸟兽不厌高，鱼鳖不厌深。夫全其形生之人，藏其身也，不厌深眇而已矣。"（《庄子·庚桑楚》）他还以肯定性的口吻称赞："鸟高飞以避矰弋之害，鼷鼠深穴乎神丘之下，以避熏凿之患。"（《庄子·应帝王》）故而，胡伟希总结说："道家认为休闲完全是一种个体自适的行为，它强调的是休闲的个体性与生命感受的独特性。显然，道家的这种注重生命个体独特性的休闲理论，奠基于一种社会冲突理论之上。从而，它的休闲理论显示出对现实社会秩序的强烈批判色彩。"[113]

我们看到，一部分南宋人士（如韩世忠、程瑀等）选择"避祸之遁"，显然是受庄子避祸自保以获得自由自适的思想的影响。期中最典型的人物当属陆游。他一生多次被贬，来自官场的打击和诬陷，使他时时感觉危机四伏："世间随处有危机"[114]，"崎岖宦路多危机"[115]，"人间著脚尽危机"[116]。故而，陆游将尘世看作畏途和恶土："早涉人间足畏涂"[117]，"回首人间尘土恶"[118]。但是他又无法改变和应对："骇机满人间，著脚无上策"[119]。最终，面对"人间处处是危机"[120]，他只得不断上书乞祠，以求深藏此身，早归田园之乐。陆游之外，还有释文珦亦颇为典型。他早年因事入狱，久之方得免，遂遁迹不出。他的以下言论都明显反映出庄子遁世哲学的影响：

> 初非傲轩冕，终又畏矰缴。[121]
> 鸟乐在深要，鱼乐在深渊。人乐在深居，不深常致患。[122]
> 一枝愿深栖，庶以避弹射。[123]

从积极自由方面来看，道家的"藏身"，"意味着放弃功名利禄，也意味着性情的自由"[124]。因为道家所最不能接受的，不是清贫的生活境况，而是失去自由的天性和独立的人格。庄子在放弃功名的同时，也获得了个人的自由与快适。第十一章曾提到，庄子拒绝了楚王的延聘，理由是"我宁游戏污渎之中自快，无为有国者所羁，终身不仕，以快吾志焉"。虽然这里"自快"的宾语也用了"志"（"以快吾志"），但这个"志"，和孔子"志于道"的"志"的政治、道德目标完全不同，而是一种高度强调个人自由的人生理想。因此，道家的"志"是追求自我快适的，它和儒家关注天下的"志"有着本质不同。不少南宋文士热爱自由，倡导"自适之遁"，即为了快意的生活而决意摆脱功名的束缚，其思想源头本乎此。相关例子在第十一章中已经列举不少，此处再补加若干，可以更清楚地证明道家哲学对南宋休闲文化中"遁世境界"的影响。例如：

浮云身世两悠悠，何劳身外求？……陶然无喜亦无忧，人生且自由。（张抡）[125]

人生所贵，逍遥快意，此外皆非。（张抡）[126]

没事汉、清闲人。任自由、毁誉利害不上心。恣闲吟。登山玩水且闲行……（沈瀛）[127]

归休去，去归休。不成人总要封侯？浮云出处元无定，得似浮云也自由。（辛弃疾）[128]

却将不系自由身。闲中书日月，随处弄儿孙。（魏了翁）[129]

此外，道家哲学也主张"物之遁"。在"物"的方面，道家休闲哲学倡导廉取寡需："鹪鹩巢于深林，不过一枝；偃鼠饮河，不过满腹。"西汉道家著作《淮南子》还记载了这样一个故事："惠子从车百乘以过孟诸，庄子见之，弃其余鱼。鹈胡饮水数斗而不足，鳝鲔入口若露而死。"（《淮南子·齐俗训》）可见道家对"知足"的倡导。南宋文士的"物之遁"，也受到这种哲学思想的影响。例如邓肃专门发表议论道：

世间轻暖肥甘，迷楼琼屋，不知几万等。吾又安能足其志耶？呜呼！芬芬鼎烹，要在满腹；沈沈府居，要在驻足。一庵之大，固有余地矣，又何事他求哉？庄周曰："鹪鹩巢于深林，不过一枝。"善乎，庄周之能了此意也！且不了一滴之旨，虽倾四海之流不足以供其赏；不悟一枝之要，虽扩六合之大不足以厌其求。此世士所以终身汨汨，荡荡忘返，可以深嗟而叹息也。[130]

邓肃之后，还有胡寅自称"所欲甚微，在鹪鹩一枝而已足"[131]。仲并在给皇帝的谢表中告诫自己"巢林不过一枝，姑安素分"[132]。林之奇也将这种哲学作为自己的座右铭："饮于大河，满腹自足。"[133]此外，诗人们也与此同调，范成大乃是其中典型。他多次诗云：

乌鹊倦时三匝绕，鹪鹩稳处一枝深。[134]
百年何处用三窟，万事信缘安一枝。[135]
经过扫轨但幽栖，巢稳林深寄一枝。[136]

还有陆游诗云："骐骥志千里，鹪鹩巢一枝。"[137] 张镃诗云："暮年丛薄寄鹪鹩，搔首巡檐岁月销。"[138] 方岳诗云："人间狡兔自三窟，身外鹪鹩只一枝。"[139] 释文珦诗云："鹪鹩巢中林，所择唯一枝。俛啄草间粒，自可长无饥。"[140] 南宋词人也不乏此类共鸣，例如：

> 俗事丹砂冷，且抱一枝安。（吕渭老）[141]
>
> 幸一枝粗稳，三径新治。（辛弃疾）[142]
>
> 日月两浮毂，身世一虚舟。想鹪鹩，与鸿鹄，不相谋。（吴潜）[143]
>
> 归去来兮，要待足、何时是足。荣对辱、饮河鼹鼠，无过满腹。（刘守）[144]

　　显然以上南宋文士们所流露的思想，同样也都源于道家的"物之遁"哲学。

　　总之，遁者，逃也。从和世界的关系上讲，遁世的休闲是一种为了个体的消极自由而采取的消极逃避方式。其肯定性价值在于遁世者能够保持操守，不与俗世同流合污，因而获得清高自持的人格。其局限性在于，由于遁世者只考虑"小我"的自保与自得，故而得到的也只能是相对消极的自由与安乐。由于遁世者采取"出世"策略，缺乏与社会的交流、共融，更缺乏济世情怀，故而在人性的完满实现与人格的全面发展上有所缺失。此外，自我封闭的心态也导致了对封闭性生活环境的执着要求。

———

注释

[１] 胡伟希：《论中国休闲哲学的当代价值及其未来发展》，载《学习论坛》，2004年第9期。

[２] 彭鹏：《本体、工夫与境界：心文化的理论与实践》，载《唐都学刊》，2010年第5期。

［3］《卧云庵记》，《成都文类》卷四四，见曾枣庄等编：《全宋文》（第193册），上海：上海辞书出版社，合肥：安徽教育出版社，2006年版，第225页。

［4］参见张广瑞、宋瑞：《关于休闲的研究》，载《社会科学家》，2001年第5期。

［5］同上。

［6］吴小龙：《任情适性的审美人生：隐逸文化与休闲》，昆明：云南人民出版社，2005年版，《总序一》。

［7］陈来：《有无之境：王阳明哲学的精神》，北京：人民出版社，1991年版，第6页。

［8］张玉勤：《试论中国古代休闲的"境界"》，载《广西社会科学》，2005年第10期。

［9］《龙图阁学士广平郡侯程公墓志铭》，《胡澹庵先生文集》卷二三，见曾枣庄等编：《全宋文》（第196册），第52页。

［10］《庄器之（贤良）居镜湖上，作＜吾亦爱吾庐＞六诗见寄。因次韵，述桂隐事报之，兼呈同志》六首其四，《南湖集》卷一，见（南宋）张镃：《南湖集》，吴晶、周膺点校，北京：当代中国出版社，2014年版，第30页。

［11］《感怀》十首其七，《秋崖先生小稿》卷一五，见傅璇琮等主编：《全宋诗》（第61册），北京：北京大学出版社，1998年版，第38348页。

［12］《谢监庙文集序》，《晦庵先生朱文公文集》卷七六，见曾枣庄等编：《全宋文》（第250册），第334页。

［13］《孝逸先生传》，《胡澹庵先生文集》卷三一，见曾枣庄等编：《全宋文》（第196册），第21页。

［14］《与吴元忠书》一，《五峰集》，见曾枣庄等编：《全宋文》（第198册），第254页。

［15］陆庆祥：《苏轼休闲审美思想研究》，浙江大学博士论文，2010年，第144—145页。

［16］《遁庵铭》，《方舟集》卷一四，见曾枣庄等编：《全宋文》（第206册），第60页。

［17］《答本路赵不迁运使》，《诚斋集》卷一○五，见曾枣庄等编：《全宋文》（第238册），第15页。

［18］《答赣州张舍人》，《诚斋集》卷一○七，见曾枣庄等编：《全宋文》（第238册），第72页。

［19］《罗彦节墓志铭》，《诚斋集》卷一二七，见曾枣庄等编：《全宋文》（第240册），第239页。

［20］《罗湖野录叙》，《罗湖野录》卷首，见曾枣庄等编：《全宋文》（第206册），第352页。

［21］《答林择之》，《晦庵先生朱文公文集》卷四三，见曾枣庄等编：《全宋文》（第 246 册），第 289 页。

［22］《答潘叔昌》，《晦庵先生朱文公文集》卷四六，见曾枣庄等编：《全宋文》（第 247 册），第 51 页。

［23］《幽谷》，《秋崖先生小稿》卷一，见傅璇琮等主编：《全宋诗》（第 61 册），第 38263 页。

［24］《次韵程弟》，《秋崖先生小稿》卷二，见傅璇琮等主编：《全宋诗》（第 61 册），第 38271 页。

［25］《奉寄淮西总领张少卿，并呈建康留守章侍郎二首》其一，《南湖集》卷四，见 (南宋) 张镃：《南湖集》，吴晶、周膺点校，第 109 页。

［26］《隐斋记》，《敬乡录》卷一〇，见曾枣庄等编：《全宋文》（第 242 册），第 50 页。

［27］潘立勇、陆庆祥：《中国传统休闲审美哲学的现代解读》，载《社会科学辑刊》，2011 年第 4 期。

［28］《净慧岩铭》，康熙《安岳县志》卷二，见曾枣庄等编：《全宋文》（第 211 册），第 50 页。

［29］潘立勇、陆庆祥：《中国传统休闲审美哲学的现代解读》，载《社会科学辑刊》，2011 年第 4 期。

［30］《巢山》，《剑南诗稿》卷三十二，见钱仲联、马亚中主编：《陆游全集校注》（第 4 册），杭州：浙江教育出版社，2011 年版，第 300 页。

［31］《村居冬日》，《剑南诗稿》卷十四，见钱仲联、马亚中主编：《陆游全集校注》（第 2 册），第 437 页。

［32］《村居》四首其一，《剑南诗稿》卷五十四，见钱仲联、马亚中主编：《陆游全集校注》（第 6 册），第 163 页。

［33］《初夏杂兴》六首其五，《剑南诗稿》卷七十六，见钱仲联、马亚中主编：《陆游全集校注》（第 7 册），第 483 页。

［34］《感怀》十首其七，《秋崖先生小稿》卷一五，见傅璇琮等主编：《全宋诗》（第 61 册），第 38348 页。

［35］《中隐》，《于湖居士文集》卷四，见傅璇琮等主编：《全宋诗》（第 45 册），第 27749 页。

［36］《寒夜》，《剑南诗稿》卷十，见钱仲联、马亚中主编：《陆游全集校注》（第 2 册），第 218 页。

［37］《闲居》七首其一，《剑南诗稿·放翁集外诗》，见钱仲联、马亚中主编：《陆游全集校注》（第 8 册），第 302 页。

［38］《寓叹》四首其二，《剑南诗稿》卷八十四，见钱仲联、马亚中主编：《陆游

全集校注》(第 8 册),第 243 页。

[39]《伊山向氏有裕堂记》,《斐然集》卷二一,见曾枣庄等编:《全宋文》(第 190 册),第 96 页。

[40]同上。

[41]《西外宗院厅东轩记》,《复斋集》卷九,见曾枣庄等编:《全宋文》(第 305 册),第 216—217 页。

[42]《金银字合论偈》,《方舟集》卷一四,见曾枣庄等编:《全宋文》(第 206 册),第 73 页。

[43]《张氏雪岩记》,《方舟集》卷一一,见曾枣庄等编:《全宋文》(第 206 册),第 20 页。

[44]《师氏违物斋记》,《国朝二百家名贤文粹》卷一四二,见曾枣庄等编:《全宋文》(第 210 册),第 251 页。

[45]《送程平叔之晋江簿序》,《江湖长翁集》卷二三,见曾枣庄等编:《全宋文》(第 256 册),第 230 页。

[46]《纪先训》一,《慈湖先生遗书》卷一七,见曾枣庄等编:《全宋文》(第 275 册),第 380 页。

[47]《祭王待制文》,《永乐大典》卷一四〇四六,见曾枣庄等编:《全宋文》(第 185 册),第 426 页。

[48]《祭季成弟文》,《永乐大典》卷一四〇五二,见曾枣庄等编:《全宋文》(第 185 册),第 429 页。

[49]《祭林从事文》,《唯室集》卷三,见曾枣庄等编:《全宋文》(第 206 册),第 202 页。

[50]《尹和靖画赞》,《拙斋文集》卷一七,见曾枣庄等编:《全宋文》(第 208 册),第 87 页。

[51]《代舅祭仲迁文》二,《拙斋文集》卷一九,见曾枣庄等编:《全宋文》(第 208 册),110 页。

[52]《四友堂记》,《梅溪先生文集》卷一七,见曾枣庄等编:《全宋文》(第 209 册),110 页。

[53]《净慧岩铭》,康熙《安岳县志》卷二,见曾枣庄等编:《全宋文》(第 211 册),第 50—51 页。

[54]《圣门事业后序》,见曾枣庄等编:《全宋文》(第 241 册),第 54—54 页。

[55]《送程平叔之晋江簿序》,《江湖长翁集》卷二三,见曾枣庄等编:《全宋文》(第 256 册),第 230 页。

[56]《祭袁通判章文》,《攻愧集》卷八四,见曾枣庄等编:《全宋文》(第 266 册),第 234 页。

[57]《龚养正芥隐铭》,《宫教集》卷一二, 见曾枣庄等编:《全宋文》(第 269 册), 第 126 页。

[58]《中隐赋》,《双溪集》卷九, 见曾枣庄等编:《全宋文》(第 269 册), 第 375 页。

[59]《祭蔡行之尚书文》,《水心文集》卷二八, 见曾枣庄等编:《全宋文》(第 287 册), 第 69 页。

[60]《宋处士汪君处微父墓碣铭》,《康范诗集》附录, 见曾枣庄等编:《全宋文》(第 315 册), 第 167 页。

[61]《少师观文殿大学士致仕魏国公赠太师谥正献陈公行状》下,《晦庵先生朱文公文集》卷九六, 见曾枣庄等编:《全宋文》(第 252 册), 第 294 页。

[62]《通判恭州江君墓志铭》,《晦庵先生朱文公文集》卷九二, 见曾枣庄等编:《全宋文》(第 253 册), 第 137 页。

[63]《承事郎致仕潘公墓志铭》,《晦庵先生朱文公文集》卷九三, 见曾枣庄等编:《全宋文》(第 253 册), 第 161 页。

[64]《祭延平李先生文》,《晦庵先生朱文公文集》卷八七, 见曾枣庄等编:《全宋文》(第 253 册), 第 215 页。

[65]《送方明父归岳阳序》,《勉斋先生黄文肃公文集》卷一九, 曾枣庄等编:《全宋文》(第 288 册), 第 277 页。

[66]《再韵答子文》,《石湖居士诗集》卷六, 见傅璇琮等主编:《全宋诗》(第 41 册), 第 25794 页。

[67]《乙未元日用前韵书怀今年五十矣》,《石湖居士诗集》卷一四, 见傅璇琮等主编:《全宋诗》(第 41 册), 第 25874 页。

[68]《六月二十四日病起喜雨闻莺与大儿议秋凉一出游山》三首其一,《诚斋集》卷四二《退休集》, 见傅璇琮等主编:《全宋诗》(第 42 册), 第 26653 页。

[69]《晨炊泉水塘村店无肉只卖笋蕨嘲亭父》,《诚斋集》卷三四《江东集》, 见傅璇琮等主编:《全宋诗》(第 42 册), 第 26537 页。

[70]《五月十六夜病中无聊起来步月》五首其二,《诚斋集》卷四二《退休集》, 见傅璇琮等主编:《全宋诗》(第 42 册), 第 26652 页。

[71]《次胡经仲知丞赠别韵》,《石湖居士诗集》卷八, 见傅璇琮等主编:《全宋诗》(第 41 册), 第 25813 页。

[72]《寄赠致远并呈现老》,《石湖居士诗集》卷四, 见傅璇琮等主编:《全宋诗》(第 41 册), 第 25780 页。

[73]《鹧鸪天·读渊明诗不能去手, 戏作小词以送之》,《稼轩词》卷九, 见(南宋) 辛弃疾:《辛弃疾全集》, 王步高等辑校汇评, 珠海:珠海出版社, 2002 年版, 第 130 页。

［74］《感怀》十首其九，《秋崖先生小稿》卷一五，见傅璇琮等主编:《全宋诗》（第 61 册），第 38348 页。

［75］《渔父词·嘉熙戊戌季春一日，画溪吟客王子信为亚愚诗禅上人作渔父词七首》其七，见唐圭璋编纂:《全宋词》（简体增订本第 4 册），北京：中华书局，1965 年版，第 3743 页。

［76］《满江红》，见唐圭璋编纂:《全宋词》（简体增订本第 5 册），第 4352 页。

［77］陈洪:《高山流水：隐逸人格》，武汉：长江文艺出版社，1996 年版，第 17 页。

［78］同上书，第 22 页。

［79］《跋程垣诗卷》，《后村先生大全集》卷一〇一，见曾枣庄等编:《全宋文》（第 329 册），第 247 页。

［80］《答孙判监启》，《斐然集》卷七，见曾枣庄等编:《全宋文》（第 189 册），第 258 页。

［81］《寄题求志堂》，《剑南诗稿》卷六十六，见钱仲联、马亚中主编:《陆游全集校注》（第 7 册），第 112 页。

［82］《林兵部墓志铭》，《艾轩先生文集》卷九，见曾枣庄等编:《全宋文》（第 210 册），第 117 页。

［83］《庸言》一，《诚斋集》卷九四，见曾枣庄等编:《全宋文》（第 239 册），第 49 页。

［84］《合州苏氏北园记》，《国朝二百家名贤文粹》卷一五〇，见曾枣庄等编:《全宋文》（第 206 册），第 42 页。

［85］《杂说》，《国朝二百家名贤文粹》卷四三，见曾枣庄等编:《全宋文》（第 209 册），第 238—241 页。

［86］《清荫堂记》，《橘洲文集》卷一〇，见曾枣庄等编:《全宋文》（第 241 册），第 178 页。

［87］《答林德久》，《晦庵先生朱文公文集》卷六一，见曾枣庄等编:《全宋文》（第 249 册），第 76 页。

［88］《论语讲义》，《东塘集》卷一一，见曾枣庄等编:《全宋文》（第 274 册），第 342 页。

［89］《祭陆乂先生文》，《拙斋文集》卷一九，见曾枣庄等编:《全宋文》（第 208 册），第 102—103 页。

［90］《颜巷铭》，《拙斋文集》卷一七，见曾枣庄等编:《全宋文》（第 208 册），第 84 页。

［91］《祭郭丈文》，《拙斋文集》卷一九，见曾枣庄等编:《全宋文》（第 208 册），第 106 页。

[92]《教授厅坚白堂记》,《成都文类》卷二九,见曾枣庄等编:《全宋文》(第206册),第34页。

[93]《纪先训》一,《慈湖先生遗书》卷一七,见曾枣庄等编:《全宋文》(第275册),第372页。

[94]《西外宗院厅东轩记》,《复斋集》卷九,见曾枣庄等编:《全宋文》(第305册),第217页。

[95]《亦骥轩记》,《栟榈集》卷一六,见曾枣庄等编:《全宋文》(第183册),第171页。

[96]《进先公文集表》,《斐然集》卷六,见曾枣庄等编:《全宋文》(第189册),第120页。

[97]《答孙判监启》,《斐然集》卷七,见曾枣庄等编:《全宋文》(第189册),第258页。

[98]《祭侯郎中思孺》,《斐然集》卷二七,见曾枣庄等编:《全宋文》(第190册),第246页。

[99]《自便谢政府及中司启》,《斐然集》卷七,见曾枣庄等编:《全宋文》(第189册),第261页。

[100]《祭刘丈先生文》,《拙斋文集》卷一八,见曾枣庄等编:《全宋文》(第208册),101页。

[101]《祭陆丈先生文》,《拙斋文集》卷一九,见曾枣庄等编:《全宋文》(第208册),第103页。

[102]《宜州通判舒元质墓志铭》,《慈湖先生遗书补编》,见曾枣庄等编:《全宋文》(第276册),第52页。

[103]《祭吕祖谦文》,《东莱吕太史文集》附录三,见曾枣庄等编:《全宋文》(第277册),第34页。

[104]《林处士墓志铭》,《勉斋先生黄文肃公文集》卷三五,见曾枣庄等编:《全宋文》(第288册),第487页。

[105]《祭徐子融文》,《克斋集》卷一一,见曾枣庄等编:《全宋文》(第290册),第426页。

[106]《通利州唐寺丞启》,《性善堂稿》卷八,见曾枣庄等编:《全宋文》(第301册),第101页。

[107]《马光祖故父赠太师吉国公正己追封庆国公制》,《后村先生大全集》卷七四,见曾枣庄等编:《全宋文》(第327册),第103页。

[108]《资政殿大学士中大夫提举临安府洞霄宫林存郊恩故父已赠太子太师子登特赠少保制》,《后村先生大全集》卷七四,见曾枣庄等编:《全宋文》(第327册),第125页。

［109］《水龙吟·用"些"语再题瓢泉，歌以饮客，声韵甚谐，客为之醵》，《稼轩词》卷五，见（南宋）辛弃疾：《辛弃疾全集》，王步高等辑校汇评，第 58 页。

［110］《致遂赋》，《克斋集》卷一三，见曾枣庄等编：《全宋文》（第 290 册），第 295 页。

［111］《遗从子维宁书》，《澹庵文集》卷六，见曾枣庄等编：《全宋文》（第 195 册），第 233 页。

［112］陈洪：《高山流水：隐逸人格》，第 30 页。

［113］胡伟希：《中国休闲哲学的特质及其开展》，载《湖南社会科学》，2003 年第 6 期。

［114］《昼卧》，《剑南诗稿》卷八，见钱仲联、马亚中主编：《陆游全集校注》（第 2 册），第 97 页。

［115］《寄题李季章侍郎石林堂》，《剑南诗稿》卷六十二，见钱仲联、马亚中主编：《陆游全集校注》（第 6 册），第 448 页。

［116］《读史》二首其一，《剑南诗稿》卷七十，见钱仲联、马亚中主编：《陆游全集校注》（第 7 册），第 161 页。

［117］《官居书事》二首其一，《剑南诗稿》卷十九，见钱仲联、马亚中主编：《陆游全集校注》（第 3 册），第 226 页。

［118］《月下独坐》，《剑南诗稿》卷二十三，见钱仲联、马亚中主编：《陆游全集校注》（第 3 册），第 414 页。

［119］《初入西州境述怀》，《剑南诗稿》卷三，见钱仲联、马亚中主编：《陆游全集校注》（第 1 册），第 210 页。

［120］《上书乞祠》，《剑南诗稿》卷二十，见钱仲联、马亚中主编：《陆游全集校注》（第 3 册），第 282 页。

［121］《还山》，《潜山集》卷二，见傅璇琮等主编：《全宋诗》（第 63 册），第 39518 页。

［122］《天乐歌》，《潜山集》卷二，见傅璇琮等主编：《全宋诗》（第 63 册），第 39520 页。

［123］《感兴》，《潜山集》卷三，见傅璇琮等主编：《全宋诗》（第 63 册），第 39529 页。

［124］陈洪：《高山流水：隐逸人格》，第 28 页。

［125］《阮郎归·咏夏》十首其十，见唐圭璋编纂：《全宋词》（简体增订本第 3 册），第 1830 页。

［126］《朝中措·渔父》十首其六，见唐圭璋编纂：《全宋词》（简体增订本第 3 册），第 1837 页。

［127］《风入松》，见唐圭璋编纂：《全宋词》（简体增订本第 3 册），第 2152 页。

[128]《鹧鸪天》，见唐圭璋编纂：《全宋词》（简体增订本第 3 册），第 2499 页。

[129]《临江仙·杜安人生日》，见唐圭璋编纂：《全宋词》（简体增订本第 4 册），第 3068 页。

[130]《一枝庵记》，《枰桐集》卷一八，见曾枣庄等编：《全宋文》（第 183 册），第 186 页。

[131]《代张子期上秦太师启》，《斐然集》卷八，见曾枣庄等编：《全宋文》（第 189 册），第 276 页。

[132]《蕲州到任谢表》，《浮山集》卷五，见曾枣庄等编：《全宋文》（第 192 册），第 244 页。

[133]《颜巷铭》，《拙斋文集》卷一七，见曾枣庄等编：《全宋文》（第 208 册），第 84 页。

[134]《除夜》，《石湖居士诗集》卷二二，见傅璇琮等主编：《全宋诗》（第 41 册），第 25959 页。

[135]《殊不恶斋秋晚闲吟五绝》其三，《石湖居士诗集》卷二五，见傅璇琮等主编：《全宋诗》（第 41 册），第 25990 页。

[136]《丙午新正书怀十首》其八，《石湖居士诗集》卷二六，见傅璇琮等主编：《全宋诗》（第 41 册），第 25995 页。

[137]《秋日次前辈新年韵》五首其二，《剑南诗稿》卷七十八，见钱仲联、马亚中主编：《陆游全集校注》（第册），第 36 页。

[138]《题丞厅》，《后村诗话》后集卷二，见（南宋）刘克庄：《后村诗话》，王秀梅点校，北京：中华书局，1983 年版，第 72 页。

[139]《次韵胡兄》二首其二，《秋崖先生小稿》卷一三，见傅璇琮等主编：《全宋诗》（第 61 册），第 38346 页。

[140]《题鸎鹎巢林行》，《潜山集》卷一三，见傅璇琮等主编：《全宋诗》（第 63 册），第 39685 页。

[141]《水调歌头·哭进道"飞桥自古双溪合，柽柳如今夹岸垂"么金店别业诗》，见唐圭璋编纂：《全宋词》（简体增订本第 2 册），第 1455 页。

[142]《满庭芳·和洪丞相景伯韵》，见唐圭璋编纂：《全宋词》（简体增订本第 3 册），第 2465 页。

[143]《水调歌头》，见唐圭璋编纂：《全宋词》（简体增订本第 4 册），第 3521 页。

[144]《满江红·刘守解任》，见唐圭璋编纂：《全宋词》（简体增订本第 5 册），第 4535 页。

第十五章　南宗休闲哲学的谐世境界

如果说"遁世境界"是一种"出世"的休闲，那么"谐世境界"则是一种"入世"的休闲。它的依据是作为中国哲学（尤其是儒家哲学）基本精神之一的"中和"。"中"即"中正"，即恪守中道，坚持原则，但也要不偏不倚，不可走极端。"和"即和而不同，面对不同的世界观、价值观能保持合作与和谐。《易经》就高度阐发了"中和"思想，孔子也称"和为贵"（《论语·学而》），称行事走极端为"过犹不及"（《论语·先进》）而加以反对。对"中和"的理论予以展开的见于《中庸》：

> 喜怒哀乐之未发，谓之中；发而皆中节，谓之和。中也者，天下之大本也；和也者，天下之达道也。致中和，天地位焉，万物育焉。

可见，在儒家眼中，"中和"是世界和谐、发展的终极目标，同时，它也是一种方法论，是一种承认世界多元化、思想多元化，学会包容正反两面意见并加以融合，使人类始终处于合作中的一种为人处世方式。故而有人认为，中国传统休闲价值观具有"贵和尚中的价值原则"[1]。

由此，传统休闲观也重视一种休闲的和谐与平衡，即避免将个体的休闲与社会制度、国家政治等方面加以人为的对立，而是在与人世的和谐相处中悠闲地享受属于自己的一方天地。正如胡伟希指出：

> 中国休闲哲学不仅仅是关于个体的生命实现之道，而且是人与自然和谐相处之道，是人与人之间、群与群之间和谐相处之道。它不仅是人生哲学，而且是社会哲学，是政治哲学，可以作为人类建立"地球村"，以及最终实现世界大同的理论基石。[2]

这种"谐世境界"在南宋休闲哲学中表现得亦十分明显。黄达安认为："古典休闲观立足于西方哲学的知识论传统，把世界二元化为理性与感性、精神与肉体、逻辑与生存、理论与现实之间的对立。"[3]而南宋休闲的谐世境界表明，中国古典休闲观不是基于知识论把世界进行二元对立的，而是基于存在论，把与社会相谐调、融合作为主旨，从而打消以上各种隔阂，使人在和谐的心态中享受休闲。

第一节 "官居翻似隐沦栖"：身之谐

在遁世境界中，尽管有利于保持节操，但毕竟是失之于消极，所以容易带来一种潜在的危险，乃至于带来激烈的冲突。首先，遁世者中常有经天纬地之才，故而会得到统治阶级的钦慕。而面对王侯的延聘，他们通常采取拒绝出山的不合作态度。这有时便会激怒统治者，甚至会给遁世者带来杀身之祸，造成悲剧性结果，如春秋时晋国的介子推、魏晋时的嵇康就是典型。

此外，遁世者本人虽然能够将"寒江独钓"作为享受，但其家庭未必能认可和忍受这种生活方式。于是，来自家庭内部的冲突有时也不可避免。最终的结果往往是，遁世自由的获得，以遁世者丧失亲友或成为"孤家寡人"为代价。而脱离了社会与家庭，毕竟无法实现人性的健康发展，因为"人的本质并不是单个人所固有的抽象物，实际上，它是一切社会关系的总和"[4]。因此德国哲学家指出："闲暇之所以成为可能，其前提必须是人不仅要能和自己和谐相处，同时必须和整个世界及其所代表的意义相符合一致。"[5]我国学者也认为："对于中国传统思想来说，休闲不仅仅是指人们在解决温饱问题以后的娱乐与放松，它其实是一种积极有为的生活方式。这种生活方式强调的是人与自然的和谐、人与人之间的和谐、作为个体的生命与其心灵的和谐。"[6]

事实上，古人已经意识到，"身之遁"是带有某种极端性质的，不符合"中和"理想。选择遁世之人的性格，往往是在性情耿直中存在片面急躁，在洁身自好中带有胸襟狭窄。这种个性在古汉语中被称为"狷"，与"狂"同具贬义。相比先秦至魏晋以来狂狷之士的遁隐，自唐宋以来，封建文士开始推崇一种"谐世"的境界。它首先表现为采取一种"身与世谐"的态度，以避免不必要的冲突，并在个人自由与社会发展中寻找一种平衡。

有人指出："宋代名隐之间，皇帝与名隐之间，好多都有着很深的交谊，他们的努力也确实奏效。宋朝廷与隐士之间基本上保持着一种理解与和谐的气氛，隐士安分守己，不反抗社会；朝廷爱护隐士，给予充分的自由和优惠。朝廷和隐士就这样形成了一种互谅的空气，互相理解，和睦相处，从而导致了隐逸之风的盛炽。"[7] 南宋在这方面尤其如此。这是因为，不少南宋文士首先在思想观念上就比较倡导"谐世"境界。例如，何恪有一段具有代表性的精彩论述。在他看来，"隐"未必一定要入山，只要不留意于世俗的名利追求，无论何种职业俱可称"隐"。显然，他所倡导的即是一种"谐世"的境界：

> 其将诸称隐者，非必去朝市，裂冠裳，岩栖穴处，山衣藿食，猿狄之与居，麋豕之与游，然后为隐。凡能移世族日所驰骛，以为不足留意，于一物以自休，足以为隐名如晋人。或隐于卜，或隐于贾，或隐于屠钓，俱不害其为隐，虽吏亦可以隐称也。[8]

与何恪相类似，刘辰翁也曾对人说过这样的话："子以为隐者之隐，必孤山之梅，小山之桂，竹林之密密，兰畹之幽幽乎？……故凡隐者皆蹊也，亦不能不蹊也。蹊而桃李焉，桃李而邂逅焉，未尝不与人混，未尝求与人异，未尝不与人同乐。"[9] 在他看来，"隐者"没有必要完全与世隔绝，也没有必要故作另类。他们也是可以与人混迹，与人同乐的。

由此可见，一部分南宋文士倡导一种"谐世"的休闲境界。和遁世的"不即"世界不同，谐世境界采取的是"不离"世界的做法，即不刻意同世界相阻隔。的确，按马克思的说法，人毕竟是社会的动物。因此，最明智的做法绝不是逃离社会，而是在社会中尽量协调人与人之间的关系，获得和谐相处的快乐。何况，如果心不遁，就算身处山林之中，也可能只是假装超俗却心驰魏阙，同样是不能得到休闲的。而混俗群居，只要内心淡泊名利，同样可以享受休闲，并且还可增加一份来自人伦之境的浓厚温情。

"身与世谐"即意味着"身"的平衡，它首先表现在居住环境上。陆游提出"逢山皆可隐，不必上三峨"[10]。其境界看似超脱，但还是对自然之境有着执着与依赖。即是说，主体必须在封闭隔绝的山中才能获得休闲。而其他南宋文士却认为：

> 要寻闲世界，不在世界外。（杨万里）[11]

此心闲处，未应长丘壑。（辛弃疾）[12]

相比之下，此二人的境界就明显比陆游高了一个层次，而与庄子"无江海而闲"（《庄子·刻意》）的休闲命题有神似之处。此外，张镃有诗云："世缘即是栖禅境，居士何尝别见闻？"[13]此语更是从佛教的立场来倡导"身之谐"的休闲，与辛词有着异曲同工之妙。

而张孝祥的"小隐即居山，大隐即居廛。夫君处其中，政尔当留连"[14]更直接透露了一种"中隐"的诉求。"中隐"是唐宋以来以白居易为典型代表的一种儒家文士的休闲观。它力图在"大隐"（居闹市）和"小隐"（居山林）之间寻找一个妥协，一种与人世不即不离的平衡点。曹勋指出，隐居有两种：

> 山林之士，搢绅之家，隐迹遁名，警世离俗……或介以自持，或通以接物。[15]

不难看出，"隐迹遁名，警世离俗"者，乃是"小隐"的遁世境界，而"通以接物"者，正是"中隐"的通达境界。王炎则直接对白居易的"中隐"发出赞赏："有如乐天，可谓贤矣，不膏肓于邱壑之下，不柴栅于绅绂之间。招释子于匡庐之阜，呼酒徒于香林之滩。得丧两忘，去就俱闲。无乃欲眇今世而尚友，与斯人而比肩？"[16]黄格还祝愿他人"我愿公归中隐，九老要齐肩"[17]。

在这种观念下，颇有一部分南宋文士自觉实现了"中隐"。例如王炎赞留某道：

> 三衢留侯以中隐自处，范石湖为书二大字以表章之，侯有《中隐对》，自叙甚详。夫若隐若显，内心泰然，不为圭组所累，侯之志高矣。……子留子道高位下，丰蓄而啬施。发挥所有，可以雷霆一世，而畏人知之。沈酣自得于理义之府，盘薄不骛于功名之涂，乃以"中隐"，扁其室庐。[18]

此外，正如第十一章所提到的，不少南宋文士选择了城市居住而修建园林的生活方式，以享受闹中取静的休闲环境，实现了"身之谐"的"中隐"境界。

应当说，居住环境上的"身之谐"，更符合人的本然需求和人性伦理。由于佛教过于强调个体的自足和与世隔绝，如大慧禅师所言"一切由我，如壮士展臂，不借他力；师子游行，不求伴侣"[19]，身、物之遁已经到了不食人间烟火的地步，故而南宋文士尽管信佛参禅者甚众，但出家的方式并未为他们所普遍采用。范成大提出"混俗休超俗，居家似出家"[20]，自称"身世略如僧在家"[21]，可谓体现了南宋文士对休闲环境选择的典型心态。此外，从南宋文人"居十"名号之多亦可以看出其"身之谐"的折中策略。

胡伟希认为："儒家的休闲理论具有其思想前提预设，即强调个人是不能脱离社会而生活的，而且认为个人与社会是可以和谐相处的。因此，儒家的休闲理论，主要是一种社会和谐发展的理论。换言之，对于儒家来说，个人的休闲方式须在社会中进行与实践；反过来，个人的社会实践与社会活动，即体现为个人的休闲方式。……儒家的休闲理论注重人际关系的和谐发展。"[22]徐春林也认为："在儒家看来，社会不仅不是对人的约束，恰恰相反，它是个人实现自我的环境和条件。"[23]南宋文士休闲的"身之谐"境界，明显带有儒家休闲理论的根源。

"身与世谐"的平衡其次还表现在从业环境上。儒家理想是要求君子学而优则仕的，多数南宋读书人均对此有所践履。而在仕途失意之时，一部分士大夫选择了对政治的彻底决裂与完全遁隐，而另一部分则倡导进行有原则的妥协。在后者看来，对政治的疏离并不一定意味着对仕途的彻底弃绝。王炎暗示：过于清高而完全摈弃仕途并不明智。例如商末的伯夷、叔齐，拒绝与周初统治者合作，入山隐居。由于固执地耻食周粟，采薇而食，终于饿死于首阳山。王炎对他们表示敬意，但对他们的做法却并不赞赏：

> 夫孤竹二子，采薇西山，揭日月于百世之上，可望而不可攀。槁项黄馘，山泽下士，徒悦其风，未喻斯旨。友麋鹿于闲旷之墟，玩鱼鸟于沉寥之涘。惟陆沈而无用，徒牢关而固拒。[24]

对于士大夫（尤其是年富力强者）来说，过早归隐山林是不现实的和不必要的，并且也难以为君主、执政者所接受。何况，朝臣也希望统治者从隐士之中寻找可用之才（例如袁说友就曾作《举遗逸实材状》奏请皇帝从山林隐逸中选拔人才）。于是，南宋文士便倡导和采取了"吏隐"（或称"禄隐"）之道。

所谓"吏隐"，辞书的解释为"不以利禄萦心，虽居官而犹如隐者"[25]。南朝谢朓的"既怀欢禄情，复协沧洲趣"[26]可谓是"吏隐"最早的代表，尽管那时尚无该词语。作为隐仕矛盾得以很好调和满足的一种方式，"吏隐"在唐代颇受青睐。如杜甫称其一些同僚：

> 吏隐道性情，兹焉其窟宅。[27]
> 闻说江山好，怜君吏隐兼。[28]

如此等等，兹不细举。事实上，白居易的"中隐"亦是一种标准的"吏隐"，因为他在《中隐》一诗中透露：他隐在"留司官"，即太子宾客的位置。

在南宋时期，"吏隐"之道亦得到一些文士的采纳。如陆游对此便颇有期待："赖有东湖堪吏隐，寄声篱菊待吾归。"[29]范成大在万州时，目睹"官曹倚岩栖，市井唤船渡"[30]，便发出了"昔闻吏隐名，今识吏隐处"[31]的感慨。后来，他称赞杨万里"公退萧然真吏隐，文名藉甚更诗声"[32]，并自称"花竹萧骚小圃畦，官居翻似隐沦栖。巴山四合秋阳满，杜宇黄鹂相对啼"[33]。

问题在于，官场是休闲的巨大障碍，许多南宋文士已将这一点流露得非常清楚。那么为官如何还能"隐"？事实上，一部分南宋文士在批评官场时透露了信息。试看陆游诗云：

> 烂熟思来怕热官，退飞心地喜轻安。舍鱼正可取熊掌，食肉何须知马肝。[34]

陆游不直接用"官"而拈出"热官"，是刻意而富有意味的。有"热官"就有"冷官"。只批评"热官"而不完全否定"官"字，正为自己取"冷官"埋下了伏笔。陆游诗句的弦外之音是,"官"并非一律不可取,避"热官"而取"冷官",既可在某种程度上解除休闲障碍,又避免与政治做公开的决裂,保持了臣子的"大义"。他类似的诗句还有:

> 仕宦五十年,终不慕热官。[35]
> 门外久无温卷客,架中宁有热官书?[36]

此外,葛立方有"热官虽好兮宁守菟裘,彼有危机兮余差无忧"[37],张镃也与陆游发出同调:"谁能摆脱热官与铜臭,肯学花底真闲人?"[38]

历史上,魏晋的嵇康和阮籍都是希冀隐遁山林之士,嵇康公开与司马氏政权对立,招致杀身之祸,而阮籍接受"冷官",采取"吏隐",终得天全。因此,取"冷官""闲官",成为南宋选择"吏隐"者的必要策略。在陆游看来,"热官"虽位高权重,叱咤风云,但身忙无暇,存在较大的休闲障碍。而冷官则无人打扰:"冷官无一事,日日得闲游"[39],"冷官谁顾雀罗门?"[40]于是,陆游以闲官自命,以闲官自得:

> 今日溪头还小饮,冷官不禁看梅花。[41]
> 身安自胜闲官职,不是虚名暗折除。[42]

此外,陈造曾自称"我亦闲官一事无"[43],张镃亦在《觅放翁剑南诗集》和《张以道归自甬东先饷土物两诗为谢》诗中两次自称"闲官"。为官却可以不忙,这样,隐与仕在共存层面上的矛盾便得到了很好的协调,其结果正如蒋寅所总结的那样:"中国的仕和隐存在着奇妙的两面性和相互转换的可能。"[44]

总之,取"闲官"而享"吏隐",能使人在最低程度上参与政事而不脱离官场,在最高程度上享受休闲而尽量维持政治局面的和谐,不失为一种比较明智的"谐世"方式。事实上,南宋朝廷设立了宫观使、判官、都监、提举、提点、主管等职,以安置五品以上不能任事或年老退休的官员等。他们只领官俸而无职事。(因宫观使等职原主祭祀,故亦称"奉祠"。)这不能不说是一种笼络文士的策略。故而我们看到,南宋文士上书"丐祠"者极多，而且也多半得到了朝廷恩准。葛立方在求得"禄隐"后，这样表达了对皇帝的感谢："帝恩重，容禄隐，吏祠庭。"[45]

由此看来，南宋文士的"身之谐"，不但执中守正，折中致和，而且因时制宜，懂得变通，是一条通向和谐、共融的有效途径。应当说，只有这样，才能营造出有利于人的发展、舒适而又和谐的社会。怎样理顺情绪、化解矛盾、消弭冲突，是当今时代的研究课题，南宋文士具有的儒家和谐理论意味的"身之谐"境界，无疑对我们有一定启示。

第二节　"富贵何妨食万羊"：物之谐

遁世境界的休闲之弊端不仅在于将自己与世隔离，违反人的社会性本质，而且更大的隐患是，由于不担任公职，生活来源受到威胁，这将直接影响休闲的质量。即是说，休闲活动的展开又必须建立在一定物质基础的保障之上，即不但要有"闲身"，还要有"闲钱"。当代学者指出："如果说休闲的遁世境界是通过逃避世界来获得大量的自由时间，从而达到休闲的话，那么谐世境界就是充分认识到经济基础即物质条件对于实现休闲的重要性，并努力地寻求足以令其闲适的经济基础。"[46]

的确，休闲是需要一定物质基础的。为温饱而斗争的状态显然本身就是不自由的，从根本上就已经与休闲无缘。贫苦的生活会使人精神不振，难以实现安乐，更罔谈激发审美的兴致。马克思说过："忧心忡忡的、贫穷的人对最美丽的景色都没有什么感觉。"[47]而即便有着安贫乐道的情怀和意志，艰苦的经济条件也不可避免地会对休闲在人的自我实现和全面发展的价值实现方面造成很大制约。试想，如果颜回有相对富裕的生活，其给后世人留下的，当是更为丰富高雅的文化遗产，而不仅仅是一则"箪食瓢饮"的成语。而有宽裕的经济基础，人们才能修建园林，供养文玩，举行雅集，开展高层次的休闲活动，充分实现自我的全面发展。

因此，在白居易看来，应当在富贵与贫穷之间取得一种和谐的状态。他的策略就是"中隐"。不少南宋文士继承了白居易的"中隐"理论，取"闲官"而享"吏隐"，这种策略不但避免了士人与政治、社会的对立，也保证了他们在物质生活上的平衡，这对南宋休闲文化的发展来说也是有益的。因此，这便是"物之谐"的休闲境界。正如蒋寅所言：

> 由于有着现实的经济利益的考虑，中国古代士人在面临出处的抉择时，决不像孔子说的"邦有道则仕，邦无道则可卷而怀之"（《论语·卫灵公》）那么不可妥协。在这种时候，吏隐作为一种柔软性的选择，往往成为士人乐于接受的生活策略。[48]

和那种为了"志于道"而主动选择贫苦生活的"物之遁"境界不同，谐世境界的休闲者对"物"采取的是不拒斥的态度。魏晋代以来，隐逸者那种刻意自取贫苦的作风似乎成为一种"高士"的特征。皇甫谧作《高士传》，大量渲染"溪刻自处"之人，其中有些叙述甚至到了让人难以置信的地步，在当时就受到了质疑。如桓温"读《高士传》，至于陵仲子，便掷去，曰：'谁能作此溪刻自处！'"（《世说新语·豪爽》）[49]

事实上，一部分南宋文士的甘于贫贱，并非是不想追求物质，只是无法以正当渠道取得，所以只能安贫乐道。例如王十朋的父亲王辅，对其子坦言：他并不是想排除富贵之乐，只是求之不得，从而退守儒家之道：

> 季子之金印、买臣之昼锦、长卿之驷马、何曾之万钱，古之人得志于当时者之所乐也。灵运之山水、渊明之琴酒、北山之猿鹤、谪仙之影月，古之人不遇于时者之所乐也。吾非不欲为得志者之所为，而慕穷者之所乐也。富贵有命，不可幸而致，甘心贫贱者，士之安于分而乐其生，吾之所当行也。（王十朋）[50]

陆游也开始发出了与"物之遁"迥异的声音。在散文《半隐斋记》里，他通过自问自答的形式，否定了古代隐士遁世境界中的清高而自苦的境地，他认为，只要能够"羞世利，薄富贵"，即使"折腰抑首，以冀斗升"亦无害为隐，而不再主张效法陶渊明弃官，放弃可以得到的合理物质保障：

> 邯郸贾逸祖元放，作半隐斋，属会稽陆游务观为之记。务观曰：天下之名，常晦于有余，而著于不足。彼真隐者，山巅水崖，草衣木食，其身且不欲见于世矣，又何自得而名？故常谓自汉、魏以来，以隐名世者，非隐之至也，而况若元放者，方且不屑下吏身，杂铃下五百之间，折腰抑首，以冀斗升，而顾自谓，谁则许之？务观曰：不然，人之出处，视其所存何如耳。审能羞世利，薄富贵，折腰抑首，何害为隐？否则，终南少室，是仕宦捷径也。[51]

这种观点可谓惊世骇俗，发前人之所未发，而实有其合情合理处。试想，陶渊明一怒之下弃官归隐，看似潇洒，然而陷入生活困顿，全家温饱难以为继，后来甚至到了行乞的地步，已无尊严可言，更何谈休闲？若再回想颜回，他 30 多岁就夭亡，这同艰苦的物质生活不无关系。因此，陈仲子、颜回、陶渊明的例子都说明，如果极端地放弃"物"以求"道"，是会付出个体生命凋零的代价。而如果得之以道，那么坦然享受亦无不可。故而陆游主张：

> 三亩青蔬了盘箸，一缸浊酒具杯觞。丈夫穷达皆常事，富贵何妨食万羊。[52]

在陆游看来，君子于穷或达应非常洒脱，穷时不应嗟叹，而达时即使日日食羊也无妨。在这样的思想下，尽管有一部分南宋文士仍恪守"曲肱之乐""箪食瓢饮"，但同样有一部分南宋文士亦不排斥利用"吏隐"之道来保障其获得物质，并坦然享受它们带来的快感和美感，从而能够较好地实现休闲在身心调适和生命展开方面之本体价值。

如果将陆游的主张用简单的话加以总结，就是幸元龙引用《中庸》中的话："素富贵，行乎富贵，宜也……"[53] 以及吕午屡次所倡导的"清不绝物"[54]。以此我们看到，一部分南宋文士在物质方面并不回避全方位的享受。首先以饮酒为例：

日日深杯酒满，朝朝小圃花开。(朱敦儒)[55]

　　好在驰烟路，平生载酒行。(范成大)[56]

　　当其爱酒时，一日不可无。(杨万里)[57]

　　长安故人问我，道寻常、泥酒只依然。(辛弃疾)[58]

　　(祝祐)脱略世纷，寓意于酒，朝醺暮酣，不见醒客。……人识之日：此醉仙也。(刘子翚)[59]

　　(刘学箕)饮酒赋诗，自其家风。……日与佳客饮，饮醉吟诗，诗成更酌，或至达旦，明日复然。[60]

　　…………

　　他们不但自己享受，还倡导群体共同分享物质乐趣。如他们"会良朋，逢美景，酒频斟"(朱敦儒)[61]；他们"名园清昼漏签迟，未肯负、酒朋歌伴"(刘一止)[62]；他们"邀酒朋共欢，且恁开眉"(无名氏)[63]。还有其他文士则是：

　　(杨延宗)既就闲适，即治所居为燕息处，莳松竹花木，日与亲朋饮酒赋诗……(曹勋)[64]

　　(曹勋之姑父)燕居申申，亲旧愉愉。日以棋酒，宾客充间。(曹勋)[65]

　　(高廉)暮年，优游家居，饰园宇，日与客衔觞高会，旷怀取适，不以利害得失经意。(范浚)[66]

　　(张绪)乃樊圃沼泉，为游亭闲馆，莳杂花美木，置酒流览以娱客，士夫过之，嘉其好事自喜。(范浚)[67]

　　…………

　　南宋文士还对饮酒这一物质享受进行描写，表达出那种异于日常平淡生活的奇妙体验。如朱敦儒云："一杯能变愁山色，三笺全迥冷谷春。"[68]又云："瑞龙透顶香难比，甘露浇心味更奇。"[69]他甚至认为，饮酒使他实现了与"道"的精神和谐："酒美三杯真合道"[70]，"开道域，洗尘机，融融天乐醉瑶池"[71]。

又以焚香为例，它更显示出南宋文士在休闲中倡导一种感官层面的精致化。如果没有一定的经济基础作为保障，这样的休闲活动是难以开展的。我们看到，李清照"当年，曾胜赏，生香薰袖，活火分茶"[72]，陆游"扫地烧香兴未阑"[73]，范成大"煮茗烧香了岁时"[74]，辛弃疾"焚香度日尽从容"[75]，张镃更是在宴会上以异香飨客……

焚香使他们的身心得到调适，诚为较高层次的休闲享受。故而，他们这样描述其玩香时的那种放松而美好的休闲体验：

> 沈香断续玉炉寒，伴我情怀如水。（李清照）[76]
>
> 酒阑更喜团茶苦，梦断偏宜瑞脑香。（李清照）[77]
>
> 吏退焚香百虑空，静闻虫响度帘栊。（范成大）[78]
>
> 一日不炷香，已若神不清。（张镃）[79]

显然，他们如果对物质持完全的排斥态度，是无法享受这样的休闲体验的。此外，"吏隐"之道更保障了园林营造、文玩供养、山川旅行等方面所需要的雄厚物质财富，使南宋文士得以在玩物适情中自我实现。例如，张镃虽欲隐而从未离官，才有实力营筑豪华的"桂隐林泉"；陆游为官数十载，才可能"每与同舍焚香煮茶于图书钟鼎之间"（陆游）[80]；范成大一生居高位，才有充足的旅费游遍天下山水。总之，南宋文士对物质享受的不排斥态度，使他们获得了较高的休闲质量。陆游享年85岁，这同他质量较高的休闲生活不能说没有一定关系。和陈仲子、颜回那种苍白的生命相比，这不能不说是一种进步。

当然，"物之谐"亦有一个度的问题，如果享受得没有节制，就成了物欲横流。与物相谐，乃是指适度地享受，而不代表着可以纵情贪求。南宋文士中亦有一些过于纵情声色者，例如张镃，其生活极为奢华，清人就批评他：

> 园中亭榭堂宇名目数十，且排纂一岁中游适之目，为赏心乐事。是其席祖父富贵之余，湖山歌舞极意奢华，亦未免过于豪纵。[81]

还有贾似道，以宰相之荣，于西湖边葛岭建楼台亭榭，作"半闲堂"，建"多宝阁"，日淫乐其中，终至亡国亡身。

有的人在艰苦环境下虽然可以安贫乐道，或卧薪尝胆，但在富裕的环境下却又很快陷入贪图享乐之中。这样的例子自古及今，代不乏人，值得反思。可见，物质的丰富未必一定能成全休闲的高雅，有时亦可导致物欲横流，使堕落在有物质"保障"的情况下产生。

第三节 "不与富贵立敌也"：心之谐

南宋文士"身之谐""物之谐"的休闲境界，与当时思想界的万物圆融思想，尤其是三教合一思想有密切的关系。张九成通过细读《论语》发现，孔子本来并非要把"道义"与"富贵"敌对起来：

> 孔子曰："富与贵，是人之所欲，不以其道得之，不处。"又曰："富而可求也，虽执鞭之士，吾亦为之；如不可求，从吾所好。"又曰："饭疏食，饮水，曲肱而枕之，乐亦在其中矣。不义而富且贵，于我如浮云。"深详圣人之意，是富贵以道义得之，圣人将处之矣，初不与富贵立敌也。[82]

陈亮更直率地认为：贫贱是人人都厌恶的，颜回等人并非真的乐于贫贱，如果在求道的路上可以致富，他们也是愿意的：

> 余以为二子者（按：指颜回、闵子骞）岂诚有乐于贫贱哉，由其道虽富贵可也，彼其所乐者在此而不在彼也。贫贱者人之所恶，二子何好焉，而富贵又何累？[83]

由此可见，南宋文士对"物"的观念更为通达、圆融，不再如前代那样非此即彼。因此，我们便容易理解前文陆游所言的"审能羞世利，薄富贵，折腰抑首，何害为隐！"以及"富贵何妨食万羊"之论。显然，南宋文士开始实事求是地承认物质基础对休闲的重要性。

张九成是理学家，而南宋理学的根本特点恰恰就是融合了儒、道、释三家思想。针对学道者询问三教的关系，南宋道教祖师王重阳有这样几首著名的传道诗：

道释从来是一家，两般形貌理无差。[84]

儒门释户道相通，三教从来一祖风。悟彻便令知出入，晓明应许觉宽洪。[85]

心中端正莫生邪，三教搜来做一家。义理显时何有异，妙玄通后更无加。[86]

作为祖师的王重阳创立全真教，主张儒、释、道三教平等，三教合一。这种三教合一的思想，打破了千百年来儒释道狭隘的门户之见，显示了一种万物圆融的哲学境界。南宋另一位道教祖师李道纯也认为："儒释道三教，名殊理不殊。"[87]即儒释道三教，虽名词各异，但意旨同一。

南宋佛门亦主张三教合一、万物圆融思想。在"去分别心"的思想主导下，宗杲禅师描绘出了万物相融无别的美好愿景：

儒即释，释即儒。僧即俗，俗即僧。凡即圣，圣即凡。我即尔，尔即我。天即地，地即天。波即水，水即波。酥酪醍醐搅成一味，瓶盘钗钏熔成一金。在我不在人。得到这个田地，由我指挥，所谓我为法王，于法自在，得失是非，焉有挂碍？[88]

王重阳、李道纯、宗杲禅师等在当时都是名满天下的宗教人物，在南宋文士之中有着巨大的影响力。因此，他们各教相通、无有挂碍的思想，无疑是文士们休闲的谐世境界产生的思想根源。

瑞士精神病学家布洛伊勒（Eugen Bleuler）首先提出"和谐人格"的术语。它指人格与环境保持和谐一致，特别是情感上维持亲善关系。朱浩进一步认为："（这种人格）应体现着人与自然的和谐及人与人之间的和谐，并由此体现出人与社会的和谐，与环境的和谐，与组织的和谐以及与各种事物之间的和谐，从而创造一个人类个体到群体生活秩序的和谐，创造一个社会、自然按可持续发展的规律运行的和谐。"[89]杨建平认为："和谐人格是一种理想人格，它内含着智慧、道德和意志的力量，这种人格力量是构建和谐社会所必需的。……'和谐人格'是当今社会和时代所期望于人们的各种理想人格品质，因而是一种比较完美的人格范型。"[90]

笔者因而认为，南宋休闲谐世境界的意义在于：它所展现的，乃是一种源于中国传统美学"中和"范畴的和谐人格，显示了生命的圆融与通达。它对世界、社会有着较为积极的建设性态度，懂得对话、合作与沟通，因而具备高度的人格内涵，对于当前和谐社会的和谐人格建构，具有一定意义。

注释

[1] 尹菲：《中国传统休闲价值观》，载《安徽文学》，2009 年第 1 期。

[2] 胡伟希：《论中国休闲哲学的当代价值及其未来发展》，载《学习论坛》，2004年第 9 期。

[3] 黄达安：《超越工作至上的世界：论休闲的本质及其当代意义》，吉林大学博士论文，2011 年，第 110 页。

[4]（德）马克思、恩格斯：《马克思恩格斯全集》（第 3 卷），北京：人民出版社，1956 年版，第 5 页。

[5]（德）约瑟夫·皮珀：《闲暇文化的基础》，刘森尧译，北京：新星出版社，2005 年版，第 42 页。

[6] 胡伟希：《论中国休闲哲学的当代价值及其未来发展》，载《学习论坛》，2004年第 9 期。

[7] 季夫萍：《乱离时代的"尘外之想"：朱敦儒隐逸思想和隐逸词研究》，福建师范大学硕士学位论文，2005 年，第 35 页。

[8]《隐斋记》，《敬乡录》卷一〇，见曾枣庄等编：《全宋文》（第 242 册），上海：上海辞书出版社，合肥：安徽教育出版社，2006 年版，第 50 页。

[9]《蹊隐堂记》，《须溪集》卷三，见曾枣庄等编：《全宋文》（第 357 册），第152 页。

[10]《寓兴》，《剑南诗稿》卷六十八，见钱仲联、马亚中主编：《陆游全集校注》（第 7 册），杭州：浙江教育出版社，2011 年版，第 199 页。

[11]《寄题万元享舍人园亭七景·闲世界》，《诚斋集》卷三八，见傅璇琮等主编：《全宋诗》（第 42 册），北京：北京大学出版社，1998 年版，第 26592 页。

[12]《念奴娇•赋雨岩，效朱希真体》，《稼轩词》卷二，见 (南宋) 辛弃疾：《辛弃疾全集》，王步高等辑校汇评，珠海：珠海出版社，2002 年版，第 15—16 页。

[13]《夜宿华藏寺》，《南湖集》卷六，见 (南宋) 张镃：《南湖集》，吴晶、周膺点校，北京：当代中国出版社，2014 年版，第 184 页。

[14]《中隐》，《于湖居士文集》卷四，见傅璇琮等主编：《全宋诗》(第 45 册)，第 27749 页。

[15]《真和尚绍兴传灯序》，《松隐文集》卷二八，见曾枣庄等编：《全宋文》(第 191 册)，第 43 页。

[16]《中隐赋》，《双溪集》卷九，见曾枣庄等编：《全宋文》(第 269 册)，第 376 页。

[17]《水调歌头•寿留守刘枢密》，见唐圭璋编纂：《全宋词》(简体增订本第 3 册)，北京：中华书局，1965 年版，第 1922 页。

[18]《中隐赋》，《双溪集》卷九，见曾枣庄等编：《全宋文》(第 269 册)，第 375 页。

[19]《答张提刑》，《大慧语录》卷第二十七，见 (日) 高楠顺次郎等编：《大正新修大藏经》(第 47 卷)，东京：大正一切经刊行会，1930 年版，第 928 页。

[20]《次韵李子永见访二首》其一，《石湖居士诗集》卷二六，见傅璇琮等主编：《全宋诗》(第 41 册)，第 26000 页。

[21]《翻袜庵夜坐闻雨》，《石湖居士诗集》卷二八，见傅璇琮等主编：《全宋诗》(第 41 册)，第 26012 页。

[22] 胡伟希：《中国休闲哲学的特质及其开展》，载《湖南社会科学》，2003 年第 6 期。

[23] 徐春林：《儒家休闲哲学初探》，载《江西师范大学学报》(哲学社会科学版)，2006 年第 3 期。

[24]《中隐赋》，《双溪集》卷九，见曾枣庄等编：《全宋文》(第 269 册)，第 376 页。

[25] 罗竹风主编：《汉语大词典》(第 1 卷)，上海：上海辞书出版社，1986 年版，第 523 页。

[26]《之宣城郡出新林浦向板桥》，见殷海国选注：《谢灵运谢朓诗选注》，郑州：中州古籍出版社，1989 年版，第 126 页。

[27]《白水县崔少府十九翁高斋三十韵》，萧涤非主编：《杜甫全集校注》(二)，北京：人民文学出版社，2014 年版，第 716 页。

[28]《东津送韦讽录摄阆州从事》，萧涤非主编：《杜甫全集校注》(五)，第 2636 页。

[29]《感事》，《剑南诗稿》卷四，见钱仲联、马亚中主编：《陆游全集校注》(第 1

册），第 255 页。

［30］《万州》,《石湖居士诗集》卷一六，见傅璇琮等主编:《全宋诗》(第 41 册），第 25898 页。

［31］同上。

［32］《次韵同年杨廷秀使君寄题石湖》,《石湖居士诗集》卷二〇，见傅璇琮等主编:《全宋诗》(第 41 册），第 25941 页。

［33］《秭归郡圃绝句二首》其一,《石湖居士诗集》卷一九，见傅璇琮等主编:《全宋诗》(第 41 册），第 25932 页。

［34］《初春遣兴》三首其一,《剑南诗稿》卷九，见钱仲联、马亚中主编:《陆游全集校注》(第 2 册），第 166 页。

［35］《感遇》六首其一,《剑南诗稿》卷六十四，见钱仲联、马亚中主编:《陆游全集校注》(第 7 册），第 63 页。

［36］《秋雨书感》二首其一,《剑南诗稿》卷七十二，见钱仲联、马亚中主编:《陆游全集校注》(第 7 册），第 342 页。

［37］《喜闲》,《归愚集》卷六，见曾枣庄等编:《全宋文》(第 201 册），第 19 页。

［38］《< 千叶黄梅歌 > 呈王梦得、张以道》,《南湖集》卷二，见 (南宋) 张镃:《南湖集》，吴晶、周膺点校，第 50 页。

［39］《登塔》,《剑南诗稿》卷三，见钱仲联、马亚中主编:《陆游全集校注》(第 1 册），第 222 页。

［40］《李允蹈判院送酒四斗，予答书乃误以为二斗，作小诗识愧》,《剑南诗稿》卷五十二，见钱仲联、马亚中主编:《陆游全集校注》(第 6 册），第 82 页。

［41］《梅花绝句》十首其八,《剑南诗稿》卷十，见钱仲联、马亚中主编:《陆游全集校注》(第 2 册），第 235 页。

［42］《病愈小健戏作》二首其二,《剑南诗稿》卷四十一，见钱仲联、马亚中主编:《陆游全集校注》(第 5 册），第 193 页。

［43］《再次寄肯堂韵》五首其五,《江湖长翁集》卷一九，见傅璇琮等主编:《全宋诗》(第 45 册），第 28234 页。

［44］蒋寅:《古典诗歌中的“吏隐”》，载《苏州大学学报》，2004 年第 3 期。

［45］《水调歌头》，见唐圭璋编纂:《全宋词》(简体增订本第 2 册），第 1741 页。

［46］潘立勇、陆庆祥:《中国传统休闲审美哲学的现代解读》，载《社会科学辑刊》，2011 年第 4 期。

［47］(德) 马克思:《1844 年经济学哲学手稿》，北京：人民出版社，2000 年版，第 87 页。

［48］蒋寅:《古典诗歌中的“吏隐”》，载《苏州大学学报》，2004 年第 3 期。

［49］(南朝宋) 刘义庆:《世说新语》，黄征、柳军晔注释，杭州：浙江古籍出版

社，1998 年版，第 252 页。

［50］《四友堂记》，《梅溪先生文集》卷一七，见曾枣庄等编：《全宋文》（第 209
册），第 110 页。

［51］《半隐斋记》，乾隆《铅山县志》卷九，见钱仲联、马亚中主编：《陆游全集
校注》（第 10 册），第 510 页。

［52］《村居酒熟偶无肉食煮菜羹饮酒》，《剑南诗稿》卷十三，见唐圭璋编纂：《全
宋词》（简体增订本第二册），第 416 页。

［53］《高安吏隐堂记》，《松垣文集》卷三，见曾枣庄等编：《全宋文》（第 303
册），第 406 页。

［54］《善养居士汪君墓志铭》，《竹坡类稿》卷四，见曾枣庄等编：《全宋文》（第
315 册），第 162 页。

［55］《西江月》，见唐圭璋编纂：《全宋词》（简体增订本第 2 册），第 1109 页。

［56］《阊门初泛二十四韵》，《石湖居士诗集》卷二七，见傅璇琮等主编：《全宋
诗》（第 41 册），第 26007 页。

［57］《病中止酒》，《诚斋集》卷四十二，见傅璇琮等主编：《全宋诗》（第 42 册），
第 26662 页。

［58］《木兰花慢·滁州送范倅》，《稼轩词》卷四，见（南宋）辛弃疾：《辛弃疾全
集》，王步高等辑校汇评，第 53 页。

［59］《致仕祝君墓志铭》，《屏山集》卷九，见曾枣庄等编：《全宋文》（第 193
册），第 212 页。

［60］《方是闲居士小稿序》，《方是闲居士小稿》卷首，见曾枣庄等编：《全宋文》
（第 299 册），第 137—138 页。

［61］《水调歌头》六首其二，《樵歌》卷上，见（南宋）朱敦儒：《樵歌》，龙元亮
校，北京：文学古籍刊行社，1958 年版，第 3 页。

［62］《鹊桥仙》，唐圭璋编纂：《全宋词》（简体增订本第 2 册），第 1034 页。

［63］《汉宫春慢》，见唐圭璋编纂：《全宋词》（简体增订本第 5 册），第 4852 页。

［64］《干办内东门司杨公墓志铭》，《松隐文集》卷三六，见曾枣庄等编：《全宋
文》（第 191 册），第 140 页。

［65］《祭李姑夫文》，《松隐文集》卷三四，见曾枣庄等编：《全宋文》（第 191
册），第 145 页。

［66］《高府君墓志铭》，《范香溪文集》卷二二，见曾枣庄等编：《全宋文》（第 194
册），第 173 页。

［67］《张府君墓志铭》，《范香溪文集》卷二二，见曾枣庄等编：《全宋文》（第 194
册），第 181 页。

［68］《鹧鸪天》十四首其十一，《樵歌》卷上，见（南宋）朱敦儒：《樵歌》，龙元

亮校,第 22 页。

［69］《鹧鸪天》十四首其十二,《樵歌》卷上,见 (南宋) 朱敦儒:《樵歌》,龙元亮校,第 23 页。

［70］《西湖曲》,《樵歌》卷下,见 (南宋) 朱敦儒:《樵歌》,龙元亮校,第 80 页。

［71］《鹧鸪天》十四首其十二,《樵歌》卷上,见 (南宋) 朱敦儒:《樵歌》,龙元亮校,第 23 页。

［72］《转调满庭芳》,见唐圭璋编纂:《全宋词》(简体增订本第 2 册),第 1202 页。

［73］《初寒在告有感》三首,《剑南诗稿》卷十九,见钱仲联、马亚中主编:《陆游全集校注》(第 3 册),第 244 页。

［74］《丙午新正书怀十首》其三,《石湖居士诗集》卷二六,见傅璇琮等主编:《全宋诗》(第 41 册),第 25994 页。

［75］《朝中措》,《稼轩词》卷十,(南宋) 辛弃疾:《辛弃疾全集》,王步高等辑校汇评,第 151 页。

［76］《孤雁儿》,见唐圭璋编纂:《全宋词》(简体增订本第 2 册),第 1200 页。

［77］《鹧鸪天》,见唐圭璋编纂:《全宋词》(简体增订本第 2 册),第 1205 页。

［78］《新凉夜坐》,《石湖居士诗集》卷一七,见傅璇琮等主编:《全宋诗》(第 41 册),第 25909 页。

［79］《一日》,《南湖集》卷五,见 (南宋) 张镃:《南湖集》,吴晶、周膺点校,第 154 页。

［80］《心远堂记》,《渭南文集》卷二十一,见钱仲联、马亚中主编:《陆游全集校注》(第 10 册),第 19 页。

［81］《四库全书总目提要》卷一百六十·集部十三·别集类十三,见 (清) 永瑢、纪昀主编:《四库全书总目提要》,海口:海南出版社,1999 年版,第 832 页。

［82］《孟子拾遗》,《横浦先生文集》卷一五,见曾枣庄等编:《全宋文》(第 184 册),第 132 页。

［83］《高士传序》,《陈亮集》卷二二,见曾枣庄等编:《全宋文》(第 279 册),第 243 页。

［84］《答战公问先释后道》,《重阳全真集》卷之一,见 (南宋) 王重阳:《王重阳集》,白如祥辑校,济南:齐鲁书社,2005 年版,第 4 页。

［85］《孙公问三教》,《重阳全真集》卷之一,见 (南宋) 王重阳:《王重阳集》,白如祥辑校,第 9 页。

［86］《示学道人》,《重阳全真集》卷之一,见 (南宋) 王重阳:《王重阳集》,白如祥辑校,第 16 页。

［87］《水调歌头·示众无分彼此》,《中和集》卷六,见 (宋元) 李道纯:《中和正

脉：道教中派李道纯内丹修炼秘籍》，盛克琦、果兆辉编校，北京：宗教文化出版社，2009 年版，第 104 页。

[88]《答汪状元》，《大慧语录》卷第二十八，见 (日) 高楠顺次郎等编：《大正新修大藏经》47 卷，第 932 页。

[89] 朱浩、黄志斌：《关于"和谐人格"的理论探讨》，载《科学技术与辩证法》，2003 年第 4 期。

[90] 杨建平：《论和谐社会与和谐人格》，载《江海学刊》，2005 年第 6 期。

第十六章 南宋休闲哲学的超越境界

无论是遁世境界还是谐世境界，都要有一个"必要条件"，前者的休闲必须建立在与世隔绝的身心环境中，否则外来的任何动静都会干扰其独乐；后者的休闲必须建立在与世界的共融状态中，否则一旦缺乏外来的充裕物质供给与话语交流，就会不堪忍受。因此，此二者都还处于庄子所言的"有待"状态，未能实现更高的精神超越。

胡伟希指出："中国休闲哲学的一个特点，是'既在世又出世'，既具有现实性又具有理想性。简言之，它教导的就是如何在现实生活中既实现自己，同时又超越自己的问题。"[1] 潘立勇先生等亦指出："超然境界或自得境界则是休闲所能达到的最高境界。"[2]

如果说"中国文化的根本目的就是人性的圆满实现，使人达到人性所能达到的最高境界"[3]，那么从南宋休闲哲学中，我们能看到的最高境界就是超越境界。它具体表现为"身之超越"和"物之超越"，而其根源则是"心之超越"。

第一节 "未尝必仕，尤未尝必隐"：身之超越

南宋文士"身之超越"的休闲境界表现为既不刻意将躯体封闭阻隔于山林之中，也不执着留恋城市便利舒适的生活环境，而是卷舒自适，随遇而闲，"能时刻超脱于外界客观世界的变化与纷扰"[4]。辛弃疾表示，他赞赏这样一种姿态：

> 达则青云，便玉堂金马，穷则茅庐。逍遥小大自适，鹏鷃何殊。[5]

这正是不刻意于出处、无入而不自得的思想高度。类似地，陈文蔚表示，他赞赏哲人的那种"达则行于当世，穷则安于一室。……既无入而不得，动每见于逢吉"[6]。释文珦也认为："出处本一致，穷达无异营。"[7] 故而对于文士来说，合适的做法应该是"君子识其分，小大随所施"[8]，而不必刻意于江湖与庙堂的分别。那么南宋文士的现实高度又如何呢？且看相关描述。王之望称赞冯耔"出处何常，惟其所

适"[9]。王柏称其叔父"当其处也，则宦情澹泊，志在乎浴沂而鼓瑟。及其出也，则不负所学，有心乎致君而泽民"[10]。李吕自称"妙处只应亲到，外物从渠舒卷，出处我无心"[11]。程公许自称"我自乐天全。出处两无累，赢取日高眠"[12]。此外，张镃称赞陆游的诗时，说得就更具体了：

> 骂坐非真豪，挂冠岂实高？畸迹烟雨埋，客气利禄廛。曷若大丈夫，本志轻旟旐。无择眼界平，芬馨等膻臊。机息箭自空，讵复论弓囊？先生博达姿，阅世江河滔。……出处日两忘，居朝隐蓬蒿。[13]

在张镃看来，挂冠遁迹之人，未必真有境界，也可能是故意求名且实存利禄之心。而陆游的出处两忘，不刻意选择环境的境界，才是一种"博达"的姿态。不过，在主观可以有所选择的情况下，到底应何去何从呢？南宋人士更欣赏的是"不刻意将躯体封闭阻隔于山林"这一方面。例如朱翌提出"不避世以为高"[14]，胡寅提出"不以退为高"[15]，均展现了一种"身之超越"的休闲观。其他文士进一步认为，如果一定要在深隐的环境下才能自适，或者一定固执地拒绝出仕（乃至宁死不屈），仍然是有所"偏"的表现，比不上孔子"无可无不可"的自得境界：

> 古之君子未尝必仕，尤未尝必隐也，达则在朝，潜则在野，我何容心乎？因其所寓而已。……彼采药名山，全家深隐，游五岳终身不返者，犹有所偏也，非圣贤常道也。（王铚）[16]
> 夫当其可之谓时，孔子圣之时者也，可仕则仕，可止则止，可速则速，可久则久，此圣人所以无可无不可者也。世之隐者则不然。巢由可老死于箕山，而不可一歃揖逊之水；夷齐可饿死于首阳，而不可一啖征伐之粟。（何梦桂）[17]

正是在此意义上，仲并也对某宰相发出"可以止则止，可以仕则仕"[18]的倡导，显示了一种不固执、不拘泥于环境的超越性境界。

傅自得还指出，隐士之所以逃世，故作另类，乃是内心不和谐所致："古之人有不仕者，非避地以为高，则玩物以为适，不然则故自污辱，混迹于屠钓。猝有所动于其中，愤惋叹嗟，词气弗然矣。以孔门所论次，荷蒉、耦耕之伦，皆豪杰之士也。而其言盖有所刺讥，是有不自得者也。凡不自得者，皆呇根也。"[19] 而朱熹则认为，僧人一定要出家入山才能清净，乃是一种逃避，一种心胸狭隘的表现：

> 是以叛君亲、弃妻子、入山林、捐躯命，以求其所谓空无寂灭之地而逃焉。其量亦已隘而其势亦已逆矣。[20]

也是在此思路下，陆游指出"忘家即出家"[21]，自称"身闲境自胜，城市亦山林"[22]，展现了他不刻意于山林的"博达"姿态。楼钥也指出"城里山中俱是隐"[23]。他对某僧人说，虽然"公居山外我城中"[24]，但"舅甥相与成三隐，城郭山林等是闲"[25]。可见在他看来，不必非要有城市、山林的分别，不必非要隐藏于山中才能获得休闲。

南宋文士不但超越了"出"与"处"的纠结，也超越了"闲"与"事"的分别。当代休闲学者在言说休闲境界时，常常将社会功业排除在外，只推崇个体生命价值，但一部分南宋文士告诉我们，此二者并非矛盾。如果说"身之遁"是全面封闭，隐居山林，那么"身之谐"则是折中调和，半隐半仕。"身之谐"虽然没有弃官，但对事功采取的是消极作为，仍视事功为休闲的障碍。故"身之谐"者要自取"闲官"，或者说，工作和休闲对他们来说仍是二分对立的。而主张"身之超越"者认为，休闲未必一定无为，能在"有事""行化"中从容有余，自得其乐，这才是最高的境界。朱辂指出，其实儒道佛三家的高人都没有逃世：

> 从吾儒言之，则汲长孺卧于淮阳，诸葛孔明卧于草庐，陈元龙卧于荆州，谢太傅卧于东山，裴中令卧于北门。此数君子者……从黄老言之，则其卧徐徐名之曰泰氏，其寝不梦名之曰真人。化人游与帝宫，希夷休于泰华，栩栩蝶游如蒙吏，倚墙雷鼾如弥明。若是者，老庄则为畸人，而道家者流目之则为神仙，其实一也。从浮屠氏之说，则得正法眼藏者又谓之禅，偃息受道时则有普愿，结草幪

帔时则有希迁，饥饿困眠时则有惠海。此皆以为高人大士，超世出尘之流也。三者岂有异哉？其经纶酬酢，挥斥变化，盖皆有事焉，而非世之颓然熟睡者也。……合是三者而一以贯之。方其寓形于一息也，如孙叔敖甘寝秉羽，如南郭子綦嗒焉而嘘，如昔鸯子燕坐林下，从容无为，而文公叔度之化行矣。彼上人者，隐几对榻，相忘一室之内，而居于无何有之乡。虽在阛阓，与山林何异？何必被褐怀玉，逃世远去而后为云霞之士也哉？[26]

在朱辂看来，人格美不表现在无事之闲，而表现在有事之闲。儒释道三家的高人都是"经纶酬酢，挥斥变化"的"有事"者，"而非世之颓然熟睡者也"。但他们能做到不隐而闲，从容不迫，这才是其不同于常人之处。因此君子"何必被褐怀玉，逃世远去"呢？故而，南宋文士认为"消闲未必在林泉，要自胸中别有天"（方岳）[27]，称赞那种在"有事"中游刃有余、悠闲自得的风范。

为了道济天下之溺，谢安东山再起，尽管不再遁世，却仍然能达到超越之闲。这正是宏智禅师所言"心闲不被身碍"[28]的最好例证。南宋人士对此赞叹有加：

> 昔符坚寇淮淝，谢玄问计于安。安夷然不顾，游涉终日。夜归，指授将帅，各当其任，竟以破贼。（卫博）[29]
>
> 而谢安于时方且燕偃谈笑，傲然自若，游逸山墅，对客剧棋，入援之师却去不用，坐示闲暇。（范浚）[30]

现代休闲学认为："休闲的深刻价值并不在于能够可以不做事，而是在做事的同时'游刃有余'，从容不迫，悠然自得。"[31]从南宋朝文士的人物品藻中，我们看出了他们对休闲的深刻体认，而从他们的行迹中，我们亦不难发现此种"身之超越"者。

朱熹在知南康军时，"每休沐辄一至（白鹿洞书院），诸生质疑问难，诲诱不倦"[32]。他在潭州治郡甚劳，"夜则与（岳麓书院）诸生讲论问答，略无倦色，每训以切己务实之学，肯恻周至"[33]。他的学生黄干称朱熹与学生"讲论经典，商略古今，率至夜半。虽疾病支离，至诸生问辩，则脱然沉疴之去体。一日不讲学，则惕然常以为忧"[34]。显然，朱熹以讲学为己任，不以为劳，忘却了病痛，讲学对他来说，已经成为休闲活动。

事实上，孔子就是将讲学作为休闲活动的。对于《礼记·仲尼燕居第二十八》，郑玄注云："善其不倦，燕居犹使三子侍，言及于礼。著其字，言可法也。退朝而处曰燕居。"[35] 对于《礼记·孔子闲居第二十九》，郑玄注云："名《孔子闲居》者，善其倦而不亵，犹使一子侍，为之说《诗》。著其氏，言可法也。退燕避人曰闲居。"[36] 朱熹作为孔子的后继者，世人称其效法孔子当不算勉强。苏状认为："孔子'闲居'的活动主要是讲学授道。……这种传统在后世，尤其在宋代，逐渐发展为于日常闲暇中格物致知的儒士风范。"[37] 这一论断在朱熹身上可谓得到了验证。胡伟希指出：

> 中国传统哲学，无论是儒家、道家与佛教，都强调一种生命的整体观。……对于生命的自我实现来说，工作（为了谋生与对社会或群体的奉献而从事的活动）也即休闲（生命的自我实现以及对生命意义的体验），反过来，休闲也即工作。这种生命整体观的意义，在于它告诉人们：无须在个人的工作、职业、责任以及个人承担的社会角色之外，另去寻找生命的意义与价值；任何人在从事工作与社会责任之中，就可以发现其个体生命的价值与意义，反过来，任何个体生命意义与价值的实现，并不是可以脱离社会与群体的，更不是遗世独立的。[38]

南宋"身之超越"的休闲境界，恰恰证明了这一点。这对一味要避世求适，把工作与休闲对立起来的现代人来说，有很好的启示作用。

第二节 "翛然物表……彼是两忘"：物之超越

从与"物"的关系来看，南宋文士倡导"要物常随我，不物之随"（陈著）[39]的境界。这是因为，遁世的休闲境界容易导致物质财富的匮乏，有不食人间烟火、不近人情之嫌，也不利于活动的充分开展和个性的全面发展，而谐世的休闲境界则容易导向感官享受和物欲追求，从而使人堕落。这就需要一种更高层次的超越，即"既承认物的法则对休闲的重要性，又能在物的休闲之中超脱出来，真正回归休闲主体的内在本性"[40]。它的要点在于不要将"物之遁"与"物之谐"对立起来，有所偏执，而是要形成这样一种正确态度，即：在物质匮乏时能够"安贫乐道"，而不感到痛苦；在物质充裕时则坦然享受，而不放纵沉溺。简言之就是既要"贫贱不能移"，又要"富贵不能淫"。

一般认为，前者比后者更难做到。孔子就说过："贫而无怨难，富而无骄易。"（《论语·宪问》）不过，在一个普遍富裕和有闲的社会中，就未必尽然了。老子对贫者未有忠告，却有"富贵而骄，自遗其咎"（《老子·第九章》）的提醒。苏轼更曾直言："处贫贱易，耐富贵难；安营苦易，安闲散难。……人能安闲散，耐富贵……真有道之士也。"[41]对于社会经济发达、富人群体数量众多的南宋时代来说，士人能够做到"富贵不能淫"，自觉抵抗物质诱惑，则显得更加难能可贵。

张元干认为，贫穷不应该影响士人的休闲，重要的是只要胸次有所养，则必然能达到超越物质的休闲境界："贫者士之常，胸次所养果厚，必无寒饿憔悴色，故能安于青松白云之下，而操孤鸾别鹤之音，优哉游哉，聊以卒岁。"[42]而士人在功成名就，获得"物之谐"之后，若要保持精神的超然，不贪恋富贵，不玩物丧志，就更需要胸次的修养。

正是在此意义上，一些南宋人士认为，白居易的休闲境界并不高，这是因为他在晚年越来越留恋富贵生活。范成大批评白居易年老时仍对名利财色不能割舍：

> 乐天号达道，晚境犹作恶。陶写赖歌酒，意象颇沉著。谓言老将至，不饮何时乐。未能忘暖热，要是怕冷落。[43]

在他看来，白居易晚年及时行乐，依赖歌酒，又未能忘世情，不甘寂寞，称不上达道。而他称自己晚年的休闲已经达到了远离物尘、不赖歌酒的"物之超越"境界："岂惟背声尘，亦自屏杯酌。日课数行书，生经一囊药。"[44]朱熹则指出白居易爱官的特点："乐天人多说其清高，其实爱官职，诗中及富贵处，皆说得口津津地涎出。"[45]可见，白居易的休闲境界还处在较低的层次。

潘立勇先生等认为："它过多地依赖外界的事物，它要获得物质性的满足，就要不停地向外索取和占有。因此，这种对生命的自由支配是以对有限生命的挥霍与浪费为条件的。相比于高层次的休闲活动，低层次的休闲活动往往很容易达到，其休闲快感的程度也很强烈，但是这种休闲的快感常是短暂而虚幻的，往往是以自由始，以异化终。"[46]相比之下，陆游称赞苏轼为"至宝不侵蚀，终亦老侍从。……心空物莫挠，气老笔愈纵"[47]，即指出了苏轼超然物外的精神。

的确，苏轼虽然一生从未真正退隐，且希冀物质享受，但也从未像白居易那样留恋规范物质舒适，而是旷达超脱得多。谭篆云：

> 世间万物多寡相形，何有穷矣，随所遇而安焉，则无适而不足也。鹪鹩一枝不为欠，必以种多为足者固未是；鹏之邓林不为余，必以种寡为足者亦未焉得也。[48]

即是说，无论物多与少，都不应介意，而应随遇而安，"无适而不足"。正因为南宋文士有了这样的"物之超越"思想，才会对苏轼赞赏有加，而对白居易颇有微词。有学者认为：

> 总体上讲，白氏的"闲适之乐"，离不开物质的基础，他始终流露的某些满足感和炫耀之次，使其高雅的闲适之趣难免有庸俗的杂质，其闲适之乐的内涵还显得较为单调和肤浅；苏轼的"闲适之乐"则自始至终具有抗御物质诱惑的色彩，并在苏轼的人生进程中沿着超然物外的方向逐步深化和发展；他对"闲适之乐"感受最深的时候，不是在其志得意满、官高禄厚之时，而是在其物质生活匮乏，处于人生极度失意之时。苏轼中年以后的这种生活乐趣，显然在前人的基础上，大大地丰富了内涵，并具有与内在生活意识更为和谐统一的意味。[49]

南宋文士的"白低苏高论"，显然是此类论断的先声。不过，仅仅看轻物质享受，还不是"物之超越"的最高境界。南宋文士中还有这样的超越，即表现为泯灭物我、物我两忘。例如陈开祖筑"静胜斋"，"近辟书室……且榜之曰'静胜'，盖欲居闲守静，以胜事物之纷纭也。至于人是人非、人富人贵、人荣人辱，皆无足以动其心者"[50]，表达了其"以静胜物"的超越性诉求。而张九成对他说：

> 与其胜物，不若自胜。自胜如何？思虑溃乱，血气飘盈，动者莫觉，而静者见之。见之则恶之矣，恶之则若居焚溺中，思有以脱去而弗得也。……若夫人之是非、富贵、荣辱，初不相关，我无胜彼之心，彼无胜我之念，彼我两忘，天下之能事毕矣。自胜其大矣乎！[51]

在战胜物欲的诉求上，陈的工夫是"静"，是在静思中觉分别而起克服之心；而张的工夫是"忘"，是无分别而无胜彼之心。显然，张的境界更高，它无勉强之心，因而就具有了休闲意味。此外，其他南宋文士的诗文亦表达了"物我两忘"的休闲境界：

> （王辅）吾与三友相从乎一室，无言而妙意得，不想而万虑息，物且不得而我累，形亦于是而我忘也。（王十朋）[52]
>
> 脩然物表，与古为徒。彼是两忘，乃道之枢。（释文珦）[53]

第三节　据道义、期无待、了生死：心之超越

南宋人士在休闲中之所以能达到"身之超越"与"物之超越"的境界，最终还需要归结到内在的"心之超越"上来。即是说，驱动身、物超越发生的精神层面的"心之超越"，才是休闲的最高境界。这是因为"境界必然与人的心灵相关，是精神状态或心灵的存在方式，是心灵'存在'经过自我提升所达到的一种境地和界域"[54]。而精神的自由（或者说"心闲"），是使"身之超越"与"物之超越"得以实现的前提，正如陆庆祥所说的那样："精神的自由对休闲现象具有本质的决定作

用。"[55]

无疑，心可以说是休闲状态的最重要、最本源之因素。心若能闲，必然能"转境"而不为"境"所转，即所谓"休闲与其说是从外部世界获得的一种满足，不如说是人的内心世界的一种追求。……人不是被动地接受外部环境的决定，而是由我们的内在精神去驾驭环境"[56]。心若能闲，必然能看轻物质，"物物而不物于物"（《庄子·山木》），即所谓"休闲的快乐也不完全在于物质上是否满足，重要的是在于你拥有一种积极的价值观和一种精神上的超越感"[57]。笔者认为，部分南宋人士实现了"心之超越"。这种超越，源于具有儒家意味的"道义超越"、具有道家意味的"无待超越"和具有佛家意味的"生死超越"，具有高度的哲学基础。梁振南指出："有高尚的审美理想才能导向休闲活动的最高境界，因此要获得休闲的最高境界，就要求对人生理想精神存在做出合理的设计和审美规范、审美把握。"[58]南宋人士之所以能在休闲境界上达到超越的高度，乃是因为有了对儒道释对人的精神存在所提出的"据道义、期无待、了生死"的规范和把握。正因为此，南宋休闲境界才显得高尚不俗，可圈可点。

一、超越境界的儒家心源

南宋文士"身之超越"的休闲境界，显然源于先秦儒家先贤之观念。"四书"中分明记载了儒家圣人对于出处问题的看法。孔子在论及古人的隐与仕时说过："我则异于是，无可无不可。"（《论语·微子》）这分明表达了一种不要非此即彼，不要固执于环境的观念。孟子也说过："非其君不事，非其民不使；治则进，乱则退；伯夷也。何事非君，何使非民；治亦进，乱亦进：伊尹也。可以仕则仕，可以止则止，可以久则久，可以速则速：孔子也。皆古圣人也。吾未能有行焉；乃所愿，则学孔子也。"（《孟子·公孙丑上》）显然，在他看来，伯夷是非要在清明之世才肯出来做官；伊尹则是不分治世乱世都出来做官；而孔子是该做官就做官，该辞官就辞官，该任职长时间一些就任职时间长一些，该赶快辞职就赶快辞职，这才是他最为赞赏的。可见，孔子当仕则仕，当隐则隐，没有非要如何的固执，没有出与处的矛盾纠结，因此无入而不自得。

那么，究竟以什么标准作为判断何时该隐、何时该仕的依据呢？在南宋文士看来，那就是儒家的终极信仰——"道义"。这是因为，儒家经典《尚书》早就有言："作德，心逸日休；作伪，心劳日拙。"南宋文士以此为依据，判定内心的休闲安乐在于践行道德仁义，而不在于此身所处的环境：

> 《书》曰："作德心逸日休。"噫！仰不愧于天，俯不怍于人，厥有旨哉！……古君子儒，环堵之室。心广体胖，既安既佚，养此休誉，时乃休功。为名公卿，休祥在躬。（张元干）[59]

此外，孟子还明言："古之人未尝不欲仕也……不由其道而往者，与钻穴隙之类也。"（《孟子·滕文公下》）即是说：君子之所以不做官，不是本心不愿做事，只是因为不合道义，才舍弃了机会。言下之意，如果合乎道，君子不应拒绝，而应当如孔子所言那样"当仁不让"。由此一来，一些南宋文士便从出与处、仕与隐的纠结中解脱了出来。他们已经能够以道义来超越"仕"与"隐"的对立。

从思想高度来看，朱熹提出："以道自胜，无适不安。"[60]王炎指出："进退有正，以义为主，可否无固，因时为度。"[61]其他文士进一步认为：如果有了私心私利的考虑，那么即使是隐居，也并不高尚；如果是为了天下道义，那么即使是出仕为官，也值得赞扬。倘若后者还能够展现出优游自得、游刃有余之态，那就更加可喜。

在这样的思路下，一部分南宋文士面对隐逸风气日盛的局面，反对一味地自命清高、遁隐求闲。在他们眼中，古代圣贤能做到以道义来超越出处，优哉游哉；而今人则是出处均违道义，充满功利：

> 动静语默，唯仁是依，则无出处之偏而后悔不足虑。伊尹、傅说、太公之流忧则违之，不以退为高，乐则行之，不以进为泰。（胡寅）[62]
>
> 伯夷之隐，展禽之仕，伊尹始农而后相，孔孟环辕周游，如冷暖饥渴，当然而然，不为诡激，进退出处，了无可疑。圣贤动静之

迹两途，而行道之心一致。……至度出处厉害，择焉以自居，进无可观，退亦未足甚高。……大都士之出处，必待辩说计较而论为不进矣。……

伟达人之大观兮，曾何累于去来。息娉觊以闲闲兮，亦优哉而游哉。陋谁昔之窘窘兮，惊宠辱为祥灾。（熊彦诗）[63]

古之君子，信道笃而尊己，今之君子，信道不笃而卑己。尊己则与道进退，其处也乐尧舜之道，其出也行尧舜之道……卑己则进退违道，其处也假嵩山为捷径，其出也附伾文以速化……（胡铨）[64]

胡寅、熊彦诗和胡铨三人都表达了同样的意思，即"道"是衡量出处境界的标准。信仰道义者是"伟达人""君子"，他们因道而取仕，故而不会"累于去来"，反而能优游自得。而缺乏道义信仰者心术不正，计较个人得失，即使隐遁亦不得真闲，也无境界可言。袁燮则对"隐"与"遁"的问题进行了更为细致的辩证分析：

君子贵隐乎？素隐行怪，后世有述焉，吾弗为之矣。欲洁其身而乱大伦，古人之所不与也，乌乎贵？君子不贵隐乎？遁世无闷，不见是而无闷。不降其志，不辱其身，古人之所深取也，乌乎不贵？然则奈何？曰：天之生斯人也，必有出群拔萃之士为之标准，扶持纲常，虽久不废，则人道立矣。当隐而隐，义也；素隐乱伦，非义也。协于义，无愧于心。潜养之久，辉光之著，得于亲炙者有所则象，得于传闻者亦莫不兴起，是我以一身为天下后世之标准也，其志顾不大哉？夫子曰："隐居以求其志。"求此志也。……泉石烟霞，可嘉可玩，殆有甚于圭组轩裳之可乐，而益得求吾之所志，庶其可乎。虽然，老病而归休，以是自命可也。继吾之后者，齿发未衰，筋力犹壮，固宜捐躯以殉国，排难以救时，又何隐之云乎！[65]

袁燮指出：隐居是双刃剑，利弊兼有。他赞成的是"当隐而隐"，而不是"素隐乱伦"。只有合于道义之隐，才能无愧于心，为后世垂范。

他告诫后人:"老病归休"可以接受,但年富力强者动辄要入山林,乃是不合道义之举。

从具体层面和现实高度来看,从本章第一节我们就已经看到,南宋文士对孔子的"可仕则仕,可止则止"和"无可无不可"仰慕不已,更对历代儒家人物中"心闲不被身碍"者赞赏有加。对于本朝人士,王铚称赞钱厚之"德载舍众人必争,择义而动……不以迹混其心,不以外忘其内"[66]。袁燮自称"义所当然,无有差别。是故四十始仕,道合则从,不可则去,明著于礼经"[67]。

总之,在道义的指引下,"仕"与"隐"、"出"与"处"的矛盾被扫除了,道德与休闲、事功与休闲的对立被消解了。这就是南宋文士"身之超越"的儒家思想根源。如果说传统隐逸观批评的是为名利而仕,那么一部分南宋士人开始批评的是求清高而隐。这正是其更为深刻之处。

二、超越境界的道家心源

南宋文士亦从道家"无待"的超越哲学中汲取精神养分。《逍遥游》的通篇之旨,是构想一种绝对的"无待",即无条件地脱离物质的凭借与束缚,实现最高的精神自由。南宋文士以"无待"为决定置身与接物态度的理想准则。例如陈文蔚认为哲人能做到"不以宽而舒徐,不以窄而迫怵"[68],这其实就是一种"无待"境界。朱敦儒认为,陶渊明以风得凉,袁绍靠酒避暑,都是"有待"的,而他已经到了心闲而无待的境界:

> 靖节窗风犹有待,本初朔饮非长策。怎似我、心闲便清凉,无南北。[69]

当很多南宋文士的休闲还处在"身之遁"的层面,把空间的屏障作为必要条件时,另一部分文士则沿袭"大隐居市,小隐居山"的理论,把对山林的必需视为较低的休闲境界。这是因为,"大隐"更能显示出一种对客体屏障的"无待"。释文珦倡导"无待无得,窅然皆丧,自适夫道"[70]。故而在他看来，"心闲何用隐"[71]，"虽道青山好，犹知是外尘"[72]。妙智大师对"丽服雄居"的物质条件视如涕唾，邓肃赞之，并为其居室起名"一枝庵"，然而他并未就此打住，而是期待妙智大师能更进一步，最大程度地做到"无待"：

> ……虽然，列子行天，非风不可，古人讥之，盖非无待而然者。今师必赖一枝，犹未脱焉。百尺竿头，当进一步，师肯承当否？更俟他日与师分付。[73]

熊彦诗对欲往南盘谷归隐的黄元龄指出：

> 周续之云："驰心魏阙者，以江湖为桎梏；情致两忘者，市朝亦岩穴耳。"元龄器度学识行且用世，若问津于夷易之途，养志于恬淡之境，进不祈功，退不近名，则通都大邑，皆南盘谷也；不然，山林乃毁誉忧乐一大都会，君独安取愿乎？[74]

即是说，如果心志恬淡，则通都大邑皆可为山林；如果对毁誉忧乐还有心动，则隐居山林也会有重重烦恼，无法真正休闲。言下之意，高境界的"隐"应该是无待于物的，身之超越主要在于心之无待。做到心之无待，则身之超越即可实现，便可成为"大隐"。此外，胡铨亦指出：

> 仲尼可仕可止，无容心焉，夫应之以无心则大矣。今欧阳子屑屑焉筑室以求止，不亦隘乎？曰：在《易》之《艮》曰："艮，止也。时止则止，时行则行，动静不失其时，其道光明。"圣人也。曰："艮其止，止其所也。"君子也。圣人轻许人以止，而重许人以仕，至于仕久止速，不失其时，则未尝许人，而独以许颜渊，曰："用之则行，舍之则藏，惟我于尔有是夫。"是《易》之所谓时止时行，非孔子、颜子不得私以相与。……漆雕开独何人也，在群弟子中不得齿游、夏，特以不愿仕一节，仲尼悦之。何如是重许人仕，而轻许人以止也？非恶仕而悦止，以为止犹可以有为，仕不由其道，不可以有为也……然人莫不有所也，出其所而不能止者，动

于欲也。故止之道在"艮其背"，欲牵于前而背乃背之，则举不足以动其心，而止乃安。夫以渊明放达高士，而于酒犹有所溺焉，赋诗以止之，然卒以酒死者，止不安也。势利之溺人犹酒也……然势利诱于前，或入其舍，则向也止而今也驱，不醉死于势利之糟丘者能有几哉？……夫《艮》之诸文不言吉，独上九"敦艮"言吉，何也？九以刚实处《艮》之终，止之至笃者也。人不难于止，难于九终，故曰行百里者半九十里，言晚节末路之难也。[75]

在胡铨看来，人生之安乐，最高的境界是一种物的"无待"状态。即便是陶渊明，尽管无心于做官，物质生活也足够简朴清贫，但也仍然强烈地依赖于酒而获得休闲，"卒以酒死"，境界并不算高。他的朋友欧阳子费心筑室以求止息，则更是一种狭隘的行为。因为这种方式得到的休闲是"有待"的，他依赖于空间的隔离和物质的保障。而孔子无论出处，都没有利害考虑，内心处于"无容心"的状态，"用之则行，舍之则藏"，比较超脱，这便是一种伟大的"无待"状态。心止而无待，是胡铨的主体思想。

富有趣味地是，我们看到胡铨并未将孔子的"时止时行"归因为"道义超越"，而显然是为其寻找了道家思想的根源。类似地，范成大也赞赏无待外物的道家处世观，称"列子御风犹有待，邹生吹律强生春"[76]。他认为白居易的休闲就和列子飞行还离不开风一样，是"有待"于物的，故而还没有达到"大隐"的境界。范成大进一步认为，"无待"的境界来自心安，所谓"不用桃符帖画鸡，身心安处是天倪"[77]，故而修炼"心安"才是硬道理，即"富贵神仙两俱累，此心安处是真依"[78]。如果心不安，就算避居在山林之中，也可能使心蒙物尘，同样是不能得到休闲的："山林朝市两尘埃，邂逅人生有往来。各向此心安处住，钓台无意压云台。"[79]如果心安无尘，即使什么都不依赖，也能保持身心的喜乐："有喜何须药，无尘即是仙。"[80]

作为南宋道教的领袖人物，白玉蟾的"无待"思想最具有代表性。他认为，隐遁山林的休闲是一种对市井喧哗的"逃"，表现了对客体屏障的"有待"。而真正的超越应该是心境如一的：

善隐山者，不知其隐山之乐。知隐山之乐者，鸟必择木，鱼必择水也。夫山中之人，其所乐者，不在乎山之乐，盖其心之乐，而乐乎山者，心境一如也。……山中之隐者，非曰必林峦而为山，非林峦而不为山……今人以为大隐居廓，小隐居山者，不无意也。……若夫人能以此心自立，虽园林之僻者，亦此心也，市井之喧者，亦此心也，不必乎逃其心之喧，适其心之欲。……心之乐者，隐者之乐也，于山无预也。……夫山之为山，人之为人，人亦不欲必乎山而后隐……不可以朝野拘其心，不可以身世阱其志。[81]

　　他认为，善隐而能得乐者并不一定要借助山的屏障来与世隔绝。如果那样的话，就停留在离不开水、木的鱼、鸟之层次，即出处都极端"有待"，为外界所掌控。如果求隐者是为获得某种好处（通常是获取幽静恬适的环境）而进入山林，则他也很快会因山林的寂寞而复思闹世："自名利之习炽，以物欲之事攻，则厌闹思静也。自恬适之兴满，修进之念冷，则嫌静思闹也。"[82]只有视园林、市井如一，不拘朝野身世，这样才是"大隐"而能真乐的境界。那么，如何才能实现这种身之超越呢？那就要做到内心无待，淡泊名利。试看白玉蟾提出的"以此心自立"之论：

　　恬淡息于内而不乱……以清净为道场，以恬退为法事，以安乐为眷属，不欲与世交，不欲与物累。其修身也，不事乎百骸；其养形也，不溽乎五味。……吾心无所守，则必徇乎事之所夺，任乎物之所营。[83]

　　可见，"以此心自立"关键同样在于首先要将心修炼到无条件、无分别的不受物缚的境界。白玉蟾尤其指出，指望躲进山里就能万事大吉是不现实的。因为即使山林之中，亦存在着迷惑人的物质诱惑。只有做到"心隐"，不贪恋山林的好处，才能实现身之超越："善隐山者，不知其隐山之乐。……隐山者知味乎道，而不知味乎山也。……山野之间，亦如市廓。何也？闲花野草，可以眩人目；幽禽丽雀，可以瞆人耳。子非隐其心而欲隐于山，可乎？……圣人所隐，不在乎山之隐，而隐其心。"[84] 这与熊彦诗"山林乃毁誉忧乐一大都会"之论实为同调。而类似地，南宋佛门的宏智亦有"豁落亡依，高闲不羁"[85]，"纷扰扰时常隐隐，闹嘈嘈处却闲闲"[86] 的境界描述，亦可谓以上"无待"境界的同调之语。

总之，南宋休闲"心之超越"的"无待"境界，用陆游的一句诗来总结，就是"能自得我心，无入不自得。灵府长优闲，蕉鹿乌能惑"[87]。用今人的一句话来总结，就是"在休闲中，人们能忘乎天，忘乎地，忘乎人，忘乎己，怀着一种超然物外的心境去面对世界，从而获得个性的解放和精神的自由，这便构成了生命最动人的旋律"[88]。

三、超越境界的佛家心源

如果说，"贫贱不能移"是南宋人士以儒家之道义实现的超越，"富贵不能淫"是他们以道家之无待实现的超越，那么更有一种源自佛家的生死超越。对比前两者，它有可能是"心之超越"中哲学性最强的一类。这是因为，哲学界历来将死亡问题看作哲学的根本问题。而明生死，从而使人心安、心闲，乃是佛教最基本的思路之一。南宋佛门对生死问题最为关注。宏智禅师云："生死蒂，第一义。"[89] 他将"脱生死"视为参禅的最主要目的："参禅一段事，其实要脱生死。若脱生死不得，唤什么作禅？"[90] 故而倡导僧众"扫迹世外，研究生死"[91]。在他看来，实现了生死的超越，便可获得自在与休闲，反之则不得解脱：

> 只尔寻常起灭者是生死。起灭若尽，即是本来清净底，无可指注，无可比拟。[92]
> 得断生死，超凡圣去。[93]
> 若不被生死转，不被境界惑。生也在我，死也在我。脱谷漏子如阅传舍，如换衣服相似。若是草草地做不到，认身为己，析物作它，既迷本路，便失正因。[94]
> 生死了不著我，因缘了不牵我。在生死因缘中，恰恰自在。[95]
> 了生死出因缘，真见灵然元无所住。[96]
> 吾家衲子，将以超脱生死，须槁身寒念，彻鉴渊底，虚凝圆

照，透出四大五蕴。与因缘未和合，根门未成就，胞胎未包裹，情识未流浪时，著得个眼，何患不了？恁么了时，祖师鼻孔，衲僧命脉，把定放行，在我有自由分。[97]

大慧禅师的思路与宏智颇为仿佛。他亦将生死视为头等大事："无常迅速，生死事大。"[98]在他看来，实现了生死之超越，则可得到彻底解脱。反之，人就会永远处于忙乱的状态：

> 透过生死关，击碎无价宝。刚正大丈夫，一了一切了。[99]
>
> 若不把生死两字贴在鼻尖儿上作对治，则直待腊月三十日，手忙脚乱，如落汤螃蟹时，方始知悔则迟也。[100]
>
> 若要真个静，须是生死心破，不著做工夫。生死心破，则自静也。[101]
>
> 若得生死心破，更说甚么澄神定虑，更说甚么纵横放荡，更说甚么内典外典。一了一切了，一悟一切悟，一证一切证，如斩一结丝，一斩一时断。[102]
>
> 生死心不破，阴魔得其便，未免把虚空隔截作两处：处静时受无量乐，处闹时受无量苦。[103]
>
> 生死心绝，则是归家稳坐之处。得到恁么处了，自然透得古人种种方便。[104]

那么，怎样才算是看透了生死，实现了生死超越？从现实来看，大慧禅师曾赞赏钱侍郎"不贪生死，诸欲快乐"[105]，即对生死保持平常心的态度，既不贪恋生的一极，也不畏惧死的一极。而亦有人赞美大慧禅师云：

> 生死穷达，如不动山。（易袚）[106]
>
> 视彼死生，实同昼夜。（喻樗）[107]

此即是说明大慧对生死持不动心的态度。有趣的是，道家白玉蟾亦曾提出："视死之日如生之年，执有之物如无之用。"[108]此亦类似地表达了对生死超越的理解。"三教合一"是南宋儒道释思想的独特现象，因此道、释有类似想法亦是非常自然的现象。

对生死的超越同样成为南宋文士所追求的休闲境界。刘子翚称孔子"负手曳杖，逍遥而歌，往来之际，湛然如此"[109]。刘氏认为孔子能这样是因为"原始要终，知生死之说"[110]，明了生死大事，并"常诲人以生死之大方"[111]，故而能从容进退，逍遥自得。朱敦儒词云："过险方知著甚忙？归休老醉乡。"[112]此亦即说明经历生死考验后的休闲超脱境界。陆游的诗中亦多次论及生死与休闲的问题：

> 古今共有死，长短无百年；方其欲瞑时，如困得熟眠。世以生时心，妄度死者情；疑其不忍去，一笑可绝缨。区区计生死，不如持一觞；一觞浇不平，万事俱可忘。待酒忘万事，犹是役於酒；醉醒不到处，夭魔自奔走。[113]
>
> 平生无拣择，生死均早夜。[114]
>
> 水边茅屋两三间，野叟幽人日往还。两卷硬黄书老子，数峰破墨画庐山。功名会上元须福，生死津头正要顽。试说龟堂得力处，向来何啻半生闲。[115]
>
> 读书虽所乐，置之固亦佳；烧香袖手坐，自足纾幽怀。我生本从人，岂愿终不谐。其如定命何，生死一茅斋！[116]

从以上诗句中，我们读出的是陆游对生死的豁达与超脱。而正是基于"脱生死"的人生境界，陆游的休闲也才具有了超越的性质。由于对生死有所超越，陆游曾勇于去尝试有毒的河豚，以获取口腹之欢。在这里，死亡哲学"向死而生"的命题转化为"向死而乐"。

钱端礼在临死前，留下这样的遗书，道出看透生死，感觉快乐、自在的体验。或许这正是休闲境界中一种最高层次的生死超越。

> 浮世虚幻，本无去来。四大五蕴，必归终尽。虽佛祖具大威德，亦不能免这一著子。天下老和尚、一切善知识，还有跳得过者无？盖为地水火风，因缘和合，暂时凑泊，不可错认己有。大丈夫磊磊落落，当用处把定，立处皆真。顺风使帆，上下水皆可，因斋

庆赞，去留自在。此是上来诸圣开大解脱一路涅槃门，本来清净空寂境界，无为之大道也。今吾如是，岂不快哉！尘劳外缘，一时扫尽。荷诸山垂顾，咸愿证明。伏惟珍重。[117]

胡伟希指出，作为一种哲学理念，休闲具有超越性："休闲哲学要求我们，在确立人生的目标时要具有超越性，要超越眼前的一些事物，强调人的生活的高级精神性追求与享受；而一个人的生活内容愈具有精神性，则愈具有超越当下生活的性质。"[118]南宋文士休闲的超越境界，正可为此理论做	圆满注脚。

梁振南指出："不是所有的休闲活动对人生对生命都具有同等价值和同样意义的，这里有性质上的积极与消极之分，有意义上的大小之别。休闲主体欲从中获得更优的效果，必须加以甄别。"[119]其实，他所谓的休闲在意义上的大小之别，就是休闲境界问题。笔者倾向于认为，超越境界的确比遁世、谐世境界更为智慧和超脱，其人格也更为崇高，最值得当代人借鉴与学习。

此外，还需要指出的是，休闲境界是有其复杂性的。正如潘立勇先生等所言："休闲活动本身确实存在多重维度，休闲也有境界与格调的高低不同。我们不能一提休闲，就简单地将之理想化，也不能把休闲视之为生命的挥霍与沉沦。就休闲活动的丰富性与复杂性来讲，它体现了人类生命与生存活动的复杂性。"[120]南宋时期的休闲境界同样如此。一方面，南宋文士对某些历史人物的休闲境界就存在不同看法。例如孔子，第十章提到，朱敦儒认为他栖栖惶惶，为事功奔走一生，不值得效仿："乃翁心里，没许多般事。也不蕲仙不佞佛，不学栖栖孔子。"第四章提到，辛弃疾也持此论诘问道："长沮桀溺耦而耕，丘何为是栖栖者？"张镃则嘲笑孔子虽一生凄惶奔走，却终难避免被冷落的命运："嗤笑鲁中叟，弥缝阙失成灰尘。"

但熊彦诗认为：孔子对楚狂接舆、长沮、桀溺、荷蓧丈人之士是崇敬的，因而具有隐逸情怀。他还认为，正是由于有了道义的支撑，孔子实现了出处的超越境界，这是后世隐士所不能及之处（参见本书第十一章第一节）。类似地，胡寅也赞赏孔子"可仕可止，无容心焉"的境界，并认为，孔子赞赏曾点之志，意在不让学生"智效一能，才周一事，区区见役于人，交累于物，老身童豁而不悔"[121]，即是说孔子站在人性自由的立场上倡导"舞雩风流"的休闲生活。孔子赞赏曾点之乐，乃是赞赏其无营求功效之心，与子路、冉有那种急于事功的态度绝不相类。这种心态并不迂阔，而是极富价值与智慧的。

此外，朱熹、陆九渊等理学家，亦对孔子赞赏"曾点之乐"表示出极大敬意，朱熹作《曾点》一诗，在想象中倾慕曾点"浴乎沂，风乎舞雩，咏而归"的从容之态，陆九渊则称"二程见周茂叔后，吟风弄月而归，有'吾与点也'之意"[122]。还有白居易，本章前面提到，南宋不少文士认为他的休闲境界并不甚高，但也有人评价他"得丧两忘，去就俱闲"（王炎）[123]，显然认为他达到了"物之超越"的境界。由以上可见，南宋人士对历史人物的休闲境界存在着复杂的认识。

但我们也不能将南宋人物的休闲境界简单化，因为它即使在同一个人的身上也存在着复杂的表现。人一生中，其休闲境界可能处在不断变化之中，或许不断提高，抑或不断下滑。典型的例子就是陆游，由于其性格、经历的复杂性，他的休闲境界在本章的遁世境界、谐世境界和超越境界中都有所呈现。

注释

[1] 胡伟希：《论中国休闲哲学的当代价值及其未来发展》，载《学习论坛》，2004年第9期。

[2] 潘立勇、陆庆祥：《中国传统休闲审美哲学的现代解读》，载《社会科学辑刊》，2011年，第4期。

[3] 彭鹏：《本体、工夫与境界：心文化的理论与实践》，载《唐都学刊》，2010年第5期。

[4] 潘立勇、陆庆祥：《中国传统休闲审美哲学的现代解读》，载《社会科学辑刊》，2011年第4期。

[5]《汉宫春·答吴子似总干和章》，《稼轩词》卷六，见（南宋）辛弃疾：《辛弃疾全集》，王步高等辑校汇评，珠海：珠海出版社，2002年版，第72页。

[6]《致遂赋》，《克斋集》卷一三，见曾枣庄等编：《全宋文》（第290册），上海：上海辞书出版社，合肥：安徽教育出版社，2006年版，第295页。

[7]《丘壑美》，《潜山集》卷一三，见傅璇琮等主编：《全宋诗》（第63册），北京：

北京大学出版社，1998年版，第39684页。

［8］《题鶒鷞巢林行》，《潜山集》卷一三，见傅璇琮等主编：《全宋诗》（第63册），第39685页。

［9］《遂宁冯君墓志铭》，《汉滨集》卷一五，见曾枣庄等编：《全宋文》（第198册），第10页。

［10］《祭鼓院叔父文》，《鲁斋集》卷一九，见曾枣庄等编：《全宋文》（第338册），第403页。

［11］《水调歌头·和伯称》，见唐圭璋编纂：《全宋词》（简体增订本第3册），北京：中华书局，1965年版，第1917页。

［12］《水调歌头·和吴秀岩韵》，见唐圭璋编纂：《全宋词》（简体增订本第4册），第3216页。

［13］《次韵陆南宫〈晨起〉有感》，《南湖集》卷一，见（南宋）张镃：《南湖集》，吴晶、周膂点校，北京：当代中国出版社，2014年版，第26页。

［14］《钓台赋》，清鲍以文辑《灊山集补遗》，见曾枣庄等编：《全宋文》（第188册），第341页。

［15］《启疏堂记》，《斐然集》卷二，见曾枣庄等编：《全宋文》（第190册），第77页。

［16］《双清堂记》，《赤城集》卷一二，见曾枣庄等编：《全宋文》（第182册），第182页。

［17］《刘可隐序》，《潜斋集》卷六，见曾枣庄等编：《全宋文》（第358册），第57页。

［18］《上宰相启》，《浮山集》卷八，见曾枣庄等编：《全宋文》（第192册），第286页。

［19］《高光中墓志铭》，《止斋先生文集》卷五〇，见曾枣庄等编：《全宋文》（第268册），第303—304页。

［20］《读大纪》，《晦庵先生朱文公文集》卷七〇，见曾枣庄等编：《全宋文》（第251册），第350页。

［21］《春晚杂兴》六首其五，《剑南诗稿》卷三十二，见钱仲联、马亚中主编：《陆游全集校注》（第4册），杭州·浙江教育出版社，2011年版，第281页。

［22］《宿天庆道院》，《剑南诗稿》卷十四，见钱仲联、马亚中主编：《陆游全集校注》（第2册），第438页。

［23］《答东山一老二偈》，《攻愧集》卷八一，见曾枣庄等编：《全宋文》（第265册），第129页。

［24］《次仲舅韵寄拙庵》，《攻愧集》卷八一，见曾枣庄等编：《全宋文》（第265册），第124页。

［25］同上。

［26］《卧云庵记》，《成都文类》卷四四，见曾枣庄等编：《全宋文》（第 193 册），第 224—225 页。

［27］《山中》四首其四，《秋崖先生小稿》卷一九，见傅璇琮等主编：《全宋诗》（第 61 册），第 38382 页。

［28］《禅人并化主写真求赞》，《宏智广录》卷第九，见（日）高楠顺次郎等编：《大正新修大藏经》（第 48 卷），东京：大正一切经刊行会，1930 年版，第 105 页。

［29］《代人进故事》，《定庵类稿》卷一，曾枣庄等编：《全宋文》（第 192 册），第 232 页。

［30］《谢安矫情镇物辩》，《范香溪文集》卷一九，曾枣庄等编：《全宋文》（第 194 册），第 127 页。

［31］潘立勇、陆庆祥：《中国传统休闲审美哲学的现代解读》，载《社会科学辑刊》，2011 年第 4 期。

［32］《朱熹年谱》卷之二，见（清）王懋竑：《朱熹年谱》，何忠礼点校，北京：中华书局，1998 年版，第 95 页。

［33］同上。

［34］《晦庵先生行状》，《黄勉斋先生文集》卷之八，见王云五主编：《丛书集成初编》（第 2410 册），上海：商务印书馆，1935 年版，第 185—186 页。

［35］《礼记正义卷五十》，见（清）阮元校刻：《十三经注疏》下册，北京：中华书局，1980 年版，第 1613 页。

［36］同上书，第 1616 页。

［37］苏状：《"闲"与中国古代文人的审美人生：对"闲"范畴的文化美学研究》，复旦大学博士论文，2008 年，第 46 页。

［38］胡伟希：《论中国休闲哲学的当代价值及其未来发展》，载《学习论坛》，2004 年第 9 期。

［39］《沁园春·□竹窗纸枕屏》，见唐圭璋编纂：《全宋词》（简体增订本第 4 册），第 3846 页。

［40］潘立勇、陆庆祥：《中国传统休闲审美哲学的现代解读》，载《社会科学辑刊》，2011 年第 4 期。

［41］《东坡事实·论古文俚语二说》，《春渚纪闻》卷六，见（北宋）何薳：《春渚纪闻》，北京：中华书局，1983 年版，第 89 页。

［42］《跋赵祖文贫士图后》，《芦川归来集》卷九，见曾枣庄等编：《全宋文》（第 182 册），第 411 页。

［43］《读白傅洛中老病后诗戏书》，《石湖居士诗集》卷三一，见傅璇琮等主编：

《全宋诗》(第 41 册)，第 26036 页。

［44］同上。

［45］《以学为诗》，《鹤林玉露》乙编卷三，见 (南宋) 罗大经：《鹤林玉露》，北京：中华书局，1983 年版，第 163 页。

［46］潘立勇、陆庆祥：《中国传统休闲审美哲学的现代解读》，载《社会科学辑刊》，2011 年第 4 期。

［47］《玉局观拜东坡先生海外画像》，《剑南诗稿》卷九，见钱仲联、马亚中主编：《陆游全集校注》(第 2 册)，第 131—132 页。

［48］《也足轩记》，《成都文类》卷四四，见曾枣庄等编：《全宋文》(第 210 册)，第 393 页。

［49］杨胜宽：《苏轼的"闲适"之乐》，载《四川师范大学学报》(社会科学版)，1996 年第 1 期。

［50］《静胜斋记》，《横浦先生文集》卷一七，见曾枣庄等编：《全宋文》(第 184 册)，第 153—154 页。

［51］同上书，第 154 页。

［52］《四友堂记》，《梅溪先生文集》卷一七，见曾枣庄等编：《全宋文》(第 209 册)，111 页。

［53］《运有荣枯行》，《潜山集》卷一三卷，见傅璇琮等主编：《全宋诗》(第 63 册)，第 39697 页。

［54］潘立勇、陆庆祥：《中国传统休闲审美哲学的现代解读》，载《社会科学辑刊》，2011 年第 4 期。

［55］陆庆祥：《苏轼休闲审美研究》，浙江大学博士论文，2010 年，第 16 页。

［56］胡伟希：《中国休闲哲学的特质及其开展》，载《湖南社会科学》，2003 年第 6 期。

［57］赖勤芳：《休闲美学的内在理路及其论域》，载《甘肃社会科学》，2011 年第 4 期。

［58］梁振南：《休闲的生命美学视界》，载《广西大学学报》(哲学社会科学版)，2007 年第 5 期。

［59］《休庵铭》，《芦川归来集》卷一〇，见曾枣庄等编：《全宋文》(第 182 册)，第 434 页。

［60］《与刘德修》，《晦庵先生朱文公文别集》卷一，见曾枣庄等编：《全宋文》(第 250 册)，第 99 页。

［61］《中隐赋》，《双溪集》卷九，见曾枣庄等编：《全宋文》(第 269 册)，第 375 页。

［62］《企疏堂记》，《斐然集》卷二，见曾枣庄等编：《全宋文》(第 190 册)，第

77 页。

［63］《送黄元龄归南盘谷序》,《国朝二百家名贤文粹》卷一七一,见曾枣庄等编:《全宋文》(第 185 册),第 387—388 页。

［64］《秀野堂记》,《胡澹庵先生文集》卷一九,见曾枣庄等编:《全宋文》(第 196 册),第 7 页。

［65］《隐求堂记》,《永乐大典》卷七二三九,见曾枣庄等编:《全宋文》(第 281 册),第 249—250 页。

［66］《双清堂记》,《赤城集》卷一二,见曾枣庄等编:《全宋文》(第 182 册),第 182 页。

［67］《隐求堂记》,《永乐大典》卷七二三九,见曾枣庄等编:《全宋文》(第 281 册),第 250 页。

［68］《致遂赋》,《克斋集》卷一三,见曾枣庄等编:《全宋文》(第 290 册),第 295 页。

［69］《满江红•大热卧疾,浸石种蒲,强作凉想》,《樵歌》卷上,见(南宋)朱敦儒:《樵歌》,龙元亮校,北京:文学古籍刊行社,1958 年版,第 12 页。

［70］《山中放歌》,《潜山集》卷一,见傅璇琮等主编:《全宋诗》(第 63 册),第 39507 页。

［71］《春游》,《潜山集》卷八,见傅璇琮等主编:《全宋诗》(第 63 册),第 39609 页。

［72］《散人》,《潜山集》卷七,见傅璇琮等主编:《全宋诗》(第 63 册),第 39592 页。

［73］《一枝庵记》,《栟榈集》卷一八,见曾枣庄等编:《全宋文》(第 183 册),第 187 页。

［74］《送黄元龄归南盘谷序》,《国朝二百家名贤文粹》卷一七一,见曾枣庄等编:《全宋文》(第 185 册),第 388 页。

［75］《真止堂记》,《胡澹庵先生文集》卷一七,见曾枣庄等编:《全宋文》(第 195 册),第 364—365 页。

［76］《再题白傅诗》,《石湖居士诗集》卷三一,见傅璇琮等主编:《全宋诗》(第 41 册),第 26037 页。

［77］《丙午新正书怀十首》其一,《石湖居士诗集》卷二六,见傅璇琮等主编:《全宋诗》(第 41 册),第 25994 页。

［78］《题漫斋壁》,《石湖居士诗集》卷六,见傅璇琮等主编:《全宋诗》(第 41 册),第 25799 页。

［79］《钓台》,《石湖居士诗集》卷七,见傅璇琮等主编:《全宋诗》(第 41 册),第 25804 页。

[80]《代门生作立春书门贴子诗》四首其二,《石湖居士诗集》卷二七, 见傅璇琮等主编:《全宋诗》(第41册), 第26009页。

[81]《海琼问道集·海琼君隐山文》, 见(明)张宇初等编:《道藏》(第33册), 北京: 文物出版社, 上海: 上海书店, 天津: 天津古籍出版社, 1988年版, 第143—145页。

[82] 同上书, 第144页。

[83] 同上。

[84] 同上书, 第144—145页。

[85]《宏智广录》卷第二, 见(日)高楠顺次郎等编:《大正新修大藏经》(第48卷), 第24页。

[86]《宏智广录》卷第四, 见(日)高楠顺次郎等编:《大正新修大藏经》(第48卷), 第41页。

[87]《古诗》,《剑南诗稿·放翁集外诗·逸稿补遗》, 见钱仲联、马亚中主编:《陆游全集校注》(第8册), 第330页。

[88] 梁振南:《休闲的生命美学视界》, 载《广西大学学报》(哲学社会科学版), 2007年第5期。

[89]《宏智广录》卷第一, 见(日)高楠顺次郎等编:《大正新修大藏经》(第48卷), 第13页。

[90]《宏智广录》卷第五, 见(日)高楠顺次郎等编:《大正新修大藏经》(第48卷), 第60页。

[91]《僧堂记》,《宏智广录》卷第八, 见(日)高楠顺次郎等编:《大正新修大藏经》(第48卷), 第100页。

[92]《宏智广录》卷第五, 见(日)高楠顺次郎等编:《大正新修大藏经》(第48卷), 第59页。

[93] 同上书, 第60页。

[94] 同上书, 第65—66页。

[95] 同上书, 第66页。

[96]《宏智广录》卷第六, 见(日)高楠顺次郎等编:《大正新修大藏经》(第48卷), 第76页。

[97] 同上书, 第78页。

[98]《答黄知县》,《大慧语录》卷第二十九, 见(日)高楠顺次郎等编:《大正新修大藏经》(第47卷), 第936页。

[99]《庄泉伯检察为先安抚请升堂偈》,《大慧语录》卷第十一, 见(日)高楠顺次郎等编:《大正新修大藏经》(第47卷), 第856页。

[100]《示妙证居士》,《大慧语录》卷第十一, 见(日)高楠顺次郎等编:《大正

新修大藏经》（第 47 卷），第 893 页。

［101］《答富枢密》，《大慧语录》卷第二十六，见（日）高楠顺次郎等编：《大正新修大藏经》（第 47 卷），第 922 页。

［102］《答刘宝学》，《大慧语录》卷第二十七，见（日）高楠顺次郎等编：《大正新修大藏经》（第 47 卷），第 925 页。

［103］《答刘通判》，《大慧语录》卷第二十七，见（日）高楠顺次郎等编：《大正新修大藏经》（第 47 卷），第 926 页。

［104］《答汤丞相》，《大慧语录》卷第三十，见（日）高楠顺次郎等编：《大正新修大藏经》（第 47 卷），第 942 页。

［105］《钱侍郎画像赞》，《大慧普觉禅师语录》卷下，见（日）前田慧云等编：《卍续藏》（第 121 册），台北：新文丰出版公司，1996 年版，第 97 页。

［106］《右奉直大夫直秘阁易》，《大慧普觉禅师语录》卷下，见（日）前田慧云等编：《卍续藏》（第 121 册），第 81 页。

［107］《祭大慧禅师文》，《大慧禅宗杂毒海》卷下，见曾枣庄等编：《全宋文》（第 206 册），第 380 页。

［108］《海琼问道集•海琼君隐山文》，见（明）张宇初等编：《道藏》（第 33 册），第 144 页。

［109］《孔子》，《屏山集》卷一，见曾枣庄等编：《全宋文》（第 193 册），第 167 页。

［110］同上。

［111］同上书，第 168 页。

［112］《长相思》二首其二，《樵歌》卷中，见（南宋）朱敦儒：《樵歌》，龙元亮校，第 51 页。

［113］《对酒》，《剑南诗稿》卷二十八，见钱仲联、马亚中主编：《陆游全集校注》（第 4 册），第 122 页。

［114］《秋怀十首末章稍自振起亦古义也》十首其九，《剑南诗稿》卷四十，见钱仲联、马亚中主编：《陆游全集校注》（第 5 册），第 159 页。

［115］《初夏闲居》八首其七，《剑南诗稿》卷六十六，见钱仲联、马亚中主编：《陆游全集校注》（第 7 册），第 136 页。

［116］《冬日斋中即事》六首其一，《剑南诗稿》卷七十九，见钱仲联、马亚中主编：《陆游全集校注》（第 8 册），第 91 页。

［117］《示寂书》，《宗统编年》卷二四，见曾枣庄等编：《全宋文》（第 206 册），第 271 页。

［118］胡伟希：《中国休闲哲学的特质及其开展》，载《湖南社会科学》，2003 年第 6 期。

［119］梁振南：《休闲的生命美学视界》，载《广西大学学报》（哲学社会科学版），2007 年第 5 期。

［120］潘立勇、陆庆祥：《中国传统休闲审美哲学的现代解读》，载《社会科学辑刊》，2011 年第 4 期。

［121］《永州重修学记》，《斐然集》卷二一，见曾枣庄等编：《全宋文》（第 190 册），第 80 页。

［122］《语录上》，《陆九渊集》卷三十四，见（南宋）陆九渊：《陆九渊集》，钟哲点校，北京：中华书局，1980 年版，第 401 页。

［123］《中隐赋》，《双溪集》卷九，见曾枣庄等编：《全宋文》（第 269 册），第 376页。

结

论

通过以上十六章的内容，本书向读者全方位地展现了南宋文士的休闲哲学思想。最后，为方便读者抓住要领，笔者对本书全文做一总结，主要是浓缩以上各章大意，提炼出一些核心观点，并再次简要表明本书的意义。

第一节　核心观点

本书不同于一般罗列休闲现象的"休闲文化"类书籍，而是一本阐发休闲思想之作。故而，在本书结束之时，有必要对本书的核心观点加以提炼。下面笔者主要从观念论、本体论、工夫论、境界论四方面来进行概括。

一、观念论方面

南宋休闲哲学的产生，有其政治、经济、思想文化等各方面的社会背景。和议局面与游戏精神，促成了当时社会局面的稳定与政治氛围的宽松。农业经济与城市经济的高度发展，亦为休闲哲学的勃兴提供了良好的物质保障。文士们的理性精神、怀疑精神、独创精神，教育的普及兴盛和思想的多元并包，使异于传统价值观的休闲观念得以形成思潮，并发展成丰富、全面、精深的休闲哲学。

"鹏鸠之比"典型地折射出南宋文士的价值观转向。他们不再羡慕万里鹏程的伟大事功，而是开始重视个人生活的自适；他们厌恶生活的忙碌，认为这是一种荒诞、可笑的状态；他们否定为名利而奔忙一生的众生，认为他们是可悲之人；他们开始将休闲的生活方式作为人间正道，将"闲人"视为智慧之人。

南宋文士的尚闲心态，可分为爱闲之心、求闲之志、稀闲之意、祈闲之愿、惜闲之情和夸闲之态。部分南宋文士的爱闲、求闲是因为事业受挫，但对于大部分文士来说，求闲是其初心，即一贯的追求。而对于得闲，南宋文士往往认为可能性较小，甚至认为休闲生活非人间之物。

故而他们在求闲得遂之后，通常习惯于将其视为上天的赐予，从而持有一种感恩的态度，并非常珍惜。在对他人表达祝福时，文士们不再俗套地祈愿他人升官发财，而是祝愿他人无事得闲，并常常因自己的无事得闲而自夸。

南宋文士不仅希冀转向休闲的生活，更推崇并自觉追求一种"休闲人格"。他们高度认同历史上的休闲人物，如颜回、曾点、庄子、严光、庞德公、张翰、竹林七贤、陶潜、贺知章、韦应物、白居易等等，还对另一些事功型历史人物，如稷、禹、孔子、屈原、诸葛亮等，做了重新评价。他们还对同时代的休闲人物如林逋等予以褒扬，甚至在墓志铭、祭文中屡屡赞赏各类人物（文官、武官、教授、女性等）的休闲品质。此外，他们还常把自己比作严光、庞德、陶潜、贺知章等先贤，并用具有休闲意味的字眼（休、闲、隐、逸、遁、息等）自取名号。

二、本体论方面

南宋诗文常常涉及对休闲的本体性领悟。他们将自由视为休闲的某种属性，并把休闲与人的自然本性同等看待。他们不但将"闲"的状态与"安""乐"的情绪相提并论，还暗示出了休闲的私人领域性质。以上观念，均与现代休闲学理论暗合，显示了一种宝贵的前瞻性思维。此外，南宋文士还将"闲"作为宇宙生命普遍的本然状态，这种独特的哲学思想无疑对现代人也有着启发意义。

南宋文士将休闲的价值与他物进行了多维比较。在他们心灵的砝码中，休闲与财富等价，与幸福同义。此类观念，亦与马克思主义基本原理和现代休闲学原理暗合。他们还通过诗文将休闲与美食、珠宝、官位、名声等物进行了比较，甚至把休闲做了某种财富上的量化，生动地彰显了休闲的价值所在。此外，南宋佛门还站在修行法门的角度，宣扬"闲"这种身心态度的高度价值。

南宋文士认为休闲本体价值在于：1. 休闲可以养生，使人的身体得到放松，精神重放生机；2. 休闲在主观感受上使时间得以延长，让有效的生命得以充分展开；3. 休闲可以使人的天性显现，使人真正地认识自我，成为自我，使读书、写诗、审美、探究"天理"等多方面的人生乐趣得以实现；4.休闲可以使人胸怀宽阔，提高精神世界的修养，从而使人对宇宙和人生有更加通达的认识。

三、工夫论方面

南宋文士所倡导的总体休闲工夫是"自适"。它强调顺应本心的意愿，以自己真实的快乐为标准。"自适"工夫之具体路径表现在两个层面，一是主观心性如何"适"，即如何"心闲"；二是客观行为如何"适"，即如何"身闲"。

就第一个层面而言，首先，南宋文士将"慵懒""童心"和"享受眼前"作为人的本真、自然状态，普遍倡导以下 3 种"顺性"工夫：1.尽懒从睡；2.保持童心，像儿童一样游戏；3.重视当下的体验，从忙碌中停下来，享受当下的快乐。此外，南宋文士（尤其是道家和理学家）还把"静"作为人的本性，从提高道德、心性修养的角度提倡"归静之道"，其效果也同样可使人获得休闲。

其次，南宋文士还主张去除人性的遮蔽，倡导"无心"以"复性"的工夫：1.看清外物的虚假之处，扫除名利、事功之心；2.看清心机、计算、谋划带来的危机和心累，扫除机巧、计较、谋划之心，保持愚拙无营的状态。此外，佛门更彻底地提出：放弃一切思量之心和颠倒妄想，抛弃比较和驰求，放弃前见和分别，以获得休闲自在。

再次，南宋文士还针对现实生活中的事务提出"无事"工夫，它是"无心"工夫的一种补充和深化。具体表现为：1.通过"小事""拒事"和"省事"，让心"无事"，自作主宰；2.在应对必要之事上，崇尚"简事"之道和"缓事"之道。前者源于《周易》的"易则易知，简则易从"，尤为陆九渊所主张。其虽为陆九渊心学外化的实践手段，但对休闲也具有积极启发。而后者无论理学家从读书学习的角度，还是文士们从享受生活的角度，都加以提倡，亦可供当代休闲所借鉴。

就第二个层面而言，首先，南宋文士主张逸出尘俗之境（尤其是脱离官场），走向"物外"和"方外"。他们把旅游作为休闲自适的手段，倡导在山水中实现与大自然的直接交融，并力图在山水中寻觅"天理"。他们又尝试在园林中开辟"第二自然"，并在其中营造和体验"天人合一"与"三教合一"。还有一部分文士重视在人伦之境中"与人乐",倡导休闲中的天伦之乐、宾朋之乐和邻曲之乐。

其次,南宋文士主张在"幽境"中以"幽事"逸情,倡导高雅的、蕴含一定思想内涵的"闲事",如品茶、饮酒、焚香、参禅、读诗、写诗、读书、著书,等等。

再次,南宋文士还主张在"幽境"中以"玩物"适情,他们的"玩物",多半是审美性、创造性的文化活动,如弹琴、下棋、书法、绘画等。而这些活动无论是他们的"幽事逸情",还是他们"玩物适情"的方式,均属高层次的休闲,在使人"身闲"的同时,具有自我实现的高度。

四、境界论方面

南宋休闲哲学的一个重要特点是,重视人生境界的实现。

遁世境界是南宋文士休闲的一般性状态,分为"身之遁""物之遁""心之遁"三层面。其中,"身之遁"有避祸之遁、求志之遁、自适之遁等不同类型。"物之遁"则表现为提倡远离物欲,减少外物之累,在贫贱清苦的生活中自得其乐。"心之遁"是"身之遁"和"物之遁"的思想根源。它来自儒家的"隐居以求其志""曲肱之乐""箪食瓢饮",以及道家的"藏身避害"和"鹪鹩之喻"。遁世之闲是为了个体的消极自由而采取的逃避方式,其价值在于使遁世者具有清高自持的人格,其局限在于缺乏与社会的共融,更缺乏济世情怀,故而在人格的全面发展上有所缺失。此外,自我封闭的心态也导致了对封闭性生活环境的执着要求。

另一部分南宋文士倡导休闲的"谐世境界"。此境界重视休闲的和谐与平衡,即避免将个体的休闲与社会制度、国家政治等方面加以人为的对立,而是在与人世的和谐相处中悠闲地享受自己的天地。无论在生活环境上还是在从业环境上,他们都主张无须逃避人世,而是以"隐于市"和"吏隐"的方式来保持一种平衡。在生活上,他们不刻意选择贫苦生活以明志,而是主张坦然接受得之于道的物质享受。这种"身之谐""物之谐"的休闲境界,与当时思想界的万物圆融思想,尤其是三教合一思想有密切的关系。谐世境界的意义在于展现了源于传统美学"中和"范畴的和谐人格，显示了生命的圆融与通达，对世界、社会有着较为积极的建设性态度。

还有部分南宋文士在思想上乃至实践上达到了休闲的超越境界。它在"身"的方面表现为：既不刻意将躯体封闭阻隔于山林，也不执着留恋城市便利舒适的生活环境，而是卷舒自适，随遇而闲，能时刻超脱于外界客观世界的变化与纷扰。它在"物"的方面表现为：在物质匮乏时能够"安贫乐道"而不感到痛苦；在物质充裕时则坦然享受而不放纵沉溺。简言之就是既"贫贱不能移"又"富贵不能淫"。驱动身、物超越发生的"心之超越"表现为儒家式的"道义超越"、道家式的"无待超越"和佛家式的"生死超越"。南宋文士的超越境界比遁世境界、谐世境界更为智慧和超脱，其人格也更为崇高，最值得当代人借鉴与学习。

第二节　本书意义

当南宋文士陈人杰发出"人间世，只闲一字，受用无穷"[1]的感喟时，笔者的心中便涌起一种感觉，盼望能将南宋文士对休闲的全部感受从汗牛充栋的古籍中寻找出来，呈现给当代读者。

简单地说，所谓"休闲"就是人在一切应尽的义务之外，在无强制性内容的时间中怎么生活的问题。它看似小事，却直接影响到人们的生活质量和幸福感，也与社会的和谐稳定密切相关。当后现代社会变得越来越工业化、技术化和机械化时，休闲作为解决社会矛盾、抗拒人性异化的手段就显得愈发重要。将"休闲"话题作为研究方向，不但不是无关痛痒、不务正业之举，反而正是顺应了中国传统学术"有补于时""经世致用"的价值诉求。它针对当前休闲建设的缺失方面和休闲生活的异化而发，因而具有积极而迫切的现实意义。

正因如此，我的导师潘立勇先生较早在国内开始了"休闲学"的探索，而我也喜得沾溉，见"闲"思齐，将南宋休闲思想作为自己博士论文的选题。论文答辩之前，外审的"全优"成绩使我信心倍增；毕业之后，论文又喜获首届"浙江大学学生人文社会科学研究优秀成果奖"

二等奖，更使我坚定了休闲学研究的道路。于是，现在便有了本书的问世。

我国的休闲哲学思想博大精深。但由于这些思想是以难懂的文言形式散碎地沉睡于古书黄卷之中，因此不大为世人所知。杰弗瑞·戈比，这位世界级著名的休闲学专家，也是我读博以来几乎年年见面的美国朋友，他在那本经典著作《你生命中的休闲》中指出："只有中国人自己能确定自己如何利用休闲中有价值的内容。"[2]

而这项工作对于我们休闲学学者来说理应责无旁贷。故而，笔者近10年来日日于大量文献典籍之中披沙拣金，将南宋休闲哲学思想分门别类，加以现代解读，以使读者能够相对轻松地窥见一个鼎盛时代的文士们对休闲的方方面面、林林总总的见解，相信它一定能够对当前国民的休闲生活以及各级部门的休闲文化建设有启发性的作用。

李国亭等指出：

> 对休闲生活自身进行方方面面的研究，以提高休闲生活的理性，使休闲生活的新意层出不穷，这将是人类进步的一种表现。……
>
> 休闲哲学的研究与应用，将提高人们对自身价值的认识，促进休闲生活方式的现代化，增强人们立身处世和待人的理性，提升大众百姓在休闲生活中的知识水平和素质水准。[3]

我相信，本书的问世，正具有此方面的积极意义。

注释

[1]《沁园春》，见唐圭璋编纂：《全宋词》（简体增订本第5册），北京：中华书局，1965年版，第3898页。

[2]（美）杰弗瑞·戈比：《你生命中的休闲》，康筝译，昆明：云南人民出版社，2000年版，《中文版序》第1页。

[3]李国亭、王学安：《关于休闲哲学的思考》，载《自然辩证法研究》，2002年第3期。

参考文献

【古代典籍类】

(北宋) 何薳:《春渚纪闻》,张明华点校,北京:中华书局,1983 年版。

(明) 李贽:《藏书》,北京:中华书局,1974 年版。

(明) 李贽:《焚书·续焚书》,北京:中华书局,1975 年版。

(明) 陶宗仪等编:《说郛三种》,上海:上海古籍出版社,1988 年版。

(明) 张宇初等编:《道藏》,北京:文物出版社,上海:上海书店,天津:天津古籍出版社,1988 年版。

(南宋) 费衮:《梁溪漫志》,金圆校点,上海:上海古籍出版社,2001 年版。

(南宋) 李焘:《续资治通鉴长编》,北京:中华书局,1980 年版。

(南宋) 刘克庄:《后村诗话》,王秀梅点校,北京:中华书局,1983 年版。

(南宋) 陆游:《放翁诗话》,章原批注,南京:凤凰出版社,2009 年版。

(南宋) 吕祖谦编:《宋文鉴》,齐治平点校,北京:中华书局,1992 年版。

(南宋) 孟元老等著:《东京梦华录》(外四种),上海:上海古典文学出版社,1956 年版。

(南宋) 倪思:《经鉏堂杂志》,邓子勉校点,沈阳:辽宁教育出版社,2001 年版。

(南宋) 潜说友:《咸淳临安志》,杭州:浙江古籍出版社,2012 年版。

(南宋) 吴自牧:《梦粱录》,杭州:浙江人民出版社,1984 年版。

(南宋) 叶绍翁:《四朝闻见录》,沈锡麟、冯惠民点校,北京:中华书局,1989 年版。

(南宋) 张镃:《南湖集》,吴晶、周膺点校,北京:当代中国出版社,2014 年版。

(南宋) 赵令畤:《侯鲭录》,北京:中华书局,1985 年版。

(南宋) 朱敦儒:《樵歌》,龙元亮校,北京:文学古籍刊行社,1958 年版。

(南宋) 朱熹:《论语集注》,济南:齐鲁书社,1992 年版。

(清) 黄宗羲原著、全祖望补修:《宋元学案》,陈金生、梁运华点校,北京:中华书局,1986 年版。

（清）厉鹗：《宋诗纪事》，上海：上海古籍出版社，1981 年版。

（清）清高宗选：《御选唐宋诗醇》，扬州：广陵古籍刻印社，1982 年版。

（清）阮元校刻：《十三经注疏》，北京：中华书局，1980 年版。

（清）王夫之：《宋论》，北京：中华书局，1964 年版。

（清）王懋竑：《朱熹年谱》，何忠礼点校，北京：中华书局，1998 年版。

（清）永瑢、纪昀主编：《四库全书•集部二八 / 别集类》，上海：上海古籍出版社，1987 年版。

（清）赵翼：《廿二史札记》，北京：中国书店，1987 年版。

（清）赵翼：《瓯北诗话》，马亚中、杨年丰批注，南京：凤凰出版社，2009 年版。

（宋）四水潜夫辑：《武林旧事》，杭州：浙江人民出版社，1984 年版。

【今编古籍类】

（明）张溥辑评：《三曹集》，宋校永校点，长沙：岳麓书社，1992 年版。

（南朝宋）刘义庆：《世说新语》，黄征、柳军晔注释，杭州：浙江古籍出版社，1998 年版。

（清）彭定求等编：《全唐诗》，延边：延边人民出版社，2004 年版。

（日）高楠顺次郎等编：《大正新修大藏经》，东京：大正一切经刊行会，1930 年版。

（日）前田慧云等编：《卍续藏》，台北：新文丰出版公司，1996 年版。

（唐）孔颖达等注疏：《名家批注周易》，沈阳：万卷出版公司，2008 年版。

白高来、白永彤编：《白居易、元稹、刘禹锡唱和诗编年集》，沈阳：白山出版社，2009 年版。

白如祥辑校：《王重阳集》，济南：齐鲁书社，2005 年版。

曾枣庄等编：《全宋文》，上海：上海辞书出版社，合肥：安徽教育出版社，2006 年版。

丁传靖辑：《宋人轶事汇编》，北京：中华书局，1981 年版。

傅杰编校：《王国维论学集》，北京：中国社会科学出版社，1997 年版。

傅璇琮等主编：《全宋诗》，北京：北京大学出版社，1998 年版。

卢国琛选注：《杜甫诗醇》，杭州：浙江大学出版社，2006 年版。

钱仲联、马亚中主编：《陆游全集校注》，杭州：浙江教育出版社，2011 年版。

钱仲联主编：《姚鼐文选》，周中明选注评点，苏州：苏州大学出版社，2001 年版。

盛克琦、果兆辉编校：《中和正脉：道教中派李道纯内丹修炼秘籍》，北京：宗教文化出版社，2009 年版。

唐圭璋编纂：《全宋词》（简体增订本），北京：中华书局，1965 年版。

王步高等辑校汇评:《辛弃疾全集》,珠海:珠海出版社,2002 年版。

王栻主编:《严复集》,北京:中华书局,1986 年版。

王孝鱼点校:《二程集》,北京:中华书局,1981 年版。

王云五主编:《丛书集成初编》,上海:商务印书馆,1935 年版。

吴光等编校:《王阳明全集》,上海:上海古籍出版社,2011 年版。

萧涤非主编:《杜甫全集校注》,北京:人民文学出版社,2014 年版。

许嘉璐主编:《二十四史全译》,上海:汉语大词典出版社,2004 年版。

钟叔河主编:《唐诗百家全集》(元稹·于鹄·薛逢)海口:海南出版社,1992 年版。

钟哲点校:《陆九渊集》,北京:中华书局,1980 年版。

朱杰人等编:《朱子全书》,上海:上海古籍出版社,合肥:安徽教育出版社,2002 年版。

朱逸辉校注:《白玉蟾全集校注本》,海口:海南出版社,2004 年版。

【现代著作类】

陈洪:《高水流水:隐逸人格》,武汉:长江文艺出版社,1996 年版。

陈来:《有无之境:王阳明哲学的精神》,北京:人民出版社,1991 年版。

陈寅恪:《金明馆丛稿二编》,上海:上海古籍出版社,1980 年版。

龚斌:《中国人的休闲》,上海:上海古籍出版社,1998 年版。

何忠礼、徐吉军:《南宋史稿》,杭州:杭州大学出版社,1999 年版。

何忠礼:《南宋政治史》,北京:人民出版社,2008 年版。

胡伟希、陈盈盈:《追求生命的超越与融通:儒道禅与休闲》,昆明:云南人民出版社,2004 年版。

李泽厚:《美的历程》,合肥:安徽文艺出版社,1994 年版。

梁漱溟:《中国文化要义》,上海:学林出版社,1987 年版。

梁思成:《中国建筑史》,天津:百花文艺出版社,1998 年版。

林语堂:《吾国与吾民》,北京:中国戏剧出版社,1990 年版。

林语堂:《中国人》,上海:学林出版社,1994 年版。

罗竹风主编:《汉语大词典》,上海:上海辞书出版社,1986 年版。

马惠娣:《休闲:人类美丽的精神家园》,北京:中国经济出版社,2004 年版。

马惠娣等主编:《中国公众休闲状况调查》,北京:中国经济出版社,2004 年版。

潘立勇、陆庆祥、章辉、吴树波:《中国美学通史·宋金元卷》,南京:江苏人民出版社,2014 年版。

潘立勇:《朱子理学美学》,北京:东方出版社,1999 年版。

漆侠:《宋代经济史》,上海:上海人民出版社,1987 年版。

滕复编：《默然不说声如雷：马一浮新儒学论著辑要》，北京：中国广播电视出版社，1995 年版。

汪辉勇：《价值学研究》，长沙：中南大学出版社，2001 年版。

吴功正：《宋代美学史》，南京：江苏教育出版社，2007 年版。

吴小龙：《任情适性的审美人生：隐逸文化与休闲》，昆明：云南人民出版社，2005 年版。

吴晓亮主编：《宋代经济史研究》，昆明：云南大学出版社，1994 年版。

张岱年：《文化与哲学》，北京：教育科学出版社，1988 年版。

张海鸥：《宋代文化与文学研究》，北京：中国社会科学出版社，2002 年版。

中华丛书编审委员会：《宋史研究集》，台北：台湾书局，1974 年版。

周赟、吴晶：《南宋美学思想研究》，上海：上海古籍出版社，2012 年版。

朱瑞熙：《辽宋西夏金社会生活史》，北京：中国社会科学出版社，1998 年版。

【外文译著类】

（德）马克思、恩格斯：《马克思恩格斯全集》（第 1 卷），中央编译局译，北京：人民出版社，1960 年版。

（德）马克思、恩格斯：《马克思恩格斯全集》（第 3 卷），中央编译局译，北京：人民出版社，1956 年版。

（德）马克思、恩格斯：《马克思恩格斯全集》（第 31 卷），中央编译局译，北京：人民出版社，1972 年版。

（德）马克思：《1844 年经济学哲学手稿》，北京：人民出版社，2000 年版。

（德）约瑟夫·皮珀：《闲暇：文化的基础》，刘森尧译，北京：新星出版社，2005 年版。

（法）卢梭：《论语言的起源》，洪涛译，上海：上海人民出版社，2003 年版。

（美）费正清、赖肖尔：《中国：传统与变革》，陈仲丹等译，南京：江苏人民出版社，2012 年版。

（美）黄仁宇：《中国大历史》，北京：生活·读书·新知三联书店，1997 年版。

（美）杰弗瑞·戈比：《21 世纪的休闲与休闲服务》，张春波等译，昆明：云南人民出版社，2000 年版。

（美）杰弗瑞·戈比：《你生命中的休闲》，康筝译，昆明：云南人民出版社，2000 年版。

（美）克里斯多夫·爱丁顿、陈彼得：《休闲：一种转变的力量》，李一译，杭州：浙江大学出版社，2009 年版。

（美）宇文所安：《中国"中世纪"的终结：中唐文学文化论集》，北京：生活·读书·新知三联书店，2006 年版。

（美）约翰·凯利：《走向自由：休闲社会学新论》，赵冉译，昆明：云南人民出版社，2000年版。

（日）和田清：《中国史概说》，吉林大学历史系翻译组等译，北京：商务印书馆，1964年版。

（英）杰弗里·巴勒克拉夫主编：《泰晤士世界历史地图集》，毛昭晰等译，上海：上海三联书店，1982年版。

【外文原著类】

Geoffrey Godbey, *Leisure in Your Life: An Exploration*, Philadelphia: Venture Publishing, Inc., 1985.

John K. Fairbank, Edwin O. Reischauer, *China: Tradition and Transformation*, Boston: Houghton Mifflin Company, 1973.

John Neulinger, *The Psychology of Leisure: Research Approaches to the Study of Leisure*. Springfield. IL: Charles Thomas Publishers, 1974.

John R. Kelly, *Freedom to be: A New Sociology of Leisure*, New York: Macmillan Publishing Company, 1987.

Mark Elvin, *The Pattern of the Chinese Past*, Stanford: Stanford University Press, 1973.

Max Kaplan, *Leisure: Theory and Practice*, New York: John Wiley, 1975.

Thomas Goodale & Geoffrey Godbey, *The Evolution of Leisure: Historical and Philosophical Perspectives*, Philadelphia: Venture Publishing, Inc., 1988.

【期刊论文类】

陈国灿：《宋代太湖流域农村城市化现象探析》，《史学月刊》，2001年第3期。

陈盈盈：《中国传统文化中的休闲观念》，《自然辩证法研究》，2004年第5期。

邓广铭：《谈谈有关宋史研究的几个问题》，《社会科学战线》，1986年第2期。

范松义：《论朱敦儒词中自我形象的嬗变》，《河南教育学院学报》（哲学社会科学版），2005年第1期。

何忠礼：《论南宋在中国历史上的地位和影响》，《杭州研究》，2007年第2期。

胡伟希：《论中国休闲哲学的当代价值及其未来发展》，《学习论坛》，2004年第9期。

胡伟希：《中国休闲哲学的特质及其开展》，《湖南社会科学》，2003年第6期。

黄威：《论张镃词中的享乐意识与游仙思想》，《名作欣赏》，2008年第11期。

蒋寅：《古典诗歌中的"吏隐"》，《苏州大学学报》，2004年第3期。

赖勤芳：《休闲美学的内在理路及其论域》，《甘肃社会科学》，2011年第4期。

李国亭、王学安：《关于休闲哲学的思考》，《自然辩证法研究》，2002 年第 3 期。

梁振南：《休闲的生命美学视界》，《广西大学学报》（哲学社会科学版），2007 年第 5 期。

陆庆祥：《人的自然化：孔子休闲哲学考》，《兰州学刊》，2011 年第 2 期。

陆庆祥：《庄子休闲哲学略论》，《贵州社会科学》，2011 年第 7 期。

潘立勇、陆庆祥：《中国传统休闲审美哲学的现代解读》，《社会科学辑刊》，2011 年第 4 期。

彭鹏：《本体、工夫与境界：心文化的理论与实践》，《唐都学刊》，2010 年第 5 期。

漆侠：《宋代社会生产力的发展及其在中国古代经济发展过程中的地位》，《中国经济史研究》，1986 年第 1 期。

孙承志：《休闲哲学观思辨》，《社会科学家》，1999 年第 4 期。

王福鑫：《对宋代官员俸禄水平的再认识》，《长沙理工大学学报》（社会科学版），2007 年第 2 期。

王国平：《以杭州为例 还原一个真实的南宋》，《浙江学刊》，2008 年第 4 期。

吴功正：《宋代的文化精神与美学意识》，《福建论坛》（人文社会科学版），2008 年第 5 期。

吴树波：《佛教休闲思想初探》，《中国石油大学学报》（社会科学版），2011 年第 2 期。

吴树波：《宜居城市与休闲文化建设》，《河北科技师范学院学报》（社会科学版），2010 年第 6 期。

吴树波：《宗教休闲的审美分析》，《社会科学辑刊》，2011 年第 4 期。

吴小龙：《试论中国隐逸传统对现代休闲文化的启示》，《浙江社会科学》，2005 年第 6 期。

向世陵：《中国哲学"反本""复性"论研究》，《中国人民大学学报》，2007 年第 5 期。

徐春林：《儒家休闲哲学初探》，《江西师范大学学报》（哲学社会科学版），2006 年第 3 期。

徐吉军：《论南宋定都杭州对当地经济文化的重大影响》，《杭州研究》，2007 年第 2 期。

徐吉军：《中国古代文化造极于宋代论》，《河北学刊》，1990 年第 4 期。

杨建平：《论和谐社会与和谐人格》，《江海学刊》，2005 年第 6 期。

杨胜宽：《苏轼的"闲适"之乐》，《四川师范大学学报》（社会科学版），1996 年第 1 期。

尹菲：《中国传统休闲价值观》，《安徽文学》，2009 年第 1 期。

于光远:《论普遍有闲的社会》,《自然辩证法研究》,2002 年第 1 期。

俞兆鹏:《南宋人才之盛及其原因》,《杭州日报》,2005 年 11 月 14 日。

张邦炜:《瞻前顾后看宋代》,《河北学刊》,2006 年第 5 期。

张法:《休闲与美学三题议》,《甘肃社会科学》,2011 年第 4 期。

张广瑞、宋瑞:《关于休闲的研究》,《社会科学家》,2001 年第 5 期。

张玉勤:《试论中国古代休闲的"境界"》,《广西社会科学》,2005 年第 10 期。

章辉:《论休闲学的学科界定和使命》,《中央民族大学学报》(哲学社会科学版),2012 年第 2 期。

章辉:《南宋禅法的休闲美学》,《邯郸学院学报》(哲学社会科学版),2012 年第 2 期。

章辉:《朱敦儒诗词中的休闲美学》,《河北科技师范学院学报》(社会科学版),2012 年第 2 期。

赵玉强:《休闲:中国哲学研究的新视域》,《中州学刊》,2014 年第 8 期。

周宝珠:《试论草市在宋代城市经济发展中的作用》,《史学月刊》,1998 年第 2 期。

朱浩、黄志斌:《关于"和谐人格"的理论探讨》,《科学技术与辩证法》,2003 年第 4 期。

【学位论文类】

黄达安:《超越工作至上的世界:论休闲的本质及其当代意义》,吉林大学博士论文,2011 年。

季夫萍:《乱离时代的"尘外之想":朱敦儒隐逸思想和隐逸词研究》,福建师范大学硕士学位论文,2005 年。

陆庆祥:《苏轼休闲审美思想研究》,浙江大学博士论文,2010 年。

苏状:《"闲"与中国古代文人的审美人生:对"闲"范畴的文化美学研究》,复旦大学博士论文,2008 年。

吴树波:《中国传统宗教的休闲学研究:以佛道二教为例》,浙江大学博士论文,2012 年。

袁曦:《儒家心性论传统与工夫论思想研究》,海南大学硕士学位论文,2010 年。

后 记

2009 年年底，在考博之前，我翻开浙江大学博士招生手册，第一次发现了一个叫作"休闲学"的博士专业。当时我非常好奇，不知道这个专业究竟为何物，甚至萌发了几分想报考的念头。不过对缪斯女神的向往毕竟已根深蒂固，所以最终报考的还是美学专业。

2010 年，我如愿成为浙江大学美学专业的博士生。不过没想到的是，我的导师潘立勇先生，同时也恰是这个"休闲学"博士点的博导。我的大部分同门，也都是休闲学专业的硕士、博士。从此，我便和"休闲学"结下了不解之缘。

从 2010 年年底，我便开始了从南宋文献中发掘休闲思想的工作，博士论文做的也是南宋休闲文化。2013 年，我的博士论文获得了五个优秀外审和一个内审优秀（全优）的好成绩。2014 年，它又喜获首届"浙江大学学生人文社会科学研究优秀成果奖"二等奖。而这本《南宋休闲哲学研究》，就是从我的博士论文中析出，并不断修订、提高而成的。

故而，本书的成书，首先要感谢导师潘立勇先生。除了黉堂授课之外，潘老师曾对我的博士论文给予精心指导，甚至有过很不客气的批评，让我内心惶惶。事后证明，老师点拨的见解、思路殊胜。时至今日，我也终于体会到了"严师出高徒"这句话的真正内涵。此外，在学期间，潘老师对我的生活也十分关心。一次上门求教欲归时，老师见天气严寒，而我衣衫单薄，就执意让我穿上他的皮夹克再回家，顿时使我身心倍感温暖。毕业之后，潘老师仍对我关照有加。尤其是我在单位举办第二届"中国休闲哲学论坛"时，老师更是不远千里带领同仁前来助阵。今天我在事业上所取得的成功，和潘老师的教育培养是密不可分的。

其次，要感谢的是我的师兄陆庆祥、吴树波两位博士。尽管他们两位年龄都比我小不少，但入门早、学问好，我对他们一直以兄长事之。在浙江大学就读的 3 年中，我与他们朝夕相处，砥砺学问，从他们身上受益良多。这本书中的许多思路、见解的火花，就是在与他们的谈学中摩擦而出的。目前，他们两位分别就职于湖北、湖南的高校，继续着我们共同的休闲学事业。我们尽管分离已经五载，但仍常有聚会，无话不谈，心意相通。

再次，要感谢的是我的妻子宋丽娟女士。2015 年的初夏，我和她经由同学介绍相识，并很快步入了婚姻的殿堂。由于妻子的贤惠，我能够专心无虑地从事科研。妻子不但分担了大部分家务，还自始至终地关心此书的修改，并为电脑技术不佳的我提供网络图书资源方面的各种便利。我电脑里《全宋诗》《全宋词》《全宋文》《陆游全集校注》《朱子全书》的电子版，都是她专门为我下载的。此外，她还为我购买了一台很贵的手提电脑（我自己是舍不得买的），它极轻极薄，使我无论走到哪儿都能携带，以便修改书稿。没有她，本书的修订是不可能顺利完成的。

最后，要感谢我的父亲章厚宽老师。自我幼年，他便在颇不宽裕的家境下为我购买、订阅文史类书籍、报刊，使我能在书香的熏陶下成长。多年来，他一直鼓励我不断上进。每当我有著作问世，他总是为我感到骄傲和自豪。每当我想要离家闯天下，他总是鼓励我"好男儿志在四方"。这次，他又在短时间内不分昼夜地校对了本书 30 余万字的修改稿。对于一位年近 80 的老人来说，这实属不易。

年华易老，岁月匆匆，转眼我已经过了不惑之年。由于屡次遇到某些单位的不合理规章，我的求学、求职之路颇为曲折艰辛。加之自己努力不够，今日马齿徒增，而学问迟滞。因此，作为我的第一本独立学术专著，此书对我来说意义重大。虽然打磨近九载，但恐仍有各种瑕疵，在此敬请读者批评指正。

这里，不妨用南宋韩世忠的两首词（载《全宋词》）作为结尾，它们所表达的蔑视荣华富贵而甘愿流连山林的思想，集中体现了宋代士大夫的休闲观，对当代人颇有借鉴价值：

冬看山林萧疏净，春来地润花浓。

少年衰老与山同。世间争名利，富贵与贫穷。

荣华非干长生药，清闲是不死门风。

劝君识取主人公。单方只一味，尽在不言中。

——《临江仙》

人有几何般。富贵荣华总是闲。

自古英雄都如梦，为官。宝玉妻男宿业缠。

年迈衰残。鬓发苍浪骨髓干。

不道山林有好处，贪欢。只恐痴迷误了贤。

——《南乡子》

章　辉

2018 年 4 月

于沱江畔

图书在版编目（CIP）数据

南宋休闲哲学研究 / 章辉著 . —杭州：浙江大学
出版社，2019.10
（休闲书系·博士论丛）
ISBN 978-7-308-19596-6

I.①南… Ⅱ.①章… Ⅲ.①古代哲学－研究－中国
－南宋 Ⅳ.① B244.99

中国版本图书馆 CIP 数据核字（2019）第 210839 号

南宋休闲哲学研究

章辉 著

责任编辑	王志毅
文字编辑	焦巾原
责任校对	虞雪芬
装帧设计	周伟伟
出版发行	浙江大学出版社
	（杭州天目山路 148 号 邮政编码 310007）
	（网址：http:// www.zjupress.com）
排　　版	北京大有艺彩图文设计有限公司
印　　刷	北京时捷印刷有限公司
开　　本	635mm×965mm　1/16
印　　张	30
字　　数	446 千
版 印 次	2019 年 10 月第 1 版　2019 年 10 月第 1 次印刷
书　　号	ISBN 978-7-308-19596-6
定　　价	85.00 元

浙江大学出版社市场营销中心联系方式：(0571) 88925591；http://zjdxcbs.tmall.com